Sabine Kebir
Abstieg in den Ruhm

Sabine Kebir

Abstieg
in den Ruhm

Helene Weigel

Eine Biographie

Aufbau-Verlag

Mit 28 Abbildungen

Diese Arbeit wurde mit einem neunmonatigen Stipendium
der Senatsverwaltung
für Wissenschaft, Forschung und Kultur
unterstützt.

ISBN 3-351-02501-7

2. Auflage 2000
© Aufbau-Verlag GmbH, Berlin 2000
Einbandgestaltung Ute Henkel / Torsten Lemme
Druck und Binden Clausen & Bosse, Leck
Printed in Germany

www.aufbau-verlag.de

Vorbemerkung

Bis auf wenige private Briefe und viel Geschäftspost hat
Helene Weigel keine eigenen Aufzeichnungen hinterlassen.
Sie gab nur wenige Interviews. Allein durch ihre Darstellungskunst wollte sie sich mitteilen. Aber aus Hunderten von Zeugnissen anderer – Theaterkritiken, literarische Zeugnisse, Artikel, Briefe an sie, Gespräche über sie und nicht zuletzt die
Rollen, Theater-Texte und Gedichte Bertolt Brechts, die er
für sie schrieb – kann ein kaleidoskopartiges Bild dieser einmaligen Schauspielerin entstehen. Ihre Biographie, wie auch
die von Brecht, ist – nicht nur, aber auch – die Geschichte einer
künstlerisch-intellektuellen Symbiose, wie sie im 20. Jahrhundert wohl nur noch zwischen Simone de Beauvoir und
Jean-Paul Sartre bestand.

S. K.

Blut und Dampf:
Die lärmendste Schauspielerin Berlins

Ein olivhäutiges, dunkelhaariges, glühäugiges
Kind, ungebändigter, sengender Wüstenwind.[1]

Sie sprach leise, sehr leise. Aber ihre Stimme war, auch wenn
sie Härte zeigte, ungeheuer schmeichelnd. Deshalb hörte man
ihr zu. Mit der Stimme umschmeichelte sie nicht das Publikum, sondern die Worte, die sie sprach. Man hörte ihr zu, obwohl das Stück, in dem sie in ihren letzten beiden Lebensjahrzehnten am häufigsten auftrat, an Überzeugungskraft
verloren hatte und eigentlich nur noch als ein historisches zu
verstehen war: *Die Mutter* von Bertolt Brecht nach Maxim
Gorki. Und doch haben sich viele Menschen in vielen Ländern das Stück angeschaut. Und sei es nur dieser Schauspielerin wegen.

Sie selbst trat ganz zurück hinter die Worte, die dadurch besondere Aufmerksamkeit erregten. Sie schien auf der Bühne
das Gegenteil von dem zu tun, was Stars tun, um die eigene
Virtuosität möglichst großartig herauszukehren. Mit ihrer
Technik, die mit den magischen Begriffen ›Verfremdungseffekt‹ und ›episches Theater‹ bezeichnet wurde, schaffte sie
aber letztendlich beides: sowohl die Worte als auch die eigene
Virtuosität herauszustellen.

War Helene Weigels leises Spiel einzigartig? Für junge Leute
von heute, oft bereits seit dem Kindesalter an laute Musik per
Stereolautsprecher oder Kopfhörer gewöhnt, ist es schwer
vorstellbar, daß es in den sechziger Jahren nicht unüblich war,
Worte der Vernunft und der Aufklärung mit dem künstlerischen Mittel der leisen Stimme zum Ausdruck zu bringen. Als
Teenager hatte ich der alten Schauspielerin Helene Weigel
wohl überhaupt nur zugehört, weil mir der leise Vortrag von
den Sängern der amerikanischen Friedensbewegung her vertraut war, denen meine Generation damals näher stand: Pete
Seeger, Bob Dylan, allen voran Joan Baez. Auch sie hat ihre
klangvolle Stimme stark zurückgenommen und sich als echte

epische Erzählerin ganz hinter die Lieder und Balladen gestellt, die sie sang.

Joan Baez' Technik des leisen Singens war zu anderer Zeit und an anderem Ort entstanden, wenn auch sicher aus demselben Impuls heraus: Sie war die Umkehrung der markigen Rede- und Schreitechnik, mit der Demagogen verschiedener politischer Provenienz in der ersten Hälfte des 20. Jahrhunderts versucht hatten und auch später noch versuchten, die Massen zu mobilisieren. Bei der Allgegenwart dieser Technik auf dem Planeten kann die Gegentechnik offenbar auch überall neu entwickelt werden. Sie ist antitotalitär und spricht nicht nur das Gefühl, sondern auch die Vernunft des Publikums an. Für die DDR war es von nicht zu unterschätzender Bedeutung, daß Helene Weigel vom Sozialismus nicht laut und in keinem landeseigenen Dialekt sprach. Sondern leise und österreichisch.

Es war nicht allein das leise Spiel, das die Besonderheit der Weigel ausmachte. Dieses leise Spiel beherrschte zum Beispiel Therese Giehse[2] nicht weniger. Bertolt Brecht empfahl es vielen, wenn auch nicht allen Schauspielern.

Was die Weigel neben der leisen, das Zuhören geradezu erzwingenden Sprache unverwechselbar machte, war etwas auf der europäischen Bühne wirklich Einmaliges. Es wurde mir schlagartig klar, als ich 1985 in der Amsterdamer Stadsschouwburg eine japanische Theatertruppe mit Shakespeares *Macbeth* unter der Regie von Yukio Ninagawa sah. Ganz am Anfang kam von links und rechts je eine alte Frau an den äußersten Rand der Bühne. Auf dieser stand ein radikal vergrößerter, durch zwei Schiebetüren verschlossener Hausaltar, wie er in vielen japanischen Wohnungen vorhanden ist. Beide Frauen lösten ein Bündel vom Rücken, packten langsam Eßgeschirr, gekochten Reis, Gemüse, Getränke aus und stellten – wie es üblich ist – eine Schüssel Reis vor den Altar. Dann begannen sie selbst in allergrößter Ruhe zu essen und zu trinken. Erst nach etwa zehn Minuten öffneten sie die Schiebetüren des Altars für das eigentliche Spiel, das stumm verfolgt wurde von den beiden alten Frauen, die weiterhin tranken und aßen.

Frappierend war nicht nur, wie brechtianisch dieses Vorspiel war.[3] Noch erstaunter war ich, wie elementar mich der

8

Gestus dieser beiden – übrigens blutjungen – japanischen Schauspielerinnen plötzlich an Helene Weigel erinnerte. Sie war damals vierzehn Jahre tot. Ich hatte sie noch mehrmals in *Die Mutter* und als Volumnia in *Coriolan* gesehen.

Asiatische Körpersprache war das Besondere, was sie auf die europäische Bühne gebracht hatte. Dieser Eindruck entstand nicht nur durch ihre zierliche Gestalt und die ovale Kopfform. Hinzu kam eine bestimmte Haltung beim Stehen. Auch wenn sie sich bückte, war sie ganz Asiatin. Der Gang dagegen war nicht asiatisch – auf ihn kommen wir später. Sie arbeitete mit allerkleinsten, aber um so genaueren Bewegungen im Gesicht, konnte aber auch scheinbar mühelos mit Maske spielen. Und ihre kleine, schmale Gestalt täuschte, auch wenn sie die Schulter schief hielt, eine gewisse asiatische Steifheit vor, deren spielerische Grundlage freilich äußerste, bis ins hohe Alter akribisch gepflegte Gelenkigkeit war.

Die jüdischen Züge ihres Gesichts, die österreichische Sprachfärbung und der erlernte asiatische Habitus sorgten als eine Art lingua franca des Theaters dafür, daß trotz des hypergenauen sozialen Ausdrucks ihre Mutterrollen den Charakter des Universellen bekamen. Die großen internationalen Erfolge, die sie auf den Tourneen des Berliner Ensembles hatte, beruhten darauf, daß man ihre Körpersprache auch da verstand, wo das Publikum kaum oder kein Deutsch verstand.

Was die Weigel auf der Bühne sehen ließ, brachte und bringt ihr auch Kritik ein. In den Jahrzehnten, die seit ihrem Tod vergangen sind, ist der Universalismus, der ethnisch begründete Ungleichheit niederreißen will, mehr und mehr durch identitätspolitische Anschauungen in Frage gestellt worden. Obwohl der Universalismus zu den wichtigsten Errungenschaften der Aufklärung gehörte, wird er in heutiger Rückschau oft auf eine Legitimationsideologie von gleichmacherischem Marxismus verkürzt. Und manchen erscheint das, was in der Kunst der Helene Weigel ›asiatisch‹ war, nur noch als schematisches Spiel, »als Verkitschung im sackleinenen Gewand, bitterlich dogmatisch«. Sybille Wirsing, von der dieses Urteil stammt, hält die Schauspielerin für ein bloßes Instrument Brechts, das durch »Heiligsprechung [...] in politischer Absicht in Szene gesetzt wurde«. Da erscheint es dann auch nicht weiter verwunderlich, daß das Theater, das die Weigel über zwei Jahrzehnte leitete, »sich den Mächtigen schließlich gebeugt und mit dem Regime paktiert« habe. Sybille Wirsing entgeht auch nicht der Versuchung, die alte These der angeblichen Konkurrenz zwischen Helene Weigel und Therese Giehse aufzuwärmen, »die ihre Figuren trotz aller Liebe zu Brecht doch lieber aus dem Leben statt aus dem Dogma geschöpft hat«.[4] Die der gegenwärtigen identitätspolitischen Mode entspringende Aufwertung der – scheinbar nichts anderes als den süddeutschen Habitus verkörpernden – Giehse ist reichlich demagogisch. Denn der genaue soziale Gestus, den auch diese Schauspielerin auf der Bühne zeigte, fände im gegenwärtigen Theater, das sich im kommerziellen Wettbewerb mit weltweit standardisiertem Hollywood-Kitsch befindet, genausowenig Platz wie der soziale und universelle Gestus der Weigel. Die Giehse selbst war sich des lebensgeschichtlich bedingten Unterschieds übrigens genau bewußt. Wenn sie ihre Freundin Helene in Briefen nicht als »liebes Zündholzschachterl«[5] anredete, konnte es auch mal »Liebste Helli, alte Chinesserin«[6] heißen.

Bei der Schauspielerin und Theaterleiterin Weigel, die ihre größten internationalen Erfolge gerade nicht im Hort des Sozialismus, in der Sowjetunion, sondern im westlichen Ausland errang, lohnt es sich, genauer hinzuschauen. Ihr Spiel war vielschichtig. Es war nicht nur leise und asiatisch. Weniger auf Fotos zu erkennen, aber für jeden, der sie auf der Bühne erlebt hat, war spürbar, daß hinter dem kühl typisierenden Asiatischen eine leidenschaftliche Person agierte, die sich auch im allerruhigsten Spiel nicht als solche verleugnete. Das Leise und das Asiatische ist in Zusammenarbeit mit Brecht gewachsen. Es temperierte, disziplinierte das, was diese Schauspielerin in die Begegnung mit ihm einbrachte und selbst in kleinsten Rollen verströmte, manchmal im Übermaß: Elektrisiertheit und Farbigkeit, Blut und Dampf.

Sie kam am 12. Mai 1900 in der Wiener Hessgasse zur Welt, die administrativ zum Zentrum, zum 1. Bezirk gehörte, kulturell aber bereits dem 9., damals jüdisch geprägten Bezirk zuzurechnen war. Ihre Eltern, Siegfried Weigl und Leopoldine Weigl, geborene Pollak, waren aus Mähren zugewandert. Sie hatten 1894 eine erste Tochter bekommen, die Stella[7] hieß. Die Familie zog 1913 in die nur einige Straßenzüge weiter nördlich gelegene Bergasse 30, unweit von Sigmund Freud, der seine Praxis in der Nr. 19 hatte. Die Weigls führten ein konservatives, aber kein orthodoxes Leben.

Daß in die Geburtsurkunde fälschlich zwischen das ›g‹ und das ›l‹ ein ›e‹ gerutscht war,[8] hat Helene offenbar nie gestört. Sie sollte es schon früh als willkommene Möglichkeit der Distanzierung von der Familie empfinden. »Ich stamme aus einem ziemlich sparsamen, aber nicht sehr armen Elternhaus«, erzählte sie Hans Bunge[9] 1959 in einem der von ihr nur ungern und äußerst selten gewährten Gespräche über das eigene Leben. »Mein Vater war Prokurist in einer Firma, die Stoffe herstellte.« Die Großeltern hatten im mährischen Auspitz eine kleine Fabrik besessen, »die haben Druckstoffe hergestellt, so für Schürzen, Buntdrucke«. Die Mutter führte als junge Frau ein Spielwarengeschäft, das sie auch behielt, als sie Kinder hatte. »Als mein Vater dann Prokurist und dann auch, glaube ich, Direktor wurde, hat er das nicht mehr für passend gehalten, ein Lädchen. Und das Lädchen wurde aufgegeben. Das war sehr hübsch, verbindet sich aber für mich nur mit etwas deprimierenden Eindrücken, weil ich die Puppen nie bekam, die ich wollte. So wie Schusterskinder keine Schuhe haben, hab ich kein Spielzeug gehabt. Das Gewöhnliche.«

Frustriert war Helene nicht nur wegen vorenthaltenem Spielzeug. Mutter und Großmutter gingen einmal pro Woche ins Theater, dachten aber nicht daran, Stella und Helene auch nur ein einziges Mal ins Burgtheater auszuführen. Die Weigel hat es ihrer Mutter nie verziehen, daß die sie nicht einmal zum letzten triumphalen Auftritt des großen Josef Kainz[10] mitgenommen hatte, der als Marc Anton am 12. Mai 1910 seine Karriere beendete. In der Erinnerung hielt sie sich damals für einen Teenager von »dreizehn« oder »vierzehn« Jahren. In Wirklichkeit fand dieser letzte Auftritt des damals berühmtesten deutschsprachigen Schauspielers genau am 10. Geburtstag des offensichtlich sehr frühreifen Kindes statt, das sich den Theaterbesuch wahrscheinlich heiß gewünscht hatte. »Ich hab den Kainz nie gesehen. Ich hab überhaupt die große Garnitur des Burgtheaters nie gesehen.«[11]

Eine wesentliche Quelle, aus der die spätere Schauspielerin ihre Darstellungskraft schöpfte, war das Interesse, Wirklichkeit bis ins kleinste Detail zu erfassen und zwar sowohl allgemeinmenschliche als auch sozial gebundene Wirklichkeit. 1969 hat sie in einem Gespräch mit Werner Hecht[12] über eine »erschreckende Sache« berichtet, »die mich als junges Mädchen tief entsetzt hat und die ich erst später richtig verstanden habe: Meine Großmutter, die ich sehr gern hatte, lag im Sterben – und ich habe eigentlich mit großer Kälte zugeschaut, wie sich das abspielte. Ich war sechzehn Jahre alt! Ich habe mir dann die ungeheuerlichsten Vorwürfe wegen Roheit, Gefühlskälte gemacht. Aber zu Unrecht. Ich hatte meine Umwelt betrachtet. Das tut sicher jeder Mensch, aber man macht es intensiver, wenn man zum Schauspielertalent tendiert.«

Helene und ihre Schwester Stella gingen zunächst in »eine schrecklich feine Schule, was sehr unangenehm war, da es latenten Antisemitismus in Österreich gab«.[13] Ihr Direktor hatte ihr nahegelegt, Literatur wie Heinrich Heines *Buch der Lieder* nicht in die Schule mitzubringen.[14] Deshalb und weil sie sich vorübergehend für die Laufbahn einer Medizinerin interessierte (»Bin aber nie sehr weit gekommen dabei.«), durfte sie ab 1915 auf das Realgymnasium[15] der Reformpädagogin Eugenie Schwarzwald[16] wechseln, wo Mädchen auf die Hochschulreife vorbereitet wurden. Die Schwarzwald, die zu den ersten europäischen Frauen gehörte, die in der Schweiz studiert und promoviert hatten, stand verschiedenen Lehranstalten vor, die geprägt waren vom liberalen Geist des auf Assimilation orientierten Judentums, aber auch von frauenrechtlichen und sozialen Prinzipien. Hier wurden jüdische und nichtjüdische Jugendliche beiderlei Geschlechts erzogen. Aber jüdische Mädchen bildeten die große Mehrheit. Einerseits wurde in den Schwarzwaldschen Lehranstalten ein Programm radikaler weiblicher Emanzipation verwirklicht, andererseits wurden traditionelle weibliche Tugenden keineswegs mißachtet. Von den vielen Prägungen, die die Weigel durch diese Schule erhielt, ist die merkwürdigste jene Mischung von hyperemanzipierter Frau einerseits und der leidenschaftlichen Hausfrau und Mutter andererseits. Selbst das unbekümmerte Stricken und Häkeln in der Öffentlichkeit – womit die alte Schauspielerin manchmal sogar auf Pressekonferenzen im Ausland schockierte – läßt sich auf Eugenia Schwarzwald zurückführen. Auch ›Fraudoktor‹ hatte unablässig Mützchen gehäkelt und schenkte sie nach Fertigstellung zufällig Anwesenden.

Eine Klassenkameradin der Weigel, Alice Herdan, spätere Gattin von Carl Zuckmayer, erinnerte sich, daß das Leben in der Schule freier war als das Leben zu Hause. Es orientierte auf Selbständigkeit: »Wir führten ein Doppelleben. Zu Hause hatten wir wohlerzogen zu sein. Und die meisten Kinder taten gern, was man von ihnen erwartete: bitten, danken, knicksen, manchmal die Hand küssen. Das wurde bedankt mit Freundlichkeit, Lob und Anerkennung. Die Schule aber war das eigentliche Leben: sie stand im Mittelpunkt unseres Daseins. Hier erreichte man Anerkennung auf völlig andere Weise. Hier wurden große Ansprüche gestellt, die man am besten erfüllte, wenn man zuhören, denken und antworten lernte. Natürlich war diese Aufmerksamkeit nur bei auserwählten Lehrern möglich Aber deren Zahl war nicht gering.«[17] Eine Klassenkameradin und Freundin der Weigel, Elisabeth Neumann[18], urteilte sogar: »Ohne Fraudoktor hätte ich die Emigration gar nicht überlebt.«

Eugenie Schwarzwald war ganz Praktikerin. Sie hinterließ nur wenige Schriften über ihre pädagogischen Theorien, stand aber den Ansichten ihrer Freundin Maria Montessori sehr nahe. Obwohl das Schulprogramm naturwissenschaftlich ausgerichtet war – mehr als die Hälfte der Maturandinnen studierten später naturwissenschaftliche Fächer oder Medizin –, legte die Schwarzwald auch besonderes Gewicht auf musische Bildung. Sie engagierte begabte Künstler, die sich ein Zubrot verdienen mußten, als Lehrer. So wurde Helene Weigel von Oskar Kokoschka[19] im Zeichnen unterrichtet. Im Salon der Schwarzwald – einer der attraktivsten im damaligen Wien – verkehrten bedeutende europäische Künstler wie Rainer Maria Rilke, Käthe Kollwitz und Karl Kraus, mit denen auch die Schülerinnen in Kontakt kamen. Deren persönliche Neigungen, insbesondere künstlerischer Art, wurden in der Schule der Eugenie Schwarzwald beachtet und geachtet. Wenn vorhanden, auch die Berufswünsche.

Helene lockte eigentlich nur die Theaterlaufbahn. Als sie 1917 die Bibelrezitatorin Lia Rosen erlebte, war sie sich endgültig sicher. Die Eltern wollten aber unter keinen Umständen zustimmen. »Ich habe absolut nicht gedurft. [...] Das Kind kann doch nicht zum Theater gehen.« Sie machte »etwa zwanzig Versuche, das wär übertrieben, acht Versuche, [...] die Prüfung abzulegen, ohne, daß meine Eltern etwas davon wußten, [...] das kostete nur leider Geld immer. Wo ich das herbekam, das war nicht so einfach. Meist geschah es aus dem Kleingeld der Hosentaschen meines Vaters, die ich genau kontrollierte. Das war aber ein mühsamer Weg, bis man da zehn Mark hatte oder zehn Kronen [...].«[20]

Der Berufswunsch führte zu bizarren Konflikten: »Ich produzierte Krämpfe, die das Entsetzen der Eltern hervorriefen, für mich sehr anstrengend waren und mehreren bekannten Ärzten keine Diagnose ermöglichten; dabei ließ ich durchblicken, daß alles auf tiefe Seelenqualen zurückzuführen sei.«

Der Vater spionierte ihr nach. Er erklärte dem Burgschauspieler Albert Heine, bei dem sie vorgesprochen hatte, daß sie »ab und zu nicht richtig im Kopf« sei. Daraufhin brach sie mit dem Vater, sprach nicht mehr mit ihm. Die Schauspieler und Schauspielerinnen, bei denen sie versucht hatte, heimlich vorzusprechen – darunter auch Lia Rosen –, erklärten sie zwar für begabt, wollten die Minderjährige aber nur mit dem Einverständnis der Eltern unterrichten.[21]

Das Dilemma kam Eugenie Schwarzwald zu Ohren. Sie war ebenfalls nicht der Meinung, daß das dem gängigen Bild der schönen Bühnenkünstlerin nicht entsprechende Mädchen die Schauspielkarriere versuchen sollte. Dagegen förderte sie denselben Berufswunsch bei Elisabeth Neumann. Um sich aber doch ein Bild über ihre Begabung zu machen, organisierte sie ein erstes Vorsprechen in ihrem Direktionszimmer – das übrigens den Schülerinnen sowie jedwedem Besucher immer offen stand. Das turbulente Ende dieses Vorsprechens erlebte eine damals gerade neu eingestellte Lehrerin mit, Auguste Lazar[22]: »Ich hatte eben bescheiden und viel zu leise an Genia Schwarzwalds Türe geklopft. In ihrem Direktionszimmer wurde sehr laut und heftig gesprochen. Mir scheint heute, als hätte ich die Worte verstanden: ›Denn ich bin Euer

König!‹ Das kann nur Einbildung sein, aber Schiller war es, gesprochen von einer volltönenden Stimme. Dann redeten ein paar andere Stimmen durcheinander, ich klopfte noch einmal und glaubte, Genia Schwarzwalds ›Herein‹ zu hören. Ich öffnete spaltbreit die Türe, und da passierte es. Wir stießen unsanft zusammen, ich und ein kräftiges, eher untersetztes Mädchen. Sie stürzte an mir vorbei, sichtlich aufgeregt, dunkelrot die noch runden, kindlichen Wangen. Wie ein Wirbelwind war sie zur anderen Türe auf den Korridor hinaus. Die Türe zum Direktionszimmer ging noch einmal auf und heraus kam in Hut und Mantel der Architekt Adolf Loos. Die Sekretärin Yella Freund fragte: ›Wie war's denn? Das Mädel hat ja fürchterlich gebrüllt.‹ – ›Gebrüllt hat sie,‹ antwortete Loos lachend, aber Talent hat sie, das ist sicher.‹ – ›Wie heißt sie denn,‹ erkundigte ich mich. […] ›Weigel, Helene Weigel.‹ Keiner von uns ahnte, was für einen Klang dieser Name einmal bekommen würde.«

Eugenie Schwarzwalds engste Freundin war Karin Michaelis[23]. Die aus Dänemark stammende, durch ihren Bestseller *Das gefährliche Alter* besonders in Deutschland und Österreich berühmte Schriftstellerin wohnte jedes Jahr mehrere Monate bei ihr. Sie war es nun, die der Schülerin Weigel im Dezember 1917 ein Vorsprechen beim Direktor der Wiener Volksbühne, Dr. Arthur Rundt, vermittelte. Eugenie Schwarzwald und sie selbst hielten eine Bühnenkarriere der dem üblichen Bild eines Stars wenig entsprechenden jungen Weigel für wenig wahrscheinlich. Das Vorsprechen sollte Klarheit schaffen und notfalls das Mädchen von der Unmöglichkeit seines Traumes überzeugen. Michaelis war bei dem Ereignis zugegen und hat einen denkwürdigen Artikel darüber verfaßt.

Die Probandin ist eine halbe Stunde zu früh erschienen und sitzt »unmanierlich […] auf dem äußersten Rande des Stuhls, […] schlaff und klamm ist ihr Händedruck. Sie selbst ist wohl häßlich, oder machten das nur die kalte Farbe und der ärmliche Schnitt des grünen Kleides? […] Die semitischen Augen könnten schöner sein, wenn der Blick Glanz hätte, aber er ist tot wie das dunkle, gleichgültige Haar. Ihre Bewegungen erinnern in ihrer Unbeholfenheit an die des jungen Flußpferdes, wenn es an Land ist. Das Taschentuch hat sie schmutzig und zerrissen geknüllt [...]. // Nicht ungleich dem Bilde, das man sich von einer jungen, halb abnormen, halb schamlosen Kindesmörderin macht, der es an der Fähigkeit gebricht, die Tragweite ihrer Untat zu erfassen. Wäre es doch erst überstanden, so daß sie ihre Enttäuschung in alle Winde hinausbrüllen und vielleicht etwas werden könnte: Masseuse, Zahnärztin, Gärtnerin oder dergleichen! Oder auch sie könnte Kinder in die Welt setzen, dafür haben wir ja Verwendung, könnte sich auf Häuslichkeit legen, Scheuern und schrubbern muß sie können!« Der Anblick der Probandin, die »mürrisch dreinsieht«, bedrückt die Prüfer. »Aus Höflichkeit versuchen wir, sie in eine Unterhaltung hineinzuziehen. Ein widerwilliges Ja oder Nein, eine knappe Handbewegung ist alles, was sie uns zur Antwort gönnt.« Das Mitleid der Michaelis steigert sich »zum Qualvollen. [...] Es gibt Dinge, die sinnlos sind. // Will man Schauspielerin sein, so muß man haben, was dazugehört. Aber diese groben, frostgeschwollenen Hände, dies sture strähnige Haar, dies tote Gesicht, dieser hängende Körper! Das Mädel glaubte selbst, daß es Komödie spielen kann. Sie will sich das Leben nehmen, wenn man ihr nicht erlaubt, eine Probe abzulegen. Das ist ihre fixe Idee, von der keine noch so brutale Offenheit sie abzubringen vermag. [...]. Mit beispiellosem Eigensinn beharrte sie auf ihrem: Darf ich denn zum Theater gehen? Man sagte: Kind, schlag dir die Gedanken aus dem Kopf, du hast weder Talent noch das erforderliche Äußere!« Endlich steht sie der Persönlichkeit gegenüber, der sie trotz aller schlechter Vorhersagen eine Probe ihres vermeintlichen Könnens abgeben will. Rundt kam. »Lächelte. Väterlich. Beruhigend. Begann mit einem kleinen freundlichen Vortrag darüber, daß die Laufbahn der Kunst ein Dornenweg sei. Selbst wenn sie Talent hätte – ein Dornenweg. [...] Helly hörte sicher gar nicht, was er sagte. ›Nun dann sagen Sie in Gottes Namen irgend etwas auf! Stellen Sie sich da drüben hin, neben den Kamin, so daß ich Ihr Gesicht sehe!‹ Sie nickte und erhob sich. Jetzt glich sie wirklich einer Kindesmörderin, die, in ihr Schicksal ergeben, vernimmt, daß das Todesurteil in lebenslängliche Zuchthausstrafe verwandelt worden ist. // Sie sah vor sich hin. Wir versanken für sie in den Erdboden. Die große Stirn zitterte nervös, wie Milch, die

Haut zieht. Die Pupillen wuchsen, schossen lange kalte Strahlen. Die Lippen spannten sich wie ein Bogen, bereit, vergiftete Pfeile zu entsenden. Der hängende Körper reckte sich, bekam Haltung, bekam Majestät. Eine Stimme – eine in Töne aufgelöste Seele – begann schwach, beinahe flüsternd: ›Dein Schwert ist von Blut so rot! Edward! Edward!‹[24] // Die Kraft der brüllenden Wasser des Niagara treibt Dynamos, Sonnenstrahlen werden als Telephondrähte verwendet. Warum nicht aus einer menschlichen Stimme ein neues Metall bilden, edler als Gold, und es zu dauernden Kleinodien für die große, schönheitsdurstende Menschheit umwandeln. // Sarah Bernhardts[25] Instrument ist vom Zahn der Zeit angenagt, Eleonora Duses[26] vom Leid zerbrochen. Aber in der Kehle dieses häßlichen, unbeholfenen neunzehnjährigen Mädchens [in Wirklichkeit war die Weigel erst siebzehn] ist der ganze Bann der Erkenntnis des Guten und Bösen erhalten, das Schluchzen und Klagen aller Vögel, das Rieseln aller Wasser, die Farben aller Regenbogen, Orgeltöne und Todesröcheln, die Schreie gebärender Frauen, der Jubel aller Liebesekstase – das alles und noch mehr ist darin enthalten. Eine solche Stimme macht wilde Tiere fromm und friedlich wie Lämmer, bringt erfrorene Pflanzen wieder zum Blühen, macht Steine erbeben. // Der Fachmann, der Theaterdirektor, beschattete seine Augen mit der Hand, als sei das Licht, das er sah, zu strahlend, zu blendend. Die Ballade war erst halb zu Ende, als er ihr ein Zeichen gab, innezuhalten. Gleichsam beschämt stammelte er: ›Das genügt! Das genügt!‹ // Aber Helly hört ihn nicht. Edward und seine Mutter schlossen die Rechnung ihrer Schmach ab. Als sie schwieg, hatte Edwards Fluch nicht nur die Schuldige getroffen, uns allen fror bis ins Rückenmark hinein. […] Das Mädel zerknüllte noch immer das Taschentuch, das nicht reiner geworden war. […] Der Direktor sagte – und seine Worte klangen beschämt: ›Ihnen rate ich nicht ab, zur Bühne zu gehen.‹ Und er fügte hinzu: ›Unterricht brauchen Sie nicht zu nehmen!‹ Mehr sagte er nicht. Er brach auf und ging. Späterhin am Tage äußerte er sich: ›Eines der größten dramatischen Genies, die jemals geboren wurden.‹ // Sobald er fort war, setzte das Mädel sich wieder in die Ecke, auf den äußersten Rand des unbequemen Stuhls. Jetzt ruhte die Hand still im Schoß, wie eingefrorene Möwen in einem Waldsee. Das Taschentuch lag auf der Erde. Das schwere Haar fiel müde über die schweren Augen herab. Der Bogen der Lippen war schlaff geworden. ›Bist du nun glücklich, Helly?‹ Sie nickte, ohne den Ausdruck zu verändern. ›So sieh doch vergnügt aus.‹ Aber sie veränderte den Ausdruck nicht. // Dies geschah um die Weihnachtszeit in Wien. Das häßliche junge Entlein ist im Begriff, sein Gewand abzustreifen und sich zu einem schneeweißen Schwan zu entwickeln. Es gibt Leute, die meinen, das Mädel sei immer schön gewesen. […]«[27]

Über die außerordentliche Schönheit oder außerordentliche Häßlichkeit der Helene Weigel werden die Meinungen immer geteilt bleiben.[28] Außerdem ist erstaunlich, wie die Michaelis hier bereits die Richtung und sogar die Rollen – oft Mütterrollen – erkannte, auf die sich das Talent der Weigel fortan hinbewegen sollte. Die Dänin wurde zur Mentorin und zur Vertrauten des noch zweieinhalb Jahre vor der Volljährigkeit stehenden jungen Mädchens. Es war bereit, die erträumte Karriere mit allen zwischen Himmel und Erde verfügbaren Mitteln anzugehen. Zwei Jahre später schrieb sie der Michaelis: »Sag, Karin, hast Du nicht gesehen, wie lieb ich Dr. Rundt hatte. Hast Du erfahren, daß er sich von seiner Frau scheiden läßt. Ich bin mitten drin gestanden und pendelte zwischen beiden hin und her. Die beiden finden sich schon irgendwie heraus, besonders er, aber das Kind wird bös und ruiniert, es benutzt schon jetzt mit fabelhaftem Raffinement seine Lage. Sie hat schrecklich gelitten, zumeist an ihrer Hysterie. Karin, erinnerst Du Dich an unsere Gespräche. Als ich Dir sagte, wie notwendig ich Zärtlichkeit und Liebe brauchte, hast Du mir gesagt, daß ich noch warten sollte, warum? Für mich gibt es die Gefahr, das Verlieren oder Verschlampen wirklich nicht, manchmal staune ich, wie klar und ruhig ich bin.«[29] Hier war sie selbst offenbar Mittelpunkt ähnlicher Situationen, in denen ihr später die jetzige Rolle der Frau Rundt zufiel. Freilich, ohne in Hysterie zu verfallen. Daß ein ménage à trois in Frieden möglich ist, hatte sie bereits auf der Schwarzwald-Schule gesehen. Deren organisatorische Seele, die junge und schöne Maria Stiasny, war Freundin der Schwarzwald und Geliebte von deren Gatten Hermann.

Da Rundt eine systematische Ausbildung nicht mehr für nötig erachtete, nahm Helene Weigel nur noch etwas Schauspielunterricht bei dem Burgschauspieler Arthur Holz und Sprecherziehung bei Rudolf Schildkraut.[30] Ende 1918 stand sie als Choristin und Kleindarstellerin zum ersten Mal auf einer kleinen Bühne im mährischen Bodenbach. Und im Mai 1919 hatte sie ein Engagement des experimentierfreudigen Arthur Hellmer[31] an das Neue Theater in Frankfurt am Main in der Tasche. Die immer noch ängstlichen Eltern, die für ihre unmündige Tochter zunächst nur Kurzverträge akzeptieren wollten, was sich aber als undurchführbar erwies, versagten ihr finanzielle Unterstützung. Aber Helene hatte von Karin Michaelis bereits die feste Überzeugung übernommen, daß eine Frau auch finanziell auf den eigenen Beinen stehen kann und muß. Sie schrieb ihr aus Frankfurt, daß sie sich in ihrem Vertrag drei Monate Urlaub ausbedungen hätte, »weil ich wahrscheinlich Juni, Juli in Berlin spielen kann. Auch muß ich zum Filmen kommen von wegen Geld. Ich bin ja so froh, daß ich meinen Vater nicht mehr in Anspruch werde nehmen müssen, [...] wegen der Kleider, und deshalb muß ich filmen. Karin, ich bin seit zwei Tagen sehr glücklich, ich habe jemand Wundervollen kennengelernt, wir haben sehr wenig miteinander gesprochen, aber ich verkrache mich bestimmt. Er ist übrigens Regisseur am Schauspielhaus. Ich glaube, ich war noch nie so heiter. [...] Diese Woche fange ich an, singen zu lernen.«[32] Werner Hecht hat recherchiert, daß 1919 am Schauspielhaus Frankfurt die Regisseure Walther Brüggemann, Gustav Hartung, Georg Lengbach und Mathieu Pfeil beschäftigt waren.[33] Offensichtlich hat sich die Weigel mit dem »Wundervollen« tatsächlich bald »verkracht«. Und mit dem Filmen klappte es auch nicht so rasch. Erst 1926 bekam sie eine Statistenrolle in Fritz Langs *Metropolis*.

Aber in Frankfurt hatte sie ungeheures Glück. Schon im September 1919 spielte sie die Marie in Georg Büchners *Woyzeck*. Daß ihr diese große Rolle zufiel, war, wie sie Bunge 1958 erzählte, »unter Kitschbedingungen« zustandegekommen, »was im Grunde nur im Film vorkommen könnte und nicht in der Realität, weil eine Kollegin, die die Rolle bekam, keinen Mut dazu hatte und sie mir gab.«

An Mut fehlte es der jungen Wienerin nicht, die ihre Chance beim Schopf ergriff und sich sofort mehr als einen Achtungserfolg erspielte. »Ein junges Talent, Helene Weigel, ließ aufhorchen. Sie gab die Frau mit prachtvollem Anlauf«, stand in den *Frankfurter Nachrichten*.[34] Die *Frankfurter Zeitung* sah in ihr schon einen Gewinn für die Stadt: »[…] ein neuer Name für Frankfurt, auf den wir Hoffnung setzen. Ohne die volle Sicherheit des Fertigen strömte sie Gefühl aus und Wärme, erregte sich zur Wildheit und vergaß sich. Ein wahres Temperament, dem wir Glauben entgegenbringen.«[35] Und der *General Anzeiger* notierte: »Ebenso verdient die derb naturalistische Wiedergabe der Marie durch Helene *Weigel* als eine Spielleistung hervorgehoben zu werden, die in ihrer ausgezeichneten Mimik und der Festhaltung des harten Sprachtones von bewußter Eigenart getragen war.«[36]

Regie führte Hellmer selbst. Den Woyzeck spielte der berühmte Albert Steinrück.[37] Mit dem achtundzwanzig Jahre älteren, großen und massigen Mann hatte sie ihre erste längere Liebesbeziehung. Ihm ist es gelungen, die Transformation des – laut Beschreibung der Michaelis – zunächst recht ungehobelten Geschöpfs in eine Dame einzuleiten. Ihre Tochter, Barbara Brecht-Schall, die den Mut zu drastischer Ausdrucksweise der Mutter geerbt hat, bezeugt, daß Steinrück sie dazu brachte, mit einer unguten Familientradition zu brechen. Angeblich soll sich nur die Großmutter regelmäßig gewaschen haben: »Helli hat dann sich waschen gelernt bei ihrem ersten Freund, dem Steinrück, der ihr gesagt hat: ›Mädchen, ab in die Wanne.‹ Dann wurde sie Sauberkeitsfanatiker, möchte ich sagen, im Gegensatz zu meinem Vater, der immer ein Ferkel war.«[38] Seinen damals wohl nur für die Bühne gegebenen Rat des äußerst sparsamen Schminkens hat die Weigel später zwar nicht für die Bühne, aber im Privaten zeitlebens befolgt.

Dem ungewöhnlich wirkenden, aber unübersehbaren Talent übertrug man von Anfang an nicht die jungen, glatten Heldinnen, sondern eher schräge, skurrile Rollen wie – einen Monat nach *Woyzeck*s Marie – das Weib in *Der Weibsteufel*. »Gewandt und schlangenhaft, meistert sie jede Situation […] eine sichere Beherrschung des Dialektes und ein Temperament, das flammengleich aufsprüht, kommen ihr in dieser

Helene Weigel als Dirne in *Könige* von Hans Müller, 1920, Frankfurt a. Main

Rolle zu Hilfe. Manchmal steigert sich ihre Leidenschaftlichkeit so sehr, daß ein Satz verheddert wird. Im Ganzen: eine
starke Begabung, die viel verspricht.«[39]

Einen glänzenden Erfolg hatte sie auch im März 1921 als
polnische Dienstmagd Pauline Piperkarcka in Gerhard Hauptmanns *Die Ratten*. »In dieser dummen und belämmerten Polin
schoß das rote Blut in Strahlen auf. Ihre Verzweiflung, ihre
triebhafte Sehnsucht, die blinde, furienhafte Kampfwütigkeit

dieses Muttertieres hatten urhafte Gewalt. Sie war das strotzende Weib, das Hauptmann gewollt, und hatte doch auch das Schmeichelnde, Katzige und Gutmütterliche.«[40] Kritischer, aber dennoch angetan ist Max Geisenheyner: »Helene Weigel drängte sich mit brennender Vitalität in den Vordergrund des Geschehens. Ihr Brüllen, Heulen und Schluchzen hatte Unterirdisches. Ein kleiner Vulkan begann zu speien. Worte, ja ganze Sätze wurden mit einer Vehemenz hochgeschleudert, daß sie oft ihren Sinn verloren. Auch im würdigen Tränenschluck ertrank manches. Aber das sind Zeichen jugendlichen Reichtums. Hier ist eine Künstlerin im Werden, die, unter guten Händen, eine erstaunliche Entwicklung finden könnte.«[41]

Da sie den Klischeebildern der jugendlichen Theaterheldinnen so wenig entsprach – als Amalie in Schillers *Die Räuber* war sie nach eigener Aussage »fürchterlich«[42] – und die Gefahr offensichtlich erkannt hatte, oft nur in effektvollen Neben- oder Kleinstrollen agieren zu müssen, spielte sie sich sehr bewußt auch in diesen Rollen in den Vordergrund – offenbar mit allen ihr zur Verfügung stehenden Mitteln, die zunächst vor allem die lauten gewesen sein müssen.

Als Zwanzigjährige wurde sie – im November 1920 – in Georg Kaisers Stück *Gas II* zum ersten Mal als Greisin eingesetzt, »die letzte Rolle, die der Theaterzettel nach einundzwanzig Blau- und Gelb- und anderen Figuren gerade noch verzeichnen mochte. Da erlebte man denn, daß eine Rolle nicht klein und wesenlos genug sein kann, um ein wahres Talent verbergen zu können; das mit einem Dutzend Worten schon erschüttert […]«[43]; »mit ihrem sonoren, von tiefer Empfindung getragenem Organ« wirkt sie »weit über die manirierte Feierlichkeit der übrigen Darstellerinnen hinaus. Sie besitzt in hohem Maße die Kunst der Instrumentation der Rede und verfügt über eine Biegsamkeit der Stimme, die sie befähigt, auch eine so fern liegende Rolle wie die der Greisin erfolgreich durchzuführen.«[44]

Wer die späte Weigel in asiatischer Zurückhaltung gesehen hat, wird zugeben, daß doch auch alle hier auftauchenden Beschreibungen des von Natur aus eher kochenden Talents als zweite Ebene ihres Spiels deutlich sichtbar blieben. Sichtbar als ›Einfühlung‹ in die Rollen, die sie auch bei Brecht nicht aufgab und die – zu dessen gelegentlichem Ärger – sogar zu echten Tränen auf der Bühne führen konnten. Ein solches Ereignis ist 1921 zum ersten Mal im Zusammenhang mit ihrer Darstellung der Meroe in Heinrich von Kleists *Penthesilea* bezeugt, wo sie: »[…] mit ihrer prächtigen, modulationsfähigen Altstimme […] den entsetzlichen Tod des Achilles in so bewegter Form erzählte, daß ihr selber dabei die Tränen in die Augen traten.«[45]

Obwohl die Weigel in Frankfurt vor allem in kleinen und kleinsten Charakterrollen geglänzt hatte, gelang ihr 1922 mühelos der Sprung nach Berlin. Das wahrscheinlich auch auf der Basis eines Kleingehalts erfolgte Engagement am Staatstheater schien Vater Weigl nun »doch ganz ehrenwert«, und er unterstützte seine Tochter fortan wieder mit regelmäßigen Geldsendungen.[46] Diese ermöglichten es ihr, ein sonniges Atelier in der Spichernstraße 16 zu mieten.

In der deutschen Kulturmetropole mit seiner riesigen Menge an Stars und Talenten war es offensichtlich zunächst schwerer, mit den kleinen Rollen, die sie auch weiterhin spielen mußte, ähnliches Aufsehen zu erregen wie in Frankfurt. Sie spielte 1922 die Adeline in *Napoleon oder die hundert Tage* von Christian Dietrich Grabbe, die Claudine in Molières *George Dandin* und eine Hexe in *Macbeth*. Aber erst ihre Gänsemagd in Nestroys *Titus und der Talismann* von 1923 scheint Theaterkritiker animiert zu haben, über sie zu schreiben: »Helene Weigel ist dialektecht und derb, wenn auch sehr lärmend wie alles, was diese erschreckend explosive Schauspielerin macht.«[47] In den *Hallischen Nachrichten* wurde sie sowohl als Gänsemagd in dem Nestroy-Stück, als auch als Latkina in dem zweiten, am selben Abend gespielten Stück *Sonkin und der Haupttreffer* von Semjon Juschkievicz gelobt. »[…] als vollsaftiges, originales komisches Talent durfte man Helene *Weigel*, die Gänsemagd, begrüßen.« In der Rolle der Latkina war sie offenbar sogar der einzige Lichtblick in der ansonsten mißglückten Aufführung: »Auch in diesem Stück fiel Helene *Weigel* auf, die eine rabiate, mit allen Mitteln operierende Bittstellerin eigenartigst in das Gedächtnis spielte.«[48]

Wenig wissen wir über die ersten Berliner Jahre der Helene Weigel. Was las sie? Wofür interessierte sie sich? In einer Selbstbiographie aus DDR-Zeit[49] erwähnte sie, daß ihr Interesse an der Arbeiterbewegung geweckt worden sei durch ihre Mitwirkung in einer Aufführung von Erich Mühsams[50] Stück *Judas* über das Scheitern der Novemberrevolution. Sie spielte die Studentin namens Flora Severin, die eine revolutionäre Zelle leitet. Die Aufführung des Mannheimer Volkstheaters war 1921 aus Protest gegen die Einkerkerung Mühsams zustandegekommen. Gespielt wurde vor 5000 Arbeitern, ohne Vorhang und ohne Pausen.[51] In der frühen DDR wurde Mühsams Werk nicht verbreitet. Es war eine Provokation zu offenbaren, über sein anarchistisches Gedankengut zur Arbeiterbewegung gekommen zu sein.

Emanzipierte junge Frauen wie die Weigel waren nach dem Ersten Weltkrieg in den großen Städten nicht selten. Wie lebte, mit wem verkehrte sie? Weder die verschiedentlich behauptete Liaison mit Friedrich Gnass[52] noch die mit Alexander Granach[53] können definitiv bestätigt werden. Auch von dem wie sie selbst aus Österreich stammenden Arnolt Bronnen[54] – in dessen Stück *Vatermord* sie 1922 in Frankfurt gespielt hatte – läßt sich nur verbürgen, daß er hin und wieder von ihr mit der heimischen »Wiener Mehlspeisküche« erfreut wurde. Bronnen konnte von seiner Wohnung am Nürnberger Platz 3 »genau in die Schräge von Helene Weigels Atelierfenster blicken […]. Bronnen arbeitete nachts, und es strömte in ihn ein mitreißendes, drängendes Gefühl, wenn er die anderen Lichtfenster sah, hinter denen andere arbeiteten; er fühlte sie alle wie Vorposten einer Armee, deren Feind die Dunkelheit war. Auch das Lichtdach in der Spichernstraße war ein solcher Vorposten.« Elisabeth Bergner[55], die mit der Weigel befreundet war, erinnert sich an ihre Überraschung, als sie sie eines Tages im Deutschen Theater traf und »einen auffallend dicken Bauch« bei ihr feststellte. Sie fragte: »›Wer ist denn das? Worauf sie mir in der Melodie aus dem *Verschwender*[56] antwortete: ›Da streiten sich die Leut herum‹ […]. Ein bißchen später erzählte sie mir aber, wer der Vater war.« Er hieß Bertolt Brecht. Da er materiell offenbar nichts zur Aussteuer seines Sohnes beitragen konnte, erhielt dieser seine »erste komplette Babyausrüstung« von Elisabeth Bergner. Brechts Vaterschaft wurde zunächst nur wenigen bekannt. Viele mögen gerätselt oder andere Väter in Betracht gezogen haben. So fuhr die Weigel »mit Fritz Kortner[57] in seinem Wagen herum, schon hochschwanger und glücklich wie im siebten Himmel«.[58]

Am 3. November 1924 wurde Stefan Sebastian unehelich geboren und zunächst unter dem Familiennamen Weigel auch in der Jüdischen Gemeinde registriert. Brecht war damals mit der Opernsängerin Marianne Zoff[59] verheiratet, mit der er die eineinhalb Jahre zuvor geborene Tochter Hanne hatte. Stefan wurde aber nicht nur Brechts Ehefrau gegenüber verheimlicht, sondern auch den Eltern der Weigel, in deren konservative Moralvorstellungen kein illegitimes Enkelkind paßte. Als sich der Vater einmal in Berlin angemeldet hatte, um nach dem Rechten zu sehen, bestellte Helene kurzerhand eine Freundin, die eine bei ihr zu Besuch weilende junge Mutter spielte. Sein auf dem Balkon abgestelltes Enkelkind hatte Vater Siegfried bei dieser Gelegenheit noch nicht zu sehen bekommen.[60]

Den Vorteil, brenzlige Situationen im realen Leben durch schauspielerischen Einsatz zur gewollten Wendung zu bringen, hatte die Weigel auch damals schon glänzend genutzt. Das Atelier in der Spichernstraße war für sie und den kleinen Sohn zu eng geworden. Marieluise Fleißer[61] berichtet, daß sie sich »als hochschwangere Person mit Tränen und Rotz« eine größere Wohnung in der Babelsberger Straße 52 »vom Wohnungsamt erkämpft hatte, sie betrachtete sie als einen schauspielerischen Erfolg«. Das Atelier überließ die Weigel dem bis dahin noch wohnungslosen Brecht, der es sogleich zum Arbeitsraum umfunktionierte für sich und seine im November 1924 »aufgefischte«, ebenfalls wohnungslose Mitarbeiterin Elisabeth Hauptmann.[62]

Marieluise Fleißer, die 1926 mit Brecht zusammen die Weigel in der Babelsberger Straße mehrfach besucht hatte, gab eine von Neid gezeichnete Beschreibung dieser Dachgeschoßwohnung. Diese ist ein früher Beleg für das – legendär werdende – Geschick der Weigel, mit einfachsten Mitteln gleichermaßen bequeme wie elegante Wohnlösungen zu finden: »Durch einen schrägen Gang trat man in den weiträumigen lichtgrünen Wohnraum, der in seiner Höhe noch ein Teil des Daches einbezog, man konnte sehr frei darin atmen. Darin stand nur rechts ein breites Lager, mit einem duftigen Gewölk von Volants überdeckt. Links vor der Balkontür ein Schreibtisch, dahinter zwei übereck gestellte schmale Liegebänke von spartanischer Einfachheit, sonst noch ein kleines Tischchen und ein paar sparsame Sitzgelegenheiten, die dorthingetragen wurden, wo man sie brauchte. In der rechten Hälfte führte eine Tür gleich ins Badezimmer, das mit schöner Intimität ins Wohnen mit einbezogen wurde, die andere ins Kinderzimmer, wo ein kleiner Steff damals noch auf beiden Händen und einem Hinterteil mit unglaublicher Behendigkeit den ganzen Boden entlang flitzte. Dann kam die Küche, wo die Haushälterin Martha [...] mit dem Herd und den Töpfen hantierte. Die Weigel unterhielt sich oft und aus Überzeugung mit ihr, weil man sonst, wie sie sagte, ein solches Geschöpf ja gewohnheitsmäßig zum Stummsein verdammte. Man konnte aber über den Gang auch anders herumgehen und kam dann gleich in das äußerste Zimmer, das außer einem Podest zum Sitzen und einer steilen Stiege, die unmittelbar in den Dachboden hinaufführte, nur mit einem überlebensgroßen Mann mit Gockshütchen[63] möbliert war, den Caspar Neher[64] direkt an die Wand gemalt hatte. Unvergeßlich der Blick von der Balkontür [...] in die Straße mit ihren eilenden Autos [...].«[65]

Über die erste Zeit ihrer Mutterschaft hatte die Weigel gesagt: »[...] die Karriere war etwas in den Hintergrund dadurch gedrückt, obwohl ich nie das Theaterspielen aufgegeben hab.« Schon 1925 wechselte sie vom Staatstheater an Max Reinhardts[66] Deutsches Theater, wo sie sich aber unterfordert fühlte. »Das Deutsche Theater schnappte alle Talente auf, hatte dann aber nicht genügend Aufgaben für alle.« Es gab einfach zu viele Schauspieler dort, der Betrieb lief anonym. Sie hatte keinen persönlichen Kontakt zum Intendanten. Reinhardt lernte sie erst im Exil kennen. Bemerkt wurde sie in Ibsens *Stützen der Gesellschaft* als Martha: »die Entsagung in Person, suggestiv in ihrem zerknitterten, ausgelöschten Menschentum, nur im Gefühl, wie stets, überbetont.«[67] Und in Bezug auf die Frau des Landarztes in *Dr. Knock oder der Triumph der Medizin* hieß es: »Helene Weigel war […] wie immer, eine saftige Type, die bald in größerer Rolle herausgestellt werden muß.«[68]

Ihren künstlerischen Durchbruch in Berlin hatte sie Ende 1925 mit zwei Gastrollen im Renaissancetheater. Im November trat sie in Luigi Pirandellos Stück *Das Leben, das ich dir gab* in einer kleinen Rolle als stumme Amme auf, »eine demütige, verkrümmte Dienerin, aus deren stillem Tun ein Mensch leuchtet«[69]. Außer von der Weigel wurden in der Aufführung wohl keine besonderen Leistungen präsentiert: »Und stärker und zwingender als die langen Monologe der Mutter[70] stellte in einer kurzen Vision die alte Amme der *Helene Weigel* die enge Verkettung zwischen Jenseits und Diesseits her, die den eigentlichen Sinn dieser Pirandello-Philosophie bedeuten soll.«[71] Und: »Am eindringlichsten die Amme Elisabeth der Helene Weigel. Wie ihre arme Magdseele bei überirdischem Empfinden die Tränen preßt, wie sie qualvoll ringt, ist auf Minuten – keinen anderen Ausdruck gibt es – so entsetzlich groß, daß wir so leicht es nicht vergessen können.«[72]

Einige Kritiken hoben ausdrücklich ihre gestische Kraft beim stummen bzw. leisen Spiel hervor. »Herrlich schließlich, wie *Helene Weigel* als alte Amme durch das Stück schlich, schief, schmal, schrägen Kopfes, lautlos daherschlurfend, der Gestalt gewordene Geist des Totenhauses.«[73] Fritz Engel im *Berliner Tageblatt*: »Ihr Aussehen, ihre Stummheit sind zwingend beredt, ihr Wort ist kaum verständlich.«[74]

Und in genau dieselbe Richtung ging auch die erste Kritik, die Herbert Ihering – damals schon Brecht-Förderer – über die Weigel schrieb, »die ausgezeichnete stumme Auftritte hatte«. Ansonsten aber: »Nie wieder Pirandello.«[75]

Die Entdeckung, daß sie nicht nur durch lautes, sondern eben auch durch leises bzw. sogar durch stummes Spiel außerordentliche Wirkungen hervorrufen konnte, machte sie vielleicht schon mit Brecht zusammen. Denn zugleich mit Pirandellos Amme hat sie die Rolle der Klara für Hebbels *Maria Magdalena* geprobt. Sie selbst gab an, daß dies die erste Rolle gewesen sei, die sie nicht nur mit dem Regisseur Theodor Tagger[76], sondern auch mit Brecht einstudierte.

Von den Pressemeldungen hier nur die wichtigsten. Walter

Steinthal beklagt, daß die »*Entdeckung* der Schauspielerin *Helene Weigel*« nur einer Art Zufall zu verdanken sei, denn das Deutsche Theater besäße keinen Überblick über die eigenen Talente, böte echten Begabungen keine Entfaltung. Helene Weigel habe sich »mit einem Schlag in die Reihe der Ersten gestellt.« Sie »lockert die Hebbelsche Starrheit, bis sie reines, tiefstes, heißes Erlebnis wird, wandelt das viel zu gestelzte Wort in Bewegung, Menschenform, Menschenschrei. Alle Rhetorik des mit vorgestriger Problemhaftigkeit belasteten Stücks fällt ab und rechts und links neben dieser Darstellerin nieder.«[77]

Die Weigel war sich diesmal ihrer Wirkung so sicher, daß sie es nicht mehr nötig hatte, die anderen Darsteller an die Wand zu spielen. Zeitlebens werden ihre Kollegen ihre große Bereitschaft und Fähigkeit zur Ensemblespielerin loben. Im *Börsen-Courier* ist nun bereits zu lesen: »Helene *Weigel*s Leistung beherrscht, ohne das Ensemble zu sprengen. Sie spielt – über das Problem der Ehre hinweg – die junge Generation, die am Starrsinn der alten zerbricht, mit Akzenten des Körpers und der Sprache, die weniger Hebbel als der jüngsten Dramatik zukommen.«[78]

Und Manfred Georg schreibt im *8 Uhr Blatt*: »Ihr Durchbruch auf der Berliner Bühne ist merkwürdig spät, sozusagen im letzten Moment erfolgt. Sie hat sich an diese Klara Hebbels angesogen, hat sie mit der Inbrunst ihres sich in die Rolle Einwühlens, das schon sonst bei kleineren Gelegenheiten auffiel, mit einer Kraft und einem Leid geladen, daß es war, als laufe plötzlich durch die gläsernen Adern der problematisierten Figur helles Blut und färbe sie lebendig. […] Im Bildhaften wird die Weigel am stärksten, wenn sie den Schnitt der Barlach-Figuren hat, deren schwere Körperbeuge, jene unwiderrufliches Elend bezeugende Knickung des Leibes, die Last des Draußen und die Not des Innen in einem zentralen Schmerz zu erfahren scheint.«[79]

Neben der auch in späteren Kritiken immer wieder erwähnten inhaltlichen Modernisierung bzw. Aktualisierung der dargestellten Gestalt ist Georgs Hinweis auf die bildhafte Verwandschaft des Weigelschen Spielgestus mit den Plastiken Ernst Barlachs[80] wichtig, der ergänzt werden muß durch den ebenfalls unabweisbaren Bezug zu den Zeichnungen und Skulpturen von Käthe Kollwitz[81]. Hier ist bereits ihre starke – tatsächlich ins Plastische ragende – Stilisierung von leidender, aber zugleich unbrechbarer weiblicher Stärke zu erkennen.

Georgs Kritik ist auch zu entnehmen, daß damals Weigels berühmte ›Knickung‹ der Hüfte erfunden war, eines ihrer gestischen Mittel, größten weiblichen Schmerz auszudrücken, der keine Worte und keinen Schrei mehr hat. 1969 hat sie über das ›Zusammenknicken‹ der Mutter Courage gesagt: »Eine Frau spürt den Schmerz viel stärker in ihrem Unterleib. Einen Schock auch.«[82]

Die Rolle der Klara hatte ihr die bislang besten Kritiken gebracht, zugleich die Theaterjournalisten aber auch polarisiert wie nie zuvor. Im *Berliner Tageblatt* war zu lesen: »*Helene Weigel*, sehr begabt, spielt die Klara falsch […] als *große Arie*.«[83] Und ein E. H. schreibt »Gewiß ist Helene *Weigel*, der man die Rolle der Clara gegeben hatte, eine beachtenswerte Begabung. Als Tochter des Meisters Anton aber war sie ohne jede Überzeugungskraft; ihr fehlt durchaus die Schlichtheit für diese Tischlerstochter, ihre Innerlichkeit wurde krampfhafte Unnatur.«[84]

Erst im dritten Jahr der Beziehung zwischen Weigel und Brecht wurde der Grundstein zur künstlerischen Zusammenarbeit gelegt, aus der sich nicht nur sofort eine neue Stufe des Erfolgs für die Weigel ergab, sondern auch wichtige – wenn auch noch nicht die entscheidenden – Orientierungen für ihr späteres Profil. Obwohl die wichtigsten gemeinsamen Entdeckungen noch ausstanden, kann heute gesagt werden, daß mit den von der Kritik sofort wahrgenommenen Erfolgen des ›leisen‹ und des ›gestischen‹ Spiels sicher der Übergang markiert ist zwischen einer Weigel, die durchaus auch im expressionistischen Theater einsetzbar gewesen war, und jener anderen Weigel, die die Brechtschen Botschaften besonders eindrucksvoll auf leisen Sohlen daherkommen ließ.

Der Umschwung war allerdings keineswegs radikal, denn bis Ende der zwanziger Jahre legte es die Weigel durchaus weiterhin darauf an, als »lärmendste Schauspielerin Berlins«[85] zu gelten.

Als Claudine in *George Dandin* von Molière mit Armin Schweizer als Lubin.
1. 9. 1927, Berlin, Theater am Schiffbauerdamm

Im Dezember 1925 bewies sie in einer Inszenierung von
Jerome K. Jeromes *Der Fremde*[36] mit »der Schilderung einer
zerlumpten Dienstmädchenseele die suggestive Sicherheit
eines sehr starken Talents«.[87] Julius Bab spendet allerhöchstes
Lob: »Die Weigel so stark im Physisch-Ungebärdigen, so zart
im Seelisch-Verstockten und Versteckten, immer mit den

schlichtesten Mitteln zur stärksten Wirkung vorstoßend, ist einfach *eine ganz große Schauspielerin*! In unserem doch reichen Nachwuchs, vielleicht nicht die großartigste und bestrickendste, aber wahrscheinlich die ursprünglichste und reichste Schauspielkraft, die wir überhaupt haben!«[88]

1926 kehrte sie dem Deutschen Theater den Rücken und war wieder am Staatstheater engagiert. Leopold Jessner[89] vertraute ihr in seiner Inszenierung von Hebbels *Herodes und Mariamne* delikaterweise die Rolle der Salome an, obwohl sie der herkömmlichen Vorstellung dieser Rolle, die mit einer erotisch aufreizenden Schauspielerin zu besetzen gewesen wäre, nicht entsprach. Dennoch war in der Nachtausgabe zu lesen: »Ihre Salome hat, bei aller Schreckhaftigkeit des Äußeren, selbst wenn sie bei der Bergner vorübergehende Anleihen macht, aufreizende Gesten und Töne.«[90] Und Emil Faktor schrieb im *Börsen-Courier*: »Bemerkenswert und trotz mangelhafter Erscheinung glaubhaft, die Salome der Helene *Weigel*. Da war Blut und Dampf darin.«[91] Die *Weltbühne* sprach ihr »Elektrisiertheit und Farbigkeit«[92] zu. Franz Servaes erkannte »mongolische Verschmitztheit«[93], Kurt Pinthus lobte eher die stillen Momente, die die Darstellung offenbar auch aufwies: »Aus diesem mehr atmosphärischen Ensemble heraus brach die Begabung der Helene *Weigel* als Salome. Diese Hilfsfigur wurde Solotragödie eines gemarterten Menschenwesens, selbst oder gerade in ihrem stummen Spiel von einer ungewöhnlichen Ausdrucksfähigkeit des Körpers und des Gesichts.«[94]

Anläßlich von *Herodes und Mariamne* schrieb auch Alfred Kerr im *Berliner Tageblatt* erste anerkennende Worte über die Weigel: »Die Schwester-Witwe Salome daneben: hysterisch von heut. Helene Weigel: wie aus Kautschuk oder molluskig voll Gift und Weh. Jeder dieser Menschen wird bei Jeßner ein Drama. (Die Weigel schon fast zu gesondert.)«[95] Kerr war der große Brecht-Gegner unter den Berliner Kritikern, der Antipode des Brecht-Förderers Ihering. Aber der Weigel wird Kerr Anerkennung und sogar Bewunderung niemals verweigern, selbst 1932 nicht, anläßlich von ihm in Grund und Boden gestampften Uraufführung von Brechts/Gorkis *Die Mutter*.

Einen Monat später trat die Weigel als pubertätsleidende Clementine in Marieluise Fleißers Erstlingsdrama *Fegefeuer in*

Ingolstadt in der Jungen Bühne Berlin auf, wo politisch engagierte junge Schauspieler oft ohne Gage spielten. Offiziell führte Paul Bildt[96] Regie, faktisch Brecht, der das Stück auch gefördert, empfohlen und in den Tagen vor der Premiere radikal gekürzt hatte. Die Inszenierung war insofern ein gewagtes Experiment, weil es sich um das Erstlingsdrama einer Frau handelte. In der Berliner Theaterlandschaft hatte seit 1919, seit der Uraufführung von Else Lasker-Schülers[97] Stück *Die Wupper* keinerlei Versuch mehr stattgefunden, Dramatik von Frauen auf die Bühne zu bringen. Für Brecht scheint das aber eine Selbstverständlichkeit gewesen zu sein. Die Fleißer sagte selbst, daß »in meiner Gegenwart [...] darüber nicht theoretisiert« wurde.[98] In der *Deutschen Allgemeine Zeitung* war aber zu lesen:»Frau und Drama scheint sich nach bisherigen Erfahrungen überhaupt schlecht zu reimen: hier sind bisher bestenfalls Knittelverse entstanden [...].«[99] Alfred Kerr beklagte Brechts – zu Recht vermutete – Eingriffe, lobt aber das große Talent der Fleißer – und das der Weigel:»Die Weigel wiederum, unter Hebbel-Jeßner neulich an die Nerven packend, ist hier sehr tapfer ein Familienmießnich, es bleibt ihr anzurechnen.«[100]

Monty Jacobs lobte offener:»Am stärksten: *Helene Weigels* Halbflügge, mit dem scheelen Blick auf die Große, die schon erleben darf, mit dem denunzierenden Lächeln, mit dem Eifer der Jugend, das eigene Weh zu beweinen.«[101] Und was Herbert Falk befremdlich und kritikwürdig scheint, ist deutlich als Einfluß Brechts auf die Spielweise der Weigel zu erkennen:»Helene *Weigel* gibt zu viel von ihrem Intellekt und drängt die Figur vom Lebendigen ins ›Literarische‹.«[102] Neben der Einfühlung in die Rolle der unglücklichen jüngeren Schwester war hier offenbar auch episches, d. h. erzählendes Spiel gezeigt worden, womit die Weigel zugleich interpretierend auch ›neben‹ ihre Rolle trat.

Seit 1925 gehörte die Weigel, obwohl sie nur selten in sogenannten Hauptrollen auftrat, zu den am meisten beachteten Schauspielerinnen der deutschen Kulturmetropole. Ich werde mich im folgenden nur auf die wirklich herausragenden Punkte ihrer Karriere beschränken. Im März 1927 provozierte ihre eindringliche Sprache als Witwe Begbick in Brechts Rundfunkbearbeitung von *Mann ist Mann* vielfache Beach-

Mit Heinrich George und Bertolt Brecht anläßlich der Aufführung von *Mann ist Mann* 1927 an der Berliner Volksbühne

tung in der Presse. Walter Steinthal: »Hätten alle Schauspieler die stimmliche Ausdrucksgewalt der Helene *Weigel*.«[103] Und Walter Israel schrieb: »Ihre Stimme machte diese plakathafte Figur, die eine Kreuzung zwischen Schankweib und philosophierendem Wesen ist, glaubhaft. Das Radio sollte auf sie achten.«[104] Die Bemerkung über das »philosophierende Wesen« deutet wieder darauf hin, daß sie hier nicht nur einfühlend, sondern auch episch gesprochen hatte.

Als das Stück am 31. Dezember 1927 mit Heinrich George[105] unter der Regie Erich Engels[106] in der Volksbühne aufgeführt wurde, hatte Brecht, laut Ihering, seinen »ersten durchschlagenden Massenerfolg«. Die *Dreigroschenoper* wurde erst in den kommenden Monaten geschrieben.

Seit mehreren Jahren schon hatte Brecht oft Co-Regie geführt, ohne selbst als Co-Regisseur zu zeichnen, eine Gewohnheit, die er zeitlebens beibehielt. Es war ihm offenbar wichtiger, als Dichter und Dramatiker in die Annalen einzugehen. Die damals blutjunge Schauspielerin Steffie Spira[107], die eine kleine Rolle bekommen hatte, erinnert sich an seine Arbeit mit der Weigel, bei der es hart zuging: »Brecht hat viel mit der Helli gearbeitet, auch auf den Proben hat er sich bei ihr mehr eingemischt als bei den anderen, er hat sie nicht lieb behandelt. Trotzdem habe ich sie nie weinen sehen. Ich kenne einige Regisseure, die mit ihren Damen heftig umgesprungen sind. Es war nicht einfach für Helli, denn auch dann, wenn Brecht sich mit der Grundhaltung einverstanden zeigte, war er trotzdem nicht zufrieden.«

Einen kuriosen Streit gab es bei den Proben zwischen der Weigel und Alexander Granach, die beide den Vorspruch bringen wollten, der halb singend, halb sprechend, dazwischen Trompetenklänge ausstoßend, vorgetragen werden sollte. Granach behauptete, daß der Vorspruch nicht von einer Frau vorgetragen werden dürfe und daß die Weigel nicht gut genug singen könne. »Helli aber behielt die Oberhand.«

Laut Theaterkritik aber war die Weigel wieder »sprachlich ausgezeichnet als Marketenderin, klar und gefährlich (bis auf einige zu laute und outrierte Stellen)«.[108] Alfred Kerr beklagte »abstruse Langweiligkeit und lärmdumpfe Leere« des Stücks, das »löchernd, rädernd auf die Nerven« fiele. Aber »Frau Weigel, Marketenderin, tut sich hervor: durch einen festen Dauerschrei, straffes Gegell; Peitschenton; Schenkelprofil; Prallsprung. Wacker.«[109]

Monty Jacobs: »Die Rolle der Kantinenwirtin, die in Darmstadt fast unbemerkt blieb, hebt *Helene Weigel* zur Bedeutung des Chorus. Diese Künstlerin gerät leicht in Gefahr der Überschärfung. Aber noch nie zuvor waren ihre Linien so fest, so präzis der Einsatz, so stahlhart ihr Ton. Daß das Leben auf Erden gefährlich sei, will Brecht in seiner Komödie zeigen. Im Grunde sagt er zwar nur, daß er es will. Aber wenn er es durch Helene Weigels Mund sagt, so glaubt es im Moment, erschauernd, jeder Zuhörer.«[110] Der *Lokal Anzeiger* erkannte in der Weigel ebenfalls bereits die kongeniale Brecht-Darstellerin: »Helene *Weigel* gab eine glänzende Leistung, die in Tempo und Ausdruck wohl am besten den Absichten des Dichters entsprach.«[111]

Felix Hollaender pries sie im *8 Uhr Abendblatt*: »*Helene Weigel*, schmetternd wie eine Fanfare, hell und klingend mit den Ausdrucksmitteln einer jungen Durieux[112].«[113] Die *Volkszeitung* pries die Weigel auch als »Sängerin der Brechtschen Chansons, die ihr klar und scharf zu Munde stehen.«[114] Ebenso die *12 Uhr Zeitung*: »Schließlich Helene *Weigel* klar,

Rudolf Schlichter: *Die Schauspielerin Helene Weigel*, 1928

hell, leuchtend, alles zusammenreißend, die Songs heraus-
schmetternd, von nachhallender Wirkung. Engel und Brecht
mußten sich mehrfach zeigen.«[115] Über das Singen bzw. auch
das Nicht-Singen der Helene Weigel wird später noch einiges
zu sagen sein. Die Bedeutung der Songs für zukünftige
Brechtsche Dramatik muß damals aber niemandem klarer gewesen sein als ihr. Tochter Barbara berichtet, daß die Weigel es

war, die die Songs der Dreigroschenoper »gerettet« habe. Als sich die Proben – auch wegen des plötzlichen Ausfalls von Carola Neher[116] – ihrem chaotischen Ende näherten, wollten alle an Stück und Regie Beteiligten – einschließlich Brecht – die Songs aus dem Stück herausnehmen. Zwar war auch die Weigel keineswegs vom Erfolg überzeugt, aber die Songs erschienen ihr doch bereits als der bessere Teil des Stücks. »›Brecht, laß es!‹«[117]

Ein neuer Abschnitt ihrer Karriere begann im Januar 1929 mit der Rolle der Dienerin in *König Ödipus* von Hugo von Hofmannsthal nach Sophokles unter der Regie von Jessner am Staatstheater.

Diese Rolle hatte die Weigel auch mit Brechts Unterstützung einstudiert. Aus seiner Sicht war ihr hier eine neue Spielweise zum ersten Mal in großem Format gelungen: die epische. Allerdings steckte die Theorie des epischen Theaters noch in den Anfängen. In einem sokratisch aufgebauten *Dialog über Schauspielkunst*, in dem die Position der als ›normal‹ geltenden Schauspielkunst als Gegenpart zu Worte kam, schrieb Brecht damals zum ersten Mal über die Weigel als Schauspielerin einer »neuen Art«. Der kritische Ausgangspunkt der neuen Spielweise war, daß die restlose Einfühlung des Darstellers in seine Rolle dazu führe, daß auch das Publikum sich nur noch in die dargestellte Person einfühlen könne, dadurch aber am tieferen Verstehen der Vorgänge gehindert würde. Im Theater der Einfühlung »fällt der Schrecken weg, der zum Erkennen nötig ist«. Um tieferes Erkennen von Vorgängen zu ermöglichen, sollen diese Vorgänge nicht gespielt werden, wie es der Einfühlung gewohnte Zuschauer erwartet. Sie werden verfremdet z. B., indem sie erzählend, interpretierend gespielt werden: »Als eine Schauspielerin dieser neuen Art die Magd im *Ödipus* spielte, rief sie, den Tod ihrer Herrin berichtend, ihr ›tot, tot‹ mit ganz gefühlloser, durchdringender Stimme, ihr ›Jokaste ist gestorben‹ ohne jede Klage, aber so bestimmt und unaufhaltsam, daß die nackte Tatsache ihres Todes gerade in diesem Augenblick mehr Wirkung ausübte, als jeder eigene Schmerz zustande gebracht hätte. Sie überließ also dem Entsetzen nicht ihre Stimme, wohl aber ihr Gesicht;

denn durch weiße Schminke zeigte sie die Wirkung an, die der Tod auf den Dabeiseienden ausübt. [...] Mit Staunen beschrieb sie in einem klaren Satz das Rasen und die scheinbare Unvernunft der Sterbenden, und in dem unmißverständlichen Ton ihres ›Und wie sie endete, wir wissen's nicht‹ lehnte sie, eine kärgliche, aber unbeeinflußbare Ehrung, jede weitere Mitteilung über diesen Tod ab. Aber herabschreitend die wenigen Stufen, waren ihre Schritte so weit, daß diese kleine Gestalt eine gewaltige Entfernung vom leeren Ort der Greuel zu den Menschen der Unterbühne zurückzulegen schien.«[118]

Auf Karl Valentin[119] geht die von Brecht schon einmal, 1924, in seiner Inszenierung von *Das Leben Eduards des Zweiten von England* angewandte Verschiebung zurück, Furcht und Angst nicht durch schauspielerische Mittel, sondern durch weißes Schminken des Gesichts darzustellen. Die erwünschte Wirkung ist eine komplexere Sensibilisierung und keineswegs – wie der epischen Spielweise oft unterstellt wird – ein kühles Abstumpfen angesichts des Geschehens.

Daß Brecht zur Beschreibung des Spiels der Weigel zunächst nicht auf die Gedichtform, sondern auf die dialektische Dialogform zurückgriff – was noch öfter geschah –, zeigt, wie sehr er sich der Neuheit und der Schwierigkeit des Unternehmens bewußt ist. Der Dialog verschweigt denn auch nicht, daß diese neue Spielweise der Schauspielerin zunächst kaum in ihrer Bedeutung wahrgenommen wurde.

»Welchen Erfolg hatte sie?

Bescheidenen; außer bei einigen Kennern. Vertieft in das Sicheinfühlen in die Gefühle der dramatischen Personen, hatte beinahe niemand an den geistigen Entscheidungen der Handlung teilgenommen, und es blieb jene ungeheuerliche Entscheidung, die sie gebracht hatte, fast ohne Wirkung auf diejenigen, die sie nur als Gelegenheit zu neuen Gefühlen betrachteten.«[120]

Hier werden einige »Kenner« zitiert, bei denen die erwünschte Wirkung offenbar doch hervorgerufen worden war: das bodenlose Erschrecken der Magd, aber eben auch die eigentliche Tragik der Vorgänge selbst, evoziert u. a. durch ein bestimmtes, bedeutungsschweres Hinabsteigen von Stufen. Max Hochdorf: »Dagegen schmetterte Fräulein Weigel mit bewältigender und schneidender Stimme den Greuelbericht aus dem Königspalast von Theben. So erschütterte die Haustragödie bis in die tiefen Nerven.«[121] Ihering: »Schrecklich sind die begründenden Verse der Magd (warum es gerade die Augen sein müssen, die Oedipus durchsticht). Gerade diese Magd jedoch spielt Helene *Weigel* (abgesehen von einigen österreichischen Stellen) hervorragend.«[122]

Es ist kein Zufall, daß die epische Spielform – in Zukunft mehr und mehr gestützt durch intensives Studium asiatischer Formen der Schauspielkunst – in einem antiken Stück ausprobiert wurde und – von einigen Kritikern – auch akzeptiert werden konnte: »Helene *Weigels* gellend besessene Magd« war erkennbar als eine »geniale, aus dem Geist der griechischem Tragödie geschöpfte Leistung [...].«[123] Denn die antike Schauspielkunst war ja wie die asiatische – und auch die von Brecht so bewunderte Schaustellerkunst Karl Valentins – eine epische gewesen und deshalb für seine Demonstrationen geeignet. Damals war noch keines seiner großen, für diese erneuerte, aber eigentlich alte Form der Dramatik geschriebenen Stücke auch nur angefangen. 1929 befand er sich mitten im Experiment der Lehrstücke, in denen durch die Verwendung von Laienschauspielern, die keine ›Einfühlung‹ gelernt hatten, das epische Element gewissermaßen naturgemäß in den Vordergrund treten konnte.

Da das epische Spiel von den westlichen Bühnen heute wieder fast verschwunden ist, muß an die kulturgeschichtlichen Zusammenhänge erinnert werden, in die diese Erfindungen einzuordnen sind. Sie stellten nicht – wie man heutzutage denken könnte – eine formale Marotte Brechts dar, um sich von der bestehenden Theaterpraxis abzusetzen. Deren vornehmstes Ziel sah er darin erschöpft, daß die Schauspieler unter »Zuhilfenahme der Suggestion [...] sich selber und das Publikum in Trance«[124] zu setzen suchen, in einen Zustand also, der die Manipulation des Individuums, aber auch ganzer Theatersäle, schließlich ganzer Menschenmassen möglich macht. Damals war es in Deutschland vor allem die faschistische Rechte, allen voran Hitler und Goebbels, die dieses Mittel auch zur politischen Manipulation der Massen einsetzte. Wenn Brecht damals darauf drang, daß das Theater Schauspielern und Zuschauern nicht nur das Mitfühlen, sondern auch das Mitdenken ermöglichen sollte, steckte hinter dieser Forderung nichts anderes als das Ziel basisdemokratischer Selbsterziehung zum Regieren – ein Ziel, das in seiner Radikalität und Praxisbezogenheit weit über andere emanzipatorischen Ansätze der damaligen politischen Linken hinausreichte.

Teil des Kulturkampfs also war die epische Spielweise. Die Weigel war damals ihre fortgeschrittenste Spezialistin. Es spricht aber gegen die Vorstellung einer einseitigen Radikalisierung der Methode gerade bei Brecht und Weigel selbst, wenn ausgerechnet Alfred Kerr, neben einer offenbar deutlich sichtbaren besonderen Technik der Schauspielerin, ihre Qualitäten der Einfühlung pries. Im Mai 1929 – vierzehn Tage nach ihrer Eheschließung mit Brecht – lobte er sie als Konstanze in Shakespeares *König Johann*: »Am stärksten ist hier Helene Weigel. Durch Sprechkraft und Bildkraft wie auf ein besonderes Eiland gehoben. Ihre Zunge hat sich bei Hebbel in einer Schmerzensfrau bewährt. Im Zusammenguß von Redenkönnen und Gefühl. Von Technik und Innenmacht. Jetzt ist alles gesteigert in einer die Welt schwärzlich-schmerzlich sehenden Mutter. Erliegendes Wild vor abwendbarem Grauen. // Ihr Gang, ihr erschlaffender Blick, im Absterben der Wesenheit, im vorschattenden Wahnsinn […] große Kunst.«[125]

Auch ihm sind ihre besondere Künste des Gehens aufgefallen.

»Havary«. Zusammenstoß zweier Schiffe

Beschreibe Sie!
Sie ist von kleinem Wuchs, ebenmäßig und kräf-
tig. Ihr Kopf ist groß und wohlgeformt. Ihr Gesicht schmal, weich, mit hoher, etwas gebogener
Stirn und kräftigen Lippen. Ihre Stimme ist voll
und dunkel und auch in der Schärfe und im Schrei
angenehm. Ihre Bewegungen sind bestimmt und
weich.
Wie ist ihr Charakter?
Sie ist gutartig, schroff, mutig und zuverlässig. Sie
ist unbeliebt.[1]

August 1923. Eine teils echt, teils ironisch ins Leidenschaftliche gesteigerte Jungmännerfreundschaft ist dabei zu zerbre-
chen. Die beiden Theater-Dichter, Bronnen und Brecht, hatten es – zumindest nach außen – darauf angelegt, den Eindruck schwuler Verliebtheit zu geben. Eines Abends tauchte
Brecht bei Bronnen am Nürnberger Platz auf, weil er eine
Übernachtungsmöglichkeit suchte. Bronnen war in Verlegen-
heit nicht nur, weil er Brecht immer noch mehr liebte, als er
sich von ihm geliebt fühlte. Heute erwartete er ein Mädchen.
»Die beiden jungen Männer lehnten dicht nebeneinander in
dem schmalen Fensterrahmen, [...] Bronnen war schweigsam
damit beschäftigt, die Nähe von Brecht zu genießen; sonder-
bar mischten sich in dem, was er fühlte, Körperliches und
Geistiges. Noch immer war in diesem Gefühl die Erinnerung
an den Rausch, in dem er die ersten Wochen mit Brecht [...]
durchlebt hatte [...], und er empfand es mit schmerzhafter
Trauer, daß dieses Nebeneinander, diese Kinder-Freundschaft
nicht dauern konnte. [...] Brecht, der prinzipiell auf Senti-
ments nicht einging, spann sein Garn über Theaterpraxis.
›Eine Schauspielerin müßte man haben‹, sagte er. // Wozu
braucht der eine Schauspielerin, dachte Bronnen erregt. Er
fühlte, daß Brecht über ihn hinausdachte, über ihn hinweg-
sah. [...] Unter dem schrägen Glasdach des Ateliers in der
Spichernstraße wurde das Licht angeknipst. [...] ›Dort wohnt

die Helene Weigel‹, sagte Bronnen, ›weißt, die früher in Frankfurt war, jetzt spielt sie bei Jeßner‹. Brecht wußte, aber er kannte sie noch nicht. ›Ich glaube, sie wird sich freuen, wenn du zu ihr kommst. [...] Ich ruf' sie an, daß du hinüber kommst‹.« Als Bronnen vom Telefonieren zurückkehrte, war Brecht schon verschwunden. »Eine Bindung hatte aufgehört, eine neue, größere, trächtigere, hatte begonnen.«[2]

1959 schilderte die Weigel die Sache aus ihrer Sicht: »Bei irgend einem zufälligen Aufenthalt Brechts in Berlin, kam er eines Abends an unter der Angabe, er hätte kein Nachtquartier! Und da blieb er dann auch.(Sie lacht.) Aber er hatte eine Decke mit! Und da hat der Bronnen behauptet, die hätte er bei ihm vom Sofa geklaut.«

Man war sich nicht unbekannt. Brecht hatte die Weigel wahrscheinlich im Februar 1922 in Frankfurt als galizisches Flüchtlingsmädchen in Bronnens Stück *Vatermord* gesehen. Auch waren sie sich bei den Proben und der Berliner Premiere der *Trommeln in der Nacht* im Dezember 1922 im Deutschen Theater bereits begegnet. Sie habe zu einer Gruppe von interessierten Schauspielern gehört, »die sich immer beteiligt haben an den Premieren der Schriftsteller, die gerade kamen und nicht anerkannt waren. Obwohl: der Brecht hatte damals schon den Kleist-Preis.«[3]

Die Weigel erlaubte dem Obdachlosen, in ihrem Wohnzimmer zu übernachten. Nachdem sie sich selbst in ihren Schlafraum zurückgezogen hatte, klopfte er nach einer Weile auch an diese Tür. Brecht behauptete, im Salon sei es ihm zu kalt. Die Weigel reagierte mit einer Ohrfeige, stellte aber eine zweite Decke zur Verfügung.

Über das erste Jahr der Liebesbeziehung gibt es kaum Dokumente. Ein Teil der frühen Briefe von Weigel und Brecht sind bei der Flucht aus dem schwedischen ins finnische Exil zurückgelassen worden. Hans Tombrock[4] hatte sie in den fünfziger Jahren zwar nach Berlin gebracht, aber ausgerechnet bei Ruth Berlau[5] hinterlegt, die sie weder Helene Weigel noch deren Kindern zurückgab.

Anfang der fünfziger Jahre berichtete die Weigel Rudolf Engel[6], einem Vertrauten, über einen Spaziergang mit Brecht in München. Was sie erzählte, muß hier in Engels Worten wiedergegeben werden: »›Ach, das war wunderschön‹, sagte sie. ›Er hatte ja damals 'ne Frau und er hatte auch ein Kind. Und wir haben uns kennengelernt und sind gleich zusammengeblieben. Und da sind wir mal in München spazieren gegangen. Und stell dir vor: die Katastrophe. In einer engen Gasse gingen wir beide auf der einen Seite und auf der anderen Seite kommt seine Frau mit dem Kinderwagen vorbei. Ich hab gesagt: Was wird er machen. Jetzt kommt doch die Katastrophe! Kam keine. Brecht grüßte freundlich rüber und sagte: ›Hallo!‹ und ging mit mir weiter.«

Brecht bekannte sich in Situationen wie dieser stets zur der Frau, die er gerade am oder im Arm hatte. Als er mit Bronnens Decke vor Weigels Tür gestanden hatte, war er seit einem dreiviertel Jahr mit Marianne Zoff verheiratet, der es auch nicht erspart bleiben sollte, ihren Mann in flagranti mit der Weigel zu ertappen. Die von beiden gleichermaßen vergötterte Tochter Hanne war ein halbes Jahr alt. Seine große Jugendliebe zu Paula Banholzer, von Brecht auch ›Bi‹ genannt, war – jedenfalls von seiner Seite – auch noch nicht beendet. Sie hatte 1919 einen unehelichen Sohn namens Frank geboren.[7] Brecht hatte Paula die Heirat versprochen, sobald Marianne niedergekommen sei.

»Die Ehe war ihm nicht wichtig«, erinnerte sich Marianne Zoff 1981. »Er hat nicht gern geheiratet. Ich und das Kind veranlaßten ihn dazu. Es sollte seinen Namen tragen, das mußte stimmen. Seine väterliche Zuneigung und Fürsorge hielt bis zu seinem Tod an.«[8] Daß Brecht der Eheschließung nur ungern zugestimmt hatte, daß er sie wegen der von vornherein außerordentlich unterschiedlichen Interessen und Haltungen für überflüssig, ja gefährlich halten mußte, ändert nichts daran, daß er Marianne und Hanne leidenschaftlich verbunden war. Folglich war die polygame Praxis nur als Schizophrenie lebbar. Jetzt und in den folgenden Jahren, war er überzeugt und überzeugend Mariannes Mann, wenn er bei Marianne war oder auch nur an sie schrieb.[9]

Und so war es auch im Falle der Helene Weigel. Mit dem Unterschied, daß die Weigel von vornherein das notorisch polygame Wesen Brechts als wahrscheinlich unabänderlich verstanden und angenommen hatte. Gegenüber Paula und

Marianne – denen Brecht auch einmal etwas vorlog – kam ihr der nicht zu unterschätzende Vorteil zugute, daß er ihr seine anderen Verhältnisse gestand und sie im Grunde auch über deren Ernst nicht im unklaren ließ. Ihr gegenüber war er offensichtlich befreit von der spießbürgerlichen Pflicht zu Treueschwüren.[10] Die eigenartige Nüchternheit der Beziehung kommt schon im ersten überlieferten Brief von Ende Dezember 1923 zum Ausdruck, den er ihr von Augsburg nach Wien schrieb: Ein schlichtes Prosagedicht.

> 1
> Zweite Hälfte Dezember
> Starke Langeweile
> 90% Nikotin
> 10% Grammophon
> Offensichtlicher Mangel an Büchern
> Jahreswende:
> Auf nach Mahagonny
> Bevorzugt!
>
> 2
> H W
> (zu deutsch:
>   Havary)[11]

Das Gedicht ist raffinierter, als es auf den ersten Blick scheint. Die beschriebene Langeweile soll verstanden werden als ›Schön, wenn du hier wärst‹. Es konnte nur eine äußerst selbstbewußte Frau sein, der er Sehnsucht nicht in mehr oder weniger gängigen Liebesformeln kundtun mußte, sondern durch die Beschreibung der Langeweile, in der er sich wiederfand, wenn sie getrennt waren. Und wie sollte die Adressatin das als Synonym ihres Namens verballhornte Englisch: »Havary« verstehen? Zweifelsohne wird hier eine ›Havarie‹ (engl. eigentlich ›average‹) evoziert, ein Zusammenstoß zweier Schiffe. Wenn Herbert Frenken recht hat, daß die Schiffsmetaphern, die Brecht in den Jahren zuvor verwendet hat, Symbole für Frauen gewesen sind, die vor ihrem Untergang von Haien, Aalen oder einem Marterpfahl penetriert werden,[12] so meine ich nun, daß das hier plötzlich auftauchende Bild der Havarie Neues evoziert: Derjenige, der Hai bzw. Aal bzw. Marterpfahl gewesen sein soll, paßt sich diesmal erstaunlich an. Er hat nun selbst die Gestalt eines Schiffes angenommen. Einer Frau! Und es bleibt durchaus offen, wer wen gerammt hat.

Brecht hatte offenbar erstmals das Gefühl, daß eine Begegnung Gleicher stattgefunden hatte.

Zu den Bedingungen, die Brecht für sein Arbeiten brauchte, gehörte das unabhängige Wohnen. Hat es die Weigel gestört, daß ein normales Familienleben dadurch von vornherein ausgeschlossen war? Jedenfalls scheint sie seinem Wunsch, sich zurückzuziehen, wann immer er es brauchte, nicht mit Sehnsuchtsklagen oder Eifersucht begegnet zu sein, sondern mit eigener Distanzsetzung. Gerade aus den frühen Briefen geht deutlich hervor, daß er sie nicht treffen konnte, wann er wollte. Er mußte vorsichtig anfragen. Auch wußte er nicht, ob noch andere Männer im Spiele waren. Briefsätze wie: »Gehe ich Dir ab??? Bist du auch zurückhaltend gegen die Herren und ordentlich früh und spät??? Ich will da nichts hören müssen und jetzt küsse ich Dich, Helli«[13], sind wohl nicht nur humorvoll gemeint. Sie war oder tat schreibfaul, was ihn frustrierte: »Ein Brief kostet zehn Pfennig.«[14] Immer wieder beklagte er sich über fehlende Nachrichten von ihr.

In einem weiteren Brief an »Helletier« nach Wien zur Jahreswende 1923/1924 steht: »Schreibe mir, wie lang Du dort bist, und depeschiere, wenn Du plötzlich abreist, ich wäre gern nach Paris gereist nur für acht Tage, wenn Du das willst, komm gleich über München. // Ich habe den Schnee satt // Bist Du allein // Ich küsse Dich.«[15]

Zur gemeinsamen Parisreise kam es damals nicht. Aber sie trafen sich in München, wo die dramatische Begegnung mit Marianne Zoff und dem Kinderwagen stattfand. Dann fuhren sie zusammen nach Berlin zurück. Die »Fahrt nach Berlin mit Dir zusammen« hatte ihn »müde« gemacht.

»Wann hast Du wieder Zeit? [...] Ich bin Ihnen fortdauernd reichlich gewogen, Madamme.«[16]

Brecht hat sich der Weigel gegenüber rasch als notorisch polygamer Mann bekannt. Ihre Haltung dazu war mehr als Toleranz. Sie ist zu umschreiben nur als ganz souveräne Kraft und Risikobereitschaft.[17] Mitte Februar 1924 versuchte sie in Brechts Auftrag, Paula Banholzer nach Berlin zu holen, nachdem diese brieflich die endgültige Trennung und ihre am 1. März 1924 vorgesehene Eheschließung mit einem gutbürgerlichen Mann angekündigt hatte. Da Brecht nicht antwortete, wertete Paula sein Schweigen bereits als »stilles Einverständnis«. Aber sie hatte sich getäuscht. »Zwei Wochen vor meiner Hochzeit kam ein Anruf aus Berlin. Helene Weigel war am Telephon und sagte mir, daß mich Brecht für ganz, und zwar sofort, nach Berlin holen wollte. Alles sei gelöst. Er habe bereits eine Stelle bei einer Bank besorgt, habe für die gemeinsame Wohnung und für alles andere Sorge tragen können. Mit dem Befehl, ich solle nun meine Koffer packen, beendete Helene Weigel das Gespräch, ohne auf meine Antwort zu warten. Am nächsten Tag kam Helene Weigel persönlich nach Augsburg. Meine Mutter bot ihr eine Tasse Kaffee an, und wir setzten uns zusammen. [...] Ich fragte nach Brecht. Sie sagte mir, daß er so schnell nicht von Berlin habe wegfahren können, und daß er deshalb, da die Zeit dränge, sie geschickt habe. [...] Helene Weigel sprach lange mit mir, aber sie verfügte natürlich nicht über die Überzeugungskraft von Brecht. [... Sie] verabschiedete sich mit verstörtem Gesicht, als sie merkte, daß ich nicht umzustimmen war.«[18]

Von der späteren Weigel soll der Satz stammen: »Brecht hat viele Frauen gehabt, aber geliebt hat er nur die Bi.«[19]

Immerhin ist dies das einzige von unzähligen Zeugnissen über die Weigel, in dem ihr mangelnde Überzeugungskraft bescheinigt wird. Paulas Entschiedenheit, sich ihren bereits festliegenden Heiratstermin, den 1. März, nicht mehr ausreden zu lassen, muß für sie eine enorme Erleichterung gewesen sein.

In den Tagen nach diesem Besuch in Augsburg wurde Helene Weigel schwanger.

Und Ende August – sie war etwa im sechsten Monat – traute sich Brecht, ihr aus Augsburg zu schreiben, daß Paula ihre Ehe am liebsten schon wieder auflösen wollte: »Die Bi ist sehr unglücklich, ich traf sie, sie möchte eine Stellung irgendwo, Berlin oder Potsdam, Büro oder Haustochter. Vielleicht frägst Du herum? Ich wäre froh um ein leeres Zimmer, weißt Du. […] Jetzt küsse ich Dich.«[20]

Es ist wiederum der einzige bekannte Fall, daß die Weigel ein Wohnungsproblem nicht gelöst hat. Paula Banholzer, die nun den Namen Groß trug, mußte noch viele Jahre, bis zum Tode ihres Mannes, eine geduldige Ehefrau sein. Groß erfüllte sein vor der Hochzeit gegebenes Versprechen nicht, den damals fünfjährigen Frank in die Familie aufzunehmen.[21]

Woher nahm die Weigel ihre Kraft und Toleranz? Deren Wurzeln sind auf die Einflüsse zurückzuführen, die vom liberalen Wiener Milieu um Eugenie Schwarzwald ausgingen. Diese und Karin Michaelis gehörten der großen, schon in der Mitte des vorigen Jahrhunderts beginnenden Bewegung sexueller Liberalisierung an, die wichtige klinische Bestätigungen durch Sigmund Freund gefunden hatte.[22] Zwar gibt es keine Dokumente darüber, daß sich die Weigel selbst mit dem Theoriegebäude ihres damals bereits berühmten Nachbarn aus der Berggasse auseinandergesetzt hat. Sie wurde aber vom kulturellen Milieu geprägt, das vor und mit dem wachsenden Einfluß von Freuds Theorien zu einer völlig neuen Betrachtung des Sexuellen gekommen war. Ihre Klassenkameradin und Freundin Elisabeth Neumann heiratete den Schwarzwald-Schüler Siegfried Bernfeld. Er studierte bei Freud, wurde selbst Mitglied der psychoanalytischen Vereinigung und entwarf ein demokratisiertes Konzept einer Sexualreform, das noch in der Bewegung der 68er Bedeutung hatte. Demokratisierte Projektionen über Freud hinaus entwickelte auch Weigels enge Freundin Maria Lazar[23], ebenfalls Schwarzwald-Schülerin, Schwester von Auguste Lazar. Sie war Journalistin und Schriftstellerin und vergötterte Freud. In ihrer späteren Kopenhagener Wohnung hing als einziger Wandschmuck ein großes Foto von ihm. Maria Lazar wurde ebenfalls von Karin Michaelis freundschaftlich gefördert. Gegen Ende der zwanziger Jahre wurde sie auch ihre Übersetzerin. Lazars Bestseller *Die Vergiftung* hielt Karin Michaelis für ein »wahres Meisterwerk der Seelenanalyse«.[24] Victor Klemperer[25], der mit beiden Lazar-Schwestern befreundet war, gab 1926 in seinem Tagebuch eine wohl recht treffende Beschreibung Marias: »Sie ist die Frau eines Strindbergsohnes[26], hat ein hübsches Kind von ihm, läßt sich eben scheiden. Wiener Jüdin, Literatin, Bolschewistin. Rock nicht ganz bis zum Knie, Bubikopf, dunkle Ponys, scharfes, sinnliches u. intellektuelles Gesicht, Wiener Jargon, bei allem unaffectiert, eine Kinofigur.«

Die Beschreibung paßt eigentlich auch auf die Weigel. Zur emanzipierten Frau gehörte damals das kurzgeschnittene Haar. Aber auch die Zigarette. Weigel, Lazar und auch Karin Michaelis waren starke Raucherinnen.

Die Bücher von Karin Michaelis hatten sowohl die soziale als auch die sexuelle Emanzipation der Frauen zum zentralen Thema. Von ihrem Bestseller *Das gefährliche Alter*, der seit 1910 auch in deutscher Sprache vorlag, befindet sich in Brechts Nachlaßbibliothek ein Exemplar von 1928, in dem eine bis dahin erreichte Auflagenhöhe von 187 000 angegeben ist. Aber die Weigel hat sicher mehrere, nicht nur das berühmteste der Bücher ihrer Mentorin schon als Schülerin gekannt.

Eine Dame im »gefährlichen Alter« von 42 Jahren zieht sich sowohl von ihrem Ehemann Richard als auch von ihrem unerhört gebliebenen jungen Anbeter Malte zurück. Auf der Grundlage einer Erbschaft will sie den Rest ihrer Tage in einem einsamen Haus verbringen. Sie macht Tagebuchaufzeichnungen mit allerhand Betrachtungen über das Frau-Sein und schreibt Briefe an Freundinnen und Freunde, die Probleme in der Ehe und im Geschlechtsleben haben. Die Briefschreiberin geht davon aus, daß es unterschiedliche sexuelle Temperamente gibt.
1. Der Witwe Magna soll von der Familie des Mannes die Kinderpension gestrichen werden, weil sie Liebhaber hat. Die Briefschreiberin rät ihr einzusehen, daß ihre Eheschließung von vornherein falsch gewesen war, »ein Mensch mit Ihrer Natur dürfte niemals durch Ehebande an einen Mann geknüpft sein und dürfte auch nicht Kinder in die Welt setzen«. Magnas starke Sinnlichkeit, ihr Temperament war eine Qual für ihren »stillen, vornehmen Mann«, wie auch er eine Qual für sie gewesen war. Magna soll auf die Unterstützung durch die Schwiegerfamilie verzichten und leben, wie es ihrer Natur

entspricht. Die Briefschreiberin bietet Magna einen Kredit an, damit sie eine Berufsausbildung beginnen kann.

2. Die Briefschreiberin an einen verlassenen Ehemann: »Wenn Lili Ihnen sagte: Ich liebe Schlegel und habe ihn schon seit vielen Jahren geliebt! so bedeutet dies nicht: Und während all dieser Zeit ist meine Liebe für Dich erloschen gewesen. Nein, Lili liebt Sie und sie liebt ihn. Das Ganze ist so einfach und verwickelt zugleich. Sie werden denken, entweder liebt man den einen oder den anderen. Und sie werden mit einer gewissen Berechtigung behaupten, daß Lilis Fortgang aus dem Hause auf alle Fälle beweist, daß Sie zu diesem Zeitpunkt Schlegel allein liebt. Trotzdem behaupte ich, so verhält es sich nicht.« Der Gatte wird zu Toleranz ermahnt. Seine Liebe zu Lili soll »keine reine, bloße Eigenliebe« sein.

Die Gestalt der Briefschreiberin selbst gewinnt am Ende eine tragikomische Dimensionen. Sie bekennt in einem Brief an Malte, daß sie als junges Mädchen nur daran dachte, ihre Schönheit zur Eroberung eines reichen Ehemannes zu nutzen. Als Sechzehnjährige verführte sie einen alten Landrat. Es kam fast zur Heirat – hätte nicht der Landrat selber die falsche Konstellation erkannt und sich durch Vortäuschung einer Krankheit seinem Eheversprechen entzogen. Doch auch ihre spätere Ehe sei von vornherein ökonomisches Kalkül gewesen. Und ihn, Malte, hätte sie nicht erhört, um das sorgsam errichtete Gebäude ihres Lebens nicht zu zerstören. Nun erst ist ihr klar geworden, daß sie ihr Leben nicht klug geplant, sondern verspielt hat. Und jetzt ruft sie ihn. Nach zehnjährigem Warten ist er aber eine andere Bindung eingegangen. Die Briefschreiberin lädt nun sogar ihren Ex-Ehemann ein, erfährt aber, daß er sich gerade mit einer Neunzehnjährigen verlobt hat.[27]

Dieser überraschende Schluß von *Das gefährliche Alter* legt übrigens auch die Vermutung nahe, daß von Karin Michaelis ein literarischer Einfluß auf Brecht ausgegangen ist, der es ja bekanntlich stets für nützlich hielt, von Erfolgreicheren zu lernen. Das Buch war in einfacher Sprache geschrieben, geeignet, ein großes Publikum anzusprechen. Dennoch handelte es sich um das Gegenteil eines Trivialromans, denn die bürgerlichen Familienverhältnisse wurden nicht verklärt, sondern scharf kritisiert. Der Schluß basierte auf jenem dramaturgischen Kniff, den Brecht später u. a. in *Die heilige Johanna der Schlachthöfe* und *Mutter Courage und ihre Kinder* anwandte: nicht die Protagonistin hat gelernt, sondern das Publikum kann lernen.

Schon die ganz junge Weigel teilte sicher Michaelis' Auffassungen von der Unbedingtheit des Sexuellen, von der Nicht-Kongruenz des Sexuellen mit dem Sozialen sowie die Vorstellung verschiedener sexueller Temperamente, die möglichst ausgelebt werden sollten. Die immer wieder beschworene Bedingung dieser Freiheit ist allerdings die materielle Unabhängigkeit der Frau. In den Figuren der Magna und der Lili hatte die Michaelis sexuelle Temperamente beschrieben, die die Weigel später bei Brecht wiederfand. Deshalb hat sie auf seine polygame Veranlagung nicht panisch reagiert. Die Gestalt der Briefschreiberin selber schließlich verkörpert den von Michaelis/Weigel/Brecht als historisch überholt angesehenen Typus der Frau, die ihre sexuellen Wünsche verdrängt und ihren Körper in die bürgerliche Ehe verkauft. Und wenn Barbara Brecht immer wieder versichert, daß die Weigel – und offensichtlich Brecht ebenfalls – ihre Kinder vom Wissen um die polygame Lebensweise des Vaters lange Zeit abgeschirmt haben (»Seine Affären und so, das habe ich erst viel, viel später mitgekriegt, daß der also Weiber hatte. Waren für mich seine Sekretärinnen. Man hat mich nie damit belastet, mit so was.«[28]), ist auch hier ein Verhalten zu erkennen, das identisch sein könnte mit dem, was in Michaelis' Buch der Magna empfohlen wurde: sie soll ihre Liebhaber nicht zu Hause empfangen, weil es für die Kinder besser sei, davon nichts zu wissen. Diese Praxis hat allerdings auch dazu geführt, daß wir über das erotische Leben der Weigel, das sie möglicherweise unabhängig von Brecht noch führte, nichts Genaues erfahren können. Was auch immer gewesen oder nicht gewesen sein mag, eine passiv duldende Betrogene war sie sicher nicht.

Nicht nur der Massenerfolg von *Das gefährliche Alter* zeigt das Ausmaß der Emanzipationsbewegungen vor, in und nach dem Ersten Weltkrieg. Die Freizügigkeit, in der sich die Beziehung zwischen Weigel und Brecht entwickelte, war besonders in Künstlerkreisen – aber nicht nur dort – keineswegs selten. Kurt Weill[29] und Lotte Lenya[30] hatten eine offene Beziehung, aus der vor allem Lenya immer wieder ausscherte. Walter Benjamin[31] konnte sich lange nicht zwischen seiner Frau Dora und Asja Lacis[32] entscheiden. Lion Feuchtwanger trat seine berüchtigte Reise in die Sowjetunion mit zwei Freundinnen an, während seine Frau Martha zu Hause blieb. Maria Osten[33], als Mitarbeiterin des Malik-Verlages und später als Redakteurin beim Moskauer *Wort* in häufigem Kontakt mit Brecht, war geradezu ein Prototyp damaliger Freizügigkeit. Dazu gehörten auch homosexuelle bzw. lesbische Experimente.

Helene Weigels Verhalten gegenüber Brecht ist also weniger rätselhaft, wenn man die sexualreformerischen Einflüsse in Rechnung stellt, die von Karin Michaelis und Maria Lazar ausgingen. Die Briefe, die sie der Michaelis aus Frankfurt schrieb, zeigen, daß diese ihre Ratgeberin in intimsten Fragen war. Und aus den Notizbüchern der Michaelis geht hervor, daß sich beide auch in den zwanziger Jahren in Berlin getroffen haben.

Die mittlerweile wieder weltweit anwachsenden puritanischen Bewegungen – und ihr notwendiges Pendant: die zunehmende Kommerzialisierung des Sexuellen – stellen die sexuelle Emanziaption auf der Basis materieller Autonomie der Personen erneut in Frage. Deshalb möchte ich darauf hinweisen, daß die Bücher von Karin Michaelis seinerzeit auch schon von Frauenrechtlerinnen wie Clara Viebig[34] bekämpft worden sind. Auch in der feministischen Bewegung hat es immer schon eine starke Strömung gegeben, die die Disziplinierung der Männer in der Monogamie als aussichtsreicher für die Sache der Frauen angesehen hat als die von der Gesellschaft zu sichernde materielle Autonomie der Personen.

Als die Bücher der Michaelis 1939 in Deutschland verboten wurden, hieß es im ersten Punkt der Begründung: »individualistisch im Sinne der extremen, auf Zerstörung der Ehe und des Familienlebens ausgehenden Frauenrechtsbewegung«[35]. Auf die anderen Punkte, die das Verbot begründeten, wird später eingegangen.

Marianne Zoff besaß weder die Toleranz noch die Kraft, die ihr die Beziehung zu Brecht abverlangte. Schon im ersten Jahr ihrer zumeist ohnehin auf Distanz gelebten ›Ehe‹ – sie war in Wiesbaden engagiert – ertrug sie kaum noch die Wechselbäder von Eifersucht und Liebesrausch, in die sie durch Brecht versetzt wurde. Jahrelang wurde ihr kein reiner Wein eingeschenkt. Das hatte einerseits den Grund in Brechts Schizophrenie, denn er liebte sie tatsächlich. Andererseits hatte er wohl auch berechtigte Angst vor den Kosten einer Scheidung. Nachdem ihm Marianne im Herbst 1923, also kurz nach Hannes Geburt, eine Eifersuchtsszene gemacht hatte, er selbst aus irgendeinem Grunde ebenfalls eifersüchtig war, drohte er bereits mit einer »Scheidungsklage gegen Dich wegen Ehebruch«, beteuerte aber zugleich: »Ich bin ohne Verbindung mit irgend jemandem«[36], obwohl die Beziehung zur Weigel bereits bestand.

Doch jahrelang kam es immer wieder zu Versöhnungen mit dem »Mariandl«. Weil es ihr gesundheitlich schlecht ging und er durch die Aufführung von *Das Leben Eduards des Zweiten von England* einige Einnahmen hatte, unternahm er Anfang April mit ihr und Hanne eine für drei Monate geplante Reise nach Capri.

Dort muß ihn die Nachricht von Helene Weigels Schwangerschaft erreicht haben. Ganz sicher war sie wohl noch nicht. Er schrieb ihr am 18. April:

»Liebe Helle, ich bin in Capri mit Marianne, die sehr elend dran ist. Bitte schreib mir genau, was in Berlin los ist und wie's Dir geht! […] Ich freue mich sehr auf Berlin und die Spichernstraße.«

Und dann folgt: »Sei *nicht* blöd, kein Grund!!!«[37]

Sie sollte also vor allem ruhig bleiben.

Da er vorhatte, drei Monate in Italien zu bleiben, muß die zu treffende Entscheidung nicht leicht gewesen sein. Brecht unterbrach seinen Urlaub, ließ Marianne auf Capri zurück und traf sich mit der Weigel Ende April in Florenz.

Sie entschied, das Kind zu behalten.

Er kehrte zu Marianne zurück, die von der neuen Konstellation nichts ahnte und sich offenbar schnell erholte. Am 9. Mai setzte sie unter einen Brief Brechts an Bronnen ein paar Sätze hinzu: »[…] wir hoffen, daß Du mit uns an die Ostsee gehst im Sommer – ich bin braun wie ein Negerweib und gesund wie noch nie [...]«[38]

Ende Mai oder Anfang Juni schrieb Brecht der Weigel noch immer aus Italien. Er legte Wert darauf, sie über Mariannes sehr gebesserten Zustand zu unterrichten. Wollte er ursprünglich ein Gedicht schicken? Dem Inhalt des Briefes gab er wieder Versform:

Liebe Helle,
es ist eine verfluchte blaue Limonade
Eine halbe Stunde baden und Kajakfahren
Zwei Stunden essen im ganzen
Rauchen, Zitronenwasser, Sechsundsechzig, alles
    zusammen vier Stunden
Und dann
Aber jetzt ist Cas[39] gekommen und morgen gehe ich mit
    ihm los auf Neapel
Dort gibt es Drinks, Musik und Syphilis
Ich denke, daß ich in ein bis zwei Wochen in Deutschland
    bin
Marianne ist viel besser dran jetzt
Sie bleibt noch in Capri sitzen
Es war sehr gut, daß ich sie hierhergebracht habe
Dann geht sie nach Mondsee in Österreich, wo ihre
    Mutter ist und ihr Kind für den Sommer
Sie wird ganz erholt sein danach [...]

Erst gegen Ende des Brief-Gedichts fragte er nach ihrem und dem Befinden des in ihrem Leib wachsenden Kindes, von dem er annahm, daß es ein Junge war und dem er – von seiner Umgebung inspiriert, einen italienischen Namen gab. Gegen Ende des Brief-Gedichts eine Merkwürdigkeit. Für Helene brachte er offenbar kein Liebesgedicht zustande. Unverfroren verweist er auf etwas Berühmtes aus alter Zeit. Sie soll es nachlesen.

Was tust Du
Ich freue mich ordentlich auf Dich und Pietro
Wird er auch groß und dick und lustig

Und ist seine Mutter eine Augenweide
Und singt I have no bananas
Und hält seines Vaters Bett bereit
Wie es geschrieben steht
Und weiß, was ist, und kennt das Hohe Lied Salomos und
    weiß, es ist das zweite Kapitel, Vers 10–15
Und damit einen Kuß auf den Hals unter dem Kinn, Du
    weißt es[40]

Es wird dabei bleiben, daß Brecht sich nicht in der Lage sieht, für Helene Weigel Liebesgedichte im herkömmlichen Sinne zu schreiben. Das muß an der Besonderheit des Verhältnisses liegen. Die alten Worte können es nicht fassen. Mit dieser Frau war er eine Beziehung eingegangen, wie sie wohl nur selten zwischen einem Paar zustande kommt: eine Beziehung unter Aufgabe des gegenseitigen Besitzanspruchs. Und unter ausdrücklichem Respekt der Beziehungen, die zu anderen bestehen.

Als in Florenz die Entscheidung für das Kind fiel, war klar: Brecht war nicht frei. Mehr noch als an die Mütter fühlte er sich an deren Kinder gebunden, an Hanne, die seinen Namen trug, und Frank Banholzer, der immer noch in Kimratshofen lebte. Die Weigel war offenbar noch frei. Aber im Gegensatz zu dem, was als weibliches Normalverhalten gilt, versuchte sie nicht, diesen Mann aus seinen bestehenden Bindungen herauszureißen. Sie muß gespürt haben: sie konnte ihn nur an sich binden, wenn sie seine anderen Bindungen respektierte. Mehr: wenn sie sich in gewisser Weise auch für sie engagierte.

Das wird die Grundkonstellation ihres gesamten späteren Lebens bleiben.

Natürlich wird sie Verantwortung für Frank Banholzer übernehmen, wie es übrigens auch Marianne Zoff getan hatte.[41]

Wir wissen kaum etwas – eigentlich nichts – darüber, warum sie selbst Brecht so wenig in gleicher Weise herausgefordert hat. Sie gab ihm offenbar nicht oft Anlaß, seine immer mal wieder aufflackernde Eifersucht zu disziplinieren.

Liebesbriefe oder -gedichte, die Brecht an Frauen schrieb, bevor er die Weigel kennengelernt hatte – besonders die für Marianne Zoff –, waren zwar ehrlich, haben aber nicht selten auch etwas Verkrampftes. Er rannte hier einem Ziel nach, das er nicht erreichen konnte: Er wußte, daß Marianne von ihm mehr wollte als den Liebhaber. Er versuchte den glaubwürdigen bürgerlichen Ehemann zu spielen und zwar in doppelt verwerflicher, aber durchaus üblicher Weise: er log bezüglich seiner eigenen Treue und verlangte Treue von der Frau. Die Aggressivität seiner Briefe an Marianne hat diese doppelte Selbstverleugnung zur Ursache. Zugleich aber meinte er es durchaus ernst, wenn er ihr nach den drei Monaten Capri, Ende Juli 1924, aus Augsburg schrieb: »Es *muß* jetzt gute Jahre geben für uns, willst Du nicht?«[42] Obwohl aus den Briefen an sie nach dem gemeinsamen Urlaub wieder einige Verstimmungen herauszulesen sind, wollte auch sie das. Im August 1924 versuchte Marianne, eine gemeinsame Wohnung in Berlin zu finden, was aber mißlang.[43] Ein Jahr später war sie noch einmal schwanger. Deutlich ist, daß er bei Marianne Zoff dieselbe souveräne Entscheidungskraft voraussetzte, wie sie die Weigel an den Tag gelegt hatte. Marianne entschied sich gegen das Kind und begann offensichtlich jetzt den inneren Ablösungsprozeß von Brecht.[44]

Liebesworte, die er später für andere Frauen schrieb – besonders die für Ruth Berlau – werden vor allem von der Unangemessenheit des Besitzanspruchs sprechen. Deshalb kann – auf der Ebene der biografischen Interpretation – durchaus behauptet werden, daß die fehlenden Liebesgedichte für die Weigel die Negativmatrize der späteren Ermahnungspoesie für die Berlau darstellen:

»Me-ti sagte: Genie bleibt nicht, wenn es kontrolliert wird, Gesinnung bleibt nicht, wenn sie kontrolliert wird, Liebe bleibt nicht, wenn sie kontrolliert wird.«[45]

»Me-ti sagte über die Liebe Lai-tus zu Kin-jeh: Lai-tus Liebe zu Kin-jeh reichte aus, ein ganzes Volk glücklich zu machen. Je mehr sie sich in diese Richtung bewegte, desto glücklicher könnte sie Kin-jeh machen.«[46]

Neben den ungewöhnlichen Aspekten des Gefühls gab es im Jahre 1924 auch einen materiellen Aspekt, der die Beziehung für die damalige Zeit ungewöhnlich erscheinen läßt. Weigels

Entscheidung für das Kind war auch eine Entscheidung, ganz auf eigenes Geld zu bauen. Über Jahre noch hatte Brecht weniger Einkommen als die Weigel, und das Wenige mußte er auch noch mit seiner anspruchsvollen Ehefrau und seiner Mitarbeiterin Hauptmann teilen. Aus dem Tagebuch der Hauptmann von 1926 geht hervor, wie wenig Erfolg sie zu dieser Zeit beim Verkauf der Short storys und Artikel Brechts hatte. Aus einem Eintrag im Mai geht wiederum hervor, daß er sich von der Weigel Geld leihen konnte, um sich den lang ersehnten Gebrauchtwagen zu kaufen.[47] Sie war es also, die in den ersten Jahren die ökonomische Macht in dieser Paarbeziehung repräsentierte.

Also keine herkömmliche Liebesbeziehung, keine herkömmlichen Liebesgedichte. Liebe zwischen Weigel und Brecht ist hier nicht mehr Wort – offenbar auch nicht mehr in Worte zu fassen –, sondern Aktivität. Aber nicht nur Aktivität in der Zweisamkeit, sondern eine ganz neue allgemeine Haltung zur Welt: eine prinzipielle Öffnung zur Menschheit, zu der eben auch die ›Beziehungen‹ des anderen gehören. Es ist anzunehmen, daß die Weigel diese Haltung auch vor dem Hintergrund eines starken, zunächst vielleicht anarchistisch geprägten Verständnisses von Gleichheit und Solidarität entwickelt hat. Andererseits – und das ist keineswegs typisch für Linke, die sich im allgemeinen damit begnügen, auf notwendige Änderungen im sozioökonomischen Bereich zu setzen – ergab sich aus ihren politischen Überzeugungen immer und sofort aufopferungsvolle Zuwendung zum konkreten anderen Menschen. Auch hier ist sie ganz ihren Vorbildern Eugenie Schwarzwald und Karin Michaelis gefolgt, die unermüdliche Sozialhelferinnen waren und sich nicht scheuten, für ihre Anliegen bei gekrönten und ungekrönten Staatsoberhäuptern vorzusprechen. Die Weigel sollte gegenüber Mitarbeitern und Mitmenschen im allgemeinen ein geradezu obsessives Helfersyndrom entwickeln, bei dessen Ausleben sie ungeheure Energie und Phantasie an den Tag legte. Es wäre nicht abwegig, sie als ›Mutter Teresa‹ des Sozialismus zu sehen.[48]

In ihrem Bühnenspiel wird nicht nur die Aktivistin der emanzipatorischen Sozialutopie sichtbar werden, sondern auch diese Mutter Teresa. Und schließlich erreichte sie eine Vielschichtigkeit des Spiels, die es ihr erlaubte, auch bei der Darstellung ärmlicher Figuren durchschimmern zu lassen, was diesen Figuren vorenthalten worden war: ihren eigenen Hedonismus.

Sie war eine begeisterte, kreative Köchin und liebte gute Kleider, ganz besonders Schuhe. Während Brecht der geborene Asket war, schränkte sie sich nur ein, wenn es unbedingt sein mußte.

In merkwürdiger Weise verbrachten Weigel und Brecht in den zwanziger Jahren einen Teil ihrer Sommerferien zusammen. Einen eigentlichen Urlaub von der Arbeit kannte Brecht nicht. 1959, in dem Gespräch mit Bunge, erinnerte sich die Weigel, daß sie »irgendwo in Göggingen« saß, und Brecht kam immer Samstag, Sonntag. Es war furchtbar langweilig. […] Und als ich mit dem Steff schwanger ging, da war ich am Bodensee irgendwo. Da kam Brecht auch Samstag, Sonntag. Und als das Kind da war, da hatten wir Miete den nächsten Sommer in Schondorf, […] das erste Mal am Ammersee. So eine kleine Sommerwohnung.«

Weil Brecht sich im Sommer gern zum Arbeiten nach Augsburg zurückzog, habe sie »den ganzen Sommer in der Nähe von, um und rund um Augsburg verbracht, […] bis 1932 sind wir eigentlich nie woanders gewesen als in der Umgebung von Augsburg im Sommer. Brecht kam immer wieder in seine Mansarde nach Augsburg zurück in der Bleichstraße. Er hat eigentlich dort am meisten gearbeitet […]. Die blieb als seine Mansarde zurück. Das war eisern.«

Sie erkannte, daß sie ihn wohl länger in Schondorf halten würde, wenn er sich dort auch zum Arbeiten zurückziehen könnte. »Ich baute dann aus einem Ziegenstall, glaube ich, dem Brecht einen Arbeitsraum. Das war der erste im Grunde von diesen langen Arbeitsräumen, die er dann beibehielt. Und in Schondorf blieben [wir] ja dann fast alle Jahre.«[49] So begründete sie eine Tradition. Sie hat ihm noch viele andere Arbeitsräume hergerichtet.

Dem Briefwechsel nach ist die Weigel auch im Sommer 1924 schon in Augsburg gewesen, hat aber wohl nicht im

Hause Brecht gewohnt, wo damals die Ehefrau Marianne verkehrte. Laut eigener Aussage lernte sie Brechts Vater und einen Teil der Augsburger Jugendfreunde erst bei der Hochzeit am 10. April 1929 kennen. Dreißig Jahre später sagte sie in dem Gespräch mit Bunge, daß »das Kennenlernen der Jugendfreunde« eine »sehr schwierige Situation« gewesen sei, »die mich mit scharfen Augen betrachteten, ob das überhaupt was wäre für den Bidi[50] oder mal wieder einer seiner Irrtümer.« Brecht »stand, glaub ich, auf einem ganz höflichen Fuß mit seinem Vater. Muß ja nicht angenehm gewesen sein, der Vater vom Brecht zu sein, sehr unverständlicher Mensch doch für ihn. Das war ein sehr netter Mann, der Vater, sehr freundlich.«

Auf Bunges Frage, ob sich der Vater später von Brecht politisch distanziert habe, antwortete die Weigel 1959: »Nein, im Grunde nicht. Er hat das ebenso wenig wirklich verstanden wie das andere. Er hat es [...] eben anerkannt als: So ist er. Du mußt ja wissen, was du tust. Du bist ja erwachsen genug. In der Form eigentlich eine sehr vernünftige Haltung, ohne selbst einen Einfluß nehmen zu wollen. Das hat er wohl längst aufgegeben, Einflüsse zu nehmen. Aber es war nie borniert. Das kann man wirklich nicht sagen. Und er war sehr nett zu mir. Er hat sozusagen anerkannt, daß das ja ein ganz ordentlicher Haushalt war.«[51]

Es fällt auf, daß die Haltung von Brechts Vater zu seinem Sohn derjenigen ähnelte, die die Weigel selbst zu Brecht einnahm. Sie kam ihr deshalb vernünftig vor, weil sie auch der unautoritären Lebensphilosophie von Eugenie Schwarzwald und Karin Michaelis entsprach.

Daß der ödipale Konflikt zwischen Vater und Sohn nicht oder fast nicht vorhanden war, ist auch ein Grund, weshalb vor allzu schematischen psychoanalytischen Ausdeutungen von Brechts Leben und Werk Abstand zu nehmen ist. Jedenfalls wären hier andere Parameter heranzuziehen als die klassischen freudianischen.

Die offene Beziehung, die Brecht von der Weigel forderte und die sie ihm auch gewährte, war weder einfach noch schmerzfrei. Mehrere Male wollte sie das Experiment abbrechen.

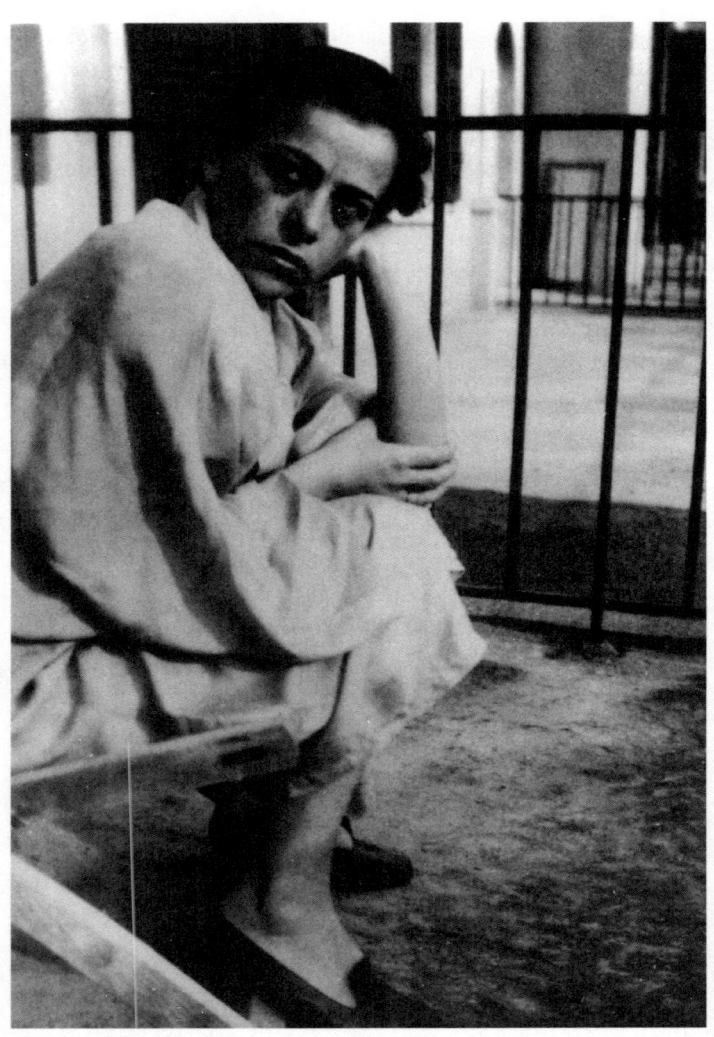
Helene Weigel etwa 1925

Doch immer wieder wird er sie überzeugen, zusammenzu-
bleiben. So war es auch bei Paula und Marianne gewesen,
beide lösten sich trotzdem von ihm. Marianne ging 1926 eine
Beziehung zu dem zehn Jahre jüngeren und damals noch ganz
unbekannten Schauspieler Theo Lingen[52] ein. Daß die Weigel
bei Brecht bleiben bzw. immer zurückkehren wird, hat meh-

rere Gründe. Keinesfalls beruhte das auf traditioneller weiblicher Unterwerfungshaltung, vielmehr auf einer Art dialektischer Listigkeit hinsichtlich der Dynamik menschlicher Beziehungen. Früh hat sie geahnt und bald durch eigene Experimente bestätigt gefunden, daß man niemanden festhält durch Festhalten – sondern eher durch Loslassen.

Bekümmert hat Marieluise Fleißer das in der Babelsberger Straße stattfindende ›Familienleben‹ in ihrer Erzählung *Avantgarde* geschildert. Dazu ist die weiter oben zitierte Beschreibung der Weigel-Wohnung eine Vorarbeit gewesen. Treffend ist wohl auch erfaßt, wie die Weigel mit ihren Konkurrentinnen umging.

In *Avantgarde* trägt sie den Namen Polly. Die ohnmächtig eifersüchtige Erzählerin heißt Cilly. »Sie kannte die Polly schon, die eine Schauspielerin war und die Mutter an seinem jüngsten Sohn, und wußte, die hatte das Kind sich von ihm gewünscht und hatte den Vater sich ausgesucht für das Kind, begabt sollte es werden. Es war auch viel schlimmer, sie hatte die Polly gern. Es war zum Umwerfen, weil sie merkte, wohin es führte. [...] Nur die Polly würde es schaffen, wenn es überhaupt eine schaffte. Sie konnte ihr darum nicht einmal neidig sein. Es verbot sich, die hatte sie gern. // ›Ich war eine turbulente Person‹, sagte die Polly, ›bevor ich an ihn kam.‹ [...] Sie erzählte ihr von ihrer Schwangerschaft Dinge, die großartig waren. Die Cilly bekam einen ziemlichen Respekt. Sie konnte sich nicht damit messen. [...] ›Laß die Männer‹, sagte die Polly, ›die sind alle schlecht.‹ Das sagte sie bei einer Frau. Die Cilly ging oft zu ihr hinauf, durfte baden in ihrer Wanne, die Polly hatte ein Bad. [...] Als Kleiderschrank hatte sie in der Dachschräge eine eigene Kammer. [...] Manchmal suchte sie der Cilly was aus und zog es ihr an. [...] Der Dichter nahm sein Essen bei der Polly, das war seine neue Gewohnheit. Oft war es die einzige Gelegenheit, daß sie ihn sah. Mitunter kam auch die Cilly zum Essen. Dann schaute sie zu, wie er ihn erzog, seinen Sohn. Der kleine Sohn mußte die Mütze bringen, wenn der Vater aufstand zum Gehn, er mußte es merken. Und er merkte es [...]. Die Polly war schlau. Nur die Polly würde es schaffen. [...] Das war das Vertrackte: niemand vertrieb sie von ihrem Platz.«[53] Weil »die schlaue Polly« von vornherein nicht den ganzen Brecht beanspruchte, bekam sie einen ihr wesentlichen Teil von ihm um so sicherer.

Fleißers *Avantgarde* ist nicht strikt autobiographisch zu verstehen: Sie selbst ist nur selten, wohl nur anläßlich ihrer beider Stückpremieren, in Berlin gewesen, hat bei diesen Gelegenheiten aber zweifellos die Weigel besucht. In die Figur der Cilly ist vor allem Fleißers Vorstellung von der Rolle Elisabeth Hauptmanns eingeflossen, einer weiteren Konkurrentin der Weigel. Brecht hatte die Hauptmann im November 1924 kennengelernt – in dem Monat, in dem Stefan Weigel geboren wurde. Mit der sehr gebildeten Lehrerin, die aus Abenteuerlust nach Berlin gekommen war und gerne selber schreiben wollte, ging er ein Arbeits- und Liebesverhältnis ein. Nicht nur weil es auch für die Hauptmann kaum Gedichte gibt, die im herkömmlichen Sinne als Liebesgedichte bezeichnet werden können, sondern auch aus manch anderen Anzeichen läßt sich schließen, daß auch sie recht bald die von Brecht gesetzte Distanz akzeptierte. Sie führte bald ein unabhängiges Liebesleben.[54] Zunächst aber hat Elisabeth Hauptmann »von dem Verhältnis zwischen Brecht und Weigel erst erfahren, als er eines Tages mit ihr in die Spichernstraße kam und sie das Baby, den Steff, auf dem Arm hatte«.[55]

Worin bestand die frühe Beziehung Weigel/Brecht eigentlich? Zwar kam es zu gelegentlicher intensiver Zusammenarbeit beim Einstudieren ihrer Rollen, aber von der späteren Künstlerpartnerschaft waren die beiden noch weit entfernt. Dem italienischen Journalisten Franco Fabiani hat sie es 1970 verraten: »Am Anfang, als wir uns kennenlernten, habe ich auf Brecht keinen großen Eindruck als Schauspielerin gemacht. Ich interessierte ihn vielmehr als Frau. Das nahm ich ihm nie übel.«[56]

Trotz der starken sexuellen Bindung: Getrennte Wohnungen. Eine Ehe, die er nicht auflösen will und die auch wirklich nicht zu Ende ist und nun die in vielerlei Hinsicht attraktive Mitarbeiterin Hauptmann. Die Weigel hatte sich in eine Bindung begeben, die nicht nur nach damaligem Verständnis mehr als unkonventionell war.

60

Sie begriff, daß Brecht ohne Mitarbeiter nicht arbeiten und ohne Arbeit nicht leben konnte. Das Stück *Das Leben Eduards des Zweiten von England* hatte er mit Lion Feuchtwanger zusammen geschrieben. Wie aus Elisabeth Hauptmanns Tagebuch von 1926 hervorgeht, redigierte Brecht zum Ausgleich dafür Feuchtwangers Stück *Warren Hastings*[57], das 1928 unter Feuchtwangers Namen und dem Titel *Kalkutta 4. Mai* uraufgeführt wurde.[58] Auch mit Bronnen hatte er ein Arbeitsverhältnis. 1926 kam Emil Hesse-Burri[59] nach Berlin, vor allem, weil er Lust hatte, mit Brecht zu arbeiten.

Und nun Elisabeth Hauptmann. Brecht erreichte für einige Zeit, daß sein Verleger Kiepenheuer ihr ein Lektorengehalt zahlte, um seine unter Vertrag stehenden Stücke *Mann ist Mann*, *Im Dickicht der Städte* und die *Hauspostille* druckfertig zu machen. Aber die Hauptmann war viel mehr als eine Sekretärin oder Lektorin. Schon bei ihrem ersten Gespräch mit Brecht hatte sie – obwohl sie völlig theaterunerfahren war – ihm eine zündende Idee für die Überwindung eines dramaturgisch toten Punkts in *Mann ist Mann* geliefert.

Damit war die Zeit angebrochen, in der Brecht ohne weibliche Mitarbeit nicht mehr auskommen wird. Erst von nun an und zweifellos durch die weibliche Mitarbeit an seinen Stücken wurde er allmählich in die Lage versetzt, auch große Frauenrollen von einer Art zu schreiben, die im bisherigen Theater noch nicht existiert hatte. Das mag dazu beigetragen haben, die Eifersucht der Weigel zu dämpfen.

Die Witwe Begbick in *Mann ist Mann* war noch keine so große Rolle, auch ist sie nicht von vornherein für die Weigel geschrieben worden. In gemeinsamer Arbeit haben die beiden die Rolle dann aber in einer Weise eingerichtet, die die Kritik 1928 zum ersten Mal zu der Feststellung brachte, daß diese Schauspielerin die Intentionen des Dichters kongenial wiedergäbe. Seitdem müssen beide das Bewußtsein einer möglichen größeren beruflichen Symbiose gehabt haben, ohne daß diese sich bereits konkret abzeichnete.

Auf der sexuellen Ebene hat die Weigel gegenüber der Hauptmann ihre Priorität wahrscheinlich rasch behauptet. Im Tagebuch der Hauptmann findet sich 1926 ein deutlich darauf hin-

Helene Weigel mit Stefan, Barbara und Hanne, 1932

weisender Satz: »Da die Weigel eine Woche auf Gastspiel oft
mit Brecht und der Fl. [Fleißer] zusammen. Viel geredet.«[60]
Wenn die Weigel nicht da ist, hat Brecht deutlich mehr Zeit
für sie. Andererseits gibt es auch Anzeichen, daß die sexuelle
Beziehung zwischen Brecht und Hauptmann immer mal wieder aufgenommen wurde. Da diese bald auch ein von Brecht
unabhängiges Liebesleben führte und ihre Arbeitsbeziehung
zu ihm auf ganz anderem Gebiet lag als die der Weigel, bilde-
te sich zwischen den beiden Frauen eine für beide lebbare
Beziehung heraus, in der der gegenseitige Respekt die Konkurrenz dominierte. Zu Bunge sagte die Weigel 1959 über die
Beteiligung der Hauptmann an Brechts Arbeit: »Sehr groß.
Die Hauptmann war also wirklich damals […] das, was man
eine wirkliche Mitarbeiterin und Sekretärin nennt. Und sie
hatte den enormen Vorteil für Brecht, daß sie Sprachen
konnte und sehr gebildet war.«[61]

In der Tat: Elisabeth Hauptmann eröffnete ihm vor allem
den Zugang zu dem ihm so wichtigen englisch-amerikani-

62

schen, aber auch zum französischen Kulturraum. Sie war es, die ihn Mitte der zwanziger Jahre drängte, sich nicht zuviel mit dem Schreiben von Kurzgeschichten und Zeitungspolemiken aufzuhalten, sondern sich mehr auf die Dramatik zu konzentrieren. Beim Durchstöbern englischer Zeitschriften wurde sie Anfang 1928 auf John Gays Bettleroper aufmerksam, erkannte, daß der Stoff Brecht lag, und übersetzte ihm einige Szenen zur Probe. In Zusammenarbeit zwischen ihr, Brecht und Kurt Weill entstand innerhalb eines halben Jahres das Werk, das ihnen – aber auch der Weigel – endlich Wohlstand und künstlerische Freiheit bringen sollte – die *Dreigroschenoper*.

Bunge hatte die Weigel 1959 gefragt, was ihr über die Entstehung der *Dreigroschenoper* noch in Erinnerung wäre. »Über die Entstehung? Es muß ein Riesenspaß gewesen sein. Ich war nicht dabei. Da müssen Sie sich mit der Hauptmann drüber unterhalten. Die weiß mehr darüber. – Aber waren Sie an der Arbeit nicht beteiligt? – Nein. Konnte ich gar nicht. – Ich meine bei der Inszenierung. Aber bei der Premiere waren Sie dabei? – Na ja, das schon. Ich war auch, glaube ich, in den Proben dabei, aber das ist sehr schwach nur für mich.«[62]

Schwach die Erinnerung? Schwach die Proben? Schwach das Stück? Sie hatte 1959 vergessen oder hielt nicht mehr für erwähnenswert, daß Brecht für sie in der *Dreigroschenoper* eine an die Begbick angelehnte Rolle einer Bordellwirtin geschrieben hatte. Sie wurde eine Woche vor der Premiere gestrichen, weil sie eine Blinddarmreizung hatte und ins Krankenhaus mußte. Wie die näher oder ferner Beteiligten hatte auch sie bei der Premiere am 31. August 1928 eher mit einem Mißerfolg als mit einem Erfolg gerechnet. Elisabeth Hauptmann berichtete 1972, daß sie sich des Erfolges überhaupt erst voll bewußt wurden, als am nächsten Mittag die Kritiken herauskamen. Der halbhohe Vorhang, das sichtbar gemachte Umbauen der Bühne, die Heraushebung der Songs, das alles hatte einen Teil der Schauspieler irritiert und zum Protest veranlaßt. Es irritierte erst recht das Publikum. Sogar die *Moritat von Mackie Messer* sei noch »in einer etwas befremdeten Stimmung« aufgenommen worden. »Es ging eigentlich los beim *Kanonensong.* [...] Wahrscheinlich war es aber auch schon die

Zeit: ›Für die Armee wird jetzt wieder geworben!‹ [...] Vielleicht war es das. Aber da ging wirklich ein Beifall los – unwahrscheinlich. Aber das war für uns auch noch nicht überzeugend. Ich weiß, da liefen immer noch welche herum und sagten: ›Na, so ein Durchfall!‹ [...] Wir waren am nächsten Tag durch die Kritik ja ganz baß erstaunt. Das war doch ganz merkwürdig, als das mittags raus kam!«[63] Brecht wurde quasi über Nacht berühmt, bald weltberühmt.

Zuvor hatten Hanne und Steff eine Zeit der Sommerferien miteinander verbracht, offenbar auch die beiden Mütter. Jedenfalls bat Brecht die Weigel in einem am 18. Juni in Augsburg geschriebenen Brief: »Grüße Marianne und Hanne und Steff!«[64] Die Weigel hatte die beiden Kinder gefilmt. Brecht im Juli aus Berlin: »Die Filme von Steff und Hanne sind großartig!«[65]

Theo Lingen, der nun unangefochten Hannes Ziehvater und Mariannes Ehemann ist, wird Harald Paulsen[66] als Mackie ablösen und damit seinen ersten großen Bühnenerfolg haben. Er wird bis hin zu *Die Mutter* in mehreren Brecht-Inszenierungen mitwirken.

Keine Quelle gibt Auskunft, warum Brecht und Weigel am 10. April 1929 dann doch in den bürgerlichen Ehestand getreten sind, in einer Zeit, in der Brecht eine heiße Beziehung zu Carola Neher unterhielt. Als er diese am Hochzeitstag selber vom Bahnhof abholte, soll sie den Blumenstrauß, den er ihr überreichen wollte, weggeworfen haben. Auch Elisabeth Hauptmanns in diese Zeit fallender Selbstmordversuch wird mit Brechts Heirat in Verbindung gebracht. Sie kann sich über die Beziehungen zwischen Brecht und Weigel nicht im unklaren gewesen sein, hat aber Brechts Heirat möglicherweise als Bruch einer Abmachung über gegenseitige Unabhängigkeit empfunden. Das enge Arbeitsverhältnis wurde ohne längere Unterbrechung weitergeführt.

Der auch für Brecht überraschende Erfolg der *Dreigroschenoper* interessierte ihn nur von der materiellen Seite her. Geistig befand er sich in einer Phase radikaler Politisierung, die ihn sofort erkennen ließ, daß die *Dreigroschenoper* vom bürgerlichen Unterhaltungstheater – das er ja seit eh und je bekämpfte –

problemlos vereinnahmt werden würde. Sogar sein Erzfeind unter den Theaterkritikern, Alfred Kerr, der ihn bald des Plagiats an den Villon-Übersetzungen von K. L. Ammer beschuldigte,[67] hatte höhnisch zu verstehen gegeben, daß »das Häppchen Kommunismus«, das die *Dreigroschenoper* enthalte, niemanden stören würde.[68] Die radikale Politisierung seiner kommenden Stückversuche, der Lehrstücke, konnte indes auch für Brecht erst in befriedigendere Bahnen kommen, als sich die Zusammenarbeit mit dem bereits in der Arbeiterbewegung aktiven Komponisten Hanns Eisler[69] entwickelte, den er Anfang 1928 kennenlernte. Kurt Weill, der mit der *Dreigroschenoper* sehr zufrieden war, vollzog die von Brecht/Eisler dann weitergeführte radikale Politisierung nicht mit. Einstweilen bereiteten Brecht/Weill aber noch die Aufführung des gemeinsamen Singspiels *Aufstieg und Fall der Stadt Mahagonny* vor, für die die Hauptmann übrigens die beiden englischsprachigen Titel *Alabama Song* und *Benares Song* getextet hatte. Und obwohl sich Brecht damals schon von der Vorstellung entfernte, daß der bürgerliche Unterhaltungsbetrieb mit seinen eigenen Mitteln ernsthaft provoziert werden könne, war er offenbar immer noch der Meinung, daß seine Mitarbeiter von dem in diesem Bereich möglichen finanziellen Erfolg durchaus weiter profitieren sollten. So schlug er der Hauptmann, deren Tantiemenbeteiligung an der Dreigroschenoper 12,5 % betrug, im Juni 1929 vor, mit einem eigenen Unterhaltungsstück noch mehr Geld zu machen.[70] Sie schrieb tatsächlich in kürzester Zeit zwei Akte von *Happy End*, in dem es erneut um die Verquickung von Verbrecherwelt und Ordnungskräften geht, aber auch um eine Persiflage der Heilsarmee, die vorgibt, die sozialen Probleme durch Organisation christlicher Mildtätigkeit lösen zu können. In ebenfalls großer Eile schrieben Brecht und Weill die Songs, die so berühmt wurden wie die aus der *Dreigroschenoper*. Brecht stellte das Stück, insbesondere den letzten Akt, auf der Bühne fertig, denn Ernst Aufricht, dem Direktor des Schiffbauerdamm-Theaters, war sehr daran gelegen, möglichst genau ein Jahr nach der *Dreigroschenoper* einen Kassenerfolg ähnlichen Kalibers auf die Bretter zu bringen. Um der Weigel noch eine Rolle zu verschaffen, verweiblichte Brecht buchstäblich in letzter Minute die Rolle des Gangsterchefs in eine ›Dame in Grau‹, auch ›Fliege‹ genannt.

Fast wäre es gelungen, den *Dreigroschen*erfolg zu wiederholen, an den sich das Premierenpublikum zunächst tatsächlich angenehm erinnert fühlte. Zumal die Hauptrolle, die Mimosenlilian, von Carola Neher gespielt und dem Zeitgeschmack entsprechend mit hoher, spitzer Stimme glänzend gesungen wurde. Aber gegen Ende des Stücks trat die ›Fliege‹, die Gangsterchefin, plötzlich aus ihrer Rolle heraus an die Rampe und sprach den Satz: »Was ist ein Dietrich gegen eine Aktie, was ist ein Einbruch in eine Bank gegen die Gründung einer Bank.« Allgemeine Konsternierung. Und der restliche, eigentlich als Heilsarmee-Parodie gedachte Schluß des Stücks geriet nun zum echten Revolutionsaufruf. Das Publikum rebellierte, tobte. Die Kritik zeigte sich empört. Aufricht setzte das Stück nach vier Aufführungen ab.

Um diesen von der Weigel offenbar wirkungsvoll in Szene gesetzten ›Verfremdungseffekt‹[71] ranken sich Legenden, die auf der Vorstellung basieren, daß sie selbst ihn sich ausgedacht und ohne Einverständnis von Hauptmann und Brecht gesprochen hätte, um ihren Rivalinnen Hauptmann und Neher den schon absehbaren Erfolg zu versalzen. Lotte Lenya verbreitete sogar, daß die Weigel ihre Konkurrentinnen damit nicht nur in den Augen der Öffentlichkeit schädigen, sondern vor allem ihre eigene Priorität bei Brecht sichern wollte.[72] Das ist wenig wahrscheinlich. Neher und Hauptmann – letztere war selbst bereits voll in die Produktion der Lehrstücke eingebunden – standen politisch nicht weniger links als die Weigel und hatten daher sicher kaum Einwände gegen den Satz, dessen ungeheure Wirkung wohl kaum im voraus berechenbar gewesen ist. Ob er nun von Brecht, Weigel oder doch von der Hauptmann selber stammte, er wurde jedenfalls als revolutionäre Zündschnur auch in die späteren Fassungen der *Dreigroschenoper* einschließlich des Films übernommen. Und die Hauptmann, die sich weder 1929 noch nach dem Zweiten Weltkrieg, als *Happy End* dann doch noch ein beachtlicher kommerzieller Erfolg geworden war, öffentlich als Autorin des Stücks bekennen wollte, beließ ihn ebenfalls an seiner Stelle.[73]

Am 28. Oktober 1930 wurde das zweite Kind von Weigel und Brecht geboren, die Tochter Barbara. Damit endete ihr Engagement am Staatstheater. Paula Banholzer, verehelichte Groß, erinnerte sich: »Als ich ungefähr sechs Jahre verheiratet war, kam H. Weigel zu ihrem Schwiegervater Direktor Brecht zu Besuch. Sie rief mich an, ich sollte zum Kaffee kommen. Heute habe ich noch vor Augen, wie sie die einjährige Barbara wickelte. Der Sohn Stefan war auch dabei. Ich kam mit meinem Sohn Guido. Die Buben spielten im Garten.«[74] Die beiden Frauen werden über Frank gesprochen haben, der damals bei Helene Weigels Schwester Stella in Wien lebte.

Mitschreiben? Ein Stück mitbauen? »Konnte ich gar nicht«, hatte die Weigel Bunges diesbezügliche Frage 1959 beantwortet. Ihren Einfluß auf die Entwicklung von Brechts Denken und seine Stückproduktion muß man sich als Ergebnis des sehr erdnahen, von selbstbewußter Weiblichkeit geprägten, aber von Anfang an auch politisierten Dialogs vorstellen, in den sie ihn zeitlebens hineingezogen hat. Erst Jahre nachdem die Weigel in sein Leben getreten war, entwickelte er Interesse, den sozialen Gestus seiner dramatischen Figuren konkreter auszubauen. In den frühen Stücken war er noch merkwürdig abstrakt. In späterer Zeit wird er in keiner Inszenierung auf ihren Rat hinsichtlich der Requisiten und der Kostüme verzichten. Aber in seiner Schreibwerkstatt war die Weigel nicht präsent. Damals, im zweiten Drittel der zwanziger Jahre, waren Hauptmann und Hesse-Burri die hauptsächlichen Schreibgefährten. Auch Brechts ältere Stücke hatten politische Bezüge gehabt – insbesondere zum Krieg und zur gescheiterten Revolution. Nun begann die Epoche einer neuen Dramatik, die vor Brechts Marxismusstudium geprägt war und vom zunehmendem Engagement seiner Gruppe für die Arbeiterbewegung.

Alle vier Frauen, mit denen Brecht jetzt und in den kommenden Jahren eng zusammenarbeitete – Weigel, Hauptmann, Steffin[75] und Berlau – haben in Anspruch genommen, erheblich zu seiner fortschreitenden Linksentwicklung beigetragen zu haben. Hauptmann, Steffin und Berlau waren Mitglieder der kommunistischen Partei und standen ihrer jeweiligen ›Linie‹ stets näher als Brecht. Es ist nicht ganz geklärt, ob auch die Weigel einmal KPD-Mitglied gewesen ist.[76] Ein Dokument darüber wurde bislang nicht gefunden. Barbara Brecht meint, daß sie Ende der zwanziger Jahre kurzzeitig Mitglied war und wegen undisziplinierten Verhaltens schnell wieder ausgeschlossen wurde. Das ist leicht vorstellbar, denn sie war ein streitbarer Geist.

Es ist jedenfalls von größtem Interesse, daß Weigel im Unterschied zu Hauptmann, Steffin und Berlau schließlich – wie Brecht – lebenslang den Status des unabhängigen Intellektuellen beibehielt, der neben nach außen gezeigter Loyalität zu den großen Zielen des Sozialismus auch immer geistige Freiheit hinsichtlich der Mittel ermöglicht hat, mit denen die Ziele zu erreichen wären. Dieser Status war indes dermaßen ungewöhnlich, so daß sie oft als »Genossin« angeredet wurde. Sie hat das im allgemeinen nicht dementiert.

Elisabeth Hauptmann brachte den Beginn von Brechts Beschäftigung mit dem Marxismus in direkten Zusammenhang mit Schwierigkeiten beim Schreiben des Stücks *Joe Fleischhacker*. »Dieses Stück sollte in Chicago spielen [...] und den aufsteigenden Kapitalismus zeigen. Für dieses Stück sammelten wir Fachliteratur, ich selber fragte eine Reihe von Spezialisten aus, auch auf den Börsen in Breslau und Wien, und am Schluß fing Brecht an, Nationalökonomie zu lesen. Er behauptete, die Praktiken mit Geld seien sehr undurchsichtig, er müsse jetzt sehen, wie es mit Theorien über Geld stehe. [... Er war bereits der Ansicht,] daß die bisherige (große) Form des Dramas für die Darstellung solcher moderner Prozesse, wie etwa der Verteilung des Weltweizens, sowie auch für Lebensläufe der Menschen unserer Zeit und überhaupt für alle Handlungen mit Folgen nicht geeignet war [...], und wenn man sieht, daß unsere heutige Welt nicht mehr ins Drama paßt, dann paßt das Drama eben nicht mehr in die Welt.« Aus dem Urlaub habe er ihr kurze Zeit später geschrieben: »Ich stecke acht Schuh tief im *Kapital*. Ich muß das jetzt genau wissen.«[77]

Brechts Marxismus war nicht derjenige der meisten damaligen deutschen Kommunisten, d. h. der durch sowjetische Lehrbücher gefilterte ›Dialektische Materialismus‹. Angeregt und unterstützt von kritischen Linksintellektuellen wie Bernhard von Brentano[78], Fritz Sternberg[79], Hermann Duncker[80], Walter Benjamin, Karl Korsch[81] und später auch Jakob Walcher[82], bediente er sich direkt bei den Quellen, d. h. er las seit 1926 Marx und Lenin selber und versuchte sich schnell in eigenständigen Synthesen[83]. Heraus kam ein originärer Marxismus, der im Gegensatz zum parteioffiziellen immer basisdemokratisch fundiert blieb. Trotz seiner besonderen Qualität ist er – wie viele Unternehmungen Brechts – keineswegs nur als individuelle Ausarbeitung anzusehen, weil er nie aufhörte, sich mit anderen zu konsultieren.

1959, im Gespräch mit Bunge, ist das Thema angeschnitten worden, inwieweit auch oder gerade Helene Weigel Brechts marxistische Konzeption beeinfluß hat. Das Gespräch gelangte hier doch in etwas unernste Bahnen, was typisch sein konnte, wenn DDR-Intellektuelle über das inzwischen zur allgemeinen Pflicht erhobene Studium des Marxismus-Leninismus lästern wollten. Bunge wußte natürlich, daß Brechts Marxismus nicht mit dem offiziellen identifiziert werden konnte. Er fragte: »Wir wissen, daß Sie Brecht doch dogmatisiert haben. – Was habe ich? – Sie haben ihn dogmatisiert als Kommunist. – Das machte ich immer, ja. – Er wäre sonst gar nicht so schlimm geworden, wenn – (Gelächter) – Mein einziges Verdienst dabei ist, daß ich darauf bestanden habe, daß er liest, daß er dann also auch mehr getan hat, als mir lieb war.« (Gelächter) Marxismus sei »sein absolut größtes Interesse gewesen, und das hat er sich sehr viel kosten lassen. Das ist viele Jahre gewesen – er hat dann nie mehr aufgehört. [... Karl Korsch] war der gründlichste Kenner, den Brecht getroffen hat – mit dem er auch am meisten gestritten hat. [...] Die Beziehungen Brechts waren sehr weitgehend Streitgespräche mit Freunden. Darauf beruht ungeheuer vieles. Sie können wirklich in allen wichtigen Beziehungen von Brecht mit Leuten Arbeitsbeziehungen feststellen, es gibt kaum andere – und wenn sie anders begannen, endeten sie mit Arbeitsbeziehungen.«[84]

Ob die Weigel selbst jemals auch ein umfangreicheres marxistisches Quellenstudium versucht hat, ist unbekannt. Hielt sie es für Männersache? Wahrscheinlich ist, daß ihr politischer Einfluß auf Brecht immer viel mehr von der lebenspraktischen Seite her gekommen ist. Ihr Interesse für die reale Arbeiterbewegung war zweifellos größer als ihr Interesse an marxistischer Theorie. Die Tochter Barbara hat 1980 zu dem Thema gesagt: »Wenn man Vati jetzt als den großen sozialistischen Dichter feiert, da müßte man Kränze auch bei der Helli hinlegen. Denn die hat ihn dahin geschubst.«[85]

Sicher hat sie – wie Brecht – Kurse der MASCH, der ›Marxistischen Arbeiterschule‹ in der Schicklestraße besucht, eine von Kommunisten gegründete Weiterbildungseinrichtung. Sie wurde nicht als Parteischule konzipiert und geführt, was auch die Namen der – teilweise mit der KPD im Streit liegenden – Referenten zeigen. Belegt ist, daß Brecht spätestens ab 1929 Kurse und Veranstaltungen besuchte, aber auch, daß er dort seine eigenen Arbeiten »mit den Lehrern und Schülern« diskutierte.[86] Wahrscheinlich hat er dort Hermann Dunckers Hauptvorlesungen über *Die philosophischen, ökonomischen und politischen Grundlagen des Marxismus* besucht. Die Weigel 1959: »er hat viel mehr, viele weitergehende Kurse besucht, nicht nur dort an der Marxistischen Arbeiterschule, der war nicht nur dort. Das waren vielerlei Kurse, die er da mitgenommen hat«,[87] so wahrscheinlich auch Korschs Vorlesungen an der Neuköllner Karl-Marx-Schule, unter deren Schülern Brecht einen Großteil der Darsteller für *Die Maßnahme* rekrutierte.

Da die Einschreibungslisten der MASCH während des Faschismus verlorengingen, kann nicht genau ermittelt werden, welche Kurse Weigel und Brecht besucht haben. Käthe Rülicke[88], Mitarbeiterin und Freundin der späten Berliner Zeit, wußte, daß Brecht dort Vorträge von Albert Einstein gehört hatte (sie fanden am 14. 11. 1930 und am 26. 2. 1931 statt). Wahrscheinlich ist auch seine und Weigels Teilnahme an Seminaren von Wilhelm Reich[89] im Jahre 1932. Denn die fortschrittliche Sexualpolitik, die Reich forderte, wurde zwar von der KPD bekämpft, lag aber genau in der Linie, die auch Karin Michaelis vertrat. In der MASCH haben übrigens auch Piscator und Eisler sowie berühmte Architekten wie Bruno Taut und Walter Gropius gelesen.

Die Weigel gehörte, wie auch Brecht, zu einem aktiven Unterstützerkreis der MASCH, als deren Arbeit seit 1931 ge-

fährdet war: Sie durfte keine städtischen Schulräume mehr
nutzen. Eine Reihe Berliner Intellektueller haben damals Geld
für die Anmietung von Unterrichtsräumen gespendet. Die
Weigel stellte ihre Wohnung zu Unterrichtszwecken zur Verfügung. Zum Unterstützerkreis von 1931 gehörten neben
Brecht und Weigel auch Kurt Weill, Bernhard von Brentano,
Hanns Eisler, Lion Feuchtwanger, Heinrich Mann, Erich Engel, der S. Fischer Verlag, der Gustav Kiepenheuer Verlag u. a.[90]
Und damals hat die Weigel selbst im Rahmen der MASCH –
wahrscheinlich in ihrer eigenen Wohnung – Sprachkurse für
Laienschauspieler aus der Arbeiterkulturbewegung gegeben,
zu denen auch Margarete Steffin gehörte.[91] In der MASCH
begann wahrscheinlich auch die Freundschaft Weigels und
Brechts mit Anna Seghers, die dort Kurse im Schreiben
gab. Ihr Mann, der Ökonom Johann Lorenz Schmidt[92], arbeitete zusammen mit Hermann Duncker in der Leitung der
MASCH.

Im Helene-Weigel-Archiv befindet sich ein kurioses Dokument, aus dem hervorgeht, daß die Weigel um 1928 auch einmal
eine andere Lehraufgabe übernommen hat – und zwar erneut
auf den Spuren von Karin Michaelis. 1970 hatte eine Frau aus
Ballenstedt der Intendantin geschrieben, daß sie ihr die Entstehung politischen Bewußtseins verdanke. Sie lernte 1927/28 in
einer »Haushaltungsschule« in Magdeburg. Eines Tages lud
ihre sehr fortschrittliche Kochlehrerin ein zu einem »Vortrag
über gestrauchelte junge Mädchen, die nun den Anschluß an
die Gesellschaft nicht mehr fanden. Es sprach die junge Schauspielerin Helene Weigel. Ich kam allein von allen 18 Mädchen.
Mich lockte nur die Schauspielerin. Aber es kam ganz anders.
Meine Ohren wurden immer länger. Im Kopf wirbelte mir alles
[...]. Hier begann es, ich fing von nun an zu messen und zu
unterscheiden und zu fragen, warum das so ist? Warum war
mein Vater mehr geachtet als der Glasbläser Reichel, von dessen Frau ich immer frische Petersilie holen mußte?«[93]

›Das gestrauchelte junge Mädchen‹ war ein in der damaligen
Zeit, nicht nur in der Provinz, durchaus noch als äußerst dramatisch empfundenes Thema. Für dessen Abhandlung in eigener
Person war niemand besser geeignet als die Weigel. Schließlich
war sie eine wirkliche Avantgardistin der im 20. Jahrhundert

immer stärker werdenden Bewegung von Frauen, die sich zu einer sexuellen Existenz auch außerhalb der Ehe bekannten und die ein Kind haben wollten, auch wenn die materielle und juristische Absicherung durch den Vater nicht erreichbar war. Sie hatte das Thema damals offenbar keineswegs auf moralische Fragen beschränkt, sondern – ganz im Sinne von Michaelis – als die Lösung die materielle Autonomie der Frau vorgeschlagen. Die von der Briefschreiberin noch 1970 geführte, sehr weibliche Argumentationsform, die die große Politik bis auf die Petersilie dekonstruiert, ist immer auch die der Weigel gewesen. Sie fand bei Brecht ihren Niederschlag z. B. in dem Satz der *Mutter*: »Über das Fleisch, das euch in der Küche fehlt, wird nicht in der Küche entschieden.«[94]

Obwohl der Briefschreiberin ein starker Eindruck von der Argumentation geblieben war, scheinen diese Art Aktivitäten der Weigel keine Fortsetzung gefunden zu haben. Vielmehr konzentrierte sie sich auf ihre eigentliche Berufung, die Präsenz auf der Bühne. Seit 1927 trat sie immer öfter rezitierend und singend auch auf politisch-kulturellen Arbeiterveranstaltungen auf. Bis in den Februar 1933 hinein hatte die ehemalige Staatsschauspielerin auch auf Bretterpodesten oder armseligen, mit Girlanden geschmückten Bühnen gestanden und mit brennender Stimme die Versammelten beschworen, »unaufhaltsam« zu sein.[95]
Die antifaschistisch engagierten Theaterströmungen wie die von Piscators Volksbühne und dann der Jungen Volksbühne, an denen sie auch teilhatte, öffneten sich durch eine besondere Preis- und Öffentlichkeitspolitik nicht nur dem Arbeiterpublikum, sondern boten auch begabten Laienschauspielern aus der Arbeiterkulturbewegung den Übergang zu professionellem Arbeiten wie zum Beispiel Ernst Busch.[96]
Überhaupt stellte die Volksbühne und besonders dann die Junge Volksbühne eine osmotische Nahtstelle zur mächtigen soziokulturellen Bewegung der Weimarer Republik dar, auch Agit-Prop-Theater genannt, das zwischen 1918 und 1933 in großen und kleinen Orten ganz Deutschlands präsent war. Es beruhte auf einer enormen Mobilisierung von jungen Laienschauspielern und -sängern verschiedener linker Richtungen,

darunter sozialdemokratische, kommunistische, anarchistische. Mit der letzteren war Helene Weigel schon zu Anfang der zwanziger Jahre in Verbindung gekommen, als Mitwirkende in der Mannheimer Aufführung von Erich Mühsams Stück *Judas*.

In ihrem 1969 mit Hecht geführtem Gespräch hob die Intendantin Weigel hervor, daß Berufs- und Laienkunst für sie weder damals noch jetzt einen Gegensatz darstellten. »Die Schauspielkunst sollte keine Angelegenheit sein, die man mit so einem mystischen Schleier umgibt. Theaterspielen kann eigentlich mit ziemlich allgemeinem Talent jeder Mensch. Ich habe da nie große Unterschiede gemacht zwischen Berufsschauspielern und Laien. Wenn man das macht, steckt, glaube ich, mehr Hochmut dahinter als etwas anderes.«[97] In diesem Talentbegriff wirkten keinesfalls nur Ideologien der Arbeiterkulturbewegung fort, vielmehr war er bereits eine Grundüberzeugung von Weigels Schulleiterin Eugenie Schwarzwald gewesen: »In die kommende Schule wird sogar ein Genie gehen können, ohne verfolgt und gekränkt zu werden. Nun ist das Genie nicht das wichtigste Element in einer Schule, da es seltener ist als der Durchgang der Venus. Aber auch die mittlere Begabung wird in der Freiheit zu ungeahnter Entfaltung gelangen. Das Talent wird eine Chance haben.«[93]

Es ist bislang wenig darauf hingewiesen worden, daß ein Teil der dramaturgischen Neuerungen, die Brecht mit der *Dreigroschenoper* in die etablierten Theater brachte, von der Arbeitertheaterbewegung inspiriert sind: der nur die halbe Bühne bedeckende Vorhang wie auch das Heraustreten der singenden Schauspieler aus der unmittelbaren Logik des Stücks. Das waren Stilelemente der Arbeiterbühne, die aber wiederum auf die volkstümliche Schaustellerkunst zurückgingen. Auch die Maxime, daß weder Schauspieler noch Publikum in Mitgefühl verfallen, sondern während der Vorstellung immer wieder zum Mitdenken aufgerüttelt werden sollten, war Brechts Ansicht nach historisch neu nur für die bürgerlichen Bühnen. Diese waren es, die die unsichtbare ›4. Wand‹ errichtet hatten, d. h. dem Publikum die Illusion gaben, in einen geschlossenen Raum perfekter Nachahmung menschlicher Beziehungen zu schauen. Diese 4. Wand hatte das Arbeitertheater nicht.

Wie 1929 aus seinen Ausführungen zum Spiel der Weigel im *Ödipus* hervorging, galt ihm das Einfühlungstheater als Sonderfall der bürgerlichen Bühne. Während er dieses Einfühlungstheater bis zur Mitte der zwanziger Jahre aus einem konfusen Gefühl des Unbehagens abgelehnt hatte, erschien es ihm nun auch verwandt mit faschistischen Verführungstechniken. Seine theoretischen Reflexionen gegen Ende der zwanziger und zu Beginn der dreißiger Jahre drehen sich nicht zufällig um allgemeine, aber auch der politischen Situation entspringende Fragen des Denkens, des Bewußtseins und darum, wie das Theater zum Ort öffentlicher Kommunikation und sozialer Phantasie gemacht werden könnte. »Der moderne Zuschauer«, schrieb er 1930, »wünscht nicht, irgendeiner Suggestion willenlos zu erliegen und, indem er in alle möglichen Affektzustände hineingerissen wird, seinen Verstand zu verlieren. Er wünscht nicht, bevormundet und vergewaltigt zu werden, sondern er will einfach menschliches Material vorgeworfen bekommen, ›um es selber zu ordnen‹.«[99] Das von ihm angestrebte epische Theater verstand er als Rückführung auf Traditionen des antiken, auch des mittelalterlichen Theaters, die ja auch Volkstheater gewesen waren.

Eben diese Traditionen fand Brecht auch im asiatischen Theater wieder. Eine Spur dahin legte ihm wieder Elisabeth Hauptmann, als sie 1928/29 eine ins Englische übersetzte Anthologie alter japanischer No-Stücke in die Hand bekam und sofort die Gemeinsamkeiten mit der Dramaturgie Brechts erkannte. Die Lehrstücke *Der Jasager* und *Die Ausnahme und die Regel* gehen auf Übersetzungen und erste Bearbeitungen asiatischer Stücke durch sie zurück.

Im Oktober 1930 und im Januar 1931 gastierte in Berlin eine japanische Theatertruppe, die u. a. auch einige Kabuki-Stücke zeigte. Brecht, sicher auch die Weigel, haben sich diese Vorführungen angesehen. Brecht erkannte zwar deutlicher, als es mit der theoretischen Beschäftigung möglich gewesen war, die Unterschiede zwischen seinem und dem alten japanischen Theater, das keinerlei ihm verwandte, oft konventionelle Inhalte aufwies. Andererseits war er durch die Kabuki-Aufführungen bestärkt in der Auffassung, daß die Technik des Zeigetheaters einem Theater, das die Menschen zum Mitdenken bringen wollte, von Nutzen sein könne.[100] Antony Tatlow wies darauf hin, daß Brechts Inszenierung von *Mann ist Mann* von 1931 – in der die Weigel wieder die Begbick spielte – vom Kabuki-Stil geprägt war. Stärker als bei allen vorherigen Aufführungen wurden die Schauspieler durch Masken und gestisches Spiel davon befreit, innere Vorgänge spielen zu müssen. Sie konnten sich ganz auf die Vorgänge selbst konzentrieren.[101] Die drei Soldaten, dargestellt durch Wolfgang Heinz[102], Alexander Granach und Theo Lingen waren z. B. durch Stelzen, Drahtbügel und riesige Handschuhe zu besonders großen und breiten Ungeheuern herausstaffiert worden, ein Umbau des Menschen, der dann am Packer Galy Gay ebenfalls vollzogen wurde. Herbert Ihering schrieb damals, daß Brecht die Darsteller hier »von der Persönlichkeit zur Maske, von der identifizierenden zur berichtenden, von der dynamischen zur statischen Schauspielkunst« geführt hätte.[103] Ernst Schumacher erwähnte zu Recht, daß diese Darstellungsformen nicht nur auf Kabuki, sondern durchaus auch auf das Agit-Prop-Theater hinwiesen.[104] Brecht war sich der Parallelen zwischen asiatischem Theater und Schaustellertheater bewußt. Das zeigt sein leider nicht ausgeführter Plan einer Abhandlung über *Das Asiatische des Karl Valentin*.[105]

Daß Helene Weigel damals die Positionen Brechts bestimmt und temperamentvoll vertrat, geht wohl nicht zufällig aus Äußerungen des von 1931 bis 1933 in Deutschland lebenden Georg Lukács[106] zurück, der eine andere ästhetische Position entwickelt hatte, die mit der künftigen sowjetischen Kulturpolitik zwar nicht deckungsgleich, aber kompatibel war. In den Konzepten des hochgebildeten Lukács spiegelte sich aber auch das politisch unterentwickelte Niveau Osteuropas, wo es um die Perspektive und die Bedingungen allgemeiner Emanzipation wesentlich schlechter stand als im Westen. Lukács' ästhetische Ansichten entwickelten sich zwar wie die von Brecht aus der Problemstellung heraus, wie linke Kunst Einfluß auf die Gesellschaft gewinnen könnte. Aber Brechts Vorstellung, daß dies über die aktive Einbindung des Publikums in den Kunstprozeß selbst erfolgen müsse, waren und blieben Lukács fremd. Er entwickelte eine Strategie, nach der die Kunst der Linken an die Formen großer realistischer Kunst des 19. Jahrhunderts anknüpfen müsse, um auch Schichten des Bürgertums zu erreichen. Die Wirkung der Kunst sollte seiner Meinung nach weiterhin auf einer im Kunstwerk selbst eingebauten kathartischen Lösung basieren, die das Publikum nachzuvollziehen hätte. Er hielt es auch für unverzichtbar, daß ein Kunstwerk versuchen müsse, die gesellschaftliche Totalität einzufangen und wiederzugeben. Auch deshalb lehnte er die modernen Techniken der Zuspitzung, der Montage und der Dokumentation als empirisch und spontaneistisch ab. Aus Lukács' Sicht waren die Bemühungen Brechts und seines Kreises linksradikale Abweichungen.

Nicht nur aus einem Ende der sechziger Jahre gegebenen Interview von Lukács geht hervor, daß sich Brecht in der direkten Konfrontation mit dem ihm äußerst unsympathischen Ungarn zurückhielt. Diese Rolle wurde um so temperamentvoller von der Weigel übernommen. Lukács' Erinnerung an sie trägt – wie viele andere Dokumente über sie – deutliche machohafte Züge, weil sie den weiblichen Gestus und nicht den Inhalt der Auseinandersetzung wiedergibt, diese schließlich sogar ins politisch Denunziatorische zieht. Lukács bestätigte, daß er Brecht damals für »sektiererisch« gehalten habe. »Folglich habe ich der Brechtschen Richtung gegenüber eine gewisse kritische Position eingenommen, die sich dann sehr zugespitzt hat. Das Hauptverdienst gebührt hierbei Brechts Frau, die immer – wie man das ja auch gegenwärtig beobachten kann – den offiziellsten Standpunkt vertritt, um Brechts dichterischen Erfolg zu fördern. Das geschah anno dazumal genauso.« Ohne auf die eigentliche Auseinandersetzung einzugehen oder darauf, was 1931 der »offiziellste Standpunkt« gewesen sein könnte, den die Weigel vertreten habe, beschuldigte er sie, ihn auf einer Parteiversammlung angegriffen zu haben, »ich sollte auf der Bezirksversammlung in der und der Frage politisch so und so Stellung nehmen, worauf ich ihr einfach sagte, ich würde Frau Brecht sehr bitten, sie sollte das bei der Polizei sagen und nicht hier«.[107] Lukács' Aufenthaltsgenehmigung war daran gebunden, daß er sich politischer Tätigkeit enthielt.

Zehn Jahre später, als Brecht und Weigel auf der Durchreise in die USA waren, trafen sich die drei in einem Moskauer Café. Zeitlich dazwischen lag die große Auseinandersetzung in der von und für Exilschriftsteller herausgegebenen Zeitschrift *Das Wort,* an der Lukács in Moskau, Brecht von Dänemark aus mitgearbeitet hatten. Der Streit der beiden Richtungen – hinter Lukács standen die meisten in der Sowjetunion emigrierten deutschen Schriftsteller und Kritiker – ist als Expressionismus- bzw. Formalismusdebatte[108] bekannt, wurde durch die offizielle Politik zugunsten der letzteren entschieden. Die Fronten der Formalismusdebatte sind auch Fronten zwischen den Exilanten, die sich der sowjetischen Linie anpaßten, bzw. denen, die Repressalien bis hin zur Liquidation in Kauf nehmen mußten. Insofern ist es nicht verwunderlich, daß Brecht Lukács 1941 in Moskau eine Art Friedensabkommen vorschlug:»Sehen Sie, es gibt eine Unmasse von Leuten, die mich um jeden Preis gegen Sie hetzen wollen, und ganz sicher gibt es genauso viele Leute, die Sie gegen mich aufhetzen wollen. Wir sollten uns darauf nicht einlassen.« Nach Lukács hatte man sich »in Moskau ganz freundschaftlich getrennt, obwohl ich in der Expressionismusdebatte alles mögliche kritisiert hatte«.[109]

Zweifellos die Weigel selbst erzählte die Anekdote, nach der sie sich damals aus der Kunstdebatte mit Lukács nicht zurückziehen wollte. »Herr B. hatte eine Zeitlang interessiert zugehört. Dann wollte er gehen. Helene W. ging ihm nach und sagte, sie könne unmöglich den Kampfplatz verlassen. Herr B. sagte: ›Komm mit. Sag ihm einfach, du seist mir sexuell hörig.‹«[110] Brechts zotiger Vorschlag zeigt, wie sehr er Lukács verachtete.

Erst als Intendantin wird auch die Weigel ihren Friedenspakt mit Georg Lukács schließen.

Auf ihren Rollenfotos der beginnenden dreißiger Jahre erkenne ich noch keine asiatischen Haltungen bei der Weigel. Ihr gestisches Spielvermögen hat sich um 1930 aber zweifellos auf den Arbeiterbühnen – den modernen Schaustellerbühnen – weiterentwickelt. Es sind einige Hinweise auf solche Veranstaltungen erhalten geblieben.

»Hat es sich schon herumgesprochen, daß die ›Junge Volksbühne‹ in den Residenzsälen, Landsberger Straße 31, eine Sil-
vesterfeier mit dem originellen Titel: *Wer trägt den Mülleimer
raus?* veranstaltet, daß Valeska Gert[111], Helene Weigel, Ernst
Busch, Hanns Eisler, Ernst Ottwalt[112], die ›Gruppe junger
Schauspieler‹, ein Schnellzeichner, die Kapelle ›The red syncopa-
pators‹ und viele andere mitwirken, daß die Tombola wertvolle
Gewinne enthält, daß auch getanzt wird und daß die Eintrittskarten nur 1,50 Mark, für Erwerbslose 1 Mark kosten?«[113]
Überkommen ist auch die Ankündigung einer Protestver-
anstaltung zum Verbot einer Nummer der KPD-Zeitung *Rote
Fahne* am 1. Oktober 1932. Zusammen mit anderen Künstlern, Erich Weinert[114], GÜ, Werner Scharf, Paul Brand, Dr.
Swienty, Georg W. Manfred, Julia Marcus, Hedda Zinner[115]
brachte die Weigel »Songs« und »Scenen«, umrahmt von »illu-
strierten Konferenzen, Schnellzeichnungen«.[116] Die Veranstaltung ist kurz hintereinander an mehreren Spielstellen in Berlin
wiederholt worden, u. a. auch im Gesellschaftshaus der Moa-
biter Wiclefstraße, in der ich heute wohne. Hier haben später
auch Aufführungen von *Die Maßnahme* und *Die Mutter* stattgefunden.

Die damals aufsehenerregendste Agit-Prop-Aktivität, in
der sich Brecht und Weigel gleichermaßen engagierten, war
die *Rote Revue: Wir sind ja sooo zufrieden*, die – nach zwei-
jährigen Vorbereitungen – am 17. November 1931 in der Jungen Volksbühne Premiere hatte. Neben Brecht hatten verschiedenen Autoren die Texte verfaßt, u. a. auch Erich Weinert und Günther Weisenborn[117]. Die Weigel erinnerte sich
1959, daß da eine »Masse von Songs« war und »so ein dün-
ner [Handlungs-]Faden einer Familie aus einem Bruder, der
Kommunist, und einem, der Faschist ist.«[118] Im Programmzettel der *Roten Revue* ist ein Interview mit dem Sekretär der
Jungen Volksbühne abgedruckt, der den Inhalt folgendermaßen beschreibt: Eine Mittelschichtenfamilie, deren Verstand durch häufigen Genuß von Kitschtheater vernebelt
wurde, »streckt sich nach der Decke und flüchtet in die Zufriedenheit, die die Schafe im Schlachthaus auszeichnet«. –
»Und was geschieht mit der Familie?« – »Entweder sie geht
kaputt oder sie erkennt die Interessen ihrer Klasse.« – »Und

warum haben Sie keine klassenbewußte Proletarierfamilie gezeigt in ihrem Kampf gegen den Faschismus? – Es ist eine der
wichtigsten Aufgaben der Jungen Volksbühne, den Illusionen
des Kleinbürgertums kulturelle Aufklärung entgegenzusetzen. – Also ist die Junge Volksbühne keine kommunistische
Organisation? – Die Junge Volksbühne steht auf breitester
überparteilicher Basis, aber in deutlicher Kampffront gegen
den Kulturfaschismus jeglicher Färbung. [...] gegen die Kul-
turkorruption der idealistischen Ästhetik! – gegen Hugen-
bergs[119] Flötenkonzerte! gegen Nestriepkes[120] rosaroten
Vergnügungspalast! – gegen den ganzen reaktionären Kultur-
schwindel!«[121]

In den kämpferischen Aussagen des Sekretärs gegen die
Kulturindustrie, die politisches Bewußtsein vernebelt, ist
deutlich der Einfluß Brechts zu erkennen, der wohl auch für
den Kniff verantwortlich zeichnete, nicht das klassenbewußte
Proletariat auf die Bühne zu bringen – wie es das Agit-Prop-
Theater normalerweise machte –, sondern das Publikum einzuladen, sich über den Irrungen und Wirrungen einer verblen-
deten Kleinbürgerfamililie ein eigenes Urteil zu bilden. Das
Programm der *Roten Revue* enthielt auch Brechts gegen das
Verbot der Abtreibung gerichtete *Ballade vom § 218*. Weigel
erinnerte sich, daß Valeska Gert und Lotte Lenya mitgespielt
hätten. Letztere ist auf dem Programmzettel nicht aufgeführt,
sie hat aber auf ähnlichen Veranstaltungen gesungen und kann
später dazugestoßen sein. Des weiteren wirkten u. a. mit:
Blandine Ebinger[123], Gerhard Bienert[124], Ernst Busch und –
Margarete Steffin! Eine junge Frau aus der Berliner Arbeiterklasse, die sich autodidaktisch literarische Bildung angeeignet
hatte und im Arbeiterkulturverein ›Fichte‹ als Choristin, Re-
zitatorin und auch Verfasserin eigener Texte aktiv gewesen
war. Nun spielte sie als einzige Laiin unter vielen stadtbe-
kannten Künstlern.

Geprobt wurde bei Helene Weigel in der Babelsberger
Straße, die der Steffin zuvor ja bereits ein wenig Sprachunter-
richt gegeben hatte. Steffin hatte sich zunächst eher gefreut,
dort den gutaussehenden Ernst Busch kennenlernen zu können. Aber statt Busch »kam jemand herein, der einen schäbigen Anzug trug, die Haare, die er, was sofort auffiel, ganz

kurz verschnitten trug, hatten es nötig, mal wieder geschnitten zu werden. Er nahm nicht mal die Mütze ab, sondern berührte sie nur leicht [...]. So, dachte ich, das ist also Brecht? Na, dem scheint es ja nicht gut zu gehen, hat wohl nichts mehr übrig von seiner Drei-Groschen-Oper.«[125] Brecht zeigte sich von den Leistungen der Amateurin angetan, er gab ihr einen von Ernst Ottwalt geschriebenen Soloauftritt.

Daß die Weigel kein festes Engagement mehr hatte, lag auch an ihrer Präsenz auf den Arbeiterbühnen. Hier aber konnte sich ihr Talent nur in kleinen Glanzauftritten entfalten. Auch Brecht hatte für sie bisher nur Nebenrollen versucht, zumeist derbe, laute Figuren. Andere Versuche kamen nicht zum Abschluß. Im Herbst 1928 hatte er ihr aus Augsburg geschrieben, daß er hoffe, in Kürze »einen *Urfatzer* zu haben. Die Frauenrolle drin wird Dir gefallen«.[126] Aber der *Fatzer* blieb Fragment wie die meisten Dramenversuche seit Mitte der zwanziger Jahre. Rückblickend kann man sagen, daß Brecht in dieser Zeit radikaler Politisierung u. a. das Verhältnis zwischen Masse und Persönlichkeit in dem angestrebten revolutionären und revolutionierenden Drama nicht gelöst hatte[127] und deshalb auch noch keine Rolle schreiben konnte, die den Fähigkeiten der ›Charakterschauspielerin‹ adäquat gewesen wäre. In der Rolle einer Agitatorin in der *Maßnahme* konnte sie nicht zeigen, was in ihr steckte.

Erst jetzt, Anfang der dreißiger Jahre, kristallisierte sich eine Situation heraus, in der die vielen Nebenrollen der Erniedrigten und Beleidigten, mit denen die Weigel im bürgerlichen Theater brilliert hatte – Dienerinnen, Ammen, Mägde, Mütter, die ihre Kinder verlieren – zu einer Hauptrolle konzipiert werden konnten. Aber so einfach dieser Gedanke rückblickend auch wirkt, er muß ungeheuer schwer zu fassen gewesen sein. In ihrem Gespräch mit Werner Hecht hat die Weigel 1969 gesagt, daß Brecht ihr die Rolle der Pelagea Wlassowa in *Die Mutter* nach dem gleichnamigen Roman von Maxim Gorki (der Brechts Stück übrigens autorisiert hat) keinesfalls auf den Leib geschrieben hatte, »es stellte sich erst bei den Proben heraus, daß ich mit der Rolle etwas anfangen konnte. [...] Er hat am Anfang nicht viel von mir als Schauspielerin gehalten, das war gar nicht so. [...] Das liegt vielleicht daran, daß ich sehr häufig das gespielt hatte, was man Charakterfach nennt. So wie ich aussah und so wie ich angefangen hatte, ging das alles ins Charakterfach. Und vom Charakterfach ins Mütterfach zu kommen, ist fast kein Weg im Theater. Brecht hat im Grunde erst, als 1932 die Proben zur *Mutter* gemacht wurden, eine andere Meinung von mir als Schauspielerin bekommen: der Humor, die Wärme, die Freundlichkeit, das sind alles erst Entdeckungen, die wir bei der Rolle der Wlassowa machten. Das war auch für Brecht überraschend.«[128]

Daß Brecht 1931 überhaupt mit dem Stoff in Berührung kam, war fast Zufall. Autoren der Jungen Volksbühne, Günther Weisenborn und Günther Stark[129], hatten eine erste dramatische Version von Gorkis Roman versucht, der in der russischen Revolution von 1905 spielt. Ihr Interesse daran war ähnlich gelagert wie das, das zur *Roten Revue* geführt hatte: Wie kann in der Situation äußerster politischer Bedrängnis politisches Selbstbewußtsein bei Arbeitern entstehen? Der Unterschied zu den vom Agit-Prop-Theater zumeist gesuchten Sujets klassenbewußter heroischer Helden war allerdings gewaltig. Hier wurde die Entwicklung von Bewußtsein als widersprüchlicher Lernprozeß gezeigt und das auch noch anhand einer alten, bereits kranken Frau, die eigentlich nur ihren Sohn retten will vor den Gefahren der illegalen Arbeit. Bei dem Versuch, den Sohn zu retten, begreift sie nach und nach den Sinn seiner Arbeit und läßt sich allmählich selbst immer mehr in sie hineinziehen.

Weisenborn und Stark kamen mit der Dramatisierung zu keinem befriedigenden Ergebnis und baten Brecht um Hilfe. Der spannte sofort noch Slatan Dudow[130] in das Projekt ein und vor allem Hanns Eisler, der nicht nur für die Musik sorgte, sondern auch dramaturgisch mitwirkte. Es entstand ein völlig neues Stück.[131] Offiziell war übrigens Emil Hesse-Burri der Regisseur, Brecht wieder nur Co-Regisseur.

Und während der Proben, im Jahre 1932, zeigten sich plötzlich die bislang ungehobenen Fähigkeiten der Weigel. Den beiden muß es wie Schuppen von den Augen gefallen sein, nicht nur hinsichtlich der neuen Perspektiven, die sich ihrem Talent auftaten, sondern auch hinsichtlich der grundsätzlichen dramaturgischen Bedeutung der Entdeckung. Wenn, wie Lenin sich ausgedrückt hatte, die Köchinnen das Regieren lernen sollten, mußten sie auch in Hauptrollen auf dem Theater präsent sein.

Die Richtung zukünftiger engerer Zusammenarbeit von Weigel und Brecht war endlich gefunden. Die Phase der ersten Lehrstücke, die bewußt keine eigentlichen Helden vorführten, ging zu Ende. Brechts spätere Stücke – wie übrigens schon die ebenfalls in Arbeit befindliche *Heilige Johanna der Schlachthöfe*[132] – hatten ausgeprägte Protagonistinnen und Protagonisten. Schon in der *Johanna* kam der Courage-Effekt zum Tragen. Nicht Johanna wird im Verlauf des Stücks lernen, sondern das Publikum bekommt diese Möglichkeit. Die von Gorki vorgeprägte Gestalt der *Mutter* erlaubte eine solche Verschiebung nicht.

Das Unternehmen, Subalterne und Marginalisierte in den Glanz der Hauptrollen zu stellen, erforderte freilich allergrößte politische und dramaturgische Kühnheit. Das war risikoreich, wenn auch aus damaliger Sicht nicht aussichtslos. Das Ausmaß, in dem es Brecht und Weigel bislang bereits gelungen war, die bürgerliche bzw. auch die proletarische Bühne zu erobern, ließ sie auf weitergehende Chancen hoffen. Zumal der Kampf gegen Hitler noch nicht entschieden war und gerade deshalb mit den entschiedensten Mitteln geführt werden mußte. Aus ihrer Sicht war die Alternative, die sich damals in Deutschland stellte, noch offen: Diktatur von rechts oder ein linker Aufbruch zur Selbstbestimmung der großen Mehrheiten. Dieses Vorstellungen liefen nicht auf mechanische Übertragung der autoritären sowjetischen Verhältnisse auf Deutschland hinaus. Unter anderem auch deshalb ist die Ausstattung der *Mutter*-Aufführung damals bewußt von folkloristisch-russischen Elementen weitgehend befreit und auch im Text auf deutsche Verhältnisse zugeschnitten worden. Die autoritären sowjetischen Verhältnisse sahen Brecht/Weigel nicht als strukturelles Merkmal des Kommunismus an, sondern als Fortwirken historischer Unterentwicklung Rußlands. Aus dieser Perspektive heraus sind auch ihre künftigen Haltungen der Solidarität und der Kritik gegenüber der Sowjetunion Stalins zu beurteilen. Außerdem ist zu erinnern, daß sich reale autoritäre Gefahren in Deutschland damals konkret nur von den Rechten her entwickelten. Die KP in Deutschland hatte keine Verbündeten etwa in der Reichswehr, um zu putschen. Auch konnte sie in Wahlen keine Konstellation erreichen, die die Errichtung autoritärer linker Verhältnisse ermöglicht hätte. Eben weil der Kommunismus aus Brechts Sicht weder autoritär sein konnte noch durfte, war die Entwicklung des Bewußtseins der großen Mehrheiten unabdingbar.

Jetzt, an der Jahrhundertwende, ist zu konstatieren, daß sich in der historischen Erfahrung des 20. Jahrhunderts – nicht nur in Deutschland – eher das Nicht-Lernen der Subalternen als dominanter erwiesen hat als das Lernen. Daher erscheint die Dramaturgie der *Johanna* und der *Courage* als dem Jahrhundert angemessen und die der *Mutter* als illusionär.

Damals, kurz vor der Machtergreifung des Nationalsozialismus, kam es (außer zu einer Funkproduktion) zu keiner *Johanna*-Aufführung mehr. Eine von Gustav Gründgens in Darmstadt geplante wurde unter massiven Drohungen faschistischer Kräfte bereits verboten. *Die Mutter* aber erlebte noch eine erhebliche Publikumsresonanz.

Vor der eigentlichen Premiere haben »Hunderte von Betriebsräten und Frauenvertrauensleuten [...] vier geschlossene Aufführungen der Jungen Volksbühne im Wallner-Theater mit großer Begeisterung gesehen«.[133]

Die Premiere am 17. Januar fand ausgerechnet im Komödienhaus am Schiffbauerdamm statt, das Aufricht gemietet hatte, der auch als Produzent fungierte, sein Risiko allerdings auf 3 000 Mark begrenzt hatte. Die Weigel dazu 1969: »Wir spielten in einem Theater, das gerade frei war. [...] Damals in dieser Zeit der Arbeitslosigkeit gab es in Berlin leere Häuser und übrigens auch viele engagementlose Schauspieler. Unsere Freunde von der ›Jungen Volksbühne‹ waren daran interessiert, revolutionäres Theater durch eine entsprechende Verbindung zum Arbeiterpublikum zu sichern. [...] *Die Mutter* wurde im Komödienhaus am Schiffbauerdamm mehr als 30mal gespielt.« Später gab es auch noch Vorstellungen im Lustspielhaus Friedrichstraße.

Die eigentliche Absicht war gewesen, die Aufführung nicht

nur in Theatern des bürgerlichen Zentrums von Berlin zu spielen, sondern sie direkt in die Arbeiterbezirke zu bringen. Deshalb hatte Caspar Neher ein einfaches Bühnenbild geschaffen, das in einem Personenwagen transportiert werden konnte. »Sämtliche Kupfergegenstände und viele andere Requisiten hatten wir von zu Hause mitgebracht.« Kupfer – das vom ganzen Brecht-Clan präferierte Metall – tauchte hier zum ersten Male auf. Und auch die nie mehr abgelegte Passion der Weigel, für die Requisiten der Aufführungen selbst größte Verantwortung zu übernehmen.

Weil die Behörden die häufiger werdende Konfrontation zwischen linken und rechten Arbeitergruppierungen möglichst unterbinden wollten, wurde es immer schwerer, solche Aufführungen zu organisieren.

»Das Stück direkt zu verbieten, mißlang beim ersten Versuch.[134] Da versuchten es die Behörden im Februar 1932 auf andere Weise, als wir die *Mutter* im Gesellschaftshaus Moabit vor Arbeitern spielen wollten. Eine polizeiliche Genehmigung lag vor. Aber in einem Schreiben der Theaterabteilung der Baupolizei, das wir erst kurz vorher erhielten, wurde die Aufführung untersagt, weil die Sache in dem Saal ›zu feuergefährlich‹ sei. Wir begannen trotzdem, und nun wurde die Aufführung ständig unterbrochen. Das ging in Phasen vor sich und war sehr lustig. Wenn also die Aufführung aus feuerpolizeilichen Gründen nicht gespielt werden darf, meinten wir, dann werden wir den Text nur sprechen. Dabei haben wir ihnen nun wieder zuviel Gesten gemacht. Dann sagten sie, Gänge auf der Bühne zu machen, das geht auch nicht. Und schließlich hatten sie auch etwas gegen die Kostüme. So haben wir uns vor den Vorhang gesetzt, und das Stück ›gelesen‹. Das schien ihnen dann übrigens auch noch feuergefährlich. Es war eine unbeschreiblich komische und ständig unterbrochene Aufführung, weil die Feuerpolizei von uns immer etwas Neues verlangte. [...] Sie fand bis zum Schluß statt und war eine unserer erfolgreichsten Aufführungen, weil die Leute herrlich fanden, daß wir uns nicht kleinkriegen ließen und weitermachten unter immer schwierigeren Bedingungen.«

Herbert Ihering, der die Intentionen Brechts zuweilen einfacher formulierte als dieser selbst, sprach damals in seiner

Kritik erstmals die bis zu Brechts Tod und darüber hinaus anhaltende Kontroverse zwischen seinem Theater und der Schule von Konstantin Stanislawski[135] an. »Am Moskauer Künstler-Theater Stanislawskis wurden Szenen aus dem Roman aufgeführt. Pudowkin[136] benutzte ihn als Grundlage zu seinem Film. Was bei Stanislawski atmosphärisch und milieuhaft war, was bei Pudowkin heroisch, kriegerisch und pathetisch (aber deshalb nicht weniger hinreißend) war, wird in der Bühnenbearbeitung von Brecht [...] episch darlegend, dialektisch und kühl. [...] Die dramatische Form, sagt Brecht, ›verwickelt die Zuschauer in eine Bühnenaktion, verbraucht seine Aktivität, ermöglicht ihm Gefühle‹. Die epische Form ist ›erzählend, macht den Zuschauer zum Betrachter, aber weckt seine Aktivität.‹« Die Anfangsszenen fand Ihering noch »starr und eng [...], zu sehr aufgesagt«. Interessant erschienen ihm dagegen Szenen, in denen Sprecher einen Vorgang erzählten und die Mutter aus der Gruppe trat und den Vorgang mit wenigen Gesten darstellte. Eindrucksvoll sei die Szene des Wiedersehens zwischen Mutter und Sohn gewesen. »Daß hier jede Sentimentalität vermieden wurde, ja beinahe jedes Gefühl, und doch die Wirkung durch die Demonstrierung knappster Gesten erreicht wurde – das erschien mir jetzt außerordentlich.« Und: »Nach Überwindung einiger nervöser Hemmungen hatte Helene Weigel den Stil schon in der Vollkommenheit. Sie war dialektisch gewandt, geistig überlegen und niemals doktrinär. Im Gegenteil: sie war spielerisch gelöster als jemals Empfindung ging in eine geistige Melodie ein. Dialektik wurde gestisch gelöst. Das war nicht nur meisterhaft, es zeigt auch, daß gewisse schauspielerische Begabungen in diesem Stil erst frei werden.« Darüber hinaus lobte er noch Ernst Busch als Sohn Pawel, u. a. auch Theo Lingen und Gerhard Bienert, bei dem »beide Stile: der dramatisch chargierende und der episch darlegende« zu sehen gewesen seien, was deutlich gemacht hätte, »wie sehr diese neue Problematik den Schauspieler gefährden und auch anregen kann«.[137]

Brecht/Weigel hatten durchaus die Absicht, mit diesem Stück die Öffentlichkeit zu spalten. Daß die rechte Presse schäumen würde, war erwartet, ja herausgefordert worden. »Rotestes, allerrotestes Parteitheater im Zeichen von Hammer und Sichel – Gorkis uralter Roman, verstümpert für Analphabeten, papriziert mit ›Songs‹.«[138] »Ein Pfingstfest für die Gesinnungsästheten, wirksamer als Reden und Zeitungen. Ein Irrsinn für den Außenstehenden.«[139]

Alfred Kerr aber vollzog einen einmaligen Spagat zwischen schärfster Ablehnung des Brecht-Stils und höchster Anerkennung für die Weigel: »es ist das Stück eines primitiven Autors. Das ›epische Drama‹ ist ein Fremdwort für: das ›ungekonnte Drama‹. Für (entschuldigen!) das Idiotenstück.« Seine Vorbehalte gegen das Stück waren nicht politischer Natur. Er lobte Gorki: »Maxim Gorki zeigt im Roman den Aufstieg eines Jungen: aus versoffener, vertierter Umwelt zum Lebensziel; zum Freiheitskampf. Pädagogisch prachtvoll. Und das Schlußbild bleibt im Gehirn: die Mutter, die Witwe, stolz auf ihren Sohn, auf seinen Gerechtigkeitsaufstand, überzeugt von der neuen Lehre, verteilt Flugblätter.«

Kein Zweifel, Kerr focht auf der Stanislawski-Front, ihm fehlte in der Dramatisierung genau das, was Brecht systematisch zu eliminieren suchte: Einfühlung in psychologische Vorgänge. »Tatsächlich wirken bloß die Szenen, wo die Affekthandlung durchscheint. Der Rest ist namenlos unfähig. Flach; leer; arm; zurückgeschraubt; kurz: nichtgekonnt. [...] Die Mutter sagt gleich zu Beginn (nach Urväter Art, als noch kein entwickeltes Drama bestand): Ich bin nämlich die Mutter, das dort ist mein Sohn, er hat an Gewicht in der letzten Zeit abgenommen. [...] In solcher zurückgeschraubten falschen Kindlichkeit aus Impotenz. Im Aufsageton aus Mangel an jeder Vertiefungskraft. [...] Was heute im Theater so zugelassen wird –.«

Der Autor, das Stück – für Kerr das Allerletzte. Aber: »Helene Weigel macht beinah die schlappen Inhaltslosigkeiten wett. Sie ist einfach herrlich: in Mildheit, Zähheit, dazwischen Freundlichkeit; rechtens entfernt von allem Heldentum, eine Arbeiterfrau, irgendeine Hoffnung aus der Masse, bloß eine Nummer ... und doch, im hervorragenden Sinn, eine Nummer. Es gibt kaum Schöneres. Dazu Busch, als ihr Sohn – mit jenen Klängen von Eisler [...]. Diese ganze Welt, Umwelt, Armenwelt ist ja unsagbar wesentlich – es fehlt bloß ein Autor dazu.«[140]

Ein Theater nach »Urväterart«, das Kerr als Rückschritt erschien, war durchaus beabsichtigt. Wie auch die eben schon im Text angelegte epische Haltung der Schauspieler zu ihren Figuren: sie werden stellenweise zu Erzählern.

Auch für Max Hochdorf war hier nur »Halbtheater« gezeigt worden, das sich »sehr schwer [...] spielt [...]. Daher sind nicht genug zu loben die *Aufricht*produktion und die Gruppe der *Jungen Schauspieler*, daß sie es wagen. Sie dienen dem Weltanschauungstheater, das die eklige Zeit und die lächerlich zwitschernden Operettenmanagers umbringen. Helene *Weigel* spielt die alte Pelagea wie eine Oratoriensängerin, die eine Heilige darstellen soll. Das ist, wenigstens im Komödiantischen, der richtige Stil. Sie lauscht auf innere Stimmen. Das Brechtsche Drama ist eben mehr Oratorium als Theater, und die Musik Hanns *Eislers*, die bewußt den Choralton hinübersingt, trägt die Stimme und die Stimmung der Primadonna. Sie trägt zwar proletarisches Gewand, aber sie rezitiert schön und ergreifend wie eine Prophetin.«[141]

Hochdorf hat einen bei der Magd im *Ödipus* bereits aufscheinenden, künftig noch an Bedeutung gewinnenden Zug für Weigels Darstellung proletarischer Mütter benannt: die Haltung der antiken Tragödin, aus der Liturgie entlehnt und somit Abstand erheischend, nicht Einfühlung. »Spirituell. Zeremoniell. Rituell« sollte dieses Spiel wirken – so Brecht in seinem zwei Jahre zuvor geschriebenen, bereits im vorigen Kapitel zitierten ersten sokratischen *Dialog über Schauspielkunst*.[142]

Walter Benjamin hob, zwei Wochen nach der Premiere, hervor, daß sich das Stück ganz besonders an Frauen wende. »Unter den heutigen Umständen ist die Familie eine Organisation zur Ausbeutung der Frau als Mutter. Pelagea Wlassowa, ›Witwe eines Arbeiters und Mutter eines Arbeiters‹, ist also eine zweifach Ausgebeutete: als Angehörige der Arbeiterklasse einmal, als Frau und Mutter ein zweites Mal. [... Sie] repräsentiert die Ausgebeuteten in ihrer tiefsten Erniedrigung. Sind die Mütter revolutioniert, so bleibt nichts mehr zu revolutionieren.« Anspielend darauf, daß die Mutter dem Sohn zu Anfang selbstverständlich sein Essen vorsetzt, ihn später, als sie Flugblätter druckt, aber auffordert, sich sein

Brot selbst zu schneiden, schreibt Benjamin: »dann hat die Notdurft des Lebens aufgehört, die Menschen nach Geschlechtern zu kommandieren; dann steht in der Proletarierwohnung die Wandtafel und schafft Raum zwischen Küche und Bett. Wo auf der Suche nach der Kopeke der Staat von unten nach oben gekehrt wird, muß sich auch manches in der Familie ändern [...].«[143]

Etwa 15 000 Berliner Arbeiterfrauen sollen das Stück 1932 in Berlin gesehen haben.[144] Die Hauptdarstellerin wurde auch in Arbeiterinnenzirkel eingeladen. Wie es bei wenig kunstgewohntem Publikum häufig vorkommt, konnte das Stück hier sehr kritisch hinsichtlich der naturalistischen Detailtreue, aber auch hinsichtlich zweifelhafter politischer Nützlichkeit analysiert werden. 1969 erinnerte sich die Weigel, daß sie »einmal von Näherinnen eingeladen wurde. Als ich hinkam, waren sie bitterlich enttäuscht, weil ich ihnen zu jung war. Das waren kommunistische Arbeiterinnen, ältere Frauen. Sie wollten sich [...] mit mir darüber unterhalten, ob die Propaganda in der Kupfersammelstelle für unsere damalige Zeit möglich und sinnvoll wäre. Sie bezweifelten dann die Wirkung einer solchen direkten Propaganda für ihre politische Arbeit.«[145]

Mit der Rolle der *Mutter* war nun wohl auch endgültig das leise Spiel gegenüber dem lauten bei der Schauspielerin Weigel in den Vordergrund getreten. Merkwürdig muß der Eindruck ihres Singens in diesem Stück gewesen sein. Sie versuchte nicht mehr – wie als Begbick 1927 –, helle und klangvolle Töne hervorzubringen, wie es ihre damaligen Konkurrentinnen Carola Neher und Lotte Lenya erfolgreich mit Brecht-Songs praktizierten. Vielleicht ist für die Weigel die in den zwanziger Jahren schließlich auch in Deutschland durch den Jazz eingeleitete Revolution des weiblichen Singens bedeutsam gewesen, das fortan auch mit tiefer Altstimme möglich war. Es existiert aus dieser Zeit ein wichtiges Dokument ihres Gesangs, die Ballade *Das Spiel der Geschlechter erneuert sich* im Film *Kuhle Wampe*, der 1931 von Dudow und Brecht zusammen gedreht wurde und kurz nach der *Mutter* gezeigt wurde. Sie arbeitete nun bewußt nur noch mit den begrenzten Möglichkeiten ihrer Stimme, deren Herbheit durch die

Zurücknahme von allem, was bis dahin ›Gesang‹ geheißen hatte, von großer Einprägsamkeit ist. Die Poesie dieses Sprechgesangs entsteht durch den Eindruck einer merkwürdigen Weisheit dieser damals immerhin erst Einunddreißigjährigen.

Ein Höhepunkt ihres Singens auf Arbeiterbühnen war der Vortrag der 1932 entstandenen und von Eisler vertonten *Wiegenlieder einer Arbeitermutter*[146], eine Ergänzung ihrer Erfolgsrolle, die sie aber ganz allein, nur von einem Pianisten begleitet, auf der Bühne vortragen konnte. Sie wirkten nicht nur durch die äußerste Einfachheit der dichterischen Sprache, sondern auch durch ihren leisen Vortrag. Damit brachten Brecht/Weigel völlig neue Töne in das ja eher laute Agit-Prop-Theater.

Der Ton stach aber vor allem ab gegenüber der martialischen Sprache von Hitler und Goebbels. Anna Seghers schrieb darüber: »Helene Weigel hat in Berlin gespielt, bevor Hitler zur Macht kam. Wir sehnten uns nach ihrem Spiel und nach ihrer Stimme, wie man sich nach einem teuren Menschen, nach seinen Bewegungen, nach seiner Sprache sehnt. Denn die faschistische, zerhackte oder vermanschte Sprache, die damals aus pompösen Erklärungen gröhlte oder sich in gewundenen Phrasen zierte, das war unsere Sprache nicht.«[147]

Die Gefährlichkeit des leisen Spiels und des leisen Gesangs mit dem hintergründigen Inhalt wurde durchaus erkannt. Die Darstellerin Weigel ist damals polizeilich überwacht worden. Im Februar 1933, wenige Wochen nach der Machtergreifung der Nazis, wurde sie nach einem Vortrag der *Wiegenlieder* verhaftet und mehrere Stunden im Polizeipräsidium festgehalten. Nur ihrem Prestige als ehemaliger Staatsschauspielerin war es zu verdanken, daß sie relativ schnell freikam.

Die *Wiegenlieder* hat Brecht ihr in säuberlicher Miniaturhandschrift übergeben. Sie hat sie zeitlebens aufbewahrt, wo andere ihre schönsten Liebesbriefe aufbewahren: in ihrem ›Schatzkästlein‹. Die ›dritte Sache‹, das gemeinsame Engagement, hätte Brecht später von anderen Frauen kaum so nachdrücklich als unabdingbares Bindeglied der Liebe zwischen den Geschlechtern beschwören können, wenn er sie nicht bereits mit der Weigel gelebt hätte.

Der sowohl lebenspraktisch als auch literarisch bedeutsam werdende Begriff der ›dritten Sache‹ war erfunden worden, zunächst als Bindeglied der Liebe zwischen Mutter und Sohn in der *Mutter*.

Das Lob der dritten Sache

Immerfort hört man, wie schnell
Die Mütter ihre Söhne verlieren, aber ich
Behielt meinen Sohn. Wie behielt ich ihn? Durch
Die dritte Sache.
Er und ich waren zwei, aber die dritte
Gemeinsame Sache, gemeinsam betrieben, war es, die
Uns einte.
Oftmals selber hörte ich Söhne
Mit ihren Eltern sprechen.
Wieviel besser war doch unser Gespräch
Über die dritte Sache, die uns gemeinsam war
Vieler Menschen große, gemeinsame Sache!
Wie nahe waren wir uns, dieser Sache
Nahe. Wie gut waren wir uns, dieser
Guten Sache nahe.[148]

Für die Weigel war die Zeit der *Mutter* eine Zeit des Triumphes, aber auch der Niederlage. Sie spürte, daß ihre sexuelle Priorität bei Brecht erstmals wirklich in Gefahr war.

Margarete Steffin hatte in der *Mutter* das Dienstmädchen an der Kupfersammelstelle gespielt. Über die Laienschauspielerin sagte die Weigel 1969 zu Hecht: »Die Steffin war sogar sehr gut, sie sah herrlich aus für die Rolle.«[149] Obwohl während der Proben eine Tuberkulose bei der Steffin ausbrach und sie für die Vorstellungen aus der Lungenheilanstalt Hohenlychen nach Berlin gebracht werden mußte, übernahm sie damals auch schon Schreibarbeiten für Brecht und Weigel. Einige Wochen wohnte sie bei Brecht in der Hardenbergstraße und erlebte mit ihm zusammen am 14. Mai 1932 die bei Publikum und Kritikern erfolglose Premiere des Films *Kuhle Wampe oder Wem gehört die Welt* in Moskau, bevor sie eine Kur auf der Krim antrat. Den zweiten Teil des Sommers verbrachte sie mit Brecht und Weigel in Unterschondorf am Ammersee, den September mit Brecht allein in dessen neuerworbenem Haus in Utting. Beide arbeiteten an ersten Entwürfen des späteren Stücks *Die Rundköpfe und die Spitzköpfe*. Für die Steffin schrieb Brecht Liebesgedichte, die als solche erkennbar sind: kunstvolle erotische Sonette, auf die die Steffin mit ebenbürtigen Sonetten antwortete. Im Oktober entschloß sie sich zu einer Abtreibung.

Nachdem sich die Weigel über das Liebesverhältnis klar geworden war, sagte sie der Steffin: »Du tust mir leid, mein liebes Kind.«[150]

Flucht und Exil in Dänemark

Durch ihr Bestreben, vor vielen spielen zu dürfen,
war sie dazu gelangt, nur noch vor ganz wenigen
spielen zu dürfen.[1]

Bald wird die Weigel Deutschland verlassen müssen. Nicht nur, weil sie Jüdin war. In Gefahr geriet sie auch, weil sie sich als politisch engagierte Künstlerin profiliert hatte. Letzteres war es, was Brecht als »Abstieg der Weigel in den Ruhm«[2] bezeichnete.

Ein Jahr bevor die Flucht begann, hatte die künstlerische Symbiose mit Brecht durch die Arbeit an *Die Mutter* ihre endgültige Richtung bekommen. Fortan kann das Spiel der Weigel nicht mehr ohne Brecht bzw. Brechts dramatische Kunst nicht mehr ohne die Weigel gedacht werden. In gewisser Weise wurde sie sein Medium, wenn auch keinesfalls im passiven Sinne der Hypnose. Denn: »Einflüsse von mir [auf Brecht], die können Sie überall haben«, hatte sie Bunge 1959 gesagt. Ihr Anteil am Werk, der in erster Linie darin bestand, ihm Wirkungskraft verliehen zu haben, war ihr so selbstverständlich, daß sie hinzufügte: »Wissen Sie, das wäre eine etwas kindische Form, wenn ich anfangen wollte, meine Einflüsse auf Brecht nachzuweisen.«[3]

Die gemeinsamen Interessen müssen stark gewesen sein. Denn die künstlerische Symbiose vollendete sich in der nun beginnenden Zeit des Exils, in der ihr jegliche öffentliche Wahrnehmung verwehrt war. Und sie entwickelte sich trotz einer weiteren Belastung. Andere Frauen, Margarete Steffin und Ruth Berlau, traten in Brechts Leben als Mitarbeiterinnen und Geliebte. Da die Exilsituation unvorhersehbare Abhängigkeiten schuf, kam die Weigel in eine komplizierte Lage. Im Exil wurde es schwerer, manchmal unmöglich, Distanzen zu setzen, wie es zum Beispiel Elisabeth Hauptmann gelungen war, indem sie sich eigene Lebenssphären schuf.

Wie bei Jean-Paul Sartre und Simone de Beauvoir wurde die Phase der größten sexuellen Nähe auch bei Weigel und Brecht durch eine Phase gesteigerter gemeinsamer Kreativität abgelöst, die als eine andere, eine intellektuelle Form erotischer Bindung zu sehen ist. Im übrigen gibt es viele Hinweise darauf, daß die sexuelle Bindung von Weigel/Brecht – im Gegensatz zu Beauvoir/Sartre – lebenslang erhalten blieb.

Die landläufigen Vorstellungen über die nun folgenden fünfzehn Exiljahre des Brecht-Clans sind oft von Phantasien über Brechts Polygamie und vermutete unstillbare Eifersucht der Frauen geprägt. Für Elisabeth Hauptmann war es gleichermaßen selbstverständlich, Brechts Manuskripte und seine Kinder vor dem Zugriff der Faschisten zu retten.[4] In vielen Darstellungen wird weder die politische Situation in Deutschland noch die schwierige Situation der Exilanten in den fremden Ländern angemessen wahrgenommen. Die meisten Kommentatoren machen sich heutzutage nicht klar, daß im Exil Sexualität und Eifersucht gedämpft wurde durch Lebensangst und Solidarität.

Zunächst aber, als sich die Weigel bewußt wurde, daß die Steffin Brechts Geliebte geworden war, geriet ihre Beziehung zu Brecht zum ersten Mal in eine tiefe Krise. Es kann kein Zufall sein, daß die Weigel im Herbst 1932 endlich auf gemeinsames Wohnen gedrängt zu haben scheint. Sie und Brecht unterzeichneten im Oktober einen Mietvertrag für eine Wohnung in der Leibnizstraße, in die Brecht aber nicht mit einzog. Er blieb in der Hardenbergstraße. Die Steffin wohnte nun zwar nicht mehr bei ihm, hatte aber unweit von ihm eine eigene Wohnung bezogen. Anfang Dezember kam es zwischen Weigel und Brecht zu Szenen und wohl auch zu sexuellem Versagen. Er versuchte zunächst, es mit seinem natürlich stets vorhandenen Arbeitsstreß zu erklären: »Liebe Helli, ich schreibe, statt zu sprechen, weil das leichter ist, [...]. Für gewöhnlich ist es bei uns so: aus kleinen psychischen Verstimmungen, die viele Ursachen haben können und meist unaufklärbar sind, teils Mißverständnisse zur Ursache haben, teils nur die Müdigkeit oder Gereiztheit, die durch die Arbeit, also von außerhalb kommt, entsteht dann eine große undurchdringliche Verstimmung. Ich komme dann nicht heraus aus einem unlustigen und sicher quälendem Ton und Du machst abweisende oder tragische Gesichter. Ich habe nun oft gemeint, man solle sich bemühen, das Körperliche nicht nach dem Psychischen zu richten, da es die naivere und unbelastetere Verständigung ergibt. Und auch ist es fast immer ein Mißverständnis, wenn man das Körperliche (wenn einmal etwas nicht klappt) als Ursache nimmt. Ich weiß von mir, daß ich Dir immer nah stehe darin, auch über Verstimmungen hinweg, auch während derselben. Wenn es nicht so scheint, vergiß nicht, ich lebe gerade (und meistens) in schwieriger Arbeit und schon dadurch ohne rechte Möglichkeit, mimisch usw. mich auszudrücken, und fürchte Privatkonflikte, Szenen usw., die mich sehr erschöpfen. Nicht aber lebe ich ausschweifend. Davon ist keine Rede.«[5]

Typisch für Brecht war, statt »Privatkonflikte« auszutragen, auf gemeinsame Arbeitsaktivität zu orientieren. In einem weiteren Brief dieser Tage schrieb er der Weigel, daß er zwei Lieder für sie komponiert habe. Und – auch das war bereits zu den Zeiten von Paula Banholzer und Marianne Zoff üblich gewesen – er appelliert auch an ihr zweifellos tatsächlich vorhandenes Mitgefühl für die erneut erkrankte Steffin: »Wegen Grete mußt Du keine Sorge mehr haben, sie ist in der Charité zur Behandlung.«[6]

Aber nicht nur das Liebesverhältnis, auch die Krankheit der Steffin war für die Weigel ein wichtiger Grund, ernsthaft an eine Trennung zu denken. Es gab damals weder sichere Behandlungsmöglichkeiten der Tuberkulose noch einen zuverlässigen Schutz vor Ansteckung. Ihre Schwester Stella war damals an Tbc erkrankt. Ein Jahr später starb sie. Die Angst der Weigel, besonders für ihre Kinder, war berechtigt.

In einem weiteren Brief beschwor Brecht sie, »eine nicht nötige Kluft unnötig [zu] verbreitern«. Er schlägt vor, ihm Steffins »Unterbringung in der Hardenbergstraße nicht vorzuwerfen, sondern dabei zu helfen, wenn es nötig werden sollte, sie wieder wo unterzubringen. Sie liegt in der Charité und soll dann nach Rußland, in die Krim. In die Hardenbergstraße kann sie nicht zurück, weil es ungesund für sie und gefährlich für mich wäre, aber wie Du weißt, möchte ich ihr gern helfen (es dürfte nur eben nicht zu viel kosten). Und vielleicht muß sie zwischen Charité und Krim noch einmal wohnen. Wo?

Liebe Helli, Du solltest daraus keine große Sache machen. Ich habe einen großen Widerwillen dagegen, mich vom Klatsch und Rücksicht auf die Phantasie einiger Spießer beeinflussen zu lassen, das weißt Du. Aber ich habe Dich gern und nicht weniger als je.«[7]

Die Weigel verzichtete tatsächlich darauf, »eine große Sache« aus der Affäre zu machen. Eine Trennung wäre wegen der Unsicherheit der politischen und ihrer eigenen Arbeitssituation nicht einfach zu bewerkstelligen gewesen. Den Gedanken an Trennung gab sie nicht auf, zugleich aber wurde der Bruch zunächst ausgesetzt.

Die Operation der Steffin schien zunächst erfolgreich zu sein. Trotzdem wurde im Januar 1933 bereits eine weitere Operation notwendig.

Am 30. Januar wurde Adolf Hitler zum Reichskanzler ernannt. Im Februar stand auch Margarete Steffin – wie die Weigel – noch einmal auf den Brettern eines Agit-Prop-Theaters und wurde wegen Verächtlichmachung des neuen Reichskanzlers kurzzeitig verhaftet. Am 22. Februar fuhr sie in eine ›Deutsche Lungenheilstätte‹ nach Agra in die Schweiz.[8] Eisler und Brecht hatten der völlig mittellosen Steffin diese Kur ermöglicht, die zugleich eine Flucht war. Sie kehrte nie mehr nach Deutschland zurück.

Der Reichstagsbrand am 27. Februar wurde den Kommunisten angelastet und Anlaß zahlreicher Verhaftungen politischer Gegner. Weigel und Brecht waren sich darüber im klaren, daß sie in höchster Gefahr waren. Brecht, der sich gerade einer Bruchoperation unterzogen hatte, wagte es nicht, in die Hardenbergstraße zurückzukehren. Er und die Weigel verbrachten die Nacht nach dem Reichstagsbrand bei ihrem Freund Peter Suhrkamp. Tags darauf fuhren beide nach Prag. Die Kinder mußten zunächst bei Elisabeth Hauptmann zurückbleiben.

Über die Umstände ihrer Flucht sagte die Weigel 1959 zu Hans Bunge, daß sie sich in den Wochen zuvor zwar einer Gefahr bewußt gewesen seien, ihre wirkliche Dimension aber noch nicht erkannten. Brecht hätte nicht an Emigration gedacht, sondern gemeint, daß es vielleicht genügen könne, sich für ein paar Wochen in seiner Heimat zu verstecken.»Als wir verabredeten, wir fahren, waren wir im Grunde der Meinung, wir gehen nach Bayern. Das waren große Beratungen, ob es notwendig ist und ob es ratsam ist. Erst als diese sehr dringliche Warnung kam, fuhren wir los, was sehr schwierig war, weil – damals war Barbara schon am Leben, aber winzig. Und ich hatte kein Papier für Barbara und wußte nicht, wie ich sie mitnehmen konnte. Die hat die Hauptmann dann zu meinem Schwiegervater gebracht, wo sie ziemlich lange war.«[9]

Ungewiß war auch, welche finanziellen Mittel überhaupt noch zur Verfügung stehen würden. Der Verlag Felix Bloch Erben versuchte bereits, sich aus bestehenden Verträgen, die Brecht ein regelmäßiges Einkommen sicherten, mit der Begründung zurückzuziehen, daß sein Werk in absehbarer Zeit nicht verwertbar sei.

Obwohl es noch unklar war – und während des ganzen Exils offenbar auch unklar bleiben sollte –, ob die Zahlungseinstellung von Felix Bloch Erben auch bedeutete, daß die Verwertungsrechte für in Arbeit befindliche Stücke an Brecht zurückfielen, war es angebracht, seinen bereits nach Prag geflüchteten zweiten Verleger zu besuchen. Wieland Herzfelde bereitete deutschsprachige Editionen für den Vertrieb im Ausland vor. Die spätere Schriftstellerin Lenka Reinerová war damals Tippfräulein in einer Firma, die ihren Konferenzraum an Herzfeldes Malik-Verlag vermietet hatte. Besuch für Herzfelde kam immer durch ihr Arbeitszimmer. »An jenem Abend stand am Fenster des kleinen Warteraums ein Mann mit einem auffallend großen Kopf. Vielleicht war er nicht einmal so groß, eher rund. Eigentlich nicht einmal rund, vielmehr eckig. Der Mann rauchte eine Zigarre, hatte gescheite Augen, spöttische oder stechende, nahe beieinanderliegende. Nichts an ihm war außergewöhnlich. Er zog an seiner Zigarette und schaute mit seinen merkwürdigen Augen. // Die Frau, die mit ihm gekommen war, hatte die Beweglichkeit einer Eidechse. Eine kleinere, schmale Gestalt in einem gelben, zotteligen Pelz. Dunkles, kurz geschnittenes und glatt zurückgekämmtes Haar. Riesige dunkle Augen, ein großer Mund. [...] Merkwürdige Menschen und dabei gleich nahe und vertraut. Besonders die Frau, seine Augen machten [...] ein wenig Angst.

›Guten Tag. Nehmen Sie doch bitte Platz. Womit kann ich Ihnen behilflich sein?‹ // Der Mann rührte sich nicht vom Fenster. Die Frau blickte ihr ins Gesicht, dann faßte sie sie am Arm. ›Bitte rufen Sie uns Wieland, ich meine Herrn Herzfelde. Wir müssen dringend mit ihm sprechen.‹ – ›Ich muß zuerst sehen, ob er da ist. […]. Wen kann ich melden?‹ // Ein kurzes Zögern, ein schneller Blick von der Frau zum Mann, […]. ›Helli. Sagen Sie bitte, Helli und Bert sind hier.‹«[10]

Es scheint, daß beide – obwohl sie der direkten Gefahr entronnen waren – bereits die typische Vorsicht von Flüchtlingen an den Tag legten. Auch in den späteren Exiljahren vermied Brecht gerne, seinen Namen und insbesondere seinen Beruf zu nennen.

Der neunjährige Stefan besaß schon einen eigenen Paß und wurde seinen Eltern von der Hauptmann per Flugzeug nach Prag nachgeschickt. Wenige Tage später fuhren die drei nach Wien, wo sie Karl Kraus mit den Worten begrüßte: »Ah! Die Ratten besteigen das sinkende Schiff.«[11] Hellsichtige Österreicher hielten ihr Land schon damals keineswegs für ein sicheres Exil deutscher Antifaschisten. Helene Weigels Freundin Maria Lazar, die meinte, daß Hitler nicht zufällig ein Österreicher sei, gehörte ebenfalls zu dieser Gruppe von Schwarzsehern. Aber welches Land war ein günstiges Exil? Sicher und nicht zu teuer? Und wie lange würde das alles dauern? Vielleicht doch nur einige Monate? Die Zeit des Sommerurlaubs?

Maria Lazar hatte seit ihrer Schulzeit bei Eugenie Schwarzwald in noch engerem Kontakt zur Michaelis gestanden als die Weigel. Sie hatte Dänisch gelernt und übersetzte Bücher ihrer Mentorin ins Deutsche. Am 10. März schrieb sie an Michaelis: »Helli ist mit Mann und Kind in Wien […] nun sind sie einstweilen hier und der Junge ist bei uns […]. Wir alle fragen Dich nun, was es ungefähr kosten würde, ein Haus für uns (Helli, ihr Mann, ich, drei Kinder) für vier Monate zu mieten, denn wir möchten gerne eine Zeit nach Thurö. Und wie hoch veranschlagst Du die Kosten einer, sagen wir sechsköpfigen Familie?«[12]

Nicht wenige Intellektuelle und Künstler waren zunächst

in die Schweiz geflohen: Thomas Mann, Ernst Toller, Lion Feuchtwanger, Alfred Döblin, Anna Seghers, Bernhard von Brentano. Da Brecht gerade in der jetzigen Situation die Aufrechterhaltung kollektiver Denk- und Arbeitsprozesse für unverzichtbar hielt und die Weigel versuchen wollte, am Zürcher Schauspielhaus engagiert zu werden, kam für beide die Schweiz als Exilland durchaus auch in Frage. Am 13. März fuhr Brecht von Wien nach Zürich. In der Schweiz erneuerte er zwar auch den Bund mit der dort zur Kur weilenden Margarete Steffin, suchte aber auch nach einem Aufenthaltsort, wo er zusammen mit der Weigel und den Kindern unterkommen konnte. Ende März schrieb er ihr mehrmals, daß er in Carona bei Lugano preiswert mieten könne, dieser Ort aber, da er keine guten Verkehrsverbindungen hätte, als ständiger Aufenthalt wohl nicht geeignet sei. »[…] als das beste scheint mir jetzt, Du kommst mit den Kindern eben doch selber her, evtl. mit Steff voraus. […] Ohne Dich für lange was mieten hat keinen Sinn.« Sie scheint eine Weile nicht geschrieben zu haben, denn er bat: »Bitte schreib mir. Ich küsse Dich«.[13]

Die Weigel setzte unterdessen in Wien Himmel und Hölle in Bewegung, um ihre Tochter wiederzubekommen. »Ich rief meinen Schwiegervater an und sagte: Ich möchte gern, daß die Mari das Kind bringt. Aber der arme Mann hatte, glaube ich, genau an dem Punkt Besuch von der SA. Und er sprach also am Telefon sehr verwirrt und ablehnend und er könne das nicht, und sie sei auch gar nicht da. Ich war in einer schrecklichen Aufregung. Wir wollten damals von Wien in die Schweiz fahren.«[14]

Marie (Mari) Hold arbeitete seit ihrem 13. Lebensjahr im Haushalt von Brechts Vater und seit 1929 bei der Weigel in Berlin als Kindermädchen. Nach Weigels Flucht war sie zu ihrer Familie zurückgekehrt. 1978 sagte sie, daß Brechts Vater zwar nicht von der SA besucht, aber angerufen worden war. »Ein [Mann] hat gefragt, ob er ein Kind von Brecht auf Besuch da hat. Dann hatte der Großvater gewußt: Also, sie sind nach dem Kind aus. Und dann hat er mich gleich angerufen, oder, ich glaub, ich war bei ihm dort. Und dann bin ich zu meinen Eltern mit ihr [Barbara] gefahren.«[15]

Natürlich wollte der Schwiegervater am Telefon nicht sagen, wo sich Barbara aufhielt. Eine schreckliche Situation für die Weigel. Fremde Leute halfen ihr schließlich. »Ich lernte in Wien flüchtig kennen eine Quäkerfamilie, die hießen Donald und Irene Grant. [...] Die hatten drei Kinder. Da entstand folgende Situation, daß diese zwei Leute nur überlegten, wer fährt, sie oder er, weil die drei Kinder da waren, die verpflegt werden mußten. Und dann entschloß sie sich zu fahren, weil sie sagte, sie hat ihre kleine Tochter im Paß [...]. Und dann entstand die Frage nach der Fahrkarte, denn viel Geld hatten wir nicht. Und sie fuhr dritter Klasse nach Augsburg, holte das Kind, das auf dem Land war, und fuhr mit dem Kind nach Basel. Und in Basel gibt's einen deutschen Bahnhof und einen Schweizer Bahnhof. Und da hat sie mir das Kind übergeben und fuhr in einer Stunde zurück nach Wien. Eine unvergeßliche Geschichte.«[16]

Anfang April konnte die Weigel mit beiden Kindern zu Brecht nach Carona reisen. Ihr Vater hatte ihr etwas Geld und Familienschmuck mitgegeben – die Mutter war 1928 gestorben.

»Na, und in der Schweiz war es so: Das war zwar sehr hübsch, aber viel zu teuer. Und da ich nicht unterkam am Theater in Zürich, war das ganz sinnlos, in der Schweiz zu bleiben. Und dann bekam ich einen Brief von der Karin Michaelis. [...] Gibt's den Brief eigentlich noch von der Karin?[17] Das ist ein so zauberhafter Brief. Den hat der Brecht furchtbar lange aufgehoben. Wo sie uns einlud, nach Dänemark zu kommen [...] und daß ihre Häuschen leer stünden, und wie billig [...]. Mit allen Preisen: Was die Eier kosten und bei welchem Fleischer wir einkaufen müßten. Bei dem blieben wir auch, den hat dann die Mari geheiratet, diesen Fleischer. Die Mari, die als Mädchen zu mir kam, und später mit in die Emigration kam.«[18]

Marie Hold, die ebenfalls nach Carona nachreiste, erinnerte sich, daß sie dort infolge des Klimawechsels sehr krank geworden sei. Sie bekam starke rheumatische Beschwerden und eine Halsentzündung, mußte lange das Bett hüten. Brecht sei immer genau so besorgt um sie gewesen wie früher sein Vater. »Da ist der Brecht jeden Morgen gekommen und hat gefragt wie's geht und dafür gesorgt, daß der Arzt kommt und so

99

weiter.« In diesem Zusammenhang erinnerte sie sich dagegen an eine gewisse Barschheit, ja Härte bei der Weigel, die auch von anderen ab und zu bezeugt wird: »Helli – sie hat das ganz leicht genommen, so was. Sie wußte nicht, was Kranksein heißt. Ihr fehlte nie etwas. Aber Brecht hatte immer ganz großes Verständnis. Also, wenn jemand krank war, da war er sofort zur Hilfe da. Das hat sich am allerbesten bei der Grete Steffin gezeigt.«[19]

War die Weigel zu sehr mit ihren eigenen Problemen beschäftigt, um sich um Marie Hold zu kümmern? Die Tochter Barbara weiß, daß die Idee, sich von Brecht zu trennen, in der Schweiz keineswegs vom Tisch war. Carona war nicht weit von Agra, wo die Steffin regelmäßig von Brecht besucht wurde. Die Weigel sei nur bei ihm geblieben, »weil er versprochen hat, die ganzen Weibergeschichten hören auf. Dann wollte sie unbedingt in Zürich bleiben, weil sie sagte, da kann ich für meine Kinder noch etwas verdienen. Und da hat er gesagt nein, du mußt mitkommen [...].«[20]

Aber es kam zu keinem Engagement am Schauspielhaus Zürich. Und da sich die Schweiz für die Flüchtlinge als zu teuer und Emigranten gegenüber auch bald als sehr restriktiv erwies, versuchten viele, nach Frankreich auszuweichen. Auch Brecht, der sich im April vierzehn Tage in Paris mit Kurt Weill traf, um am Libretto für das Ballett *Die sieben Todsünden der Kleinbürger* zu arbeiteten, prüfte, ob man sich dort niederlassen könne. Er schrieb der Weigel: »Wohnungen sind billig, nur unmöbliert, morgen gehe ich mir welche ansehen. Wenn man wüßte, wieviel das kostet, die Möbel [von Berlin] herzuschaffen? Die Stadt ist wenigstens groß, Kinos, Theater, Einwohner, Autos u.s.w. Und auch Gelegenheit zu verdienen. Balletts, Film, Theater. Das Leben (Haushalt) *sehr* billig. Man müßte so im Oktober hergehen.«[21]

Am 21. April war er wieder in Carona. Um an den Proben für *Die sieben Todsünden der Kleinbürger* teilzunehmen, die am 7. Juni mit Lotte Lenya Premiere haben sollten, fuhr er am 3. wieder nach Paris. Einen Tag später traf dort auch Margarete Steffin ein. Sie wohnte in derselben Pension wie Brecht.

Zur gleichen Zeit reiste Helene Weigel mit Marie Hold und den beiden Kindern über Frankreich und das belgische Antwerpen zur dänischen Insel Thurö. Marie Hold erinnerte sich, daß sie im Jahr 1933 zweimal den Frühling erlebte – einmal in der Schweiz und ein zweites Mal im nördlichen Dänemark. Karin Michaelis stellte für die Sommermonate kostenlos die ihr gehörende Villa Torelore zur Verfügung, die unweit ihres eigenen Wohnhauses lag. Maria Lazar befand sich mit ihrer Schwester Auguste und ihrer Tochter bereits seit einigen Wochen auf Thurö. Am 22. Juni traf auch Brecht ein.

In Paris war es zu einer Krise zwischen ihm und Margarete Steffin gekommen, die wohl gehofft hatte, daß er ganz bei ihr bleiben würde. Es gelang Brecht aber auch bei dieser Frau, einen Bruch zu verhindern. Es entstand die Idee, daß die Steffin mit einem Vorschuß von Brecht in Paris eine Agentur zum Vertrieb von kleineren und größeren Arbeiten der Exilanten aufbauen sollte. Sie sollte Deutscher Autoren-Dienst heißen. Steffin, die weder finanzielle Ressourcen noch eigene Freunde im Ausland hatte, würde sich so vielleicht ihren Lebensunterhalt sichern. Zunächst versuchte sie in Kontakt mit Brechts Kollegen zu kommen, um bei ihnen geeignete Texte anzufragen. Zugleich konnte sie als Mittlerin zwischen diesen und Brecht in Dänemark dienen. Die gemeinsame Arbeit an Manuskripten sollte nun per Post organisiert werden. Die Agentur war ein Privatunternehmen und sollte nach Brechts Vorstellungen möglichst viele Autoren vertreten. Steffin, die Mitglied der KPD war, mußte sich aber offenbar massiver Versuche der Partei erwehren, die Agentur zu kontrollieren, was bedeutet hätte, daß wichtige Autoren ihr keine Texte anvertraut hätten. Als sie deshalb in Panik geriet, schrieb ihr Brecht: »Alle Dinge mit Verein [Tarnausdruck für die Partei] behandle ganz aufschiebend und laß Dich nicht beunruhigen. Selbstverständlich hat niemand das Recht, mir meine Sekretärin herumzubefehligen.«[22]

Im Juli teilte Steffin ihm mit: »ich vertrete Dich würdig bei Deinen freunden, bewunderern, feinden, genossen, bloss nicht bei den frauen.«[23] Sie schrieb ihm aber auch offen – teilweise in Gedichtform –, daß sie jede Nacht von Eifersuchtsträumen heimgesucht werde, die nicht nur die Weigel, sondern »alle frauen, die du einmal hattest«[24] beträfen. Die Weigel zählte sie immerhin zu den Frauen, die gut zu ihr gewesen seien (»komischerweise finde ich immer irgendwo eine frau, die sehr gut zu mir ist, helli [...]«). Aber am Ende ihres Alptraumes hörte sie dann, »was helli zuletzt in berlin zu mir sagte: du tust mir leid, mein liebes kind. dann tue ich mir selbst auch leid. aber einschlafen kann ich trotzdem nicht.«[25]

Die Steffin hatte nun aber begriffen, daß sie Brecht nur halten konnte, wenn sie seine Bindung an die Weigel respektierte. So nahm sie auch den Auftrag an, nach einem geeigneten Wohnsitz für die Familie in Paris Ausschau zu halten. Aus ihrer proletarischen Perspektive gehörten Brecht und Weigel zu den Wohlhabenden. Deshalb schaute sie sich zuerst in Meudon um, dem damals »teuersten vorort von paris, aber da gehört Ihr ja hin. Du mußt mir nun recht bald schreiben, was Du ungefähr haben willst, wann ihr kommt usw.«[26]

In der Schweiz hatte sich Helene Weigel keineswegs nur mit ihren Eheproblemen beschäftigt. Schon dort hatte sie in Erfahrung gebracht, daß Karin Michaelis bereit war, auch anderen politisch Gefährdeten Zuflucht zu bieten. Um Freunden diesen Weg anzuzeigen, ohne daß die deutschen Postzensoren verstünden, worum es ging, entwickelte sie eine außerordentliche konspirative Phantasie. Der fast mittellose Ernst Ottwalt, u. a. Mitautor der *Roten Revue* und von *Kuhle Wampe*, lebte mit seiner Frau Waltraut Nicolas schon seit Monaten im Untergrund. Im Frühsommer 1933 erreichte die beiden eine geheimnisvolle Nachricht. Waltraut Nicolas erinnerte sich an einen »Brief aus der Schweiz von einer unbekannten *Tante Helene* – wer ist das, rätselte ich. Ich kannte keine Tante Helene. Sonderbare Dinge schrieb sie: Die Krankheit der kleinen Erna mache ihr Sorge, aber hoffentlich könne Luftveränderung doch baldige Heilung bewirken. Bis dahin könne gewiß ein schönes Buch dem Kinde die Langeweile vertreiben. Es gäbe da so ein reizendes Kinderbuch von Karin Michaelis: *Die grüne Insel*. Das würde Erna gewiß Freude machen. Unterschrift: ›Auf ein baldiges Wiedersehen freut sich Deine Tante Helene‹. [...] es dauerte eine Weile, bis ich begriff, daß mit dem erkrankten Kinde nur Ernst gemeint sein konnte.«

Sie kaufte das Kinderbuch. »Es war illustriert mit lustigen

Helene Weigel mit Maria Lazar in Thurö/Dänemark im August 1933

Bildern und einer bunten Landkarte der dänischen Insel
Thurö, auf der die Erzählerin zu wohnen schien. Das war al-
les, was wir wußten, als wir uns entschlossen, auf die grüne
Insel zu fahren.«[27]

Bei Karin Michaelis hielt sich damals auch der aus dem
Dienst gejagte jüdische Volkshochschulbeamte Franz Mock-
rauer mit seiner Frau Johanna auf. Diese schilderte in Briefen
vom Juli 1933 die Paare Weigel/Brecht und Nicolas/Ottwalt
als eine etwas spleenige Sommergesellschaft: »Da ist noch ein
Steinhaus unten dicht am Strand. [...] Hier wohnt Bert
Brecht mit seiner Familie, sie ist Schauspielerin, zwei Kinder:
ein schmächtiger Junge, der Steffi wirkt wie ein kleiner Gas-
senjunge, und ein dreijähriges schon sehr intelligentes, sehr
niedliches Mädchen Barbara. [...] Brecht läuft immer in einer
Art blauem Schlosseranzug herum mit Reisemütze und ganz
kurzgeschorenem Kopf, sieht sehr proletarisch betont aus, ist

aber ein feiner liebenswürdiger Mann aus guter Famile. Sie
[...] mit Jungenkopf, ist kess und schnuppig, aber intelligent
und sympathisch, ein richtiger Asphaltmensch, wie überhaupt die ganze Familie, läuft natürlich im Hosenanzug
herum, oder in einem neuen rotweißgewürfelten, langen
Kleid mit schräggesetztem Volant, ausgeschnitten mit Flü-
gelärmeln an den Schultern, sehr billig und ordinär, aber mit
einem gewissen Chick, sie sieht wie ein personifizierter Gas-
senhauer darin aus und könnte sofort so in der Dreigroschenoper auftreten.«

In einem weiteren Brief Johanna Mockrauers heißt es, daß
Ottwalt/Nicolas dasselbe proletarisch-intellektuelle Outfit
pflegten wie Brecht/Weigel: »Er läuft immer im Overall
herum mit blauem Hemd darunter, Proletenmütze, und im
Auge stets ein Monokel!! Seine Frau mit munterem Gassen-
bubengesichtchen besaß drei Hosenanzüge und ein lila-weiß
gewürfeltes Pendant zu Hellis rotweißem Dreigroschenkleid.
Doppelt wirkten sie natürlich viel stärker. Helli war übrigens
sympatisch und hatte auch Hausfrauentugenden. Sie strickte
für Karin Topflappen zum Geschenk und weinte trotz ihrer
Kaltschnäuzigkeit Rührungstränen beim Empfang der Wo-
chenrechnung, die unfaßbar niedrig war!«[28]

Im selben Brief wird noch ein Filmabend in einem mit
Kirchenbänken bestückten Kino erwähnt, in das Karin Michaelis die Emigranten eingeladen hatte. »Zuletzt erschien
[...] die Bande, bestehend aus Helli, umschlungen mit ihrem
hübschen, feschen bayrischen Dienstmädchen hereinkom-
mend. [...] Danach servierte Michaelis noch Johannesbeer-
schnaps und Apfelkompott, bis Helli sehr vernünftig zum
Aufbruch mahnte.«[29]

Für einige Zeit war auch der kommunistische Journalist
und Schriftsteller Alfred Ostermoor bei Karin Michaelis un-
tergekommen. Er war fast mittellos. Aus seinen Briefen geht
hervor, daß er bei »Brechts jederzeit zum Mittagessen willkommen« war. »Auch Brecht benimmt sich ausgezeichnet zu
mir.« Unsympathisch war ihm aber Brechts unbürgerliche Le-
bensform, die er offenbar von Berlin her kannte. Zwar habe er
selbst »ja niemals persönlich über ihn zu klagen gehabt. Was
ich ihm übel genommen habe, das war nur seine private Le-

bensart und die Benachteiligung der Genossin Helli. Da es aber zwecklos wäre, sich da einzumischen, beschränke ich den Umgang nur auf die im rein Sachlichen liegenden, gemeinsamen Berührungspunkte – politisch literarische Debatten, Austausch von Büchern und – Kartenspielen. Der eigentliche Profiteur von dieser Art Umgang bin ich.«

In einem anderen Brief erwähnt er erneut, daß ihm die Weigel auch Essen in seine eigene Wohnung mitgegeben und ihm Geld für eine Fahrradreparatur geliehen habe. Und: »Der Roman ist fertig. Aber Brecht hat mir eine ganz neue Idee gegeben, um ihn zu einem Verkaufsschlager zu machen.«[30]

In einem weiteren Haus von Karin Michalis wohnte kein Emigrant, sondern ein Dauergast, der damals in Dänemark berühmte Meisterdieb Storm Nielsen, der viele Gefängnisstrafen verbüßt hatte. Die Michaelis war überzeugt, daß Kriminalität auf sozialen Ursachen beruht. Sie hatte sich persönlich der Resozialisierung Nielsens angenommen. Diese gelang, seit er unter ihrem Einfluß und Schutz lebte, wurde er nicht mehr rückfällig. Storm Nielsen verstand sich gut mit den Emigranten. Er war der einzige, der abends sein Fahrrad hereinholte und die Tür abschloß.[31]

Karin Michaelis war durch ihre internationalen schriftstellerischen Erfolge zu Wohlstand gelangt, der es ihr möglich machte, eine beträchtliche Anzahl von Emigranten gleichzeitig in ihren verschiedenen Häusern aufzunehmen. Die meisten waren Freunde oder Bekannte von Weigel und Brecht. Aber auch Eugenie Schwarzwald schickte gefährdete Menschen zu Karin Michaelis.

Abgesehen davon, daß man sich natürlich um die Entwicklung in Deutschland sorgte, hat sie und die stets fluktuierende Emigrantengruppe – Hans Henny Jahnn war im März eingetroffen und im Mai weitergereist – das Zusammensein wohl auch durchaus genossen. Michaelis schrieb im August an ihre Schwester in den USA, daß sie nicht viel Kraft habe, »da ich zur Zeit in meinen Häusern unten am Strand nicht weniger als fünfzehn deutsche Gäste habe, könnt Ihr Euch denken, wie meine Zeit in Anspruch genommen ist. Allerdings kochen sie selbst ihr Essen, aber ich sorge für alles mögliche andere für sie, und sie kommen so gern herauf in das große, schöne Haus. Wir haben herrliche Abende, es wird nur Kaffee und Kuchen serviert, aber wir fühlen uns wie im Paradies. Ich sollte ja an einem oder mehreren Büchern arbeiten, aber [...] wenn ich begonnen habe, kommt eine neue Störung, oder ein neuer Schmerz. (Nachrichten von den Freunden unten in Deutschland).«[32]

Karin Michaelis' Gastfreundschaft und Hilfe für verfolgte Intellektuelle und Juden, die aus Deutschland flüchten mußten, wird andauern, bis sie selber fliehen muß. Wer über keine Mittel verfügte, wurde von ihr auch finanziell unterstützt. Mit ihren Beziehungen zu Behörden und Regierungsstellen in Dänemark und anderen Ländern konnte sie für viele Emigranten Arbeit, Stipendien oder auch andere Exilorte sichern.

Im Sommer 1933 kam auch Elisabeth Hauptmann nach Thurö, allerdings nur zu Besuch. »Und da habe ich auch noch einige Sachen mitgenommen, zum Beispiel [...] ein Perlenhalsband von Helene Weigel. Ich glaube, es waren echte, und ich nahm sie mit, weil ich mir dachte: man kann das schließlich ja verkaufen und dann etwas davon leben. [...] Und Brecht wollte mich überreden, nicht wieder zurückzufahren. Er hielt es für zu gefährlich. Aber ich habe es dann riskiert, aus verschiedenenen Gründen, unter anderem, weil eben noch Manuskripte in Berlin waren.«[33] Damals war geplant, daß auch die Hauptmann nach Dänemark kommen sollte. Sie begann, aus Deutschland Kisten mit Arbeits- und Haushaltsgegenständen und Kleidern von sich selber und von Brecht/ Weigel nach Thurö zu schicken.

Es war nun klar, daß aus dem Sommerurlaub ein längerer Aufenthalt werden würde. Brecht war es gelungen, von dem holländischen Verlag Allert de Lange einen vorteilhaften Vorschuß für seinen *Dreigroschenroman* zu bekommen. Wahrscheinlich, um den Ansprüchen von Felix Bloch Erben auf seine Dramenproduktion zu entgehen, hatte er sich zu dieser Verarbeitungsform des von ihm eigentlich geringgeschätzten Stoffes entschlossen, der seinen internationalen Ruhm begründet hatte. Der Roman entstand – über Korrespondenz – in Zusammenarbeit mit Margarete Steffin.

Hauptsächlich mit diesem Vorschuß finanzierten Brecht/

Weigel den Kauf eines geräumigen Fischerhauses in Skovsbostrand, auf der Insel Fünen, direkt am Svendborger Sund. Es
benötigte allerdings Umbauten und wurde erst im Dezember
bezugsfertig. Brechts Arbeitszimmer – in dem übrigens wie
schon in der Berliner Spichernstraße ein großes Porträt der
Weigel hing[34] – soll wieder im ehemaligen »Ziegenstall« eingerichtet worden sein.[35] Der Hauskauf erwies sich gegenüber
den dänischen Behörden als günstig. Er vermittelte den Eindruck, daß diese Flüchtlingsfamilie unabhängig von kommu-
naler Hilfe leben könne. Maria Lazar, die ebenfalls nicht nach
Wien zurückkehren wollte, mietete für sich und ihre Tochter
Judith ein paar Zimmer in der unmittelbaren Nachbarschaft.
Sie lebte damals vor allem von Artikeln für dänische sozialdemokratische Zeitungen. 1935 zog sie nach Kopenhagen.

Von dort traf noch im August 1933 ein folgenschwerer Besuch bei den Flüchtlingen in Thurö ein. Die durch Abenteu-
erjournalismus – vor allem mit ihren Serien über Fahrradfahr-
ten von Kopenhagen nach Paris und Moskau – bekannt gewordene Schauspielerin Ruth Berlau war von einem linken
Studentenkomitee beauftragt, anläßlich der Neuimmatrikula-
tionen im September Karin Michaelis für eine aktuelle politische Rede zu gewinnen. In ihren in den sechziger Jahren auf-
genommenen Tonbandgesprächen mit Hans Bunge machte
die Berlau keinen Hehl daraus, daß die Michaelis in ihren
Augen eine bürgerlich beschränkte Schriftstellerin war. Die
»rote Ruth« – wie sie in Dänemark auch genannt wurde –
hatte den die Michaelis betreffenden Auftrag vor allem deshalb angenommen, weil sie hoffte, bei ihr den Autor der *Dreigroschenoper* kennenzulernen. Sie hatte die Anna in *Trommeln
in der Nacht* gespielt und leitete ein hauptsächlich von ihr
selbst finanziertes Arbeitertheater, für das sie Brecht interessieren wollte. Weil sie zuvor erfahren hatte, daß das Haus in
Skovsbostrand noch Umbauten benötigte, hatte sie einen Architekten mitgebracht.

Die Michaelis sagte sofort zu, die Rede zu halten, und wies
Berlau den Weg zum Haus Torelore. »Die Weigel empfing uns
mit einer Herzlichkeit, wie sie selbst bei den Dänen, die ja
sprichwörtlich freundlich und gastfreundlich sind, ungewöhnlich ist. Ihre große Persönlichkeit strahlte eine Souverä-

nität aus, die uns beeindruckte, aber anfangs doch auch ein wenig bedrückte. Wo nahmen diese Vertriebenen ihre Sicherheit her? In diesem Haus war nichts von tragischer Emigrantenstimmung. Ich kannte viele Flüchtlinge, die vor den Nazis nach Dänemark geflohen waren. Niemand war mit der Weigel vergleichbar. Eine zarte Person von fremdartiger Schönheit. Möglich, daß sie große Ohren hat, das sagt man immer, als ob es ihr abträglich wäre. Aber diese schwungvollen Lippen, das schmale Gesicht! Und bemerkenswerte kleine, feste, ausdrucksvolle Hände, die mir damals schon auffielen. [...] Diese Hände boten uns Willkommen und kochten uns das Essen. Es stand plötzlich auf dem Tisch, sozusagen hervorgezaubert. Ich sage es, weil es wirklich immer so war. Helene Weigel kochte für ihre Gäste selbst, aber scheinbar hatte sie zwei Köchinnen und außerdem ein Stubenmädchen. Stets saß sie frisch mit am Tisch. Sie war auch ein einmaliges Konversationstalent. Es war angenehm, sich mit ihr zu unterhalten, sie spürte immer, was die Gäste interessierte.«[36]

Berlau fragte Brecht, ob er nicht auch etwas zu der Studentenfeier beisteuern könne. »Brecht lehnte ab. ›Ich bin kein Redner. Aber die Weigel kann etwas machen.‹« Nachdem die Berlau versichert hatte, daß sie eine Klavierbegleitung organisieren könne, erklärte sich die Weigel einverstanden, die *Wiegenlieder* zu singen.

Nach dem Essen besprach die Weigel mit dem Architekten die anstehenden Umbauten. Brecht und Berlau kamen über ihr Arbeitertheater ins Gespräch. Es gelang ihr, das einzige *Versuche*-Heft, das Brecht von der *Mutter* hatte, zu stibitzen. »Seine Augen und sein Lachen begleiteten mich nach Kopenhagen ebenso wie das gestohlene Buch. Obwohl wir uns danach öfter sahen, dauerte es zwei Jahre, bevor ich mir meinen ersten Kuß abholte.«

Am 5. September, dem Tag der Veranstaltung, holte Ruth Berlau die Michaelis, die Weigel und Brecht von Thurö in ihrem Auto ab und brachte sie zunächst in ihre Kopenhagener Wohnung, wo die Weigel mit dem Pianisten proben sollte. Sie selbst fuhr weiter zu Proben mit ihrem Arbeitertheater, das ebenfalls auftreten sollte. Berlaus Ehemann, der damals in Dänemark berühmte Arzt und Wissenschaftler Robert Lund, der sehr musikalisch war, hielt die ungewöhnliche Sängerin und ihren Begleiter in proletarischer Tracht offenbar für Laien und mischte sich unablässig mit guten Ratschlägen ein. »Aber das hat weder Brecht noch die Weigel gestört. ›Finden Sie?‹ hat Brecht nur zurückgefragt. [...] Er hat meinen Mann von Anfang an sehr gern gehabt. Später spielten die beiden oft Schach miteinander.«

Die Rede von Karin Michalis war ihre erste offizielle Äußerung zum Nationalsozialismus nach der Machtergreifung Hitlers. Einer Freundin hatte sie vorher geschrieben: »Ja, ich weiß, daß die Studentengemeinschaft kommunistisch ist, das ist nicht ausschlaggebend. Man hat mich gebeten, über Deutschland zu sprechen, und das tue ich, auch wenn es mich mein Ansehen und die Möglichkeit, dort je wieder Bücher herauszubringen, kosten sollte.«[37] In ihrer sehr persönlich gehaltenen Rede sprach sie von ihrer tiefen Liebe zu Deutschland und ihrem Entsetzen über die jetzige Entwicklung. Sie zitierte Berichte über faschistische Gewalttaten, die in einem u. a. von Lord Marley und Albert Einstein verfaßten *Braunbuch über Reichstagsbrand und Hitlerterror* von Emigranten geschildert worden waren. Sie wandte sich entschieden gegen die Rassentheorie. Hitler hielt sie allerdings noch für einen Idealisten. Die Rede wurde sowohl in der dänischen als auch in der deutschen Presse ausführlich kommentiert.

Beim Auftritt Helene Weigels, die als Berliner Arbeitermutter kostümiert war, hatte es die Berlau übernommen, für den Klavierspieler die Notenblätter zu wenden. »Zwei Blätter schaffte ich gerade noch umzudrehen, dann vergaß ich alles und hörte nur noch zu. Diese Stimme da oben! Kam sie wirklich von dieser zarten Gestalt? Ihre strahlenden Augen durchbohrten uns. Ihre Kunst, trotz des ergreifenden Textes frei von jeder Sentimentalität, brachte uns alle zum Heulen. [...] Ungeniert weinten die jungen Leute. Irgendwoher aus dem Saal kam lautes Schluchzen.«[38]

Starke emotionale Wirkung des Spiels der Weigel ist des öfteren bezeugt. Sie wurde – wie die Berlau hier ausführt – nicht durch emotionalen Vortrag, sondern gerade durch die Zurücknahme der eigenen Emotionen erreicht. Dennoch ist es vorgekommen, daß die Schauspielerin, von ihrem eigenen

Spiel überrumpelt, ebenfalls weinen mußte. Obwohl es falsch ist zu behaupten, daß Brecht keine Emotionalität auf dem Theater sehen bzw. produzieren wollte, hat hier wohl zuweilen eine Spannung bestanden zwischen seinen Intentionen und den Realisierungen der Weigel.

Damals entwickelte sich eine Freundschaft zwischen den Paaren Berlau/Lund und Weigel/Brecht. Die Beziehung der beiden Frauen setzte zunächst Brecht in Eifersucht. Er mochte es nicht, wenn die beiden abends zusammensaßen, nachdem er sich schon zurückgezogen hatte. »Er war unglaublich neugierig und fürchtete immer, etwas zu verpassen, wenn er nicht dabei war. Einmal habe ich ihn überrascht, als er, im langen Nachthemd, durchs Schlüsselloch guckte. Er wollte feststellen, was wir ohne ihn unternehmen.«[39]

Wenngleich das billige Skovsbostrand als Wohnsitz der Familie nun feststand, wurde es Weigel und Brecht rasch klar, daß Dänemark kaum genügend Arbeits- und Verdienstmöglichkeiten bot. Noch Ende August schrieb Brecht an den in der Schweiz gebliebenen Bernhard von Brentano: »Haben Sie in Zürich mal beim Theater nachgefragt? Ich meine Hellis wegen?«[40] Im Herbst waren beide nach Moskau eingeladen. Brecht schrieb an Margarete Steffin, daß er noch nicht entschlossen sei, dorthin zu fahren. Helli aber »möchte am Moskauer Sender einen Monat lang referieren«.[41] Was war mit »referieren« gemeint? Sollte die Weigel über Deutschland sprechen? Oder aktuelle Brecht-Gedichte über den Faschismus rezitieren?

Jedenfalls fuhr sie tatsächlich Mitte September nach Moskau. Allein. In Anspielung auf die sowjetische Mangelwirtschaft hatte Brecht ihr geraten, »für 50 Mark Sachen« mitzunehmen, womit sie sich »viele Freunde erwerben« könne. »Und das ist die Hauptaufgabe, Freunde zu bekommen, bitte streit nicht und laß Dich auf kein Disputieren ein!«[42] Das »bitte streit nicht« weist darauf hin, daß die Weigel in politischen Diskussionen nach wie vor kein Blatt vor den Mund nahm, was Brecht in der Sowjetunion aber für notwendig hielt. Dieses Land mußte als Zufluchtsmöglichkeit offengehalten werden.

Weigels erste Reise ins Vaterland des Kommunismus wurde

freilich ein Fiasko anderer Art. Sie konnte ihre Arbeit wahrscheinlich gar nicht aufnehmen, weil sie fieberte und bald schwer erkrankte. Schließlich wurde eine Bauchhöhlenschwangerschaft diagnostiziert. (»Liebe Helli. es ist schrecklich, daß Du so gequält wurdest und daß es so weit weg ist! [...] Ich küsse Dich, liebe, alte Helli, es ist sehr schlimm, daß ich nicht da bin!«[43]) Sie wurde die ganze Zeit über von dem befreundeten Ehepaar Olga und Sergej Tretjakow[44] offenbar rührend gepflegt und kehrte Anfang Dezember nach Dänemark zurück.

Brecht war Anfang September nach Frankreich aufgebrochen und fuhr mit der Steffin nach Sanary-sur-Mer, wo sich viele aus Deutschland geflohene Intellektuelle aufhielten: Lion Feuchtwanger besaß hier eine Villa, aber auch Arnold Zweig, Thomas Mann, Alfred Kerr, Ernst Toller, Franz Werfel, Friedrich Wolf und Ludwig Marcuse hielten sich besuchsweise oder für längere Zeit dort auf. Nach einem Monat kehrten die beiden nach Paris zurück, wo sie u. a. mit Walter Benjamin, Elisabeth Hauptmann und Klaus Mann zusammentrafen. Die Hauptmann war einige Wochen lang in Gestapo-Haft gewesen und nur freigekommen, weil ihre in den USA lebende Schwester einen Anwalt aktivieren konnte, der eine (fingierte) Verwandtschaft zu einem Kongreß-Abgeordneten ins Spiel brachte. Sie war am Ende ihrer Kräfte.

Damals hatte sich bereits herausgestellt, daß die Agentur der Steffin zur Verbreitung von Schriften exilierter Autoren nicht funktionierte. Es trafen zu wenig interessante Texte ein. Für die völlig mittellose Steffin blieb daher als einzige Überlebensmöglichkeit, sich ebenfalls im billigen Dänemark, in Brechts Nähe, niederzulassen. Vom gesundheitlichen Standpunkt her war das nördliche Seeklima freilich eher ungünstig.[45] Aber wie sollte das alles arrangiert werden, da die Weigel verlangt hatte, daß Brechts Frauenaffären aufhören müßten?

In dieser Situation geriet Brecht wegen Elisabeth Hauptmann in Panik, die ja auch nach Dänemark kommen wollte. Sie hatte auch eine Einladung ihrer wohlhabenden Schwester in den USA, die sie aber nicht gern annehmen wollte. Sie hielt ihre Schwester für sehr kleinbürgerlich. Brecht aber mußte sich fragen, ob er sich noch zwei Mitarbeiterinnen leisten bzw. der Weigel zumuten konnte. Deren Sorgen waren ja keineswegs nur von Eifersucht, sondern auch von der Angst um die materielle Existenz der Familie bestimmt. Wegen eines verlorengegangenen Manuskriptkoffers – in Wirklichkeit aber wohl, weil er sich nicht vorstellen konnte, mit zwei Mitarbeiterinnen nach Dänemark zurückzufahren – provozierte Brecht einen Konflikt mit der Hauptmann, der sie zunächst veranlaßte, mit ihm ganz zu brechen. Obwohl der Briefwechsel in den folgenden Monaten noch geprägt ist vom Schock, den sie durch die Kofferaffäre erlitten hatte, muß es aber noch in Paris zu einer Versöhnung gekommen sein. Denn nachdem Brecht und Steffin abgereist waren, kümmerte sich Elisabeth Hauptmann zusammen mit dem ebenfalls in Paris weilenden Walter Benjamin um die Edition von Brechts *Lieder Gedichte Chöre*. Und sie konnte im Januar eine Woche bei Brechts Verwandten mütterlicherseits in New York verbringen, ehe sie sich zu ihrer Schwester nach St. Louis, Missouri, aufmachte.[46]

Brecht und Steffin kamen am 20. Dezember in Kopenhagen an. Er brachte sie bei Ruth Berlau unter und fuhr selbst weiter nach Skovsbostrand. Weihnachten feierte er immer mit der Weigel und den Kindern.

Berlau berichtete: »Am Weihnachtsabend brach Grete zusammen und erzählte mir alles: sie liebte Brecht. Natürlich, selbstverständlich. Aber warum Brecht sie so lange in Kopenhagen warten ließ, bevor er sie sah, ist mir immer noch rätselhaft. [...] Er war feige. Ich kann mir vorstellen, daß es drei Monate gedauert hat, bis er der Weigel sagen konnte: ›Die Grete ist auch da.‹ [...] Und als Grete Steffin dann doch von Kopenhagen nach Skovsbostrand kam, richtete ihr Helene Weigel ein Zimmer ein, sehr schön, mit Möbeln aus dänischer Eiche.«[47]

Steffin signalisierte Walter Benjamin bereits Ende Februar ihren vollzogenen Umzug nach Skovsbostrand,[48] wo sie mit Eisler und Brecht die Arbeit an *Die Rundköpfe und die Spitzköpfe* fortsetzte. Teils in Brechts Auftrag, teils auch aus persönlicher Sympathie versuchte sie unablässig, Benjamin nach Dänemark zu locken, der tatsächlich auch begann, seine Bücher an Maria Lazar zu schicken. Im Mai konnte sich die

Steffin erlauben, dabei auch die »sooo [...] gute Küche der Weigel«[49] ins Spiel zu bringen oder auch ihren »wundervollen Kaffee, [...] zu dem Sie von vornherein eingeladen sind«[50].

Benjamin scheint – mit einem gewissen Automatismus – der Liebling aller Brecht-Frauen gewesen zu sein. Auch die Weigel versuchte, wie aus einem ihrer Briefe von 1935 hervorgeht, ihn zu bewegen, nach Dänemark zu kommen: »Lieber Doktor Benjamin, entschuldigen Sie mein Nichtschreiben, aber meine Fähigkeiten auf diesem Gebiet sind recht gering. Aber ich freue mich sehr, wenn ich Briefe bekomme. Ich will gerne wissen, wie es Ihnen gesundheitlich geht und ob Sie mit jemandem 66 spielen können, mit allen Ihren unfreundlichen Eigenheiten, die ich etwas vermisse. Ich habe angefangen Schach spielen zu lernen und es gäbe also die Möglichkeit für Sie, mich totzuärgern. Wann haben Sie Lust dazu?«[51]

Benjamin kam zwar tatsächlich mehrmals zu Besuch nach Skovsbostrand, blieb aber nicht. Er glaubte wohl, in Paris eher Anschluß an das europäische intellektuelle Leben zu finden. Auch war ihm die bürgerliche Wohltätigkeit von Karin Michaelis nicht geheuer. Und er meinte, daß »die Nähe der Steffin die Atmosphäre im Hause von B. manchmal drückend macht.«[52]

Ja, Helene Weigel kochte auch für die Steffin das Mittagessen. Allerdings aß man nicht zusammen, um die Kinder vor der Gefahr der Ansteckung zu bewahren. Brecht brachte Steffin ihr Essen. »Die Steffin hatte Tb, die hatte offene Tb, alle wußten es und Helli hatte eine Sauangst«, kommentiert Barbara Brecht das heute.[53]

Die Weigel unterhielt – ganz wie ihre Mentorinnen Eugenie Schwarzwald und Karin Michaelis – einen Salon, in dem es täglich Abendgäste, oft aber auch länger weilenden Besuch gab. Außer Benjamin waren auch Eisler, Korsch, Duncker und Sternberg mehrmals in Skovsbostrand, nicht nur, um mit Brecht und Steffin zu arbeiten, sondern auch, um sich zu erholen. Es kamen Brechts Vater und sein Bruder, die Eltern und die Geschwister von Margarete Steffin.

Steffins Vater nahm einen Brief von Brecht an Theo Lingen mit, der Brecht – nach dessen Ausbürgerung am 8. Juni 1935 – um Zustimmung gebeten hatte, Hanne adoptieren zu dürfen.

Marianne und er wollten dem Kind nach der Ausbürgerung Brechts mit der Namensänderung Schikanen in der Schule ersparen. Brecht gab seine Zustimmung.[54] Es kam jedoch nicht zur Adoption, weil Hanne selbst den Namen Brecht behalten wollte. Hanne und ihre Mutter Marianne sind im Sommer 1936 in Skovsbostrand zu Besuch gewesen.

Einer aber, dem eine Reise nach Dänemark auch gut getan hätte, kam nicht: Frank Banholzer. Er lebte nun in Augsburg bei seiner Großmutter. Paula Groß stand mit Helene Weigel offenbar wegen Frank in Briefkontakt. Diese schrieb am 20. Mai 1935 an Brechts Vater »Was mir Frau Groß über den Zustand des Jungen schrieb, ist nicht sehr gut.«[55] Der immer noch kränkliche Frank war auch ein schlechter Schüler, und sein Berufswunsch, Schauspieler zu werden, ließ sich ohne Abitur nicht erfüllen.[56]

Mutter, Hausfrau und Organisatorin eines Salonlebens, das Brecht zur Inspiration dringend brauchte, das aber durchaus auch in ihrem eigenen Interesse lag – mit diesen drei Rollen ist die Grundsituation etabliert, in der sich die Weigel in den kommenden Jahren befinden sollte. Sie hat sich sicher keine Illusionen gemacht über die Gefühle und Ansprüche, die Steffin und Berlau Brecht gegenüber hatten. Doch nachdem die Lebensgrundlagen für die Kinder und sie selbst gesichert schienen, entschied sie sich, in den beiden Nebenbuhlerinnen in erster Linie politische Genossinnen zu sehen. Sie war sich darüber im klaren, daß Steffin, die ursprünglich ja ihr Schützling gewesen war, nicht nach Deutschland zurückkehren konnte.

1935 unterstützte die Weigel Ruth Berlau bei der Inszenierung der *Mutter* mit ihrem Arbeitertheater. Als Modell diente die Berliner Aufführung. Die Berlau ließ sogar Caspar Nehers mobiles Bühnenbild kopieren. Als Mutter trat Dagmar Andreasen auf. »Sie war Reinemachefrau auf dem Bahnhof. Den ganzen Tag kehrte und wischte und schleppte sie, und am Abend kam sie zur Probe. Sie war intelligent und sehr begabt. [...] sie spielte nach Brechts Meinung ganz und gar episch. [...] Helene Weigel hat uns sehr geholfen. Sie sprach zwar nicht dänisch, hörte aber trotzdem sehr gut, was nicht stimmte, und konnte Gested [dem Übersetzer der Songs] Ratschläge geben.«[57] Die Weigel hat übrigens doch noch ganz gut dänisch gelernt, es existieren sogar einige kurze, in dänisch abgefaßte Briefe von ihr.

Aus Brechts und Weigels Briefen sind mehrere Beispiele ersichtlich, daß beide weiterhin versuchten, in Deutschland verbliebenen Freunden die Flucht ins Ausland zu ermöglichen. Sie knüpften an dem großen Hilfswerk von Karin Michaelis mit. So dankte Helene Weigel in einem undatierten Brief Michaelis' Freundin Marie Hjuler dafür, einem im KZ festgehaltenen Freund eine Einladung geschickt zu haben: »Brecht und ich danken Dir und Deinem Mann sehr für Eure Hilfe und besonders für die rasche Hilfsbereitschaft […] wenn die Einladung auch vielleicht nicht den Erfolg hat, daß er freikommt, so wissen dann doch die Gestapo und das Lager, daß sich das Ausland um ihn kümmert und daß sie nicht alles mit ihm anfangen können.«[58]

Aber wer über die deutschen Grenzen gelangt war, bekam keineswegs automatisch eine Aufenthaltsgenehmigung. Viele waren zu illegalem Exil verurteilt. Im Helene-Weigel-Archiv befindet sich ein Brief, aus dem hervorgeht, wie sie einer ehemaligen Kollegin, der Schauspielerin Maria Gamska, weiterhelfen wollte, die offensichtlich in Dänemark untergetaucht war. Der undatierte Brief ist an den jungen Journalisten Knut Rasmussen gerichtet, der 1934 Brecht, Weigel und Steffin kennenlernte und in zahlreichen späteren Briefen der beiden Frauen auch mit seinen Pseudonymen Crassus und Fredrik Martner angesprochen wurde: »Lieber Herr Rasmussen, ich muß Sie um einen Gefallen bitten, ich würde aber lieber mit Ihnen darüber sprechen. Eine junge Freundin von mir wird, wenn es nötig sein soll, Ihren Namen als den eines Freundes angeben. Bitte, falls bei Ihnen angefragt werden sollte, ob Sie Sonntags den Besuch einer jungen deutschen Dame gehabt haben, sagen Sie ja. Sie ist sehr hübsch, blond, Schauspielerin, heißt Maria. Und Sie haben sie in Wien im vorigen Herbst vorigen Jahres kennen gelernt. Ich bitte Sie, bald zu uns zu kommen, ich kann Ihnen dann alles ganz genau erzählen, seien Sie bitte ganz unbesorgt, Sie geraten dadurch in keine Schwierigkeiten, es ist eine kleine Vorsichtsmaßnahme.«[59]

Die erste deutsche Republik war endgültig zusammengebrochen. Ihre Zerstörer hatten genau an dem Zivilisationsziel angesetzt, auf das Helene Weigel in der Schwarzwaldschule orientiert worden war: das gleichberechtigte Zusammenleben republikanisch gesinnter Frauen und Männer in einer Perspektive sozialer Gerechtigkeit. Der Faschismus aber wollte den Emanzipationsanspruch der Unterschichten in einer rassenhierarchisch gegliederten Gesellschaft aufheben. Ein deutscher Arbeiter z. B. sollte sich einem jüdischen Intellektuellen wieder überlegen fühlen können. Um die Arbeiterbewegung zu neutralisieren, sollte deshalb auch die breite Kulturbewegung diskreditiert und vernichtet werden, in der seit einem halben Jahrhundert jüdische und nichtjüdische Kultur in Mitteleuropa in demokratischen – oft sogar in radikaldemokratischen – Zielsetzungen zusammengeflossen waren. Die emanzipatorischen Bewegungen, die der Faschismus vernichten wollte, wurden als ›jüdischer Kulturbolschewismus‹ bezeichnet, dem aber keineswegs nur Juden oder dem Kommunismus nahestehende Intellektuelle zugerechnet wurden. Es ging dem Faschismus ebenso um die Zerstörung der Demokratie. Nicht nur die Werke Brechts, sondern auch die von Thomas Mann wurden bei der Bücherverbrennung am 10. Mai 1933 als ›artfremd‹ bzw. ›undeutsch‹ vernichtet. Steffin war als Aktivistin der Arbeiterbewegung gefährdet. Die Weigel als Jüdin und Künstlerin.

Als Intellektuelle hing die Weigel laizistisch-universalistischen Vorstellungen an. Am 26. September 1928 hatte sie für sich und den Sohn den Austritt aus der Berliner Jüdischen Gemeinde erklärt.[60] Die Kopfbedeckung, mit der man den kleinen Stefan auf Fotos sieht, war keine jüdische Kippha, sondern ein kirgisisches Mützchen. Obwohl Brecht und Weigel in der universalistischen Perspektive übereinstimmten, analysierten sie die durch die Nazis aufgerissene Judenfrage auf etwas unterschiedliche Weise. Brecht beobachtete bereits in den ersten Monaten des Exils, daß die von Hitler ideologisch und gesetzlich in Gang gesetzte Diskriminierung der Juden bei diesen selbst ein verstärktes jüdisches Identitätsgefühl auslöste. Er hatte der Weigel im September 1933 aus Sanary geschrieben: »In Paris entsetzte mich Döblin, indem er einen Judenstaat proklamierte, mit eigener Scholle, von Wallstreet gekauft. In Sorge um ihre Söhne klammern sich jetzt alle (auch Zweig hier) an die Terrainspekulation Zion. So hat Hitler nicht nur die Deutschen, sondern auch die Juden faschisiert. Die eigentlichen Angelegenheiten Deutschlands interessieren hier niemand.«[61]

Fredrik Martner erzählte eine diesbezügliche Episode, bei der es zum Streit zwischen dem Paar gekommen war. Brecht habe gemeint, wenn ein Jude in eine fremde Stadt käme, werde er von ihr assimiliert. Wenn aber zwei Juden in eine fremde Stadt kämen, würde einer von ihnen Rabbi, und sie gründeten sogleich eine Gemeinde. Die Weigel habe energisch widersprochen.[62] Sie hielt die universalistische Perspektive nicht nur für sich selber fest, sondern allgemein im Judentum auch weiterhin für die dominierende.

Obwohl sich die in die Emigration gezwungenen ›artfremden‹ Intellektuellen keine Illusionen darüber machten, daß Hitler versuchen würde, sein System über Europa, ja die ganze Welt auszudehnen, schien der Kampf damals noch nicht verloren. Brechts und Weigels dänische Helferinnen wie Karin Michaelis und Ruth Berlau rechneten noch nicht damit, daß auch sie wenige Jahre später ebenfalls in die Flucht gejagt würden. Der dänische König und seine Behörden waren sich aber bewußt, daß sich hinter dem von Hitler proklamierten Rassenkampf auch ein Kulturkampf verbarg, der schicksalhafte Bedeutung für die Zukunft der Demokratie haben würde. Sie gewährten nicht nur Juden leichter Asyl als Nichtjuden,[63] sondern auch Menschen, die durch familiäre Bande mit Juden und/oder entschiedenes Eintreten für die Aufrechterhaltung der republikanischen Gesetze mit der sogenannten ›undeutschen‹ Kultur verbunden waren. So war Brechts Exil in Dänemark in den Papieren der Svendborger Fremdenpolizei die ganze Zeit über damit begründet, »daß der Betreffende hier die Freistatt, die er während des Rassenkampfes in Deutschland braucht, finden kann«.[64]

Was die Behörden durchsetzten, traf nicht auf Zustimmung der ganzen dänischen Bevölkerung. Von den 20 000–30 000 Exilanten, die Deutschland über Dänemark verließen, konnten letztlich nur 2 000 dauerhaft bleiben.[65] Rassistische, von der Entwicklung in Deutschland inspirierte Gruppierungen bekämpften die Asylpolitik des Staates und machten in der Presse Stimmung gegen die Exilanten. Diese Konstellation wirkte sich auch im Zusammenhang mit der angestrebten Uraufführung von *Die Rundköpfe und die Spitzköpfe* in Dänemark aus. Das – aus meiner Sicht heute wieder hochaktuelle – Stück abstrahierte bewußt den von Hitler entfesselten Rassenkonflikt als einen Konflikt zwischen ›Rundköpfen‹ und ›Spitzköpfen‹, weil Brecht ihn nicht nur in Deutschland bzw. zwischen Nichtjuden und Juden für möglich hielt. Es entblößt ihn als Instrumentalisierung des in fast allen Gesellschaften vorhandenen latenten Rassismus durch den Staat. Der Konflikt wird in einer wirtschaftlich und politisch schwierigen Situation gezüchtet und hochgepeitscht. Nach der politisch-wirtschaftlichen Sanierung der führenden Klassen wird er – per Staatsdekret – auch wieder abgeschafft. Daß das Stück durch die hohe Ebene der Abstraktion sowohl zum identitätspolitisch begründeten Rassismus der Nazis als auch zu den oft ebenfalls identitätspolitisch begründeten Fluchtstrategien der verfolgten Juden quer stand, war damals und heute ebenso ein Problem wie die ausführliche Darlegung, daß der Rassismus erst durch staatspolitische Instrumentalisierung zu höchster Perversion aufsteigt. Da latenter Rassismus von vielen Regierungen instrumentalisiert wurde und sich auch die liberale Bourgeoisie vieler Länder keineswegs konsequent gegen Rassismus stellte[66], war es kein Zufall, daß damals weder eine von Bernhard von Brentano in der Schweiz vorgeschlagene, noch eine von Fritz Kortner und anderen Freunden in England[67] für möglich gehaltene Aufführung zustande kam. Auch Margarete Steffin, die sich des öfteren zu Kuren und als – zumeist erfolglose – Agentin Brechts in der Sowjetunion aufhielt, erreichte dort nichts. Trotz der verfassungsmäßigen Gleichstellung der Völker war auch dieses multiethnische Staatengebilde weit entfernt von der Realisierung republikanischer Umgangsformen der Bürger untereinander und der Politiker mit den Bürgern.

In Dänemark aber waren *Die Rundköpfe und die Spitzköpfe* 1934 fast vom Kopenhagener Dagmar-Theater angenommen worden. Der – mit der Kommunistischen Partei Dänemarks in

Verbindung stehende Regisseur Per Knutzon – teilte Brecht jedoch mit, daß potentielle Sponsoren Einspruch der deutschen
Botschaft gegen ein Stück befürchteten, das Hitler persiflierte.
Auch zunächst interessierte jüdische Geldgeber würden sich
aus dem Projekt wahrscheinlich zurückziehen, weil sie das
Thema für »zu riskant« hielten.[68] Um solchen Argumenten zu-
vorzukommen, hatte Brecht Ende April 1934 in einem Brief
an Knutzon noch einmal auf die hohe Abstraktionsstufe des
Stücks hingewiesen: »Es hat bestimmt nicht die Wirkung, zu
einer Diskussion der Judenfrage anzuregen. Das geschähe
doch nur, wenn es die ungerechtfertigten Leiden der Juden
darstellte. Es stellt aber dar, daß das *Jüdische* bei der politischen
Verwendung der Rassenfrage durch den Nationalsozialismus
(und andere reaktionäre Systeme, z. B. den alten Zarismus, den
Piłsudskismus usw.) gar keine Rolle spielt. Das Publikum wird
keineswegs sagen: Die Spitzköpfe sind gut oder sie sind
schlecht, es geschieht ihnen recht oder es geschieht ihnen unrecht, sondern es gibt gar keine wirklichen Unterschiede. [...]
Man wird nach zehn Minuten nur mehr Rund- und Spitzköpfe
sehen und ebenso lachen, als ob allen Ernstes der neue Statt-
halter die Leute in Radfahrer und Fußgänger einteilte. [...]
Schon als Sozialist habe ich überhaupt keinen Sinn für das Ras-
senproblem selber; auf der Bühne wird alles, was damit zusam-
menhängt, komisch wirken.«[69]
Den Teufel durch ein aufgeklärtes Lachen des Publikums
auszutreiben, war und blieb eine wichtige Strategie Brechts,
gerade auch in seinen antifaschistischen Stücken. Hier aber
hatte er die Solidität des demokratischen Bewußtseins in Dänemark überschätzt. Denn als *Die Rundköpfe und die Spitzköpfe* am 4. November 1936 unter der Regie von Knutson, mit
seiner Frau Lulu Ziegler – die ein Star war – als Nanna, im
Theater Riddersalen dann doch noch Premiere haben sollten,
kam diese nur zustande, weil die ›Judenfrage‹ aus dem ganzen
Theater regelrecht herausoperiert worden war. Und das mit
dem – erpreßten – Einverständnis von Brecht und Weigel.
Der Vorgang wird aus einem zwei Tage nach der Premiere
geschriebenen Brief Maria Lazars an Karin Michaelis ersichtlich: »Das Ersuchen, bei der Premiere nicht zu erscheinen,
durch Helli übermittelt, kam für mich völlig überraschend und

zwei Stunden vor Theaterbeginn. Natürlich habe ich die Fassung, ich sei als deutsche Emigrantin nicht erwünscht, keinen Augenblick geglaubt, und ich muß gestehen, daß es mir ziemliches Kopfzerbrechen gekostet hat, ehe mir durch rein logische Schlußfolgerungen der Grund klar wurde. Ich lege Gewicht darauf, daß Du den Grund weißt: meine Abstammung. // Ja Karin, jetzt bleibt Dir die Spucke weg. Ich kann nur sagen, mir ist sie auch weggeblieben. // Ich habe diese meine Schlußfolgerung den nächsten Morgen Helli einfach ins Gesicht gesagt. Sie hat zugegeben, daß sowohl in ihrer als in Brechts Anwesenheit der Beschluß gefaßt wurde, gefaßt werden konnte. Selbstverständlich hat dieser Beschluß nicht nur mir gegolten. Daß das Ganze eine ungeheuerliche Unverschämtheit ist, vor allem gegen mich als Schriftsteller, mag eine Sache für sich sein. Wichtiger erscheint mir folgendes: daß man […] einen solchen schäbigen Geschäftskonjunkturismus, durch den man die vornehme Premierenbourgeoisie zu gewinnen sucht, als *Theaterpolitik* bezeichnet. Mit solchen Methoden, Karin, hat man in Deutschland den Nazismus gezüchtet.«[70]

Das ›judenfreie‹ Premierenpublikum hatte der Aufführung zwar viel Beifall gespendet. Trotz der perversen Vorsichtsmaßnahmen wurde sie aber in den kommenden Tagen massiv von der Rechtspresse attackiert, von dänischen Faschisten, aber auch von religiösen Organisationen wie dem katholischen Frauenbund. Die militante Emigranten- und Judenfeindlichkeit dieses Teils der dänischen Bevölkerung kam durch die Verhöhnung Brechts als »Semigrant« zum Ausdruck. Offen wurde seine Deportation gefordert.[71] In den folgenden Tagen wagten sich nur wenige Zuschauer ins Theater. Das Stück mußte schnell abgesetzt werden.

Brechts Taktieren, das nicht allein von unserem heutigen Wissen um die Shoa her beurteilt werden sollte, hatte also nach keiner Seite hin etwas gebracht. Es ist einzureihen in die lange Kette ähnlich glückloser Taktierversuche der kommunistischen Bewegung. Maria Lazar war sich darüber im klaren, daß Brecht die Premiere nicht aus persönlicher Künstlereitelkeit hatte durchsetzen wollen. Sie wußte auch, daß die Svendborger Fremdenpolizei Brecht größte Schwierigkeiten bereiten konnte. Es war nun leicht zu behaupten, daß er sich mit dem Stück über das Verbot hinweggesetzt hätte, in das politische Leben Dänemarks einzugreifen.[72] Und sie bat Michaelis in einem weiteren Brief vom 10. November, das Vorkommnis Eugenie Schwarzwald gegenüber nicht zu erwähnen, damit daraus keine grundsätzlichen Mißverständnisse über die Kommunisten erwachsen würden. »Denn«, so schrieb sie, »die Kommunisten sind eben nicht so! Und sie dürfen so nicht sein.« Lazars Tochter berichtete, daß das Verhältnis zwischen den beiden Familien durch das Ereignis in keiner Weise gelitten habe.[73]

Während Brechts Stück und sein – von der Weigel mitgetragenes – Verhalten auf der Annahme fußte, daß die Vernunft dem Rassenwahn noch beikommen würde, beruhte der von vielen bezeugte politische und moralische Rigorismus Maria Lazars auf ihrer außerordentlichen, geradezu an Kafka erinnernden Fähigkeit, die potentiellen Schrecken der Zukunft im voraus zu spüren. Manche nannten sie eine Kassandra.

Als die Weigel ins Exil ging, war sie als Zweiunddreißigjährige aus heutiger Sicht noch eine junge Frau. Für eine Schauspielerin war das damals aber bereits das kritische Alter, in dem man den Beruf leicht verlieren konnte, wenn man nicht durch außergewöhnliche Leistungen aufgefallen war. Für das neue Fach der proletarischen Mutter, das 1932 von Brecht für sie kreiert worden war, boten sich nicht nur in Dänemark, sondern auch in anderen denkbaren Ländern keine Entwicklungsmöglichkeiten. Und das natürlich nicht nur wegen der Sprachprobleme.

Diese wären im Film leichter zu bewältigen gewesen. Jahrelang versuchte Brecht, der Weigel in der Sowjetunion eine Filmrolle zu verschaffen. Er schrieb ihr Ende März 1935 aus Moskau: »Alle fragen nach Dir, ich sage, Du kommst spätestens im Herbst mit mir. Jetzt sehe ich in meinem wilden Kampf um eine Filmrolle für Dich zwar nur eine alte Frau, aber in einem Dimitroff-Film[74] (unter der Regie von Ivens[75]), Manuskript leider Wangenheim[76] und in deutscher Sprache. Die Rolle soll besonders schön sein. Vielleicht willst Du's nicht machen, aber ich will, daß sie Dir angeboten wird. Dann müßtest Du gleich herkommen.«[77] Aber Gustav von Wangenheim

»benimmt sich saumäßig und unvergeßlich«[78]. Sie bekam die Rolle nicht. Offenbar hatte sich unter den dortigen Emigranten bereits eine künstlerische und politische Konkurrenzsituation herausgebildet, die unter den sowjetischen Bedingungen ausarten mußte zu einem Wettlauf um die Anerkennung in dem sich immer mehr der stalinistischen Kunstdoktrin unterwerfenden Kulturleben. In diesen Wettlauf paßten Brecht und Weigel nicht hinein. Der Bemerkung »Vielleicht willst Du's nicht machen« ist zu entnehmen, daß ihr die Situation in der Sowjetunion unangenehmer vorkam als ihm. Einstweilen beklagte sich Brecht bei von Wangenheim und Ivens, daß durch »die geschlossene, sich von allem *fremden* Zufluß absondernde Arbeitsweise kleiner Gruppen« andere, vom Faschismus verjagte »hochqualifizierte Kräfte« brachlägen«. Er warnte vor »Kliquenbildung«, die nur »die Sache« schädigen könne.[79] Aus einem ein knappes Jahr später aus Moskau abgeschickten Brief Margarete Steffins an Brecht geht hervor, daß auch sie sich noch um eine Filmrolle für die Weigel bemühte: »Ich habe u. a. auch die Leningrader erraten lassen, daß ein Film, in dem Deine Frau mitspielen könne, interessanter für Dich sei, u. daß die Genossin Weigel eine der besten Schauspielerinnen [ist].«[80]

In diesen Jahren scheiterten auch alle sich scheinbar auftuenden Möglichkeiten im Theater. Das Zürcher Schauspielhaus, das eine erhebliche Anzahl aus Deutschland emigrierter Schauspieler aufnahm und damit seine eigene Blütezeit einleitete, hatte kein Interesse gezeigt. 1935 scheiterte das Projekt eines deutschen Exiltheaters in Prag, an das die Weigel engagiert werden sollte. Erwin Piscator wollte dort *Die Rundköpfe und die Spitzköpfe* mit ihr und Ernst Busch herausbringen. Ein ähnliches Projekt betrieb Piscator in der Sowjetunion. Brecht schrieb ihm am 25. September 1935: »Helli ist betrübt, daß sie gar nichts mehr über Dnjepropetrowsk hört. Könnte sie nicht, wenn Du wirklich im jüdischen Theater die *Rundköpfe* machst (machst Du sie?) die Frau Cornamontis spielen? Die paar Seiten Text könnte sie in jiddisch bestimmt lernen.«[81] Das Land, aus dem auch der Stoff der *Mutter* stammte, interessierte sich noch jahrzehntelang weder für das aus Gorkis Roman entstandene Brecht-Konstrukt noch für die als kalt empfundene epische Spielweise der Weigel. Im Theater des

Vaterlands der Werktätigen herrschte das eigentlich aus der bürgerlichen Ära des alten Rußland stammende System Stanislawskis. Die dramaturgischen und schauspielerischen Neuerungen, die Brecht in Konfrontation mit der zeitgenössischen bürgerlichen Kultur im Westen entwickelt hatte, galten selbst als westlich-dekadent.

Kurioserweise kam es Ende 1935 zu einer *Mutter*-Inszenierung in New York bei der links ausgerichteten Theatre Union. Doch obwohl Brecht, Eisler und Elisabeth Hauptmann bei den Proben dabei waren, gelang es auch hier nicht, wesentliche Elemente der epischen Spielweise durchzusetzen. Die erste Besetzung der Mutter war »furchtbar. Wird schon umbesetzt. Haben aber noch keine neue. Gibt's hier noch weniger als in Berlin. Wird Dir auf diesem Planeten nicht leicht nachgespielt werden. Trotz gleichem Arrangement nichts wiederzuerkennen. *Du solltest doch Englisch lernen.*« Obwohl er mit der endgültigen Darstellerin der Mutter(»Alte Frau, sehr intelligent.«) zufriedener war als mit der Aufführung insgesamt, wiederholte er in einem weiteren Brief seine Aufforderung: »Du solltest doch auch Englisch lernen.«[32] Und an Piscator schrieb Brecht am 8. Dezember: »die Mutter ist uns hier sehr verhunzt worden (dumme Verstümmelungen, politische Ahnungslosigkeit, Rückständigkeit aller Art usw.). [...] Ganz im allgemeinen eine Erfahrung: nur nichts zu tun haben mit den sogenannten linken Theatern. Die sind durch kleine Cliquen beherrscht, in denen die Stückeschreiber dominieren, und haben die übelsten Producer-Manieren des Broadway ohne dessen Fachkenntnisse, die nicht sehr hoch sind, aber immerhin.«[83] Wegen der Aussicht auf – schließlich erfolglos bleibende – Verhandlungen hinsichtlich des *Dreigroschenromans* und *Die Rundköpfe und die Spitzköpfe* blieb er zu Weihnachten bei Eisler in New York. »Das Svendborger Weihnachten holen wir natürlich nach, die Sachen bringe ich mit. Steff und Barbara gehen mir sehr ab, schon jetzt und an Christbäume ohne Dich kann ich mich nicht mehr erinnern; es war immer ein guter Abend und eine gute Nacht, *liebe Helli*. Ißt Du genug? Rauch nicht zu viel und heiz gut. Und behalte mich in Erinnerung (und schreib mir Deine unter die Briefe).«[84]

Erwin Piscator bemühte sich jahrelang um die Realisierung einer nach (Friedrich) Engels benannten Künstlerkolonie in der Wolgarepublik, wo emigrierte Künstler aus Deutschland kollektive Arbeitsstrukturen hätten aufbauen können. Steffin schrieb Brecht Mitte März 1936 aus Moskau: »engels, wo Ihr wohnen sollt, ist ein städtchen von 60000 einwohnern, mit langen, schmutzigen straßen ohne asphalt zum größten teil, das theater alt und unheimlich primitiv, so einstöckige häuser (weniger mehrstöckige) natürlich ohne wc. im sommer kolossal staubig, für einige zeit wollen sich einige verpflichten, aber natürlich nicht für die dauer. – man befürchtet natürlich […] bei so engem zusammensein kräche, riesenintriguen usw., aber pisc. ist das eine herzensangelegenheit, man kann nicht geradeaus mit ihm darüber sprechen.« Und nach telephonischem Diktat von Piscator fügte sie u. a. hinzu: »zugesagt haben granach, [Carola] neher, busch […]. ich denke auch an die leute von zürich, wie ist es mit weigel? aber von vornherein muss man sich klar sein: es geht nur, wenn man den dauersitz in engels aufschlägt!! […] *soweit der phantast und der träumer pisc.* die andern sind nüchtern, sprechen von staubigen straßen, jahrelangen um- und aufbau, fehlenden, verweichlichenden errungenschaften der kultur usw. […] da in dnjepropetrowsk ist es nicht sonnig, ein anstrengendes arbeiten. viel auf schlechten lastwagen und schlechten straßen unterwegs. alles primitiv usw., usw. umso wichtiger natürlich, dort aufzubauen. [hs.] das letztere teile ich wegen der weigel mit. […]«[85]

Steffin, die während des skandinavischen Exils insgesamt eineinhalb Jahre in der Sowjetunion zubrachte und ihr lange Zeit sehr positiv gegenüberstand, weil sie als Arbeiterkind die sozialen Errungenschaften – insbesondere auch für Frauen – für wichtiger als die stalinistische Entwicklung hielt, ist zweifellos die Hauptverantwortliche dafür, daß sich auch Brechts kritische Haltung nur zögerlich herausbildete. Sie scheint aber geahnt zu haben, daß die Weigel ihr properes dänisches Fischerhaus nicht aufgeben würde.

Brecht wurde im Juni 1935 die deutsche Staatsbürgerschaft aberkannt, der Weigel und ihren Kindern im Juni 1937.[86] 1936 hatte das deutsche Konsulat in Kopenhagen ihren Paß bis 1939 verlängert. Brecht erreichte trotz seiner Ausbürgerung im selben Jahr im Generalkonsulat in New York sogar eine Verlängerung bis 1941. Es gab eine Anweisung des Auswärtigen Amts, wonach die Angelegenheiten der Exilierten im Ausland möglichst wenig Aufsehen erregen sollten und ihre Pässe auch nach der Ausbürgerung verlängert werden konnten.[87]

Es wird auch in späteren Jahren nur wenige berufliche Chancen geben, die sie nutzen kann. Die Weigel blieb während des Exils fast ganz auf die Rolle als Mutter und Hausfrau festgelegt. Wenn man sie in der späteren Zeit der Berühmtheit nach ihrem damaligen Befinden als arbeitslose Schauspielerin fragte, wehrte sie jedes Mitgefühl ab: »»Mein Gott, sie hat 15 Jahre nicht gespielt!‹ Der Gedanke ist mir in der ganzen Zeit nicht gekommen, wissen Sie. Weil es eine vernünftige und ausreichend praktische Aufgabe gab, eine wichtige Sache: dafür zu sorgen, daß der Brecht einen Platz hatte, an dem er arbeiten konnte ohne Störung, und daß die Kinder aufwachsen konnten ohne Beunruhigung. Das Mitgefühl mit mir, das möchte ich gerne vermeiden, das halte ich für überflüssig, unrichtig und schädlich.«[88]

Zum Glück spielte sie tatsächlich auch die Rolle der realen Mutter und Hausfrau mit Leidenschaft. Ihre Tochter Barbara bestätigt immer wieder, daß sie eine »herrliche Person« und »als Mutter *super-duper*« war. Obwohl sie damals nicht wußte, in welchem Verhältnis der Vater zu Margarete Steffin stand, empfand sie deren Anwesenheit als störend. Und obwohl die Steffin wissen mußte, daß es für die Kinder gefährlich war, wenn sie sich zuviel in ihrer Nähe aufhielt, umarmte sie sie oft: »Sie wollte sozusagen Brechts Kinder lieb haben. Sie war eine Nervensäge. Ich habe keine zweite Mutter gebraucht. Ich hatte eine erstklassige.« Auch Brecht sei »durchaus ein erstklassiger Sonntagsvater« gewesen – also nicht immer präsent. Aber »er hatte seine Kinder sehr, sehr gerne. Das kann ich bestätigen. Er war sehr kinderlieb, war auch von Kindern sehr geschätzt, weil er sich gegenüber ihnen verhalten hat als vernünftige Menschen.«[89] »Er hat einen sehr großen Einfluß auf die Kinder genommen, in einer sehr ruhigen Form. Er ist nicht ungeduldig gewesen mit Kindern, übrigens nie«, sagte auch die Weigel.[90] Brecht und Weigel erzogen ihre Kinder unautoritär – zweifellos in Weiterentwicklung der Schwarzwald-schen Prinzipien. Auch in Brechts Elternhaus war man mit den Kindern nach den Maßstäben der damaligen Zeit recht liberal umgegangen. Beide haben bei ihren Kindern von klein auf an die Tür geklopft, bevor sie in ihre Zimmer traten.[91] Sie wurden von ihren Kindern ›Helli‹ und ›Bidi‹ gerufen.

Maria Hold erzählte, daß die Weigel in Dänemark je eine Hilfe für das Wäschewaschen und für das Geschirrspülen hatte. Sie selbst half beim Kochen mit. Jetzt und auch später kochte die Weigel aber meistens selbst oder überwachte zumindest das Kochen. Es waren ihre Rezepte, die auf den Tisch kamen, österreichische, süddeutsche. Brecht mochte nur Zubereitungen dieser Regionen. Man hätte gut und gesund gelebt. »Nun Helene Weigel, sie war so tüchtig. [...] Und sie liebte [es], Früchte zu pflücken. Das war ihr Hobby. [...] Und in den Wald [zu] gehen und Pilze [zu] suchen. Das war ihre Hauptbeschäftigung.« Sie kaufte auch ein und war geschickt bei der Regelung von Behördenangelegenheiten.[92]

Zwischen Marie und dem Fleischer Ohm, der seine Ware ins Haus lieferte, hatte sich ein Flirt entwickelt. Aber erst durch Vermittlung von Karin Michaelis kam die Heirat zustande. Bei dem Fest sind auch die Michaelis selbst, Helene Weigel und Maria Lazar gewesen. Brecht schickte ein langes Dankgedicht, in dem er die zehnjährigen Dienste von Maria Hold und ihre Liebe zu seinen Kindern ausführlich lobte.

Vom Tage ihrer Heirat an fiel Marie als Hilfe aus. Die Weigel war nun – bis auf das Wäschewaschen und Geschirrspülen – auf sich allein gestellt. Bunge sagte sie 1959 darüber: »Ach doch, das ist eine ziemliche Arbeit gewesen. Ja, das schon. Aber alle Versuche, mich da zu einer Heroin herauszustempeln werden nicht gelingen. Ich hab es bis jetzt abgelehnt, ich tue es weiter. Ich denke nicht daran. Es war enorm wichtig, daß die Kinder ohne Störungen aufwuchsen und daß Brecht ruhig gearbeitet hat, und ich hab da keine inneren Seelenkämpfe dabei gehabt. Kochen war sehr interessant. Auch daß man so eine Arbeit wie Haushalt und Zimmeraufräumen in bestimmten kurzen Zeiten anständig machte, [...] daß der Haushalt nicht plötzlich eine, die ganzen Interessen überschwemmende Sache wurde.« Sie versuchte einen »Sport daraus zu machen, es so zu machen, daß es eine Sache ist, die nicht andere Interessen stört. Ich hasse Hausfrauen, die den ganzen Tag mit teigigen Fingern herumlaufen.«[93]

Entgegen dem damaligen Anschein und allen späteren Behauptungen hat sie unter der Aussperrung aus ihrem Beruf doch gelitten. Davon zeugen einige wirklich verzweifelte Briefe an Erwin Piscator, der zu den wenigen Freunden gehörte, der den Willen und wohl auch den Einfluß hatte, ihr helfen zu können. Noch im Verlaufe des Jahres 1936 hatte er seine idealistischen Pläne in der Sowjetunion aufgegeben und war nach Paris übergesiedelt, dort aber offensichtlich krank geworden. Die Weigel lud ihn ein, sich im billigen Dänemark bei Ruth Berlaus Mann, Robert Lund, operieren zu lassen. »Ich koch dir dann Dein Lieblingsessen.«[94]

Während des spanischen Bürgerkriegs blühte in Barcelona republikanisches Theaterleben. Die Weigel war dort – offensichtlich von Ernst Busch – für Auftritte vor den deutschen Interbrigadisten empfohlen worden. Die Einladung enthielt aber wohl keine konkreten Vorschläge. Sie schrieb am 18. Januar 1937 an Piscator: »Lieber Erwin, ich bitte dich sehr um Deinen Rat und Deine Hilfe. Ich will nach Spanien, kann aber nicht sehen, ob es dort Arbeit für mich gibt. Was meinst Du, und was machst Du, kannst Du dort etwas machen und kannst Du mich dazu brauchen. Ich habe eine Einladung der Partido Socialisto Unificado de Cataluna (Servicio Especial de los Extranjeros) Barcelona Diagonal 428. bekommen. Bitte schreib mir sofort Deine Meinung über die Möglichkeiten, ich habe mich auch an Eisler gewandt, hatte aber nur seine Pariser Adresse. Vielleicht kannst Du auch ihm nochmals drüber schreiben, falls er meinen Brief nicht bekommen hat. Lieber Erwin, bitte schreib bald Deine Helen Weigel«[95]

Piscators Antwort scheint keine Ermutigung gewesen zu sein. Sie schrieb ihm im Februar 1937: »Lieber Erwin, danke Dir für Deinen Brief, ich bin sehr geknickt. Ich sprach auch mit Hanns [Eisler] sehr ausführlich, er ist der gleichen Meinung wie Du, aber trotzdem bitte ich Dich, weiter zu untersuchen, es gibt ja auch neu auftauchende Möglichkeiten. Meine idiotische Existenz hängt mir sehr zum Hals raus. Ich war und bin auch noch immer eine brauchbare Person und der

Winterschlaf dauert zu lange. Es tut mir sehr leid, dass Dein Bein kaputt ist, schade, dass Du nicht hier bist, ich würde Dich pflegen.«[96]

Der Verteidigungskrieg der spanischen Republik gegen Francos Generäle hatte seit 1936 eine innereuropäische Dynamik entwickelt, in der politische Frontstellungen des kommenden Weltkriegs sichtbar wurden, an die heute selten erinnert wird. Die republikanische Regierung war eine Koalitionsregierung aus verschiedenen Linkskräften. Auch wenn die Sowjetunion erhebliche Mittel einsetzte, um diese unter ihren Einfluß zu bringen, kann keinesfalls angenommen werden, daß dies dauerhaft gelungen wäre. In Spanien wie in ganz Westeuropa ging es keineswegs um die Etablierung eines autoritären kommunistischen Regimes, sondern vor allem um die Frage, ob die von Hitler – nicht weniger als der Kommunismus – bekämpften demokratischen Errungenschaften der Französischen Revolution Bestand haben würden. Durch das mit Hitler verbündete Vichy-Regime waren sie im kommenden Weltkrieg selbst auf französischem Territorium bedroht. In Spanien wurde erstmals in Europa bewußt ein Krieg gegen die Zivilbevölkerung geführt – was bislang nur Praxis in Kolonialkriegen gewesen war.

Der Angriff auf eine gewählte Regierung, die ausbleibende oder zögerliche Unterstützung durch die demokratischen Länder, vor allem aber die für Europa neuen Bombardierungen der Zivilbevölkerung waren die Gründe, weshalb der Bürgerkrieg in Spanien überall enorme Polarisierungen erzeugte. Brecht war indes der einzige Schriftsteller, dem es gelang, noch im Verlaufe der Auseinandersetzung ein aktuelles Werk zu diesem Konflikt zu schreiben. Seit dem Frühjahr 1937 arbeitete er mit Steffin an einem Filmskript, das sich gegen die Seeblockade wandte, die von England gegen die spanische Republik errichtet worden war. Vielleicht noch im Zusammenhang mit den Hoffnungen der Weigel auf eine Spanientournee wandelte sich das Projekt zu einem bereits 1936 von Slatan Dudow angeregten Stück, *Die Gewehre der Frau Carrar*, ein Einakter, der mit sparsamstem Dekor und notfalls auch mit Laienschauspielern aufgeführt werden konnte, geeignet also auch für einen Einsatz im Bürgerkrieg selbst.

Dazu kam es nicht. Das Stück wurde aber im Oktober 1937 von Slatan Dudow mit Unterstützung Brechts im Pariser Emigrantenkabarett ›Die Laterne‹ inszeniert.

Die Grundachse von *Die Gewehre der Frau Carrar* knüpfte deutlich an *Die Mutter* an. Eine Fischersfrau »will nicht mit den Gewehren herausrücken, die ihr in den asturischen Kämpfen tödlich verwundeter Mann noch irgendwo im Hause versteckt hatte. Wie alle Mütter sträubt sie sich dagegen, daß Geborenes getötet werde. Weder will sie dem Bruder die Gewehre geben, noch die Knaben gegen Franco lassen. Bis ihr ältester Sohn, den sie vom Töten abhält und fischen schickt, von den anderen, den Frankisten [die Gefolgsleute Francos], im Boot beim Fischfang getötet wird, bloß, weil er ihnen durch seine armselige Mütze als Feind kenntlich ist.«[97] Nun begreift sie, daß auch die, die sich aus dem Konflikt heraushalten wollen, von ihm ergriffen werden, und übergibt den anderen Söhnen die versteckten Gewehre.

Nicht nur die damals ebenfalls mitwirkende Steffie Spira hat verbreitet, daß das Stück von Brecht nur als aktuelle Propaganda gedacht war und er sich später nicht mehr dazu bekannt hätte. Zum anderen sei es auch aus einem gewissen Schuldgefühl der Weigel gegenüber entstanden, letztendlich, um sie zu halten. »Na, wie soll ich sagen, er hat sich da ein bißchen einen freien Rücken gemacht.«[98]

In der Tat setzte er nicht nur das Liebesverhältnis zur Steffin fort, seit 1935 bestand auch ein solches zu Ruth Berlau. Wenn auch im Verhältnis zu diesen beiden Frauen – wie bei Brecht immer – die gemeinsame Arbeit prioritär war, so bestand auf dem Gebiet der Arbeit die allerengste Symbiose mit der Weigel. Mitschreiber und Mitschreiberinnen waren für Brecht austauschbar: Die Steffin z. B. hatte nahtlos Elisabeth Hauptmann ersetzt. Niemand aber vermochte das, was er geschrieben hatte, so überzeugend auf die Bühne zu bringen wie die Weigel. Die daraus entstandene Abhängigkeit war schon damals unlösbar – und zwar von beiden Seiten. Auch die überzeugendsten Proben ihrer Kunst waren im Zusammenhang mit Brecht entstanden. Außerdem war es der Weigel durch die Exilsituation enorm erschwert, sich von Brecht zu lösen.

Dieser gegenseitigen Abhängigkeit waren sich beide bewußt gewesen, für die Weigel mag sie in manchen Zeiten schmerzhaft gewesen sein. Aber sie haben sie schließlich – allen Eheproblemen zum Trotz – als Chance begriffen und ausgebaut. Nur so war es möglich, daß in einer Zeit, in der das persönliche Verhältnis spannungsvoll war, ein weiterer, für die künstlerische Zukunft beider wichtiger Schritt gemeinsamer Produktion zustandekam.

Die Carrar ist die erste direkt für die Weigel geschriebene große Mutterrolle. Brecht hat sich immerhin in den fünfziger Jahren noch so weit zu diesem Stück bekannt, daß er es selbst wieder inszenierte. Und es ist bisweilen auch noch für andere Regisseure interessant geblieben. Sein raffiniertes Geheimnis – das es eigentlich über das Niveau jedweder Propaganda hob – ist zweifellos die auch bei der *Maßnahme* und der *Mutter* bereits angewandte Methode, der martialischen Gegenwartsfabel die Dimension eines biblischen bzw. antiken Dramas zu geben. Die damit unterstrichene Schicksalhaftigkeit des Geschehens soll freilich nicht fatalistische, sondern, im Gegenteil, aktive Haltungen des Publikums erzeugen.

Über die vor allem von deutschen Emigranten besuchte Aufführung berichtete die deutschsprachige *Pariser Tageszeitung*: »Von Euripides (Hekuba) und den Evangelisten (Maria) bis zu Gorki haben kämpfende Männer immer wieder der Mutter, die sich gegen den Heldentod ihres Kindes aufbäumt, Denkmale errichtet. Auch das neue Stück von Bert Brecht [...] ist ein Beitrag zu diesem erschütternden Konflikt.« Nachdem der Sohn tot ist, »vollzieht sich die Wandlung. [...] Das Muttertier schreit auf, aus zerrissenem Herzen. Der Wahn, friedlich bleiben zu können, verschont bleiben zu können, fällt ins Nichts und erhebt sich zu einem Fanal rächenden Richteramtes. [...] Das Wunder vollendet sich, die Mater dolorosa gebärt einen neuen Sohn – das Proletariat, das um des Lebens willen zu sterben weiß.« Helene Weigel habe »alles Schematische der Figur menschlich verklärt. Ihr Spiel ist wahrhaftiges Leben und an jedem Wort, jeder Bewegung, jedem Atem durchsichtige Innerlichkeit. Sie ist ganz leise, ein geängstigter Vogel; man fühlt, wie das leidvolle Glück, Mutter zu sein, ihr Herz leitet, es umkrampft, es still stehen macht.«[99] Anna Seghers hatte die Aufführung in Paris mit organisiert.

Zweifellos, um der Weigel auch noch Auftritte in der Sowjetunion zu ermöglichen, schrieb sie darüber für die dort er-
scheinende Zeitschrift *Internationale Literatur*. Dabei wandte
sie sich direkt an die Emigranten, die offenbar »zu müde«
seien, darüber nachzudenken, daß z. B. Elisabeth Bergner in
London spielte, die Weigel aber von den Bühnen Europas verschwunden sei. Man hätte »längst eine Bühne aufstellen und
sie mit Gewalt heraufziehen sollen«. Um die sowjetische
Sorge vor dem »Formalisten« Brecht zu zerstreuen, beschrieb
Seghers das Stück als »unexperimentelles, echtes, altes, hand-
festes Theater. Jedenfalls war es das Stück, das bitter nötig
war. [...] man konnte in Paris deutsches Theater hören. [...]
Was aber macht die Stimme der Weigel jetzt? Eine Stimme,
die soviel wert sein könnte wie Zeitungsauflagen oder viele
Packen Flugblätter oder ein paar Waggon Munition. Kann
man mit dieser Stimme doch Stumpfe erregen und Feinde unsicher machen und die Unsrigen stärken. [...] Wenn sich die
deutsche Emigration einen Ruck gäbe für ein deutsches Theater in irgendeiner Form.«[100]

Natürlich kann man im nachhinein nur froh sein, daß das
deutsche Emigrantentheater in der Sowjetunion nicht zustande gekommen ist. Im Jahre 1937 hörten Brecht und Weigel von der Verhaftung Carola Nehers und Sergej Tretjakows.
Die Gewehre der Frau Carrar wurden in Paris nur zweimal
aufgeführt. Danach fuhr die Weigel nach Wien, um von dort
aus auch Aufführungsmöglichkeiten in der Schweiz[101] und in
Prag zu prüfen. Während sich weder in Österreich noch in der
Schweiz etwas ergab, zeigte sich Interesse in Prag, das allerdings an die Bedingung geknüpft zu sein schien, daß die Weigel auch Regie führte. Brecht, der (mit Hilfe einer Haushälterin) in Skovsbostrand die Kinder hütete und der Weigel über
deren Befinden regelmäßig Bericht erstattete, schrieb dazu:
»Vor der Regie in Prag mußt Du Dich nicht fürchten, Du
kannst das sehr gut. Gib vor allem acht, daß Tempo herrscht.
Gerade wenn immer Pausen sein müssen, verschleppt sich das
sehr. Zwischen den Pausen muß Tempo sein. Und sie dürfen
nicht laut werden bei Tempo.«[102]

Die Verhandlungen in Prag zogen sich hin. Hatte Brecht
Angst, daß sie nicht zurückkommen würde? Ende Oktober

hatte ein »Gatten- und Söhnerat« in Skovsbostrand beschlossen, daß die »werte Genossin« nach Erledigung ihrer »Obliegenheiten *ohne Verzug* zurückzukehren« habe.[103] Wenig später hieß es: »Daß Du erst gegen Weihnachten kommst, hat uns ein wenig erschreckt, aber natürlich mußt Du in Prag spielen. Sieh nur zu, daß es nicht zu anstrengend wird, und *rauch nicht zu viel.*«[104] Ermahnungen wegen zu starken Rauchens, aber auch, daß sie nicht zu dünn werden solle, sind damals in fast allen Briefen Brechts enthalten.

Mutter Helli kehrte dann aber doch schon Mitte November zurück.

Eine Aufführung unter ihrer Mitarbeit in Prag war nicht zustandegekommen. Wohl aber gab es eine Inszenierung in tschechischer Sprache im Februar 1938 und im Mai in deutsch.[105]

Auch in einigen anderen Ländern – u. a. in Palästina – kamen damals Aufführungen zustande, wenn auch ohne die Weigel. Erwähnenswert sind vor allem die Inszenierungen in Dänemark. Sie selbst spielte hier die Carrar noch einmal unter Brechts Regie in einer Aufführung mit deutschen Emigranten – allesamt Laien, die dem Projekt zunächst skeptisch oder gar belustigt gegenüberstanden. Die Weigel erzählte, daß »diese völlig theaterfremden Menschen es zuerst als sehr lächerlich empfanden, in dieser schweren und ernsten Zeit Theater zu spielen. Als sie aber begriffen, wieviel gewissenhafte Arbeit zum Zustandekommen einer Aufführung gehört und was damit erreicht werden kann, probten sie unermüdlich.«[106]

Diese beim Publikum große Emotionen auslösende einmalige Aufführung erhielt auch ein relativ breites Presseecho. Martin Andersen Nexö hob hervor, wie gut sich die Weigel als einzige Berufsschauspielerin in das Spiel der Laien eingefügt habe. Sie war es, »die den Abend trug und zu einem großen Erlebnis gestaltete. Nicht weil sie Star-Theater spielte; ihr Vermögen, sich in das Ganze einzuordnen, war einfach hervorragend. Aber sie war das Stück selbst, nicht nur seine Hauptfigur, sondern auch seine Idee. [...] Helene Weigel ist eine Künstlerin neuen Typus, die die proletarischen Kämpfe in Ländern wie Deutschland und Rußland schon während des Weltkrieges erzogen haben, die wir aber in Skandinavien

Helene Weigel als Theresa Carrar in *Die Gewehre der Frau Carrar* im November 1937 in Paris. Aufnahme von Josef Breitenbach

kaum finden: kurzgefaßt, stark, elementar wie die vier Elemente selbst, die Sachlichkeit in höchster Potenz, zur erhabenen Dichtung erhoben.«[107]

Zur gleichen Zeit übersetzte und inszenierte Ruth Berlau *Die Gewehre der Frau Carrar* mit ihrem Arbeitertheater. Erneut besetzte sie die Titelrolle mit Dagmar Andreasen. Die Truppe – und ganz besonders Berlau und Andreasen – waren schockiert, nachdem sie die Weigel gesehen hatten. Sie wollten ihre eigene Inszenierung schon aufgeben. Ungeachtet der persönlichen Spannungen leistete die Weigel der Berlau und dem Arbeitertheater wieder wertvolle Hilfe. Sie machte vor allem der Andreasen wieder Mut, indem sie ihr ein wichtiges Geheimnis ihrer eigenen Kunst vermittelte: den außerordentlichen Realismus des Details. Sie brachte ihr bei, wie eine Fischersfrau Netze knüpft und wie sie ein Brot bäckt.[108]

So simpel dieses ›Geheimnis‹ wirkt, es war keine Selbstverständlichkeit auf dem Theater. Weigel und Brecht entwickelten diesen Zug ihrer Kunst immer bewußter weiter. Nach Barbara Brecht konnte ihr Vater »Schauspielerinnen nicht ausstehen, […] die nicht mit den Händen umgehen konnten. Die ganz Großdramatischen konnten keine Kartoffeln schälen, nicht? Oder ein Brot backen, was z. B. in der Carrar sehr wichtig ist.«[109]

Der emigrierte Fotograf Josef Breitenbach hatte bei der Pariser Aufführung die bis dahin besten Bühnenfotos der Weigel gemacht, gerade auch von diesen realistischen Details. (Siehe Abbildungen auf den Seiten 133 und 135) Im Helene-Weigel-Archiv liegt ein unveröffentlichter Brief Brechts an Breitenbach vom November 1937: »haben Sie *vielen* dank für die szenenfotos, die für mich ganz ausserordentlichen wert haben. die beschreibung des neuen darstellungsstils des epischen theaters ist ohne solche fotos fast unmöglich, besonders in der emigration, wo wir doch nicht in zureichendem ausmass aufführungen veranstalten und sie vor breiteres publikum bringen können, zudem habe ich die meisten fotos von aufführungen – ich habe die aufführungen systematisch fotografiert – in deutschland verloren, allerdings waren sie nie so schön wie die Ihrigen. es ist für mich deshalb so wichtig, dass sie mir den satz noch ergänzen, auch wenn die aufnahmen weniger gut sind, des schlechteren lichts wegen. (das brotbacken, flugzettellesen, zerreissen der kleinen fahne, aufheben des segeltuchs usw muß noch unter Ihren aufnahmen vom ersten abend sein, aber da ist jede einzelne aufnahme für mich wertvoll […])«[110]

Zur Darstellung des realistischen Details gehörte auch die realistische Requisite. 1965 erinnerte sich Breitenbach in einem Brief an die Weigel, wie sie zusammen in Paris auf dem Flohmarkt waren, »wo wir die Gewehre kauften und einige Möbel«. Und er erwähnte auch »die Hinterstube der Wirtschaft, wo Sie mit Lohmars Frau zusammen [Heinz Lohmar war der Bühnenbildner] die Kostüme nähten«. Mit Brecht zusammen habe er »vom Balkon herunter die Hauptproben beobachtet« und Anweisungen für seine Fotos bekommen für die »verschiedenen Szenen und Auftritte, die ihm wesentlich waren«.[111]

Helene Weigel als Theresa Carrar in *Die Gewehre der Frau Carrar* im November 1937 in Paris. Aufnahme von Josef Breitenbach

Weil sie prononciert, aber doch bewußt sparsam gehandhabt wurde, führte die Anwendung des realistischen Details keineswegs zu Naturalismus auf der Bühne. Die Weigel sagte darüber 1969 zu Werner Hecht: »Die Requisiten meiner Gestalten haben alle Bezug auf die Arbeit. Eine Fischersfrau muß halt Netze flicken. Dann im Exil mußten wir billige Requisiten beschaffen, für Pfennige. [...] So fanden wir zum Beispiel 1937 die Bastschuhe der Carrar. [...] Zuerst sammle ich, was mir für eine Figur einfällt, dann treffe ich aber eine Auswahl. Man muß eliminieren, was zuviel ist; es dürfen nur große Punkte kommen. Durch eine Häufung von Einzelheiten kann man eine Figur kaputtschlagen. Bei der Courage mußte ich sehr achtgeben, da war mir so viel eingefallen. Ich habe vieles gestrichen, damit keine Unruhe aufkommen konnte.«[112]

Das realistische Detail wirkungsvoll selektioniert auf die Bühne zu bringen haben im 20. Jahrhundert aber auch andere Schauspielerinnen verstanden, allen voran die große Giehse. Der eigentümliche Stil der Weigel basierte auf einem weiteren Element, das zwar durchaus in ihren frühen Rollen schon mitschwang, das aber durch ihre besondere Lebensgeschichte und die Zusammenarbeit mit Brecht sehr verstärkt worden ist. Auf Breitenbachs Fotos sind mehr denn je besondere gestische Stilisierungen zu erkennen. Sie sind Fredrik Martner in der Kopenhagener Inszenierung aufgefallen: Helene Weigel habe z. B. »in der Art alter Menschen sehr umständlich den Kopf nach hinten gewendet«. Sie habe »den ganzen Körper mitgedreht, um über die Schulter nach hinten zu sehen«.[113] Von allen damaligen Kritikern erfaßte er am besten, daß sie ihrer Darstellung mehrere Ebenen gab: »Helene Weigels Spiel wurde ein ergreifendes Erlebnis. Ein Bild von Armut und Unterdrückung, das gleichzeitig Wirklichkeit und symbolische Perspektive hatte.«[114]

Beschreibung des Spiels der H. W.

Wiewohl sie alles zeigte
Was nötig war, eine Fischersfrau
Zu verstehen, verwandelte sie sich doch nicht restlos
In diese Fischersfrau, sondern spielte
So, als sei sie außerdem noch beschäftigt mit
   Nachdenken
Gleichsam, als fragte sie stets: Wie war es doch?
Wenngleich man nicht immer
Ihre eigenen Gedanken über die Fischersfrau
Erraten konnte, so zeigte sie doch
Daß sie solche dachte, und lud so ein
Solche zu denken.[115]

Die durch ihren Hyperrealismus befremdlichen – also verfremdenden – Gesten der Weigel haben in den *Carrar*-Aufführungen von 1937 und 1938 eine neue Dimension und Disziplinierung erreicht. Dies ist in Zusammenhang zu sehen mit Brechts Erlebnis des damals weltberühmten chinesischen Schauspielers Mei Lan-fang im März 1935 in Moskau.

Sowohl er als auch Steffin sahen den Chinesen mehrmals und erwähnten ihn begeistert in ihren Briefen. Tretjakow, der das Gastspiel managte, verschaffte ihnen und Piscator Zutritt auch zu den Diskussionen um Mei Lan-Fangs Kunst und zu einer privaten Vorstellung in der Residenz des chinesischen Botschafters. Brecht hielt es für ausgeschlossen, daß ein westlicher Schauspieler – ohne die Hilfsmittel der Schminke und des Bühnenlichts – »wie der Doktor Mei Lan-Fang mit einem Smoking angetan vor einem Parkett von Sachverständigen die Elemente seiner Schauspielkunst zeigen« würde. »Etwa König Lears Verteilung des Erbes oder das Auffinden des Taschentuches durch Othello? Er würde wirken wie ein Jahrmarktzauberer, der seine Tricks zeigt. [...] Die Hypnose fiele weg, und es blieben ein paar Pfund schlecht verrührte Mimik übrig. [...] Wo bliebe die Heiligkeit der Kunst? Die Mystik der Verwandlung? Er legt Wert darauf, daß das, was er macht, unbewußt ist. Es verlöre sonst seinen Wert.«[116]

Mei Lan-Fang bestätigte viele Prinzipien, die auch Brecht Schauspielern vorzuschlagen pflegte. Die Begegnung half aber auch, diese Prinzipien noch einmal zu überdenken und zu präzisieren. *Bemerkungen über die chinesische Schauspielkunst*, den ersten Aufsatz darüber schrieb Brecht wahrscheinlich schon in Moskau.

Das Erlebnis Mei Lan-Fangs – das er ihr bereits in Briefen ankündigte[117] – war das kostbarste Mitbringsel für die Weigel von dieser Moskaureise. Er konnte ihr nicht nur Fotos zeigen, sondern hat ihr zweifellos auch selbst Haltungen und Gesten Mei Lan-Fangs vorgespielt.

Diese neue Stufe von Stilisierung ihres Spiels, die manchem Kritiker als merkwürdiger »Schematismus« auffiel, aber auch eine vorher offenbar noch nicht erreichte Klarheit der Gestik, ist deutlich auf den Fotos von Breitenbach zu erkennen. Das ist – von Brecht transportierter – Mei Lan-Fang! Daß die Weigel ihn und das asiatische Theater zeitlebens studiert hat, zeigen eine Reihe Bücher ihrer Nachlaßbibliothek.[118] In Brechts Nachlaß befindet sich nur noch das von Margarete Steffin erworbene Programmheft von Mei Lan-Fangs Moskauer Gastspiel.

Was hat die Weigel von Mei Lan-Fang übernommen? Zweifellos waren es in erster Linie Prinzipien, weniger Einzelgesten, die – das betont Brecht – schon allein auf Grund ihres historischen Alters und der unaktuellen oder sogar ins Vergessen geratenen Wirklichkeitsmatrize vom modernen Theater nicht übernommen werden können.[119]

Unbestreitbar scheint mir, daß die Weigel seitdem oft eine betont aufrechte Haltung im Stehen einnahm. Und sie erlernte – sowohl im Stehen als auch im Knien –, sich im rechten Winkel zu verbeugen, ohne daß noch die geringste Rückenkrümmung übrigblieb. Die von Martner beobachtete gesamte Wendung des Körpers, wenn eigentlich nur der Kopf gewendet werden mußte, war sicher auch aus dem asiatischen Theaters entlehnt, das alte Menschen gerne durch junge Schauspieler darstellen läßt.

Außer im Theater des Südens wurden Frauen in China damals noch von Männern dargestellt. In Moskau hatte Mei Lan-Fang eine berühmte Konkubine in *Die betrunkene Schönheit* gespielt und zweifelsohne auch den durch das Fußeinbinden erzwungenen Trippelschritt der Frauen imitiert, der übrigens bis heute auch bei niemals fußgebundenen Asiatinnen als rudimentärer Habitus manchmal noch erkennbar ist. Dieser Gang war für die Weigel natürlich unbrauchbar, wie vieles andere im asiatischen Theater auch. Sie hatte viele Gänge. Ihre größten waren die von Herrscherinnen.

Eine gewisse asiatische Modellierung ihres Körpers und ihrer Gesten hat sie im kalifornischen Exil vervollkommnet, wo damals schon relativ viele Asiaten lebten. Aber wahrscheinlich hat sie Mei Lan-Fang auch selbst gesehen. In einem Gespräch, das ich zu dieser Frage mit Barbara Brecht-Schall geführt habe, erinnerte sie sich, daß er in den vierziger Jahren wieder in den USA aufgetreten sei und ihre Eltern zu einem Gastspiel nach San Francisco gefahren wären.

Die asiatischen Fixierungen müssen das Ergebnis langwieriger Beobachtungen, Überlegungen und Trainings gewesen sein, Teil ihrer täglichen Körperübungen. Außer mit Brecht scheint sie mit niemandem darüber gesprochen zu haben, sie blieben ihr – durch ihren besonderen Lebenslauf – entstandenes Berufsgeheimnis, das sie von allen anderen Schauspielerinnen unterschied. Nur Therese Giese, die sie manchmal

Helene Weigel mit Dagmar Andreasen als Theresa Carrar zur Premiere von
Die Gewehre der Frau Carrar am 19. 12. 1937 in Kopenhagen

»Chineserin« nannte, hat es gewußt oder mit ihrer scharfen
Beobachtungsgabe selbst erkannt.

Der chinesische Theaterwissenschaftler Ding Yangzhong
hat 1980 in einem Aufsatz u. a. dargestellt, was Brecht hinsichtlich der Schauspielkunst aus dem chinesischen Theater
für übernehmenswert gehalten habe. Ich möchte die Stelle
zitieren, wo die Spielweise der Weigel wiederzuerkennen
ist, z. B. in der niemals zufälligen »Koordinierung zwischen

Augen, Händen, Taille und Körper, [...] eine Reihe exakter Formeln und Methoden für das Spielen«. Die Bewegungen der Schauspieler können »tanzähnlich« wirken, haben ihre Ursprünge aber im wirklichen Leben, ohne naturalistisch zu sein. Der Darsteller sollte die Rolle beherrschen, ohne sich ganz in die Figur zu verwandeln. »Der Schauspieler auf der Bühne ist der Schauspieler selbst und die Figur zur gleichen Zeit. Es ist ein bestimmter Schauspieler, der eine bestimmte Figur darstellt und deshalb die Darstellung durch Klarsichtigkeit und Ruhe kennzeichnet.« Das alles bedeute keineswegs die völlige Ausschaltung von Emotionen, weder beim Schauspieler, noch beim Publikum.[120]

Ding Yangzhong bestätigt Brechts Beobachtung des Mei Lan-Fang besonders auch in dem Punkt, daß sich ein chinesischer Darsteller nicht in Trance befinde. »Er kann jeden Augenblick unterbrochen werden. Er wird nicht *drauskommen* [...]. Es ist nicht der mystische Augenblick der Gestaltung, in dem wir ihn stören: als er auf die Bühne vor uns trat, war er mit der Gestaltung schon fertig. Er hat nichts dagegen, wenn um ihn herum während des Spieles umgebaut wird. Geschäftige Hände reichen ihm, was er zu seiner Darbietung braucht, in aller Öffentlichkeit.«[121]

In diesem Sinne ist Weigels Carrar schon mit Brecht einstudiert worden, ehe Dudow seine Regie in Paris aufnahm. Die Weigel wird ihre Rollen nicht mehr – wie die expressionistischen Schauspieler – durch die gleichzeitige Konzentration aller Sinneskräfte auf der Bühne erschaffen. Wesentliche Teile der Darstellung wurden vorher eintrainiert. Dadurch konnten andere Ebenen dazukommen, was wiederum eine bemerkenswerte Vielschichtigkeit des Ausdrucks ermöglichte. Brecht hat diese ›chinesische‹ Technik in seinen zahlreichen, ihr gewidmeten Gedichten zur Carrar beschrieben:

Abwesender Geist

So ist mein Geist abwesend, was ich zu machen habe
Mache ich auswendig, mein Verstand
Geht ordnend dazwischen herum.[122]

Daß die Weigel diese Virtuosität und die technische Souveränität in der Rolle bis ins hohe Alter bewahrte, zeigen mehrere Erinnerungen ihrer Kollegen vom Berliner Ensemble. Oft zeigte sie während eines kurzen Schließens des Vorhangs oder auch bei geöffnetem Vorhang, wenn sie mit dem Rücken zum Publikum stand, den Mitspielern ein Augenzwinkern oder eine lustige Grimasse. Das konnte während der tragischsten Stelle des Stücks passieren.

Im zweiten im Gefolge des großen Eindrucks von Mei Lan-Fang entstandenen Aufsatz: *Verfremdungseffekt in der chinesischen Schauspielkunst*, untersuchte Brecht den Vorwurf der Kälte, der dieser öfter gemacht wird. In Wirklichkeit stelle aber auch der chinesische Künstler »Vorgänge von großer Leidenschaftlichkeit dar, aber dabei bleibt sein Vortrag ohne Hitzigkeit. In Augenblicken tiefer Erregung der dargestellten Person nimmt der Artist eine Haarsträhne zwischen die Lippen und zerbeißt sie. Aber das ist wie ein Ritus, alles Eruptive fehlt ihm. Es handelt sich deutlich um eine Wiederholung des Vorgangs durch einen andern Menschen, eine, allerdings kunstvolle, Schilderung.« Der Künstler, der sich in bestimmten Phasen seiner Rolle gegenüber wie ein Märchenerzähler verhält, kommt so in die Lage des »Sich-selber-Zusehens [...], ein künstlicher und kunstvoller Akt der Selbstentfremdung«, der »eine großartige Distanz zu den Vorgängen« schaffe. »Auf die Einfühlung des Zuschauers wird trotzdem nicht verzichtet. Der Zuschauer fühlt sich in den Schauspieler als in einen Betrachtenden ein [...].«[123]

Brecht brachte hier auch zum ersten Mal den Gedanken zum Ausdruck, daß die – von Stanislawski – dem Künstler abverlangte seelische Einfühlung in die Rolle eigentlich zu anstrengend ist. Es sei »strapaziös, jeden Abend gewisse Emotionen oder Stimmungen in sich zu erzeugen, dagegen einfacher, die äußeren Anzeichen vorzutragen, die diese Emotionen begleiten und anzeigen«. Allerdings setze »der V-Effekt keineswegs ein unnatürliches Spiel voraus« – was er in der chinesischen Darstellungskunst aber zweifellos manchmal beobachtete: Man dürfe nicht »an das übliche Stilisieren denken. Im Gegenteil ist die Auslösung des V-Effekts geradezu abhängig von der Leichtigkeit und Natürlichkeit des Vortrags.«[124]

An diese Regel erinnert ein weiteres Gedicht aus dem Carrar-Zyklus:

Lockerer Körper

So ist mein Körper gelockert, meine Glieder sind
Leicht und einzeln, alle Haltungen, die vorgeschrieben sind
Werden ihnen angenehm sein.[125]

Heute ist kaum noch nachvollziehbar, daß diese Adaptionen Brechts und Weigels aus der chinesischen Schauspielkunst innerhalb der sozialistischen Welt – damals nur die Sowjetunion – ein mit dem Formalismusstreit in Zusammenhang stehendes Politikum darstellten, das gefährliche Folgen nach sich ziehen konnte. Sowohl Sergej Tretjakow als auch Wsewolod Meyerhold[126] griffen aus ähnlichen Motiven wie Brecht auf Traditionen des asiatischen Theaters zurück und waren damit Antipoden des zur Staatskunst kanonisierten Stanislawski-Theaters. Mei Lan-Fangs dreiwöchiges Gastspiel im Frühjahr 1935 in Moskau war auf Initiative von Tretjakow zustandegekommen, zu einem Zeitpunkt, an dem der Kampf der beiden Richtungen noch nicht durch die physische Eliminierung seiner Richtung endgültig entschieden war. Das Gastspiel wurde am 14. April 1935 mit einer hochkarätigen Diskussionsrunde vor einem offenbar großen Publikum beendet. Aus dem in deutsch erst seit 1988 vorliegenden Protokoll geht genau hervor, inwieweit auch Brechts Position damals bereits inkriminiert war.[127]

Dem Nestor des russisch-sowjetischen Theaters, Konstantin Stanislawski, kam bei der Würdigung der Kunst des Chinesen natürlich das erste Wort zu. Indem er die bestehenden Antagonismen zwischen dem europäischen Einfühlungstheater und dem chinesischen Theater einfach negierte, benahm er sich in einer für den Realsozialismus bis zum Schluß typischen Weise. Er lobte die Frische der »unvergeßlichen« Vorstellungen, deren Qualität auch daran zu erkennen sei, daß die Zuschauer viel von dieser fremden Kunstwelt verstanden hätten. Und er stimme mit Mei Lan-Fang überein, daß die psychische Einfühlung des Schauspielers in die Rolle auch für das chinesische Theater grundlegend sei. Hinsichtlich der von

Männern gespielten Frauenrollen sagte er: »Der Schauspieler muß sich als die Heldin fühlen, die er darstellt; er muß vergessen, daß er Schauspieler ist und gleichsam mit der Gestalt verschmelzen.« Wsewolod Meyerhold forderte, während er zugleich freundlich den Arm des alten Theatermannes festhielt, zu einer gründlicheren Untersuchung auf. Er gab zu bedenken, daß weder das russische noch das sowjetische Theater gute Inszenierungen Puschkins zustandegebracht habe, weil man stets versuchte, ihn naturalistisch zu spielen. Mei Lan-Fangs Methode der punktuellen Zuspitzung aber könnte »einen Streifzug durch die wunderbaren Bilder des Dichters, ohne jegliche Abschweifung in den naturalistischen Sumpf« ergeben. Sergej Eisenstein[128], einst Urheber des avantgardistischen Films *Panzerkreuzer Potemkin*, versuchte beide Positionen zu versöhnen. Er sah die Wurzeln von Mei Lan-Fangs Kunst weniger im Psychologischen als im Kultischen und in der Magie. Und das Theater der Zukunft dürfe den Kontakt »zu den goldglänzenden Grotten des archaischen Bewußtseins« nicht verlieren, »in denen wir uns dem Geheimnis der ursprünglichen Einheit von Bild und Ausdruck, von Vernunft und Gefühl, der Prinzipien von yin und yang, von männlich und weiblich« sowie den »Sphären höheren Bewußtseins« nähern könnten. Erwin Piscator, der damals wohl noch auf sein Theater an der Wolga hoffte, äußerte nur ein paar Platitüden und beglückwünschte die Sowjetunion, daß hier »der Realismus des Künstlertheaters [Stanislawskis] friedlich neben Meyerholds Synthetismus« leben könne.

Dann sollte Brecht sprechen, der aber nur widerwillig zum Rednerpult ging. Scharf wandte er sich dagegen, in einer Zeit, in der große Teile der europäischen Arbeiterklasse von Hypnotiseuren (er sprach im Plural, meinte also nicht nur Hitler) verblendet würden, vermeintliche kultische und hypnotisierende Wirkungen des chinesischen Theaters zu suchen und aufzuwerten. Wenn das chinesische Theater kultische Ursprünge habe, sei es jedenfalls erst zum Theater geworden, als es den Kult hinter sich ließ. Hier sei anderes wichtig: »Ich für meinen Teil bin überzeugt davon, daß Zwischenspiel, Unterschied und Widerspruch – und nicht die umfassende Synthese – der Ausgangspunkt der Kunst sein sollen.« Er schlug vor, das Theater der Zukunft weniger von der Bühne, sondern mehr vom Zuschauer her zu definieren. »Was uns das chinesische Theater lehren kann, ist, mit Verblüffung auf gewohnte Verhältnisse zu blicken.« Und als deutlichen Hieb auf Stanislawski schilderte er an einem drastischen Beispiel, daß die Zuschauerkunst im westlichen Illusions- und Einfühlungstheater so tief abgesunken sei, daß Mei Lan-Fang während eines Gastspiels in den USA »gezwungen gewesen sei, zu versichern, er stelle zwar Frauenrollen auf der Bühne dar, sei aber kein Transvestit. Man mußte besondere Pressemitteilungen ausschicken, in denen betont wurde, daß Dr. Mei Lan-Fang in jeder Hinsicht ein normaler Mann sei, ein guter Familienvater, ja sogar Bankier. Wir wissen, daß es in gewissen Gegenden immer noch notwendig ist, zur Vermeidung von Insultationen dem Publikum mitzuteilen, der Darsteller des Schurken sei selber kein Schurke.« Nachdem Brecht aus dem Saal spärlichen, nur vereinzelt hartnäckigen, Beifall bekommen hatte, folgte ein scharfer Angriff Eisensteins auf die »trockenen Präparate, die Genosse Brecht in seinem Laboratorium produziert«, die »unmöglich die Massen begeistern könnten«. Tretjakow wiederum unterstützte Brechts Insistieren auf dem antiillusionistischen, keineswegs kultischen Charakter des chinesischen Theaters mit dem Hinweis, daß dort Theateraufführungen bis zu acht Stunden dauerten und keineswegs in sakaraler Atmosphäre verliefen. »Die Luft im Saal ist unglaublich stickig und heiß, die Leute gehen rein und raus. Man nascht Süßigkeiten oder Früchte und trinkt Tee während der Vorstellung. Bedienstete werfen heiße, feuchte Waschlappen durch den Saal für den, der sich den triefenden Schweiß von Gesicht und Körper wischen will.« In dieser Atmosphäre sei keine Einfühlung möglich, es interessiere eigentlich auch nicht der – zumeist bekannte, vielleicht unaktuell gewordene – Inhalt, sondern eigentlich nur die Kunstfertigkeit der Darsteller.

Die Abschlußrede hielt Platon Kerschentsew, ehemals ein dem Proletkult anhängender Regisseur von Massenschauspielen, jetzt gewandelt zum Kulturpolitiker auf Parteilinie. Ein zweieinhalb Jahre später von ihm geschriebener *Prawda*-Artikel wird Wsewolod Meyerholds Theater den Todesstoß geben.

Damals, im März 1935, beschränkte er sich noch darauf, die Stanislawski-Gegner zu ermahnen. Erstaunlicherweise wurde Brecht, der immerhin nur Gast war, am ausführlichsten kritisiert, eigentlich sogar bereits bedroht. »Seine Fetischisierung der künstlerischen Techniken auf Kosten der ideologischen und vor allem der die Wirklichkeit widerspiegelnden Aufgaben der Kunst ist für uns sowjetische Kulturschaffende so wohlbekannt wie unheilschwanger. Es ist kein Zufall, daß Genosse Brecht so viele Gemeinsamkeiten mit Genossen Tretjakow gefunden hat, dessen faktenreicher Beitrag doch nicht sein Verhaftetsein mit den Ideologien des Futurismus und des Proletkults verbergen konnte. Ich kann dies mit um so größerer Überzeugung sagen, da ich selbst einst von dem Bogdanowschen[129] Bazillus befallen war und ihn innerhalb des jungen sowjetischen Theaters zu verbreiten suchte. Dank der leninistischen und stalinistischen Kritik der Partei genas ich jedoch. Und ich möchte auch dem Genossen Tretjakow, der eine wichtige Arbeit innerhalb der antifaschistischen Kulturfront ausführt, eine dauerhafte Gesundheit wünschen.« Kerschentsew entschuldigte sich dann bei Mei Lan-Fang dafür, daß die Diskussion um seine Kunst in eine »Diskussion pro domo« ausgeartet sei, und wünschte China ein Theater, das seine künstlerischen Qualitäten mit sozialistisch-realistischem Gehalt verbinde. Als Mei Lan-Fang ans Rednerpult gebeten wurde, stellte sich heraus, daß der Gast die Veranstaltung verlassen hatte, angeblich, um rechtzeitig für seinen Zug nach Peking am Bahnhof zu sein.

Dieses Dokument zeigt deutlich, daß die Sowjetunion bereits 1935 für Brecht und Weigel als Exilland nicht mehr in Frage kam. Nicht zufällig gab es in seinen damaligen Briefen an die Weigel auch Bemerkungen, daß die ja ebenfalls von ihm stark beeinflußte Carola Neher, die nach Moskau emigriert war, dort »nicht besonders geschätzt« sei.[130]

Nur durch den Glücksumstand, daß sie das Exil in der Sowjetunion vermeiden konnten, haben Brecht und Weigel überlebt. Demselben Umstand ist es zuzuschreiben, daß sie einige Prinzipien der chinesischen Schauspielkunst adaptierten und u. a. damit eine Lingua franca eines universellen Welttheaters entwickelten. Zunächst wurde damit vor allem der

Zweck verfolgt, der Weigel kraft eines besonders starken gestischen Ausdrucks doch noch auf die Bühnen der Exilländer
zu verhelfen.

Sie wird aber während der ganzen Emigration nur noch einmal unter Scheinwerfern stehen.

Anfang 1938 erfüllten sich die schlimmsten Prophezeiungen
von Maria Lazar. Der Anschluß Österreichs an das Deutsche
Reich stand bevor, begleitet von antisemitischer Pogromstim-
mung, auch und gerade im ehemals liberalen Wien. Am
16. Februar, kurz vor dem Anschluß, schrieb Eugenie Schwarzwald an ihre ehemalige Schülerin Weigel: »Uns geht es, wie es
eben gehen kann, wenn man auf einem Vulkan lebt (nicht
tanzt). Gerade die letzte Nacht, die wir schlaflos – auf das Ergebnis der Unterredung Schuschnigg-Hitler wartend – zugebracht haben, hat uns gezeigt, in welch kritischer politischer
Lage wir leben. Dazu das unabsehbare Elend der Anderen, die
sich um mich drängen, wie in alter Zeit, und denen ich täglich
weniger helfen kann. Es ist nur ein Glück, daß unser persönliches Leben so sanft und harmonisch verläuft wie immer, und
daß Hemme [ihr Ehemann Hermann] – etwas gesünder als in
früheren Jahren – all den Attacken gewachsen ist. Wenn man
in der Josefstädterstraße die Türe schließt, liegt die kalte,
grausame und gefährliche Welt draußen. // Aber es ist ja kein
Wunder, daß die Welt immer weniger taugt. Lauter Fehlbeset-
zungen, deren sich eine Schmiere schämen müßte: Künstler
machen Geschäfte, Geschäftsleute treiben Kunst und Irrsin-
nige sitzen auf Thronen. Wehe uns, daß wir das Publikum dieses Schauspieles sind! Ich bin, wenn ich an Dich denke – und
das tue ich oft und gern – immer außerordentlich froh, Dich
dem unerfreulichen Getümmel Europas entrückt zu sehen,
bei guter produktiver Arbeit und großem Ansehen, denn ich
liebe Dich sehr. Sei zärtlich umarmt von Deiner treuen Genia.«[131]

Nachdem am 12. März deutsche Truppen in Österreich ein-
marschiert waren, floh Eugenie Schwarzwald – ihr ganzes
Vermögen zurücklassend – nach Dänemark zu ihrer Freundin
Karin Michaelis. Ein halbes Jahr später beschrieb sie in einem
Brief an einen Freund die Zerstörung ihres Lebenswerks:

»Von Wien ist nichts mehr zu retten. Unser Haus haben wir gekündigt. Mein Kinderheim in Küb ist beschlagnahmt worden, ohne daß man mir Mitteilung davon gemacht hatte. [...] Meine Schule, die über fünfhundert Schüler hatte, wurde am 15. September 1938, an jenem Tag, an welchem sie 37 Jahre bestand, gesperrt, ohne mich davon zu verständigen. Die Schuleinrichtung, die Einrichtung des Festsaals, unsere kostbaren Sammlungen wurden verkauft, ohne daß ich vorher auch nur ein Wort gehört hätte. Geld habe ich keins bekommen.«[132]

In Dänemark traf Eugenie Schwarzwald zweifellos auch mit Weigel und Maria Lazar zusammen. Ihr endgültiges Exil wurde aber die Schweiz, wo sie 1940 starb. Außer ihr hatte es in Wien noch vier weitere promovierte Begründerinnen jüdischer Mädchenschulen gegeben. Von ihren Instituten sind noch nicht einmal mehr Dokumente erhalten geblieben. Die einzigen Spuren ihrer Begründerinnen sind Abmeldungsscheine nach dem Konzentrationslager Theresienstadt.[133]

Fredrik Martner erinnerte sich, daß die Weigel bis zum Anschluß Österreichs – im Gegensatz zu Brecht – auch in politischer Hinsicht sehr gefaßt gewesen sei. Nun wurde sie zunehmend nervös, sorgte sich um ihren Vater. Sie drängte ihn, nach Dänemark zu kommen. Aber Siegfried Weigl schrieb zurück, daß er nicht wie sie und Brecht zu den Linken gehöre. Einem Konservativen würden die Nazis schon nichts tun.[134] Er weigerte sich, dem neuen Gesetz zu gehorchen, das ihn zwingen wollte, seine »arische« Hausangestellte zu entlassen. Die fassungslose Tochter erfuhr, daß ihr Vater in der Berggasse von Nazis geschlagen worden war.[135] 1941 wurde er in das Ghetto Litzmannstadt deportiert.

Auch ein anderer Konservativer, der greise und kranke Sigmund Freud, dessen Wohnung nach dem Einmarsch der Deutschen sofort durchsucht worden war, wollte zunächst ebenfalls in der Berggasse bleiben, in der er seit 1891 gelebt und gearbeitet hatte. Auch er stand politisch im konservativen Lager. Seinem Freund Ernest Jones sagte er, »er könne sein Heimatland nicht verlassen; das wäre, wie wenn ein Soldat seinen Posten verließe«. Dennoch arrangierte Jones für ihn das Exil in England. Am 4. Juni 1938 fuhr Freud mit Frau und Tochter über Paris nach London, wo ihm bereits auf den Bahnhöfen triumphale Empfänge bereitet wurden.[136] Der deutschsprachige Raum hatte einen seiner größten Gelehrten verstoßen.

Einen Monat nach dem Einmarsch fanden in Deutschland und Österreich Volksentscheide statt, die den Anschluß legitimieren sollten. Angeblich waren 99 Prozent dafür. Aus diesem Vorgang entwickelte Brecht eine Szene, die *Volksbefragung* hieß. Sie war Teil einer aktuellen Szenenfolge über den Alltag im faschistischen Deutschland, die später den Titel *Furcht und Elend des Dritten Reiches* bekam. Einige der inhaltlich eigenständigen Szenen – in mehreren hatte er Rollen für die Weigel vorgesehen – waren schon gleichzeitig mit *Die Gewehre der Frau Carrar* entstanden. Die Idee zur bedeutendsten Szene *Die jüdische Frau* soll auf die Weigel zurückgegangen sein: Eine bürgerliche Frau mittleren Alters, mit einem Oberarzt verheiratet, will die berufliche Position ihres Mannes schützen, die durch ihre jüdische Herkunft gefährdet ist. Sie hat beschlossen, Deutschland zu verlassen, und telefoniert mit Verwandten und Freunden, die den Mann in der Zeit ihrer Abwesenheit – deren Grund sie zunächst zu verharmlosen sucht – unterstützen sollen. Von einem Telefonat zum anderen, später auch im Gespräch mit ihrem zunächst fassungslosen Mann, wird klar, daß beide nicht wissen, wann sie wiederkommen und wovon sie im Ausland leben wird. Interessant ist, daß der Dialog mit dem Ehemann eine Passage enthält, in der behauptet wird, daß erst die rassistische Politik rassisches Bewußtsein hervorbringt: »[...] und warum sagst du mir jetzt fortwährend, ich sei nie so nationalistisch jüdisch gewesen als jetzt. Natürlich bin ich das. Das steckt ja so an. Oh, Fritz, was ist mit uns geschehen.«[137]

Mit Unterstützung des Schutzverbands Deutscher Schriftsteller gelang es, die Szenenfolge für den Mai 1938 in Paris zu inszenieren. Das Ganze hieß damals noch 99 %.

Wieder führte Slatan Dudow Regie. Zwischen ihm und Brecht kam es im Vorfeld zu einer brieflich ausgetragenen Auseinandersetzung über die notwendige künstlerische Qualität der Darsteller. »Unbegabte Leute wirken nie schauerlich, immer harmlos. Lahmheit, die von mangelnder artistischer Kraft herrührt, wirkt in diesem Fall als politische Lahmheit. Welche Autorität haben wir schon im Exil, wenn nicht diejenige, welche die Qualität verleiht? [...] Wir bezweifeln die Dauer des Dritten Reiches, da müssen doch zumindest unsere Arbeiten Zeichen von Dauer an sich tragen.« Aus seiner Bitte, die Weigel aus Kostengründen so kurz wie möglich proben zu lassen, scheint hervorzugehen, daß die Künstler ihre Spesen selbst tragen mußten.[138] Für Dudow war es sehr schwer, für dieses Projekt hochrangige deutschsprachige Schauspieler heranzuziehen. Schließlich kam fast dasselbe Team zustande wie im vergangenen Jahr.

Die Proben fanden im Hinterzimmer eines Cafés statt. Die Künstler profitierten zwar von beinahe kostenlosem Kaffee, mußten aber in Kauf nehmen, daß die Gäste, um auf die Toilette zu gehen, die Proben störten.[139] Zur Aufführung kamen schließlich nur acht der insgesamt fünfundzwanzig Szenen.

Über die von ihr als katastrophal empfundenen Proben ist ein undatierter Brief der Weigel an Brecht erhalten. Wie er es vorgesehen hatte, war sie unzufrieden mit den Mitspielern, aber auch mit der Arbeitsatmosphäre. Hans Altmann als SA-Mann sei »greulich. Er spielt noch furchtbarerweise auch den Inspektor in der *Rechtsfindung*. Ich bin ganz unzufrieden. Es gibt wahrscheinlich keinen besseren, aber der [Erich] Schönlank ist ein schwächerer Chargierer und sieht sehr jüdisch aus. Mit Dudow steuer ich immer, aber auch nur knapp, am Krach vorbei. Über alles. Als ich in der ersten Probe was sagte, begab er sich in den Schmollwinkel, bat mich dann, mich nicht einzumischen, zog mich also zurück und rede nicht. Zweitens verlangt er kategorisch, dass kein Mensch in die Probe darf. Piskator nicht, Benjamin nicht. Es stört ihn. Ich habe eine Wut. [...] Soll ich nur *Jüdische Frau* und *Arbeitsbeschaffung* spielen, ich wage es nicht, sonst wird das keine Vorstellung [die lang genug ist]. Ich kann mir nicht vorstellen, wie irgendetwas fertig sein soll, wenn ich *Spitzel* und *Kreidekreuz* gesehen habe. [...] Leb wohl, schreib, ich bräuchte dich unter allen Umständen zu allen Dingen und allen Zeiten. Helli.«[140] Der Schlußsatz ist von schicksalhafter Bedeutung. Brechts Arbeitsweise war dem, was die Weigel mit anderen Regisseu-

ren erlebte, genau entgegengesetzt. Er bestand geradezu darauf, daß Freunde – egal, ob sie Künstler waren oder nicht und
wenn sie es zeitlich nur irgend einrichten konnten – an seinen
Proben teilnahmen. Und daß die Schauspieler mit ihren eigenen Ideen zurückhalten sollten, gab es schon gar nicht, er forderte sie sogar heraus. Außerdem haben Brecht und Weigel
immer lieber mit Laienschauspielern gearbeitet als mit mittel-
mäßigen Berufsschauspielern.

Es existiert ein weiterer Brief der Weigel an Brecht, den sie
nach der Premiere am 21. Mai in der Salle d' Iéna schrieb, ehe
sie eine Kritik gelesen hatte: »Lieber Bert, bis jetzt geschla-
fen. Premiere war: scheints [...] Erfolg. Ich war nicht gut,
weil übermüdet. Meine Schuld. Sah sehr gut aus. Ich habe nur
Jüdische Frau und *Arbeitsbeschaffung* gespielt. Ich war unzufrieden im Ganzen, aber es klappte und war zusammengeris-
sen, die Leute lachten sehr viel. Applaudierten sehr viel nach
jedem Stück. [...] Jetzt holt mich Erwin [Piscator] ab.« Dann
folgt noch ein Glückwunsch Piscators zu der seiner Auffassung nach gelungenen Premiere.[141]

Die Resonanz der Presse scheint größer als bei *Die Gewehre der Frau Carrar* gewesen zu sein. R. Br. erinnerte aber
in der *Pariser Tageszeitung* an diese Leistung der Weigel vom
vergangenen Jahr, bevor er ihre *Jüdische Frau* lobte: »Diese
seelisch aufgewühlte, in den kleinsten Regungen absichtsvoll
beherrschte Gestalterin gemarteter Menschlichkeit gehört,
neben der Käthe Kollwitz und der Paula Modersohn, zu den
heiligen Siegelbewahrerinnen der Mutterschaft. Sie beschert
uns, ohne daß wir uns zu schämen hätten, in diesen verstei-
nerten Zeiten das Glück, weinen zu können. [...] Das Wagnis
eines ausgedehnten stummen Spiels und eines in eisiger Einsamkeit sterbend leuchtenden Monologes, wie die Weigel es
als die dem arischen Mann sich opfernde jüdische Frau voll-
bringt, läßt den viel lädierten Glauben an die Zauberkraft der
Schauspielkunst glorreich entstehen.« R. Br. fand zwar auch
Lob für die anderen Darsteller. »Die Weigel aber, die Weigel –
sie wartet in der Phalanx der großen europäischen Schauspielerinnen auf den Ruf, nicht nur gelegentlich, sondern dauernd, täglich, Erdlinge zu beflügeln, Hungernde satt und Su-
chende sehend zu machen.«[142]

Pierre Abraham – später Chef der Literaturzeitung *Europe* – schrieb in *Le Soir*, daß Helene Weigel, die er an diesem Abend entdeckt hätte, ihn »erschüttert« und den Saal mit ihrer *Jüdischen Frau* »in Aufruhr versetzt« habe.[143] Auch der von den Proben ausgesperrte Benjamin bestätigte, daß es ihr gelungen sei, dem »europäischen Standard« der Schauspielkunst »die Autorität zu wahren«.[144]

Das von Weigel an Brecht als Erfolg gemeldete Lachen hat doch wohl manchen Zuschauer irritiert. Die *Pariser Tageszeitung* meinte zum Thema *Lachen bei Brecht* einen Nachtrag liefern zu müssen. Besonders häufig sei während der Szene *Der Spitzel* gelacht worden, in der ein Elternpaar sich davor fürchtet, daß das Kind die politischen Gespräche im Hause denunziert. »[…] das Lachen kann nur zwei Gründe haben, aber dann kommt es aus furchtbaren Abgründen. Es kann nervös sein, weil man sich vor dieser überzeugend dargestellten Wahrheit, wenn man nicht aufschreien will, anders nicht retten kann als durch nervöses (höhnisches) Lachen. Auch zur Hinrichtung Geführte fangen bisweilen an, vor Angst zu lachen. Oder: der gesunde Verstand, das natürliche Empfinden weigern sich einfach, die Dinge zu erkennen, die sind.« Faschismus bedeute eben die »satanische Verkehrung aller ethischen Begriffe«.[145]

In der Vorstellung ist auch ein faschistischer Kritiker gewesen, der das Lachen auf seine Weise interpretierte: »Nun liegt das Schiff der jüdischen Kultur am Strande in Paris. Eifrig haben sich die Schiffbrüchigen darangemacht, aus den letzten Planken noch ein Floß zu zimmern, um wieder flottzukommen. Nach 5 Jahren ist es nun *Bert Brecht* glücklich gelungen, aus 8 Episoden einen Deutschland-Zyklus zusammenzulöten, […] die Dramatisierung von 8 Greuelmärchen, die dazu dienen sollten, den anderen Emigranten wieder einmal die Gänsehaut über den Rücken zu jagen. // So wollte es Bert Brecht, so erwarteten es die *Kritiker*. Aber man höre und staune, die Wirkung war eine ganz andere, die Leute haben gelacht. Sie lachten bei Szenen, die eigentlich nichts weiter verbreiten sollten als kaltes Grauen. […] Das ist allerdings sehr peinlich, wenn die emigrierten Juden bei Bert Brecht nicht mehr wissen, wann sie zu schreien und wann sie zu lachen haben. Der

Kritiker im *Pariser Tageblatt* versucht zu retten, was zu retten ist; denn wenn Bert Brecht bereits blamiert vor der *eigenen Mischpoche* steht; dann ist die Pleite offensichtlich. Und so läßt er die Leute *vor Angst lachen*, so wie er auch zu erklären versucht, daß das gezeigte Stück so *lebensnahe* das heutige Deutschland zeigt [...], daß sich sogar schon das *jüdische* Publikum bei Bert Brecht darüber amüsiert, [...]. Und das ist doch peinlich für den Autor.«[146]

1938 wurden die dänischen Asylgesetze in mehrfacher Hinsicht verschärft, auch im Arbeitsrecht. Deshalb konnte die Weigel in der dänischen Aufführung von *Furcht und Elend des Dritten Reiches* am 12. 12. 1938 nicht mitspielen.

»Er sagt sicher nein«, hatte Karin Michaelis 1934 zu Fredrik Martner gesagt, als er sie fragte, wie er Brecht bewegen könne, ihm ein Interview zu geben, »aber wenn Sie sagen, daß Sie von mir kommen, kriegen Sie ein Interview, denn er macht alles, was ich sage. Ich kann ihn sogar dazu bringen, Mayonnaise zu essen.«[147]

»Liebe Helli, Dank für Briefe und Karinbücher und Kipling.«[148] U. a. aus dieser Briefzeile aus London geht hervor, daß Brecht die literarische Produktion von Karin Michaelis zur Kenntnis nahm. Auch war er oft zugegen, wenn sie bei den abendlichen Treffen in ihrem Haus in Thurö oder auch am Sonntagnachmittag Geschichten, zumeist über Land und Leute der näheren Umgebung, erzählte. Während Walter Benjamin – ähnlich wie Ruth Berlau – in Michaelis' Geschichten das Spießbürgertum »in seiner liberalen Verkleidung nur um so provozierender«[149] zu spüren glaubte, schätzte Brecht sie als Erzählerin sehr. Von einigen ihrer Geschichten fertigte er selbst kurze Skizzen an, die unter dem Titel *Karins Erzählungen* zusammengefaßt in die Brecht-Prosabände aufgenommen wurden. Sie sind als erste Formungen eines Rohmaterials zu sehen, das keine Weiterentwicklung erfuhr. Der als Überschrift einer dieser Erzählungen verwandte Satz »Durch bestimmte Weglassungen werden Geschichten merkwürdig«[150] deutet an, daß er in Karin Michaelis eine Spezialistin des V-Effekts sah.

Seit Weigels Berliner Erfolg in der *Mutter* und der *Wiegenliedern* dachte Brecht über weitere Mütterrollen für sie nach.

Wichtige Anregungen dazu erhielt er durch Karin Michaelis, denen er freilich oft eine andere Wendung gab – der typische Umgang Brechts mit jedwedem literarischem Material. Der amerikanische Germanist Driver Eddy fand kürzlich heraus, daß ihn eine von Maria Lazar übersetzte Erzählung der Michaelis *Mor (Mutter),* zum Widerspruch und zu einer wichtigen Entdeckung inspirierte. Die Michaelis hatte beschrieben, daß ihre Mutter zeitlebens eine aufopferungsvolle Haltung ihrer Familie und den Mitmenschen gegenüber eingenommen, sich am Ende ihres Lebens aber in eine kapriziöse, ja egoistische Person verwandelt hatte. Brecht meinte, daß die Michaelis das gewandelte Verhalten der Mutter zu kritisch wiedergegeben hätte. Er selbst entwickelte diese Grundfigur zu seiner Geschichte *Die unwürdige Greisin* weiter, in der das egoistische Verhalten einer alten Frau deutlich als berechtigt dargestellt wird.[151] Es ist nicht uninteressant, daß Karin Michaelis wiederum behauptete, ihre Interpretation sei von der Brechts gar nicht so weit entfernt. Vielleicht seien einige Nuancen des dänischen Humors bei der Übersetzung verlorengegangen.[152]

Brechts Erzählung *Die unwürdige Greisin* fand keine dramatische Ausformung durch ihn selber, obwohl sie eine glänzende Rolle für die Weigel abgegeben hätte. Sie stellt aber zweifellos einen wichtigen der vielen Subtexte dar, die Brecht und Weigel den späteren großen Mütterrollen untergelegt haben, einen Subtext der Heiterkeit, den die Person der Schauspielerin gerade beim Spielen der vom Leben Verkrüppelten ausstrahlte. Eine Idee davon gibt eine Stelle aus *Der Abstieg der Weigel in den Ruhm*: »Das, was an diesen Menschen verkümmert war, erschien als verkümmert, aber jeder konnte sehen, was da verkümmert war, d. h. ein Unverkümmertes, Strahlendes. Es war, als ob jemand einen Baum zeichnete, verkrüppelt durch die Umstände, ausgesogenen Boden, Häuserwände, Mißhandlungen mannigfaltigster Art, und zugleich daneben, in anderem, unterscheidbarem Strich den Baum zeichnete, wie er ohne all diese Hinderungen gewachsen wäre, so, daß man den Unterschied sah.«[153]

Durch das Studium der heute weitgehend vergessenen Werke der Michaelis hat Driver Eddy auch noch entdeckt, daß das 1939 noch in Dänemark begonnene Stück *Mutter*

Courage und ihre Kinder, das den Weltruhm der Weigel begründen sollte, auf Michaelis' Novelle *Mette Trap und ihre Kinder* aus dem Jahre 1923 zurückgeht. Die Trap ist Mutter von drei unehelichen Kindern verschiedener Väter, die sie mit Liebe und Gewissenhaftigkeit aufzuziehen versucht. Sie erliegt aber ihrer Spielleidenschaft und veruntreut Geld der Firma, in der sie arbeitet. Sie akzeptiert stoisch, daß sie in Haft kommt und ihre Kinder verlassen muß. Der pflichtbewußte Mensch, der von seinen Leidenschaften verführt wird, ist ein Thema, das Brecht immer außerordentlich interessierte, das er mehrfach bearbeitete. Deutlicher als Karin Michaelis stellte er dabei allerdings heraus, daß der Mensch auch ein gewisses Recht auf das Ausleben dieser Leidenschaften haben müsse.

Des weiteren legt Driver Eddy dar, daß Shen Te, die – ebenfalls für die Weigel geschriebene – Hauptfigur des 1938 begonnenen Stücks *Der gute Mensch von Sezuan*, Charakterzüge der Michaelis trage: ihre bis zur Selbstaufgabe reichende Gastfreundschaft und Hilfsbereitschaft für in Not Geratene.[154] Tatsächlich hat Michaelis in den dreißiger Jahren ihr Vermögen weitgehend für die Flüchtlinge aus Deutschland und Österreich, aber auch für Opfer des spanischen Bürgerkriegs verbraucht, bis sie sogar Schmuck und andere Wertgegenstände verkaufen mußte.

Wahrscheinlich wegen ihrer immer betonten großen Liebe zu Deutschland, aber auch weil sie im Ersten Weltkrieg auf deutscher Seite gestanden hatte, versuchte Goebbels jahrelang über ihre Literaturagentin, die Michaelis doch noch für den Faschismus zu gewinnen. Nachdem es nicht gelungen war, sie zu erneuten Reisen nach Deutschland zu bewegen, wurden ihre dortigen Guthaben 1936 auf Sperrkonten gesetzt, obgleich ihre Bücher weiterhin erschienen. 1937 wurde sie dem Auswärtigen Amt von der deutschen Gesandtschaft in Kopenhagen als wichtige Kontaktperson für Emigranten denunziert. Aber erst 1939 konnte sich Himmler gegenüber Goebbels durchsetzen und veranlassen, daß ihre Bücher »in die Liste des schädlichen und unerwünschten Schrifttums« eingereiht wurden. Als Begründung diente nicht nur die bereits erwähnte Tendenz zur »Zerstörung der Ehe und des Fa-

milienlebens«, sondern auch ihr Pazifismus, ihre liberal-de-
mokratische Haltung »im Sinne der *Gleichheit alles dessen,
was Menschenantlitz trägt*«, sie sei »*extrem judenfreundlich*«. Es
folgt eine Aufzählung vieler gegen die faschistische Europa-
politik gerichteter Engagements von Karin Michaelis.[155]

Wie gut sie sich mit Brecht stand – den sie im Gegensatz zu
einer Reihe anderer Freunde keineswegs mit spießbürgerlichen Maßstäben beurteilte –, gibt ein Abschnitt aus ihren
Lebenserinnerungen wieder, die sich auf ihre gemeinsame
Reise zum Internationalen Schriftstellerkongreß zur Vertei-
digung der Kultur in Paris 1935 bezog: »Bert Brecht war ein
wunderbarer Reisegefährte. Er hatte mich sehr gern wie ein
Mann eine Frau gern hat, die dem Alter nach seine Mutter
sein könnte. Wir mieteten Zimmer in einem bescheidenen
Hotel im Quartier Latin. Vom ersten Tag an setzte mich
Brecht durch seine Höflichkeit und Rücksichtnahme in Erstaunen. Obgleich er von den berühmtesten Künstlern und
den schönsten Frauen umgeben war, die alle den *Meister* an-
beteten, vergaß er nie [...] mich. Wenn ich nicht selbst mit in-
teressanten Leuten beisammen war, bat er mich stets, mit ihm
zu kommen.«[156] Die beiden sind auch zum zweiten, 1937
ebenfalls in Paris stattfindenden Kongreß antifaschistischer
Schriftsteller zusammen gereist.

Im September 1938 wurde das Münchener Abkommen unter-
zeichnet, das Hitler die Besetzung des Sudetenlandes ermöglichte. Im Dezember hatte Wieland Herzfelde den Malik-Verlag nach London verlegt. Bei der dramatischen Flucht
ging der Satz des 3. Bandes von Brechts Gesammelten Werken verloren.

Der Ausbruch des Weltkriegs war evident. Würde die Invasion Dänemarks über Land oder übers Wasser erfolgen?
Über die Kieler Bucht? Brecht und sein Troß fühlten sich auf
der Insel Fünen am Ufer des Deutschland zugewandten
Sunds immer unwohler. Eine erneute Flucht war vorzuberei-
ten.

Am 30. Januar 1939 notierte Brecht in sein Journal: »Auch
Kolzow[157] verhaftet in Moskau. Meine letzte russische Verbindung mit drüben. Niemand weiß etwas von der Neher, die

in Prag im Auftrag ihres Mannes trotzkistische Geschäfte abgewickelt haben soll. Reich[158] und Lacis schreiben mir nie mehr, Grete bekommt keine Antwort mehr von ihren Bekannten im Kaukasus und in Leningrad. Auch Béla Kun[159] ist verhaftet, der einzige, den ich [1935] von den Politikern gesehen habe. Meyerhold hat sein Theater verloren, soll aber Opernregie machen dürfen. Literatur und Kunst scheinen beschissen, die politische Theorie auf dem Hund, es gibt so etwas wie einen beamtenmäßig propagierten dünnen blutlosen proletarischen Humanismus.«[160]

Wenngleich Brecht die sozialen Veränderungen in der Sowjetunion noch immer für historisch wichtiger hielt als Stalins Diktatur, kam sie wegen der diktatorischen Blockade des Politischen und des Kulturellen als Exilland schon lange nicht mehr in Frage. Und doch war keineswegs auszuschließen, daß Brecht, Weigel, ihre Kinder und Margarete Steffin es nicht bis in die USA schaffen und in Moskau steckenbleiben würden. Hier liegt auch der Grund, weshalb Brecht nicht selbst, sondern über Dritte versucht hat, nach seinen von Stalin inhaftierten Freunden zu forschen.[161] Karin Michaelis konnte es sich leisten, Stalin in einigen Fällen von Einkerkerungen selbst anzuschreiben, wie sie es übrigens auch gegenüber einer Reihe anderer europäischer Regierungschefs tat.[162]

Durch die vielen sich auftürmenden Ungewißheiten schlossen sich Helene Weigel und Margarete Steffin offenbar enger zusammen. Im Oktober 1938 hatte die Steffin eine Wohnung in Svendborg bezogen, in der sie sich außerordentlich wohl fühlte. Sie schrieb an Benjamin: »helli hat mir lange zugeredet, bis ich mich entschloß beide [Zimmer] für mich in gebrauch zu nehmen: ein arbeitszimmer und ein schlafzimmer.« Sie sollte diese Räume nur wenige Monate nutzen können.[163]

Obwohl ihre Krankheit weiter fortgeschritten war – die Tuberkulose hatte sich auf die Ohren ausgedehnt und Hörprobleme ausgelöst –, verkehrte sie offensichtlich mehr als früher in der Brecht-Familie. Im Januar 1939 schrieb sie Benjamin: »ich habe mit der helli zusammen gestern fast eine ganze flasche herrlichen likörs, den genießerische mönche mit einem ganz feinen anisgeschmack versahen, leergetrunken, während wir zusammen mit brecht und steff erbittert um ein stück lebkuchen von brecht, das er nicht hergeben wollte, pokerten. (ich gewann es dann übrigens zum schluss, was steff sehr ärgerte.)«[164]

Nachdem am 15. März 1939 Prag besetzt wurde, stellten Brecht, Weigel und Steffin Visaanträge für die USA. Da sie nur mit Quotenplätzen rechnen konnten, war ein Zwischenaufenthalt in Schweden erforderlich. Das dafür notwendige Visum sollte wiederum nur gewährt werden, wenn die Dänen eine Wiedereinreisegarantie ausstellten. Der 1936 verlängerte Paß der Weigel war aber nur noch bis 12. April gültig, während Brechts Paß noch bis 27. Januar 1941 lief. Weigel und die Kinder bekamen provisorische Flüchtlingspapiere.[165] Da Margarete Steffin durch eine Scheinehe Dänin geworden war, stellte ihre Weiterreise in Skandinavien kein Problem dar. Wegen ihrer Krankheit und ihrer Mittellosigkeit war es aber äußerst fraglich, ob sie ein Visum für die USA bekommen würde.

In fast fieberhafter Eile wurde das Haus verkauft und gepackt, ohne daß Brecht und Steffin aufhörten, an den laufenden Projekten zu arbeiten, insbesondere an *Mutter Courage und ihre Kinder*. Aber die Steffin half auch beim Packen der 34 Kisten, in denen Manuskripte, Bücher und Haushaltsgegenstände verstaut wurden. An Fredrik Martner schrieb sie: »Frau Brecht und ich konnten zum Schluß nicht mehr, es war zuviel. Wir haben jeden Abend bis 1 Uhr gearbeitet und mußten zeitig aufstehen.«[166]

Als Weigel und Brecht am 23. April nach Schweden fuhren, waren die schwedischen Visa für die Kinder noch nicht eingetroffen. Die Steffin blieb mit ihnen in Kopenhagen zurück, verkaufte zurückgelassene Möbel und half Ruth Berlau bei der Durchsicht der Druckfahnen der von dieser als Subskriptionsdruck herausgegebenen *Svendborger Gedichte*. Erst Anfang Mai konnte sie mit Stefan und Barbara nach Stockholm fahren, »es war eine lustige reise«[167].

Maria Lazar, die durch ihre frühere Ehe schwedische Papiere besaß, konnte Brecht und Weigel problemlos folgen. Aus demselben Grunde konnte sie weder in Dänemark noch in Schweden Zuwendungen aus den Solidaritäts- oder Sozialfonds für Flüchtlinge erhalten. Um sich und ihre Tochter zu ernähren, war sie zu unermüdlichem Fleiß gezwungen. Neben ihren Arbeiten als Journalistin und Übersetzerin verfaßte sie im Exil eine Reihe Bücher und Dramen, die sehr unterschiedlichen Erfolg hatten und zumindest teilweise zu Unrecht vergessen sind. Herauszuheben ist ihr Stück *Der blinde Passagier*, in dem die sich 1938 auch gegenüber Juden verhärtende dänische Flüchtlingspolitik scharf kritisiert wurde. Als der dänische König – ähnlich wie der König von Marokko – im Verlaufe des Kriegs die Juden schließlich unter seinen persönlichen Schutz stellte und der dänische Widerstand gegen die Besatzung zunahm, verfaßte sie darüber ebenfalls mehrere begeisterte Werke. Maria Lazar blieb den ganzen Krieg über in Schweden. Sie wirkte dort beim Verfassen von Propagandamaterial für die Alliierten mit.[168]

Die Invasion Dänemarks erfolgte am 9. April 1940. Karin Michaelis hielt sich zu dieser Zeit bei ihrer Schwester in den USA auf. Sie konnte auf die heimatliche Insel nicht zurückkehren. 1942, zu ihrem 70. Geburtstag, wird Brecht dem Guten Menschen von Thurö einen offenen Brief schreiben: »Liebe Karin, ich denke nicht, daß du sehr erstaunt bist, im Exil zu sein; ich jedenfalls wäre eher erstaunt, wenn Du nicht im Exil wärest – bei Deiner Liebe zur Wahrheit und Deinem Zorn gegen Unrecht. […] Die chinesischen Lyriker und Philosophen pflegten, wie ich höre, ins Exil zu gehen wie die unseren in die Akademie. Es […] scheint Ehrensache gewesen zu sein, so zu schreiben, daß man wenigstens einmal den Staub seines Geburtslandes von den Füßen schütteln mußte. Ich komme auf die chinesischen Weisen auch deshalb, weil ich dich auf Thurö mit den Fischern und Studenten reden hörte und weil ich an deine tausend Geschichten über Land und Leute denke […].«[169]

Schrubbern muß sie können.
Schweden, Finnland, USA

Die Requisiten der Weigel

Seht hier den Hocker und den alten Spiegel
Vor dem sie sich, im Schoß die Rolle, setzte
Den Schminkstift seht, den winzigen Farbentiegel
Und hier das Netz, das sie als Fischweib netzte!

Doch seht auch, aus der Zeit der Flucht, nun das
    gelochte
Fünförstück und den abgelaufnen Schuh, das
    Messingkar
In dem sie für die Kinder Blaubeern kochte
Das Holz, auf dem der Teig geknetet war!

Womit in Glück und Unglück sie hantierte
Dem euren und dem ihren, hier steh es zur Schau!
O große Kostbarkeit, die sich nicht zierte!
Schauspielerin und Flüchtling, Magd und Frau![1]

Ruth Berlau nahm sich ein paar Tage Urlaub vom Königlichen
Theater, um Brecht und Weigel nach Stockholm zu begleiten.
Sie hatte Verbindungen zu linken Politikern in Schweden her-
gestellt, aber auch zu Künstlern, die weiterhelfen wollten. Der
Arbeiterschriftsteller Henry Peter Matthis, der Mitglied im
Verband der schwedischen Amateurtheater war, ermöglichte
die Einreise, indem er Brecht zu einer Vortragsreihe über
Volksbühne, Laientheater und experimentelles Theater einlud.
Brecht hatte zugesagt, »besonders wenn die Möglichkeit besteht oder entstehen könnte, solche Vorträge oder Diskussionen mit praktischen Kursen zu verknüpfen. Helene Weigel,
meine Frau, könnte mich dabei unterstützen.«[2]
    Aus Briefen Berlaus an Matthis, in denen sie um weitere
Hilfe bat, geht hervor, wie schwer es Weigel und Brecht fiel,
ihr einigermaßen komfortables Exil in Dänemark aufzuge-
ben. »Brechts scheuen sich ein wenig davor, wieder eine
fremde Sprache zu lernen: die zweite Emigration. Ich habe
Frau Brecht versprochen, zu helfen, das Wohnungsproblem
zu lösen. Falls ich keinen Urlaub bewilligt bekomme, ist es

vielleicht möglich, daß einer der jungen Studenten [hilft ...], sie sind ja ziemlich fremd in Stockholm. Ich habe hier verschiedenes für *die Weigel* arrangiert und verschiedenes für Brecht inszeniert, falls ich behilflich sein könnte, ihnen den Weg zu erleichtern, stehe ich zur Verfügung.«[3] Weil die Reisepapiere der Weigel offensichtlich nicht vollständig waren – sie besaß nur noch einen dänischen Flüchtlingspaß –, stellte ihr die Berlau selbst eine Empfehlung aus: »[...] ich habe nur die Grenzempfehlung für Brecht. Die Weigel ist in Ordnung, und das ist einfach wunderbar, denn sie ist die größte lebende Schauspielerin, es klingt dumm, so etwas zu sagen, aber sie werden es selbst sehen.«[4] Auch der sozialdemokratische Senator Georg Branting – ebenfalls ein Freund der Berlau – half bei der Ausstellung der Aufenthaltsgenehmigung. Branting und Matthis waren Mitbegründer eines schwedischen Unterstützungskomitees für die spanische Republik.

Als nützlich erwies sich auch der Kontakt zu der schwedischen Schauspielerin Naima Wifstrand[5], die bereits ein Jahr zuvor Brecht in Skovsbostrand besucht hatte. Sie wollte damals die Frau Peachum in der Stockholmer Inszenierung der *Dreigroschenoper* spielen und hatte ihn um ein zusätzliches Lied gebeten.[6] Sie selbst hatte *Die Gewehre der Frau Carrar* übersetzt und war 1938 in Stockholm als Carrar aufgetreten. Wifstrand konnte die Bildhauerin Ninnan Santesson gewinnen, der Brecht-Familie ein Haus auf der Stockholmer Insel Lidingö zur Verfügung zu stellen.

So fand sich die Familie nach der sorgenvollen Abreise aus Dänemark in einer unerwartet guten Situation wieder. Darüber existiert ein Brief der Weigel an Benjamin vom Mai 1939, der auch ein familiäres Problem beleuchtet, mit dem sie sich aber zweifellos bereits lange abgefunden hatte: Brecht gratulierte nur zu Arbeitserfolgen, Geburtstage vergaß er. »Lieber Doktor, ihr Geburtstagsbrief [hat mich] gerührt, erfreut, geschmeichelt und geehrt! Unter uns: die Familie hat nicht daran gedacht! Hübsche Familie hab ich mir grossgezogen – kam bloß einen Tag zu spät. Er traf ein in ein Haus zwischen Fichten, [...] welches sechs Zimmer, Badezimmer und Zentralheizung hat. Der Clou ist ein riesiges Atelier für Brecht. Drei Kinos, über die Sie meckern können, aber außerdem sind wir fünfundzwanzig Minuten vom Stadtzentrum entfernt. Mit grossen Bibliotheken und einer schönen Stadt. Eine hübsche Sache hier ist, dass alles, was man kauft, nicht Ersatz, sondern Originale sind, z. B. sind die Makkaroni italienische Makkaroni, der Essig Weinessig und die Käse aus dem Land, in dem sie bereitet werden. Das war für mich eine erstaunliche Sache, weil man ganz unbewußt völlig auf Ersatz eingestellt ist. [...] Chéri Benjamin, es ist wirklich dringend nötig, dass Sie mehr über den *Galilei* [gemeint ist die erste Fassung von *Leben des Galilei*, die noch in Dänemark entstanden war] schreiben, wen fragt man denn schon, und dann kommen nur einsilbige Äußerungen von Ihnen. Wo Sie doch das erste der Exemplare, das ich persönlich abgezogen habe, bekommen haben!«[7] Es ist zu spüren, daß »chéri« Benjamin auch wieder in dieses Land gelockt werden sollte, das – nach den hausfraulichen Beobachtungen der Weigel – seine Lebensmittelautonomie aufgegeben hatte. Nach einem Brief der ebenfalls im Haus der Santesson wohnenden Margarete Steffin an Fredrik Martner geht hervor, daß sich die Weigel von den Strapazen des Umzugs rasch erholte und »wie nach einem Sanatoriumsaufenthalt« aussähe.[8] Bald berichtete sie allerdings wieder von Überlastung: »Nur ein paar Stunden am Tag kommt eine Hilfe, aber die schafft nicht einmal, das ganze Haus sauber zu machen.« Die Weigel koche allein für sechs Personen und zwar mittags und abends warm, womit sie sich an die schwedische Sitte angepaßt habe.[9] Der Steffin, die mit Brecht arbeitete, überließ sie die Küche nur notgedrungen, d. h., wenn sie selbst abwesend war. Als passionierte Hausfrau bekochte sie auch die eigentliche Gastgeberin Ninnan Santesson. Die Bildhauerin wiederum begann, an einer Porträtplastik der Weigel zu arbeiten. Brecht lobte dieses Werk aus geknetetem Ton wohl etwas zu voreilig.[10] Die Künstlerin hat es später verworfen und vernichtet. Zwischen den drei Frauen aber entstand ein herzliches Verhältnis.

Brecht war nach Schweden ein gewisser Ruhm vorausgegangen, nicht nur als Autor der ihm selbst eigentlich verhaßten *Dreigroschenoper*, sondern auch als Exponent der avantgardistischen Verbindung zwischen professionellem und Laientheater. Nachdem im August ein Amateurtheater *Die Gewehre der Frau Carrar* aufgeführt hatte, wurde er von mehreren Zeitungen interviewt. Er vertrat die Auffassung, daß »deutsche sozialgerichtete dramatische Literatur« nunmehr im Ausland lebe und vor allem von Amateurtheatern bewahrt werde. »Überhaupt ist meine Meinung die, daß das, was das Ausland an deutscher Kultur nicht rettet, untergehen wird.«[11]

Der Salon, den die Weigel in Skovsbostrand geführt hatte, erstand auf Lidingö neu, nur teilweise mit anderen Gästen. Den Fotos nach saß man mit den Gästen auch im Garten, in einer Art Laube. Neben Maria Lazar, Naima Wifstrand und Ninnan Santesson, die ihrerseits wieder Freunde einführten, gehörte der deutsche Exilschauspieler und -regisseur Hermann Greid[12] dazu und der ebenfalls 1933 aus Deutschland emigrierte Vagabund und Grafiker Hans Tombrock, den Brecht zu Illustrationen einiger seiner Gedichte anregte. Brechts Bruder Walter, der an einem Kongreß teilnahm, kam zu Besuch. Steffin empfing ihre Schwester. Und auch die Mutter von Ruth Berlau verlebte zwei Wochen Urlaub auf Lidingö. Martin Andersen Nexö kam, wahrscheinlich auch Fredrik Martner, der Freund und Förderer von Brecht und Weigel in Dänemark. Natürlich reiste auch die Berlau an, sobald sie sich für ein paar Tage vom Theater in Kopenhagen freimachen konnte. Zu diesen Gelegenheiten schlug sie, unweit von Ninnan Santessons Anwesen, ein Zelt auf. Durch die Inszenierung eines kleinen Stücks von Brecht über die Eisenerzlieferungen Schwedens an Deutschland *(Was kostet das Eisen?)* mit einem sozialdemokratischen Arbeitertheater in Stockholm schuf sie sich eine gemeinsame Arbeitsmöglichkeit mit ihm.[13]

Ob auch der damals zweiundzwanzigjährige Peter Weiss – wie er es selbst in *Die Ästhetik des Widerstands* suggerierte – ein paar Mal bei Brecht und Weigel gewesen ist, bleibt ein Streitpunkt.[14] Neben einer Reihe deutlich aus späterem Zeitgeist entsprungener Urteile enthält dieses Werk auch eine glaubhafte Behauptung, daß Brecht und Steffin auch am 1. September, dem Tage des Kriegsausbruchs, unbeirrt weitergearbeitet hätten. Sie waren nicht überrascht. Vielmehr befanden sie sich schon seit vielen Monaten in einer geradezu fieberhaften Phase der Produktion. Das war ihre Art, mit dem zunehmenden Gefühl von Angst und Todesgefahr umzugehen.

Zweifelsohne hat die Weigel mit denselben Gefühlen damals unbeirrt weiter kreativ gekocht. Allerdings dürfte sie – wie auch Brecht und Steffin – in diesen Tagen auch viel am Radio gehangen haben. Brechts *Journal*en zufolge hörten sie nicht nur die deutschen, sondern auch alle erreichbaren europäischen Sender ab. Das Radio spielte, so erzählte die Weigel Bunge 1959, »eine enorme Rolle, jedenfalls bis Amerika. Ein entsetzlicher Kasten, die Regelung, bis man sie ungestört bekam. Das war der Mittelpunkt von vielen Jahren, um ›zu erfahren, was los ist‹.« Bei Umzügen habe Brecht den Radioempfänger immer selbst getragen. Dieser war das »erste auch, das er in jeder neuen Wohnung auf einen bestimmten Koffer stellte, der nun leider nicht mehr da ist, den Soldatenkoffer, den schwarzen, der ursprünglich der Hauptmann, glaub ich, gehört hat, der wurde da drauf gestellt.«[15]

Mitte September waren Brecht und Weigel einmal bei Naima Wifstrand eingeladen. Ein nicht nur besonders fröhlicher, sondern auch besonders fruchtbarer Abend. Nachdem die Wifstrand hinreißend Mundharmonika gespielt hatte, sagte ihr Brecht: »Du erinnerst mich an irgendeine Marketenderin.« Darauf kam ihr die Idee, ihm das Gedicht *Lotta Svärd* des finnisch-schwedischen Dichters Johan Ludvig Runeberg zu übersetzen, in dem von einer Marketenderin die Rede war.[16] Einige Tage später schickte ihr Brecht die erste Szene von *Mutter Courage und ihre Kinder*, ein Stück, zu dem freilich auch Karin Michaelis bereits Inspirationen geliefert hatte. Die Hauptrolle des Stücks, Anna Fierling, war nun eine Marketenderin im Dreißigjährigen Krieg.

In seinem *Journal* notierte er, daß er die *Courage* zwischen 27. September und 3. Oktober fertiggestellt hätte. So entstand zu Beginn des Krieges bereits sein großes Antikriegsstück. Der schon in *Die heilige Johanna der Schlachthöfe* praktizierte Kniff, daß die Heldin aus den Ereignissen nicht lernt, dem Publikum aber das Lernen aus diesen Ereignissen nahegelegt wird, ist hier zu seiner Vollendung gebracht. Die Courage – die das Denken der kleinen Leute verkörpert – hofft, auch dann noch am Krieg zu verdienen, nachdem sie alle ihre Kinder verloren hat.

Wenngleich die Rolle der Courage perspektivisch bereits für die Weigel konzipiert war, war es doch klar, daß sie sie wegen der Sprachprobleme in der Emigration nicht spielen könnte. Das Stück wurde auch in Hinblick auf eine schwedische Aufführung geschrieben. Naima Wifstrand sollte die Courage spielen. Für die Weigel war in diesem Falle die Rolle der stummen Kattrin vorgesehen, der Tochter der Courage. Hier hätte sie ihr gestisches Talent entfalten können. Trotz vieler Bemühungen kam es damals zu keiner Aufführung in Schweden.[17]

Brecht schickte das Stück aber auch nach Zürich, an eine andere Schauspielerin, die er 1929 als Frau Peachum bei den Endproben zur *Dreigroschenoper* in den Münchener Kammerspielen kennengelernt hatte – Therese Giehse. Ganz der Typus einer süddeutschen Volksschauspielerin, war sie von Hitler in seiner Münchener Zeit bewundert worden. »Endlich ein deutsches Weib in diesem verjudeten Haus«, hatte der *Völkische Beobachter* geschrieben. Selbst als es sich herumgesprochen hatte, daß sie Jüdin war, boten ihr die Nazis »Saalschutz« an sowie, sie in der Öffentlichkeit als Arierin gelten zu lassen. Die antifaschistisch eingestellte Giehse war aber 1933 in die Schweiz emigriert und mit anderen bedeutenden deutschen Schauspielern wie Wolfgang Heinz und Wolfgang Langhoff am Zürcher Schauspielhaus engagiert. Noch 1934 versuchte der Münchener Bürgermeister, die Giehse an die Kammerspiele zurückzuholen.[18]

»Wir haben alle gleich gewußt: das müssen wir machen«, hat sie später in ihren Gesprächen mit Monika Sperr gesagt.[19] In der Tat kam die Uraufführung der *Courage* 1941 in Zürich zustande, mit der Giehse in der Hauptrolle. Obwohl Brecht aus den Kritiken schließen konnte, daß Regisseur Leopold Lindtberg kaum Episches, aber viel Einfühlung in die Inszenierung gebracht hatte, notierte er: »Es ist mutig von diesem hauptsächlich von Emigranten gemachten Theater, jetzt etwas von mir aufzuführen. Keine skandinavische Bühne war mutig genug dazu.«[20]

Für Helene Weigel ergaben sich in Schweden kaum noch Auftrittsmöglichkeiten. Bekannt ist nur, daß sie neben Brecht, Steffin und anderen auf einer vom Schutzverband Deutscher

164

Schriftsteller zum 70. Geburtstag Andersen Nexös am 4. Juli veranstalteten Feier rezitierte. Naima Wifstrand eröffnete ihr eine andere Arbeitsmöglichkeit. Anfang 1940 hatte sie eine Schauspielschule gegründet, in der die Weigel mehrere Tage in der Woche unterrichten konnte. »Helli arbeitet mit Naima Wifstrand in deren Schule für Schauspieleleven, sie treibt Shakespearestudien. Es wird eine Szene (Macbeth II,2) gespielt, dann eine improvisierte Szene aus dem Alltagsleben mit dem gleichen theatralischen Element, dann wieder die Shakespeareszene. Die Schüler scheinen stark auf die Technik des V-Effekts zu reagieren.«[21] Brecht nahm an diesen Exerzitien nicht nur öfter teil, sondern hat sie auch mit der Weigel zusammen vor- und nachbereitet. Aus einem damals entworfenen Werbetext für sie ist ersichtlich, daß das Vorspielen von Shakespeare-Rollen für die Studenten zur Entdeckung neuer darstellerischer Qualitäten bei ihr selbst geführt hatte: »Ihre Besonderheit ist, daß sie stilisiertes Theater und realistisches Theater zu verschmelzen weiß und die einfachsten Arbeiterfrauen (ihre berühmteste Rolle war die der *Mutter* in einem Stück nach Gorkis Roman) so anmutig und edel wie Königinnen und dann wieder die Königinnen des klassischen Theaters (wie Maria Stuart und Lady Macbeth) mit viel Humor, in schlichtester Menschlichkeit darzustellen vermag.«[22]

Damals entstanden Übungsstücke für Schauspieler und etliche theoretische Texte zur Schauspielkunst. Sie wurden zum Teil integriert in den *Messingkauf*, der Sammlung von Übungen, Dialogen und Essays zur Schauspielkunst, die Brecht schon ein Jahr zuvor in Dänemark begonnen hatte und an der er praktisch bis zu seinem Lebensende weiterarbeitete. Die Weigel aber war es, die die Realisierbarkeit und die Wirkung der hier aufgestellten Thesen nicht nur geprüft, sondern sie auch herausgefordert hatte. Und sie ist die ideale Schauspielerin, die durch die Seiten des *Messingkaufs* schreitet. Der *Messingkauf* ist also als das große Gemeinschaftswerk der beiden anzusehen. Er ist das Zeugnis der Zusammenarbeit während des Exils.

Das Ergebnis ihrer Arbeit mit den Studenten von Wifstrands Theaterschule – eine öffentliche Aufführung – konnte die Weigel nicht mehr miterleben. Sie fand erst statt, als sie bereits nach Finnland geflohen war.

»Helli hat die Arbeit in der Theaterschule sehr geliebt. [...]
Ich glaube schon, dass sich Helli oftmals zurück sehnt«[23],
wird die Steffin aus Finnland an Ninnan Santesson schreiben.

Zur ›Neutralitätspolitik‹ Schwedens gehörten nicht nur die
für die deutsche Rüstungsindustrie wichtigen Eisenerzlieferungen, sondern auch zunehmender politischer Druck auf
linke Kräfte und die Emigranten. Man plante und realisierte
im Februar 1940 bereits Internierungen deutscher Flüchtlinge. Gegen die Steffin – die Ende 1939 noch einmal nach
Kopenhagen gefahren war, um sich einer notwendigen Blind-
darmoperation zu unterziehen – lag in Schweden bereits ein
Haftbefehl vor. Nur eine Intervention von Senator Branting
konnte das Schlimmste abwenden. In den Tagen nach der Invasion Dänemarks und Norwegens im April begannen die
schwedischen Behörden auch die Brücke von Stockholm nach
Lidingö zu überwachen, um den bei Brecht und Weigel ver-
kehrenden Kreis von Menschen zu kontrollieren. Am 9. April
fand bei ihnen – unter Anwesenheit Ninnan Santessons – eine
Haussuchung nach politischen Schriften statt.[24] Branting
drängte darauf, daß sie Schweden verließen.

Da die Einreisepapiere für die USA noch nicht in Sicht waren, mußte zunächst eine Flucht nach Finnland ins Auge gefaßt werden. Sie war durch den finnisch-sowjetischen Frieden
theoretisch möglich geworden. Praktisch waren wieder Inter-
ventionen nötig. Und erneut konnte Ruth Berlau helfen. Sie
war mit der finnischen Schriftstellerin Wuolijoki befreundet,
seit sie in Kopenhagen die Hauptrolle in deren Erfolgsstück
Die Frauen von Niscavori gespielt hatte. Die Wuolijoki war
auch Großgrundbesitzerin und Politikerin mit einem gewissen Einfluß.[25] Sie schickte die Einladungen, damit Brecht und
sein Troß nach Finnland einreisen konnte.

Dazu gehörte nun bald auch Ruth Berlau. Vor seiner Abreise aus Stockholm ließ Brecht ihr dort einen Brief zurück, in
dem er sie bat, ebenfalls ein Visum für die USA zu beantra-
gen: »Von jetzt ab werde ich *immer* Deine Reise mitorgani-
sieren. [...] Und ich rechne nicht wegen Dir auf Dein Kommen, sondern wegen mir, Ruth.«[26]
Es wäre falsch, hinter diesem vielzitierten Brief vor allem

166

sexuelle Motive zu vermuten. Es war Brecht unvorstellbar, die Freundin mit dem Beinamen ›rote Ruth‹ im besetzten Dänemark zu wissen. An Hella Wuolijoki, die er ebenfalls um eine Einladung für die Berlau bat, schrieb er, daß er »eine ziemliche Verantwortung« für sie spüre, »es kann, wenn sich der Naziapparat in Kopenhagen erst einmal einspielt, unmöglich verborgen bleiben, was sie in Zusammenarbeit mit mir alles gemacht hat«.[27] Erneut nahm er Verantwortlichkeiten auf sich, deren Folgen nicht abzusehen waren.

Hatte es von Dänemark nach Schweden noch einen richtigen Umzug geben, war die Reise nach Finnland bereits eine Flucht. Das meiste vom Hausrat »mußte in Schweden zurückbleiben. Ein Arbeiter, der im Haus gegenüber wohnte, bewahrte alles auf, aus Solidarität. Auch Bücher. Mitgenommen wurde nur, woran gerade gearbeitet wurde«, also Manuskripte.[28] Zurück blieben u. a. auch Briefe.

Brecht, Weigel, Steffin und die Kinder, begleitet von dem sich ebenfalls in Gefahr wähnenden Hermann Greid, verließen Schweden am 17. April 1940 per Schiff. Es muß viele Flüchtlinge auf diesem Schiff gegeben haben, die sich in Schweden nicht mehr sicher fühlten. In seinem *Journal* berichtet Brecht über eine »junge Witwe«, die das Schiff bereits nach seiner Abfahrt – über Eisschollen springend – erreicht habe.[29]

In Helsinki kam man zunächst in einer Pension unter. Zehn Tage später war eine Wohnung gefunden. Am 6. 5. notierte Brecht: »Kleine leere Wohnung in Töölö für einen Monat ergattert. Helli fuhr mit einem leerem Lastauto herum und holte sich in zwei Stunden die nötigen Möbel zusammen, fünf Leute borgten sie, die wir gestern nicht kannten. Wir zogen in der letzten Aprilwoche ein, und ich nahm die Arbeit an *Der gute Mensch von Sezuan* ernstlich auf.«[30]

Die Steffin schrieb an Martner, daß die in ihren Augen recht schöne Wohnung vier Zimmer hätte. Die Kinder wohnten zusammen, »wir anderen haben jeder eins für uns«.[31] In der Erinnerung von Barbara Brecht gab es nur zwei Zimmer: »Der Papa hat das größte bekommen, wir Kinder, die viel zu alt dafür waren, lebten zusammen in einem Zimmer, und

Helli hat sich eine Ecke in der Küche [durch einen Vorhang] abgeteilt. Ich fand das immer einen Fehler von ihr, die zu große Bescheidenheit. Sie hätte sich zumindest ein Bett bei Papa ins Zimmer stellen können.«[32]

Daß die Steffin die Küche als ein Zimmer rechnete, ist ihrer proletarischen Herkunft zuzuschreiben. Die kleine Barbara wiederum muß traumatisiert gewesen sein. Das Zurücklassen des Hausrats, die Umstände der Flucht, das plötzlich so beengte und primitive Wohnen, die scheinbare Selbstzurücksetzung der Mutter – während Fräulein Steffin ein eigenes Schlafzimmer hatte und mit dem Vater im größten Zimmer an *Der gute Mensch von Sezuan* fieberhaft arbeitete – das konnte ein Kind nicht verstehen. Wie auch spätere Interviews zeigen, hat sie den von der Rivalin der Mutter genutzten Raum aus ihrer Erinnerung verdrängt. »Ich bin doch von Dänemark nach Schweden, von Schweden nach Finnland. Die schwerste Umstellung war für mich nach Finnland, wo wir in einer Zwei-Zimmer-Wohnung wohnten. Helli schlief in der Küche, ich mit dem viel zu erwachsenen Steff in einem Zimmer. Brecht mußte ja sein Arbeitszimmer haben.« Während sie sich in Dänemark und auch in Schweden eigentlich gut eingelebt und beide Sprachen erlernt hatte, mit anderen Kindern spielte, stellten sich von nun an Kontaktprobleme ein: »Danach habe ich nie wieder wirkliche Freunde gehabt.«[33] Auch ihre physischen Abwehrkräfte nahmen ab.

Zwischen Weigel und Steffin war eine Schicksalsgemeinschaft entstanden. Das geht u. a. aus Briefen hervor, die letztere aus Finnland an Ninnan Santesson schrieb. In einem der ersten heißt es: »Helli hat bei weitem nicht so viel Arbeit wie auf Lidingö. Sie hat einige Male Essen zubereitet, aber ansonsten essen wir im ›Elantos restauration‹. Das ist eine Art Volksrestaurant, sehr billig und nicht schlecht. Sie macht immer den Frühstückskaffee und das Butterbrot am Abend. […] Besonders Helli will ja am liebsten so schnell wie möglich nach Amerika. Ich auch übrigens. […] Brecht hat angefangen zu arbeiten, Du weißt schon, das Stück über *den guten Menschen* und es geht durchweg glänzend. […] Im Hinterkopf hat er bereits das nächste Stück.«[34] Die Steffin hatte Mitgefühl für die besonders ungünstige Lage der Weigel: »Sie hat ja nicht wie wir anderen Arbeit hier (Vielleicht ist das auch der Grund, daß sie wieder Essen macht). Es tut mir leid für sie, wenn ich sehe, wie sie ihre Zeit und ihre besten Jahre verschwendet. Vielleicht wird es für sie in New York besser. Damit rechnen wir alle ganz sicher. Du darfst nicht vergessen, daß ich z. B. Dich oder Maria [Lazar, die in Schweden zurückgeblieben war] nie im Leben irgendwie ersetzen kann.«[35]

Nicht nur die Steffin mußte sich Sorgen um das amerikanische Visum machen. Während Brecht noch einen gültigen Paß besaß, lief die Gültigkeit der dänischen Flüchtlingspapiere der Kinder und der Weigel ab. Die Angst, die sie damals hatte, wird aus einem weiteren Brief der Steffin an Santesson deutlich. Offensichtlich auf Weigels Bitte fragte sie an, ob »Du an einem der nächsten Tage zum dänischen Konsul in Stockholm gehen könntest? Er kennt ja die Situation in Bezug auf den Reisepass von Helli und den Kindern ziemlich gut. Es geht um folgendes: Wenn man in die USA fahren will, muß man einen Bescheid von den Behörden vorlegen, dass man zu einem Land zurückkehren kam, wo man seinen festen Wohnsitz hat. Und den bekommt man nur, wenn man einen Reisepass hat, der für diesen Zeitraum gilt! Helli und die Kinder haben dänische Flüchtlingszertifikate, die nur bis August 1940 [Datum exakt, ist aber gestrichen] Gültigkeit haben! Könntest Du den dänischen Konsul fragen, ob er eine Möglichkeit sieht, die Zertifikate für *1 Jahr* auszustellen. [...] Helli hat in Bezug auf die USA-Reise große Angst. Sie hat gehört, dass man kein Visum bekommt, wenn man nur ein Flüchtlingszertifikat hat. Ich kann nicht glauben, dass das wahr ist [...] Könntest Du ihr nicht diesen grossen Gefallen tun?« Stefan langweile sich, da man noch keine Schule für ihn gefunden habe. »Er tut mir leid. So ein Junge ist einsamer als wir anderen. Wir haben unsere Arbeit, wir sehen Fremde (er kann nicht immer mit) usw. Helli geht es ansonsten gut. Das Haar ist wieder kurzgeschnitten!!! [...] Ich glaube, Helli vermisst Dich sehr.«[36]

Wegen der nur bis August gültigen Papiere der Weigel und der Kinder versuchte Brecht die Einreise in die USA über Piscator zu beschleunigen, der seit 1939 Direktor eines ›Dramatic Workshops‹ an der New Yorker ›New School for Social

Research‹ war. Er hatte Brecht dort bereits einen Lehrauftrag angeboten.[37] In einem weiteren Brief an Piscator versuchte Brecht, über diese Schule auch eine Einladung für Steffin als seine Mitarbeiterin zu erwirken: »Tatsächlich überblickt nur sie meine Tausende von Manuskriptblättern und ohne sie würde ich nur mit ungeheurem Zeitverlust Vorlesungen zustande bringen können.«[38] Für den Fall, daß die Visa noch rechtzeitig einträfen, hatte die Weigel für Anfang August fünf Plätze auf einem Dampfer reserviert, der sie, Brecht, Steffin und die Kinder von Petsamo über das Nordmeer und den Pazifik in die USA bringen sollte.

Die finanziellen Reserven, über die Weigel und Brecht verfügten, waren schon in Schweden erschöpft. Wegen des Krieges schwanden die ohnehin geringen Einnahmemöglichkeiten. Selbst die *Dreigroschenoper*, die ab und zu noch Tantiemen eingebracht hatte, wurde nirgends mehr aufgeführt. Darüber sagte die Weigel zu Bunge 1969: »Die *Dreigroschenoper* war zu Ende, da gab's nichts mehr, das hatte schon im ersten halben Jahr in Schweden aufgehört, dann gab es noch etwas Schmuck, der verschachert wurde. Und in Finnland trat dann etwas ein, eine Hilfe von amerikanischen Freunden. Ich weiß, da bekamen wir im Monat 90 Dollar geschickt, was nicht enorm war, aber damit haben wir uns [...] durchgeschlängelt.«[39]

Die Journalistin Sylvi-Kyllikki Kilpi hat die Flüchtlinge in Töölö als Mitglied eines Flüchtlingskomitees der Sozialdemokratischen Partei, der Gewerkschaften und einiger Arbeiterorganisationen mehrmals besucht. »Meiner Meinung nach war das Eintreffen Bert Brechts in Finnland eine Angelegenheit, die in Kultur- und Künstlerkreisen hätte gewürdigt werden müssen, aber ich merkte bald, daß sich weder der Schriftstellerverband noch die Theaterleute um ihn gekümmert haben. Wir lebten damals in einer solchen Zeit politischer Unterdrückung.« Brecht habe zwar ein paar seiner Arbeiten übersetzen lassen können, »aber sie irgendwo zu verkaufen, war kaum möglich. Besonders ärgerte ich mich darüber, daß Aku Sumu, der damals Sekretär des SAK-Gewerkschaftsverbandes war, gesagt hatte: ›Einen Brecht kenne ich nicht.‹« Soweit sie sich erinnere, hätte die Familie sowohl durch kleine

Hilfen vom Gewerkschaftsverband, vom sozialdemokratischen Frauenverband sowie auch von schwedischsprachigen Arbeiterorgansiationen etwas mehr Unterstützung als andere Flüchtlinge bekommen. »Aber ihre Einnahmen hier in Finnland erreichten noch nicht einmal das Niveau eines niedrig bezahlten Hilfsarbeiters. [...] Eine Besonderheit war, daß sich in der Begleitung der Familie Frau Margareta Steffin-Juul befand, eine 40-jährige kränkliche Frau, die in ihrem Paß als *Sekretärin* bezeichnet wurde. Aber sie tat nichts, und manchmal ärgerte ich mich, wenn nach dem Essen Helena und ich den ganzen Abwasch machen mußten und auch die Barbara noch davonlief. In der Wohnung Linnankoski-Straße standen einige geliehene Betten und es gab auch Haushaltsgeschirr, aber der Tisch wurde aus großen Reisekoffern gebildet und als Stühle dienten Verpackungskisten. Als mein Mann und ich einmal zu Brechts zum Essen eingeladen wurden, gab es Huhn und Gemüse, welches in einem Topf gekocht war, und als Getränk Dünnbier aus einem Milchgeschäft. Ich glaube, daß die linken Schriftsteller, die zu Besuch kamen, im allgemeinen das Essen mitzubringen suchten.« Die Ehe Brechts, war Frau Kilpi aufgefallen, sei »aus irgendeinem Grund schon hier brüchig« gewesen. »Brechts Einfluß auf eine intelligente Frau bestimmten Typs war einzigartig, es gab immer einige um ihn herum. Er liebte allgemein den Menschen und den Menschen in einer Frau, aber in seiner Zärtlichkeit war immer etwas Verzerrtes und Hartes.«[40]

Die Ehe erschien also nach außen brüchig. Diesmal war der Grund die Ankunft von Ruth Berlau. Sie hatte sich in einer Pension in der Nachbarschaft eingemietet. Angesichts der unsicheren Möglichkeiten zur Weiterreise und vor allem angesichts der geschrumpften Familienkasse muß die Weigel ihr Erscheinen als Katastrophe empfunden haben. Es war auch für die geschwächte Steffin ein Schock.

Auch Brecht hatte nicht vorhersehen können, wie sehr sich die Persönlichkeit der Berlau verändern würde, sobald sie – was jetzt der Fall war – in einer gewissen Abhängigkeit von ihm stand. Zwar verfügte sie noch über einige Geldreserven. Aber auf der Ebene der Gefühle beanspruchte sie fortan Priorität.

Brechts Bitte, mit ihm das Exil zu teilen, hatte sie als eine Art Heiratsantrag aufgefaßt. Daß sie so nicht gemeint gewesen war, konnte sie ihr ganzes Leben nicht verwinden.

Jetzt schon geriet sie in Panik, machte ihm Szenen, weil er sie nicht oft genug besuchte und weil sie zweifelte, ob er sie überhaupt mitnehmen würde. Bereits in Helsinki begann die unendliche Serie von Entschuldigungs- und Beruhigungsbriefen, die er ihr bis an sein Lebensende schreiben mußte. Und dazu kam die Sorge, daß sie ihre Ängste mit Medikamenten – später dann mit Alkohol – zu betäuben suchte: »Bitte, nimm keine Pulver mehr, Ruth.«[41]

Hella Wuolijoki, die Brecht und Weigel des öfteren besuchte, hatte sie für den Sommer auf ihr Gut eingeladen. Weil sie immer noch auf das baldige Eintreffen der Visa hofften, zögerten sie lange. Anfang August aber fuhren sie mit den Kindern, der Steffin und der Berlau nach Marlebäck, das zur Gemeinde Kausala gehörte. Steffin und Berlau wohnten im Gutshaus. Der Brechtfamilie stellte die Wuolijoki ein Nebengebäude zur Verfügung. Das zwischen idyllischen Birken gelegene Anwesen regte selbst Brecht, der sich ganz als Stadtmensch fühlte und das Loben von Naturschönheiten haßte, mehrfach dazu an. Die Stille war angefüllt mit natürlichen Geräuschen: »der Wind in den Bäumen, das Rascheln des Grases, das Gezwitscher und was vom Wasser herkommt«. Wahrscheinlich fühlte er die Natur auch so stark, weil er sie als paradoxen Kontrast zum Gedröhn des sich stetig ausweitenden Krieges empfand. Seit Juni war Frankreich besetzt.

»Wir sind sehr schläfrig; wahrscheinlich von der ungewohnten Luft. Der Birkengeruch allein ist berauschend und auch der Holzgeruch. Unter den Birken gibt es reichlich Walderdbeeren, und auch das Sammeln macht die Kinder müd. Ich fürchte, daß das Kochen für Helli schwierig wird, es ist nötig, den Ofen zu heizen, und das Wasser ist nicht im Haus. Aber die Leute sind sehr freundlich und Hella Wuolijoki weiß unzählige Geschichten.«[42]

Die Wuolijoki selbst hat die Atmosphäre der legendären Abende auf Marlebäck geschildert: »Brecht kauerte in einem Sessel an der Verandatür, dunkel und ohne Kragen, seine ewige Zigarre rauchend, Helene mit ihrem edlen Profil und ihren schlanken Fingern bediente unsere silberne Wiener Kaffeemaschine ..., sorgsam maß sie das kostbare, duftende Pulver ab, das uns Maurice Hindus in seiner grenzenlosen Güte in den Amerika-Paketen mitschickte. Die Finger der großen Tragödin waren hoffnungslos rauh und gerötet vom Kartoffelschälen und Geschirrspülen für ihre Flüchtlingsfamilie, und ihr Haar von den Sorgen ergraut, aber ihre Augen strahlten Humor und Lebensfreunde aus. [...] Ruth Berlau [...] saß unter meiner Tizian-Kopie, schön wie eine Blume, und legte ihr geheimnisvolles Mona-Lisa-Lächeln Brecht zu Füßen. Neben meinem Schreibtisch, hinter meinen Blumenvasen versteckt, die mit den Marlebäckschen Madame-Hériot-Rosen gefüllt waren, saß die kleine Margarete Steffin, Brechts Sekretärin, und spielte mit ihrem Bleistift. (Später stellte sich heraus, daß sie Brechts und meine Geschichten mitstenografiert hatte.) Die arme Grete mit ihren großen, treuen Augen, immer lächelnd und lebensfroh – mit sonniger Gelassenheit trug sie den Stempel des Todes auf ihrem Gesicht. [...] Ich lehnte in der Sofaecke, müde vom Herumlaufen auf den Feldern und in den Wäldern von Marlebäck, wohlig müde, und erzählte. Auch Brecht erzählte.« Schließlich kam die Wuolijoki nochmals auf die »Primadonnenhände« der Weigel zu sprechen, »die rauh und hart geworden waren vom Kartoffelschälen und Geschirrspülen und Stopfen der Kindersachen – wie viele Strümpfe zerrissen die beiden Kleinen, Barbara und Steff, und auch Brecht selbst, der auf dem Lande in großen Pantoffeln herumlief!«[43]

Auch in Finnland wurden Weigel und Brecht also wieder von einer Frau einer älteren Generation aufgenommen, die gern über die Leute ihrer Umgebung erzählte. Eine ihrer Geschichten handelte von ihrem Onkel Roope, der sich, sobald er betrunken war, mit seinen Dienstboten verbrüderte und großzügig Geldscheine verteilte. Aus den mitstenografierten Notizen der Steffin, aber auch in Zusammenarbeit mit der Wuolijoki selbst entstand aus diesem Stoff das Stück *Herr Puntila und sein Knecht Matti*. Die Berlau erinnerte sich, daß die Steffin an der eigentlichen Redaktion »nicht so viel mitgearbeitet [habe], sie war da nicht so gut gelaunt«.[44]

Das provozierende Verhalten der Berlau, das eifersüchtige Spannungen zwischen den Frauen hervorrief, war Hella Wuolijoki nicht entgangen. Sie verwies die Berlau kurzerhand vom Territorium ihres Guts. Diese schlug nun einfach wieder ein Zelt im Wald auf. Hier sollen Brechts *Flüchtlingsgespräche* entstanden sein. »Ich war Feuer und Flamme für diese Geschichten und konnte viele Anregungen geben, nicht nur zum Kapitel Dänemark.«[45]

Helene Weigel mußte Ende August nach Helsinki fahren, u. a. um ihre Papiere und die der Kinder in Ordnung zu bringen. Aus einem Brief der Steffin an Santesson geht hervor, wie schwer es ihr fiel, ihren Haushalt – der jetzt ihr Lebenszentrum war – aus der Hand zu geben: »gerade kämpfen brechts mit sich, ob sie auch im september hier bleiben oder nicht. helli fuhr gestern nach helsingfors, sich neue wohnungen anzusehen, wenn sie etwas gutes findet, fahren wir alle am ersten september nach, sonst kommt sie wieder zurück. und stell dir vor, bis zum ersten hat sie ihre familie meiner kochkunst anvertraut! ist das nicht furchtbar? wie sie da in helsingfors leiden wird [...]. ich kenne aber die gemüsesorten nur von unten, nicht von oben und muß immer eine probe ausziehen, ehe ich weiß, was ich vor mir habe.«[46] Steffin hätte sich sicher gern in der Küche anlernen lassen. Aber sie war, weil sie normalerweise nicht mithelfen durfte, in dieser Hinsicht zu einem Kind degeneriert. Zu einem Adoptivkind der Weigel.

In demselben Brief schrieb Steffin auch über entsetzliche Teuerungen von Lebensmitteln und von dem Glück, daß sie sich auf dem Gut selbst versorgen könnten. Finnland mußte nach dem Krieg mit der Sowjetunion fast eine halbe Million Flüchtlinge aus dem verlorenen Karelien aufnehmen. Außerdem hatte es einen sehr kalten Winter erlebt, viele Kulturen waren erfroren. Durch eine deutsche Blockade war das Land von Importen praktisch abgeschlossen. Das führte zu einer Hungersnot. Im Herbst, so erzählte die Weigel 1959, »verschwand plötzlich alles von den Märkten, die Lebensmittel. [...] Fische gab's nicht, Gemüse gab's nicht, nichts, das war eigentlich das schwerste halbe Jahr. [...] Aber man hörte auf den Straßen viel mehr deutsch. Die deutschen Touristen tauchten auf.«[47] Damals konnte niemand wissen, ob Finnland durch die Infiltration von Geheimagenten ›nur‹ für eine prodeutsche Haltung im Krieg konditioniert werden sollte oder ob sie Vorläufer einer Invasion waren.

Weil die Deutschen nun das Nordmeer kontrollierten, war eine in Petsamo beginnende Schiffsreise schon nicht mehr möglich. Die Reise durch die Sowjetunion, die man eigentlich vermeiden wollte, war nun die letzte Möglichkeit, in die USA zu gelangen.

In den USA setzten sich zwar mittlerweile nicht nur Emigranten wie Feuchtwanger, Piscator und Hauptmann für die Visa von Brechts Clan ein, sondern z. B. auch die bekannte linksliberale Kolumnistin Dorothy Thompson. Anfang 1941 lagen für Brecht und seine Familie mexikanische Einreisevisa vor, mit denen sie auch in die USA gelangen konnten. Aber für Margarete Steffin war keine Regelung erfolgt. Feuchtwanger, der während seines Exils in Sanary-sur-Mer interniert worden war, schließlich aber flüchten konnte, forderte Brecht aus Kalifornien auf, notfalls auch allein abzureisen.[48] Aber das kam nicht in Frage.

Aus Briefen an Ninnan Santesson, die Weigel und Steffin offenbar zusammen entwarfen, geht hervor, daß die beiden versuchten, die Einreise der Steffin in die USA über verschiedene Konsulate in Stockholm zu erreichen. Nach Diktat der Weigel schrieb Steffin: »Geliebte Ninnan, jetzt kommt die 2. Bitte, die Grete betrifft. Wir wollen uns jetzt wirklich auf den Weg [in die USA] machen, und zwar mit Grete, und sind auf den Gedanken gekommen, ob sie nicht ein *Haiti'sches Visum* bekommen könnte und haben auch bereits bei dem Haiti'schen Konsulat in Stockholm nachfragen lassen. Aber vielleicht bist du so lieb und gehst dort vorbei, weil ein persönlicher Besuch einer Freundin sicher mehr wirken und die Sache beschleunigen könnte. Die Sache wäre dann so, daß Grete mit uns die Reise über Wladiwostok-Jokohama, Sankt Franzisko bis Mexico machen würde und dann allein nach Haiti weiter fahren würde, falls nicht inzwischen ihr mexikanisches Visum gekommen ist. Vielleicht besprichst du die *Frage des Durchreisevisums* und überhaupt die ganze Haiti- Idee mit dem dortigen mexicanischen Konsul? [...] Der Vorteil für Grete wäre gross, weil sie die lange Reise bis Mexico nicht allein und später machen müßte. Sie schickt Dir also auch ihren Pass, 9 Fotos.«[49]

Am 1. Februar 1940 bedankte sich Helene Weigel bei der Santesson für ihre Mühe und bat sie erneut um eine Nachfrage beim mexikanischen Konsulat, ob man, »falls wir jetzt die 4 Visas uns in die Pässe stempeln lassen, das mexikanische Konsulat nach Erhalt der telegraphischen Bestätigung für unsere Nichte M. S. auch *nachträglich* ihr Visum eintragen kann. Du mußt verstehen: wir wollen sicher sein, dass falls wir unsere Visas jetzt in die Pässe eintragen, es nicht so wird, dass für Grete dann ein Visum nicht mehr in Betracht kommt.«[50]

In den knapp eineinhalb Jahren in Finnland entstanden – neben dem *Puntila* – zwei weitere wichtige Stücke, die Brecht gezielt für Amerika konzipierte. Mit dem Stück *Der aufhaltsame Aufstieg des Arturo Ui*, in dem Mussolini bzw. Hitler persifliert wurde, wollte er zeigen, daß Kapitalismus aus Kriminalität und aus Kapitalismus wiederum Faschismus entstehen kann. Diese etwas einseitige Analyse des Faschismus war in eine komödienhafte, im Milieu der Mafia spielende Fabel gebettet, die das Stück nach Brechts damaliger Auffassung für den Broadway geeignet machte.

Der größte Wurf dieser sorgenvollen und doch äußerst fruchtbaren Zeit gelang mit *Der gute Mensch von Sezuan*. Hier hatte Brecht nicht nur alle seine bisherigen Erfahrungen der Lehrstückdramatik und des epischen Theaters konzentriert, sondern auch die Widersprüchlichkeit der conditio feminae – die Lage der Frau – im 20. Jahrhundert auf beispiellose Weise zusammengefaßt. Er hätte das Stück nicht schreiben können, wenn er nicht von drei sehr bewußten emanzipierten Frauen umgeben gewesen wäre. Als Mitarbeiterinnen sind Margarete Steffin und Ruth Berlau genannt. Gewidmet aber ist das Stück Helene Weigel. Ob sie die Shen Te je würde spielen können, war ungewiß. Aber damit war der Maßstab gesetzt, daß nur eine ganz große Schauspielerin diese Rolle übernehmen könne.

Der Bochumer Dramaturg Stephan Bock will herausgefunden haben, daß die poetische Struktur des Stücks eine große

Menge chinesischer Konnotationen enthält. Vom deutschen und bald auch vom europäischen Theater abgeschnitten, habe der Weltkriegesflüchtling Brecht ganz bewußt ein Welttheater schaffen wollen. Es sollte universal verständlich werden. Sein Hoffnungspol war nicht mehr die Sowjetunion, sondern China. Realiter konnte Brecht aber nur versuchen, das Stück an den Broadway zu bringen. In *Der gute Mensch von Sezuan* flossen nicht nur seine seit den zwanziger Jahren aufgehäuften Kenntnisse der chinesischen Kultur ein, sondern auch solche von Steffin. U. a. haben die Personennamen jeweils mindestens eine Bedeutung im Chinesischen. Bock hat ein für Kurt Weill bestimmtes Sezuan-Libretto gefunden, von dem sich Brecht versprach, daß man es am Broadway aufführen könnte. Deshalb, sagt Bock, evoziere der Lautklang der Namen zugleich auch Bedeutungen im Cockney-Englisch, in der Sprache der sozial Deklassierten. Mit diesen Kunstgriffen habe Brecht den multikulturellen Broadway im Auge gehabt, insbesondere Theater mit schwarzen Schauspielern.[51]

Auf Steffins Papiere wartend, erlebte die Gruppe noch den ganzen Winter und das Frühjahr mit sehr kärglicher Ernährung. Nach einer Tagebucheintragung von Sylvi-Kyllikki Kilpi, die den Brecht-Clan – einschließlich der Berlau – des öfteren traf, hatte sich Steffins Tuberkulose gefährlich weiterentwickelt. »Frau Helli« aber »sei freundlich zu allen diesen Frauen Brechts.«[52]

Wohl um Spannungen zu vermindern, hatte Brecht der Berlau eine Phase sexueller Abstinenz vorgeschlagen. Er begründete dies mit intensiver Arbeit und schrieb ihr, »daß ich in Zeiten, wo ich in Arbeiten stecke, ganz und gar unsinnlich werde und mir die harmlosesten Bemerkungen erotischer Art fast unerträglich werden. In solchen Zeiten finde ich jeden Gedanken von Dir, ich könnte hier eine finnische Sommernacht etablieren, schrecklich unadaequat, in der Tat beleidigend. [...] Ich weiß, Du glaubst mir nicht [...].«[53]

In der zweiten Maiwoche hatten schließlich alle ihre Reisepapiere. Die Steffin erhielt als Sekretärin der Wuolijoki ein Besuchervisum für die USA. Zum Teil mit Geld, das Feuchtwanger aus seinen sowjetischen Tantiemen zur Verfügung

stellte, teilweise mit den Honoraren von Steffins dort er-
schienener Übersetzung der Erinnerungen Martin Andersen
Nexös wurden die Zug- und Schiffskarten für sie, Brecht, die
Weigel und die Kinder gekauft. Berlau konnte ihre Reise
selbst bezahlen.

Am 16. Mai fuhren alle gemeinsam nach Leningrad.
Schwerkrank war nicht nur die Steffin. Auch Barbara, die Ziegenpeter hatte, war eigentlich nicht in reisefähigem Zustand.
»Ich bin dann so in dicken Tüchern gehüllt auf die Bahn gekommen, sonst hätten sie [die sowjetischen Grenzbeamten]
mich ja nicht eingelassen.« Was noch niemand wußte: durch
das enge Zusammenleben in Helsinki hatte sich Barbara an
der Tuberkulose der Steffin infiziert. »Ich habe es erst in
Finnland bekommen, aber da war die Steffin ja auch, und es
gab nichts zu essen. [...] aber es ist in Amerika dann entdeckt
worden. Gott sei Dank erst nachdem wir drin waren.«[54]

Die Reise Brechts, seiner Frauen und Kinder durch die Sowjetunion ist oft beschrieben worden. Schon während der ersten Nacht in einem Leningrader Hotel verstärkten sich Steffins Beschwerden. Sie hustete die ganze Nacht. In den ersten
Tagen im Moskauer Hotel Metropol nahm sie noch an den
Gesprächen Brechts und Weigels mit Moskauer Bekannten
teil, übersetzte. Sie erfuhren von weiteren Verhaftungen näch-
ster Freunde.

Zunächst wurde Steffin im Hotel ärztlich betreut. Am
29. Mai mußte sie in ein Krankenhaus überführt werden. Die
Weigel half beim Packen ihrer Habseligkeiten. Brecht brachte
sie in das Krankenhaus. Er versuchte, die Schiffskarten auf
einen späteren Termin umzubuchen, was nicht möglich war.
Michail Apletin, der ihm vom sowjetischen Schriftstellerverband zugeteilte Betreuer, aber auch andere rieten, sofort zu
fahren. Zu groß sei das Risiko des Kriegseintritts der USA, was
die Reiseroute über den Pazifik unsicher machen würde. Nicht
zuletzt riet auch die Steffin selbst dazu. Schon daß ihre Situation die Abreise der Gruppe aus Finnland um Monate verzö-
gert hatte, war eine schwere Belastung für sie gewesen. Der
Dichter und Übersetzer Hugo Huppert[55], der Brecht bei seinen Besuchen im Krankenhaus manchmal begleitete, »konnte

es nicht fassen, daß die Todkranke darauf Wert legte und drängte, die Brechts sollten sofort *ohne* sie weiterreisen. [...] Sie finde sonst nicht Ruhe.« Huppert besuchte die Steffin noch mehrmals nach Brechts Abreise.[56] In erster Linie aber kümmerte sich Maria Osten um sie, die Lebensgefährtin des verhafteten Kolzow, die auch Redakteurin der Zeitschrift *Das Wort* gewesen war. Auch sie sollte bald verhaftet und ermordet werden.

Damit sie, sobald als möglich, nachreisen könne, deponierte Brecht 950 Dollar für die Steffin. Um ihren Lebensmut zu erhalten, ließ er ihr auch einen Teil der Manuskripte zurück.

Am 30. Mai stiegen Brecht, Weigel, die Berlau und die Kinder in die Transsibirische Eisenbahn. Sie wurden von Johannes R. Becher[57] und seiner Frau Lilly zum Zug begleitet. In Moskau war Stefan an Ziegenpeter erkrankt. Bei ihm steckte sich Ruth Berlau an.

Von den Bahnstationen aus war es möglich, daß Brecht täglich mit Margarete Steffin Telegramme austauschte. Am 4. Juni – der Zug hatte bereits den Baikalsee hinter sich gelassen – erhielt er die Nachricht, daß sie am Morgen gestorben war.

»Das vergißt er schnell«, soll die Weigel zur Berlau gesagt haben.[58]

So war es nicht. Die wenigen Spuren persönlicher Trauer, die Brecht in Gedichten und *Journal*en der kommenden Jahre hinterließ, beziehen sich fast alle auf Margarete Steffin. Im August erfuhren er und Weigel auch vom Selbstmord Walter Benjamins.[59]

Nichts ist darüber bekannt, was die Weigel selbst beim Tod der Steffin empfunden hat. Wegen der Kinder wurde wahrscheinlich nicht viel darüber gesprochen. Man spielte Karten. An irgendeiner Station kletterte Barbara aus dem Zug. Erst als er wieder anrollte, wurde sie von einem Mitreisenden in den Zug gehoben. »Sonst wäre ich wahrscheinlich in Sibirien geblieben.«[60]

Am 10. Juni Ankunft in Wladiwostok. Am 13. begann das Schiff, die ›Annie Johnson‹, die Fahrt über den Pazifischen Ozean. Am 22. Juni setzte der Krieg gegen die Sowjetunion ein.

Die Einreise in die USA, im Hafen von San Pedro, verlief am 21. Juli ohne Komplikationen. Lion Feuchtwanger, Dorothy Thompson, Wilhelm Dieterle[61] und Fritz Kortner hatten genügend Geld gesammelt, damit die Gruppe die Summen parat hatte, die dafür erforderlich waren. Politische Fragen blieben aus.

Ruth Berlau fuhr mit »Genossen«, die sie auf dem Schiff kennengelernt hatte, nach Los Angeles weiter.[62]

Noch an Bord hatten Weigel und Brecht gesehen, daß sie von Alexander Granach und Martha Feuchtwanger erwartet wurden. Sie brachten die Familie in eine im voraus gemietete Wohnung nach Hollywood, »rührend eingerichtet vom Granach mit einer Speisekammer, die also alles hatte – vom Alexander Granach«. Was rührend gemeint war, erwies sich besonders für Brecht als schwer erträglich. Der sachliche Einrichtungsstil in Skandinavien hatte ihm zugesagt, die amerikanische Verspieltheit war ihm zuwider. Sein Arbeitszimmer war winzig und hatte – rosa Türen! Außerdem war es nur über die anderen Räume zu erreichen. »Ich hab dann vor das Fenster – das war ebenerdig, hab ich ein paar Tritte gemacht, so daß er aus dem Fenster herausgehen konnte, sonst mußte er immer durch das Zimmer durchgehen, was er haßte.« Mit Hilfe Martha Feuchtwangers konnte Helene Weigel einen Monat später für weniger als 50 Dollar im Monat ein Holzhaus in Santa Monica mieten, »unser erstes gräßliches Häuschen in Amerika«.[63] Brecht fand es immer noch »zu hübsch«[64], hatte aber im Erdgeschoß nun seinen unabhängigen Arbeitsbezirk, wenn auch wohl noch immer keinen eigenen Eingang. Welche Ironie, daß die Weigel Möbel von der Heilsarmee erbitten mußte, eine caritative Organisation, die Brecht und Hauptmann in *Happy End* und *Die heilige Johanna der Schlachthöfe* verspottet hatten. Aber »mit 120 Dollar im Monat« – das war die Unterstützung von Freunden, über die die Familie im ersten Jahr verfügen konnte – »ließen sich im Exil keine Sprünge machen«.[65]

Nun stellte sich bald heraus, daß Barbara an Hylosdrüsentuberkulose erkrankt war. Es muß für die Weigel eine schreckliche Aufregung gewesen sein. Ärztlicher Beistand, das günstige Klima und ausreichende Ernährung waren aber gute Voraussetzungen für die Genesung. Das Kind wurde überfüttert. Die Spiegeleier, die sie nicht aufessen konnte, warf sie aus dem Fenster. Immerhin mußte die Elfjährige ein halbes Jahr lang im Bett liegen. Erst dann konnte sie zur Schule gehen. Obwohl sie wieder eine neue Sprache zu lernen hatte, kam sie »mühelos zurecht, mit ganz wenig Arbeit. [...] Amerikanische Schulen sind ja nicht die besten.«[66]

Eine Weile noch wurde der Umzug nach New York erwogen, wo Brecht eher Intellektuelle, besonders auch junge Leute vermutete, die seine Arbeit verstehen und unterstützen würden. Er wollte gerne an Piscators Dramatic Workshop mit Studenten arbeiten, mit diesen zusammen ein neues Stück schreiben. Im September 1941 teilte er dem Freund mit, daß er und die Seinen zur Not auch vom »Existenzminimum« leben und »etwas außerhalb wohnen« könnten. Einstweilen fehle ihm aber sogar das Geld, um nach New York zu fahren. Dort lebte damals auch Elisabeth Hauptmann mit Horst Baerensprung zusammen, dem ebenfalls emigrierten ehemaligen Polizeipräsidenten von Magdeburg. Sie spielte bereits wieder die Rolle einer Relaisstation für Brechtmanuskripte. Von ihr hatte Piscator sowohl *Der gute Mensch von Sezuan* als auch *Arturo Ui* bekommen. Er bemühte sich um Aufführungsmöglichkeiten, ohne Erfolg.[67] Interesse am *Arturo Ui* meldete auch Berthold Viertel[68] an, ein ebenfalls emigrierter Regisseur, der bereits seit 1922 mit Brecht befreundet war. Er hatte sich schon in Deutschland mehrfach um Inszenierungen seiner Stücke bemüht, was auf Grund ungünstiger Umstände nicht zustande gekommen war. Brecht schrieb ihm im Herbst 1941: »Natürlich wäre ich an einer Aufführung des *Ui*, von Ihnen gemacht, sehr interessiert, ob in der Schauspielschule oder außerhalb.«[69] Auch dieser Plan zerschlug sich. Aber zwischen Brecht/Weigel und Viertel sowie dessen Frau Salka entwickelte sich eine herzliche Freundschaft. Salka Viertel war damals eine erfolgreiche Drehbuchautorin, sie arbeitete für Greta Garbo. Der in einer pompösen Villa in Pacific Palisades wohnende Lion Feuchtwanger riet Brecht, zunächst in Hollywood zu bleiben. Die Filmindustrie böte wahrscheinlich schnellere und bessere Möglichkeiten, wenigstens Geld zu verdienen.

Und vielleicht würde es hier auch Arbeit für die Weigel geben?

Ruth Berlau, die ein Zimmer in der Nähe von Brechts Haus gemietet hatte, erzählte Bunge, daß er im ganzen Rest des Jahres 1941 nicht mehr an Stücken gearbeitet habe. Mit ihr und einem renommierten Filmautor namens Robert Thoeren hätte er sofort begonnen, Filmskripte zu schreiben, an denen er insgesamt jedoch nur einige hundert Dollar verdient habe. Obwohl Brecht versuchte, das Filmeschreiben als notwendige Brotarbeit aufzufassen und sich immer wieder auch zu Kompromissen zwang, löste er sich nie genug von seinen eigenen ästhetischen und politischen Vorstellungen, um in Hollywood relevante Einnahmen zu erzielen. Als origineller Autor bekannt, fand er jedoch immer wieder Mitarbeiter, die bereit waren, an seinen bizarren Geschichten eine Weile mitzuschreiben. U. a. kam es auch einmal mit Salka Viertel zu dem Versuch, ein kommerzielles Filmskript zu entwickeln. Schließlich arbeitete er sogar mit ihren beiden Söhnen Hans und John zusammen.[70] Ruth Berlau schließlich mochte das Filmeschreiben unter den Bedingungen von Hollywood auch nicht.

Zwischen Weigel und Berlau konnte es nicht zu ähnlicher Koexistenz kommen, wie sie sich zwischen Weigel und Steffin etabliert hatte. Abgesehen davon, daß Berlau die Steffin weder als Sekretärin noch als Mitschreiberin Brechts ersetzen konnte, hatte sie auch nicht wie diese den Status quo akzeptiert. Auf Grund ihrer Armut und ihrer Krankheit hatte es für Steffin auch keine andere Überlebensmöglichkeit gegeben. Berlau dagegen verfolgte offen ihr Ziel, Brecht ganz für sich zu gewinnen. Die ohnehin zwischen Weigel und ihr schon lange vorhandenen Spannungen mußten jetzt zunehmen. Das führte aber dazu, daß sich die Berlau entschloß, in New York Arbeit zu suchen. Sie bekam tatsächlich eine Anstellung beim Office of War Information, als Rundfunksprecherin für dänische Sendungen.

Durch ihre überraschende Abreise im Mai 1942 wollte sie Brecht wohl unter Druck setzen, sich zwischen ihr und Weigel zu entscheiden. Genau das kam für ihn aber nicht in Frage.

Er bat sie vielmehr, daß sie »nicht so sauer schreiben« solle
»über 817« – das war die Nummer von seinem und Weigels
Haus. Zwar sei es »doch klar, daß ich gern in New York mit
Dir wäre. Es ist immer noch dieselbe Frage: wie kann ich hier
etwas Sicherheit schaffen? Dazu muß ich was verdienen, [...].
Es ist aber gut, wenn Du Dich umschaust, für den Fall, daß
wir hin können.«[71] Mit dem »wir« war die ganze Familie gemeint. Die Berlau reagierte mit Depressionen und Zweifeln.
Immer wieder mußte er ihr versichern, »daß nichts von dem,
was ich Dir in dem Brief schrieb, den ich für Dich in Stockholm zurückließ, [...] im geringsten überholt sei«.[72] Es sei
»falsch, wenn Du glaubst, ich hielte Dich für kleiner als irgend jemanden anders. Ich sah immer, wenn Du schlecht behandelt wurdest, tat oft etwas dagegen, aber was soll ich viel
tun können, wenn ich nicht mehr gut bin mit Helli? Du darfst
nicht von ›erst-müssen-wir-alles-zwischen-uns-ordnen‹ reden. So was ist schrecklich.«[73]

Was mit dem Satzabschnitt »was soll ich viel tun können,
wenn ich nicht mehr gut bin mit Helli?« gemeint ist, scheint
dunkel. Es klingt hilflos. Ich schlage vor, das wörtlich zu nehmen. Er konnte und wollte ohne die Weigel nicht leben. Und
das keinesfalls nur, weil sie ihm auch unter schwierigsten Verhältnissen die Bedingungen schuf, die für seine Arbeit notwendig waren. Sie war ja auch die lebendige Inkarnation dieser Arbeit selbst, auch und gerade weil dies im Augenblick in
der Öffentlichkeit nicht manifestierbar war. Niemand wußte
besser als Brecht selber, daß es ohne sie viel schwieriger werden würde zu zeigen, wie er sich die Erneuerung des Theaters
vorstellte. Außerdem war es überhaupt nicht seine Art, bestehende Loyalitäten aufzukündigen.

Er wollte dies allerdings auch gegenüber Ruth Berlau nicht
tun. Um eine Reise Brechts nach New York zu ermöglichen,
legten beide eine speziell dafür gedachte Sparkasse an, die vor
allem die Berlau füllen konnte, weil sie beim Office of War Information gut verdiente. Er kam im November 1943 für vier
Monate nach New York. Durch ihre ständige Präsenz dort
war es Berlau möglich, auch für ihn Verbindungen zu den dortigen Emigranten sowie Arbeitskontakte herzustellen und zu
pflegen. Es bereitete ihr natürlich Kummer zu spüren, daß sie

Brecht vor allem damit nach New York locken konnte: »Nach Santa Monica fuhr oder flog ich nur, wenn ich mit Brecht etwas schreiben wollte, wie andererseits Brecht nur nach New York kam, wenn eine Arbeit damit verbunden war.«[74]

Ganz so war es nicht. Von den sechs Jahren in den USA brachte Brecht aber insgesamt nur elf Monate in New York zu. Aber es blieb dabei, daß es Berlau viel schwerer fiel als Weigel und Steffin, zu erkennen, daß er Fürsorge oder gemeinsame Arbeit tatsächlich auch mit ehrlicher Zuneigung vergalt. Um sich dieser Zuneigung zu vergewissern, brauchte sie täglich Briefe, Telegramme, Telefonanrufe. Oft stand sie am Rande von Depressionen. Um sie zu beruhigen, mußte Brecht ihr vormachen, daß sein Familienleben in Santa Monica eigentlich nur noch pro forma existierte.

Barbara Brecht erinnert sich aber nicht, daß das Familienleben gestört gewesen sei: »Abends ging das Gespräch auch um uns Kinder. Das war eine ganz normale Familie, eine sehr gute! Wir haben immer Abendessen zusammen gegessen, und dann ging das Gespräch hier und dort und überall hin.« Der Vater habe sich »auch dafür interessiert, was wir in der Schule machten. Abends und beim Mittagessen.« Stefan wurde von Brecht schon lange herausgefordert, sich literarische Urteile zu bilden, nicht nur zu dem, was er selber gerade arbeitete. Barbara entwickelte sich in Amerika zu einer Liebhaberin elisabethanischer Dichtung und konnte ihrem Vater auf diesem Gebiet Tips geben. Sie dichtete auch selbst in amerikanischem Englisch. Um ihre Fähigkeit, »aus dem Handgelenk« amerikanisch reimen zu können, habe er sie beneidet.[75]

Brechts Treue zu Ruth Berlau hat die Weigel eher dauerhaft geärgert als dauerhaft beunruhigt. Sie selbst hatte Brecht gehalten, indem sie jede eifersüchtige Haltung ablegte. Diese Frau hielt ihn, obwohl oder gerade weil sie an Eifersucht litt. Und nachdem Ruth Berlau im Sommer 1944 wegen ihrer Mitgliedschaft in der dänischen Kommunistischen Partei ihre Arbeit beim Office of War Information verlor, fürchtete die Weigel nicht zu Unrecht, daß ihr Familienbudget auch deshalb so mager war, weil Brecht die Berlau unterstützte. »Helli hat es sehr übel genommen, daß er sie so – so schändlich behandelt hat in der Emigration, wo sie sich nicht wehren konnte, aus finanziellen Gründen nämlich ganz einfach.«[76]

Es war allerdings nicht ihre Art, sich tragischen Stimmungen hinzugeben, zumindest nicht für längere Zeit. Ihren Humor verlor sie nie. Auch hat die Weigel im Gegensatz zur Berlau immer genau gewußt, was sie von Brecht erwarten konnte und was nicht. Und ihre Lebenskunst bestand darin, am Möglichen zu bauen anstatt Unmögliches zu verlangen.

Aus diesen Jahren sind einige undatierte Briefe Helene Weigels an Karin Michaelis erhalten, die in New York eine bescheidene Existenz fristete. Aus ihnen geht hervor, daß diese noch immer ihre mütterliche Vertraute war, der sie auch Selbstzweifel mitteilte, die sie manchmal doch überkamen. So fragte sie sich durchaus, ob es denn richtig gewesen sei, daß sie im Zusammenleben mit Brecht die Eifersucht beiseite geschoben hatte: »Mit mir ist alles beim alten, ich könnte mit einigem Nachdenken einige Trauerspiele aus meinem Leben machen, will aber absolut nicht, wahrscheinlich ist das Fehlen von Weiberei bei mir das dümmste was ich machen kann. Sonst bin ich betrübt, daß ich nicht nach New York konnte. [...] Ob Du in diesem doven Land Erfolg hast oder nicht ist so wurscht. Du bist doch die dänische Königin [...].«[77] Und »Ich bin auch nicht dicker geworden und bin schlechter Laune. [...] Mein bescheidener Lebenszweck schrumpft mehr und mehr zusammen. Und ich bring es nicht mehr fertig, mich wichtig zu nehmen.«[78]

In der Tat führte die Weigel – im Vergleich zu ihrem früheren Leben – in den USA nur eine Schattenexistenz. Vollkommen abhängig von Brecht.

In der ebenfalls realistischen Einschätzung, daß ihr Hollywood nicht sofort zu Füßen liegen würde, hatte die Weigel im Herbst 1941 ihrer alten Freundin Elisabeth Bergner *Der Gute Mensch von Sezuan* zu lesen gegeben. Bergner war in Deutschland ein Star gewesen, hatte in der englischen Emigration Erfolg gehabt. Seit 1940 lebte sie mit ihrem Mann, dem Regisseur und Produzenten Paul Czinner, in den USA. Auch hier war sie gut beschäftigt. Wenn sie an der Rolle der Shen Te interessiert gewesen wäre, hätte man das Stück vielleicht auf die

Bühne bringen können. »Helli meinte, es würde ihr gefallen«, steht am 20. November 1941 in Brechts *Journal*, »und hat ihr zuvor die Fabel erzählt. Von der Lektüre war sie sehr enttäuscht, sie fand es ›so langweilig wie großartig‹, alles unheimlich und dramatisch, jeden Augenblick konnte sie die Lektüre unterbrechen, niemand wird sich im geringsten interessieren [...].«[79] Noch schlimmer war, daß weder der in den USA so erfolgreiche Kurt Weill noch der dort mit einer Musikprofessur gesegnete Hanns Eisler Bedeutung und Schönheit des Stücks erkannten. Sie lehnten ab, dafür die Musik zu komponieren. Das geschah erst 1947 durch Paul Dessau.[80]

Ebenfalls im November fand in einem jüdischen Club in Hollywood ein Rezitationsabend statt, auf dem auch Brecht-Gedichte vorgetragen wurden. Der Veranstalter war bereit, einen ganzen Brecht-Abend zu organisieren, stellte aber die Bedingung, daß Fritzi Massary[81] *Die jüdische Frau* spielen sollte. »Ich wollte das nicht, da ja Helli viel besser und die *Carrar* nicht gesichert ist. Aber da hatte sich die Massary schon geweigert, bei einem Brechtabend aufzutreten [...]. Der Abend fällt, es sind Widerstände da ...«[82]

Trotz ihrer »sauren« Briefe »über 817« wußte auch Ruth Berlau, daß die Dreieckssituation erträglicher werden könnte, wenn sich für Helene Weigel Arbeitsperspektiven ergeben würden. In Washington, wo sie Anfang Mai 1942 an einem Frauenkongreß teilnahm, hatte sie wahrscheinlich vom Plan Berthold Viertels gehört, einige Szenen aus *Furcht und Elend des Dritten Reiches* in New York in deutscher Sprache aufzuführen. Dem sich ebenfalls in New York aufhaltenden Wieland Herzfelde schrieb sie am 12. Mai, ob es nicht möglich wäre, daß die Weigel »ihre wunderbare *Jüdische Frau* spielen könnte? [...] wenn Ihr 100 $ zusammen kriegen könntet (ich gebe 5 $) und ein Telegramm schicken und man bekommt etwas wirklich Großes. Ihnen brauche ich ja nicht zu sagen, daß sie die größte jetzt lebende Schauspielerin ist und daß *Weigels jüdische Frau* ein Erlebnis ist, das Kraft gibt, weiter zu kämpfen. Die Weigel braucht keine Proben, sie hat das ja oft gespielt, Sie wissen, z. B. in Paris [...]. Schickt ihr ein Telegramm und sichert ihr die Reise, das ist sowas wie 100 $, Ihr findet wohl 10 Leute, die jeder 10 $ geben, Viertel kann doch sicher auch

Leute finden. Ich erhöhe meinen Beitrag auf 10 S. [...] Alle werden jedenfalls danach verstehen, daß das 100 $ wert war. Unterbringen die eine Nacht in New York können wir sie doch sicher leicht, sie kann sicher bei Lou [Eisler] sein. Das ist also nur die Reise.«[83]

Wie aus einem Dankesbrief Brechts an Viertel hervorgeht,[84] hatte die von der Tribüne für freie deutsche Literatur und Kunst in Amerika zugunsten eines Hilfskomitees für Antifaschisten veranstaltete Vorstellung am 28. Mai stattgefunden und wurde am 14. Juni noch einmal wiederholt – aber ohne die Weigel. Diese New Yorker Aufführung hatte auch Karin Michaelis gesehen. Sie war begeistert.[85]

Im August 1942 waren Brecht und Weigel innerhalb von Santa Monica nochmals umgezogen, in ihr definitives Domizil in Kalifornien, die Nr. 1063 in der 26. Straße. Haus und Garten sagten Brecht diesmal sehr zu. An Ruth Berlau, die immer noch vergeblich darauf wartete, daß er sie in New York besuchen würde, schrieb er Ende Juli/Anfang August, daß er bei der Wahl der Wohngegend darauf achten würde, daß auch sie in unmittelbarer Nähe unterkommen könne.[86] Im nächsten Brief erhielt sie sogar eine Zeichnung der unteren Etage, aus der hervorging, daß sie durch einen separaten Eingang von der Straße her in sein Arbeitszimmer kommen konnte, d. h. ohne der Weigel begegnen zu müssen.[87] Das galt freilich generell für die vielen Arbeitsbesuche, die Brecht empfing. Berlaus Aufenthalt in Brechts Zimmer sollte und konnte nicht geheim bleiben, denn es grenzte an die Küche und ein Wohnzimmer.

Weigel und Brecht war es angenehm, daß dieses Haus etwas historische Patina besaß. Es war etwa dreißig Jahre alt. Für Hollywood war das bereits viel. Wenn die finanzielle Lage auch keinesfalls rosig war, konnte die Weigel nun aber doch wenigstens ihrer Leidenschaft nachgehen, dem Haus allmählich einen Stil zu verleihen, der Brechts und ihrem Geschmack entsprach. Zusammen mit der ähnlich interessierten und kunstgeschichtlich gebildeten Frau des emigrierten Schauspielers Paul Henried[88] besuchte sie Flohmärkte, wo sie für wenig Geld gebrauchte Haushaltsgegenstände und alte Möbel

kaufte. »Da ich unter meinen damaligen Verhältnissen An-
tiquitätenläden nicht betreten konnte, suchte ich in Second-
Hand-Shops und fand hin und wieder einen Teller oder eine
Tasse, die mir gefielen. So habe ich mir das zusammengekauft,
und am Schluß hatte ich ein zauberhaftes Geschirr.«[89] Brecht,
der ihren »Spürsinn« für solche Dinge bewunderte, fand nun
»herrliche alte Tische mit erstaunlicher Behandlung des Hol-
zes« vor und »kupferne Spucknäpfe, die zu Lampen ummon-
tiert sind. Es scheint durchaus, daß Amerika eine Kulturna-
tion gewesen ist.«[90] Auch als das Haus eingerichtet war, setzte
die Weigel ihre Fischzüge auf den Flohmärkten fort. Sie er-
warb weiter abgenutzte Möbel und arbeitete sie selber so fach-
gerecht auf, daß sie mit beträchtlichem Gewinn weiterverkau-
fen konnte. Sie lernte auch mit Leder umzugehen und Bücher
und Manuskripte einzubinden, was Brecht außerordentlich
gefiel. Nur eines, was ihm auch nützlich gewesen wäre, lernte
sie nicht: Schreibmaschine schreiben. Es verursachte ihr Seh-
nenscheidentzündung.

Für sich selbst, aber auch für Barbara, die die Kleiderkon-
kurrenz der Teenager in der Schule mit Drugstore-Ware nicht
gut bestreiten konnte, nähte die Weigel vieles selbst. Um
einen Rock von damals tut es der Tochter heute noch leid:
»der war aus einer mexikanischen Gardine und war unglaublich schön«. Und als Barbara Ingrid Bergmans Frisur kopieren
wollte, der Frisör ihr aber eine Dauerwelle verpaßte, hat sich
Helli »dann jede Woche einmal hingestellt und hat mir hun-
derttausend ›pincurls‹ gemacht«.[91]

In Hollywood fand unter den zahlreichen Emigranten aus
Deutschland ein reges gesellschaftliches Leben statt. Soweit
es dabei um Diskussionen über politische oder Arbeitsfragen
ging, nahmen auch Brecht und Weigel gern daran teil. Natürlich unterhielt die Weigel – auch wenn sie finanziell noch so
knapp war – wieder ihren eigenen Salon. Ida Pozner (Brecht
arbeitete seit 1943 auch mit Vladimir Pozner[92] an verschiedenen Drehbuchprojekten) erinnerte sich: »Sie kochte und
empfing Freunde. Und wir waren mal an einem Abend da, als
Eisler auch da war, sie hat ein Essen gekocht. Mein Hauptein-
druck von ihr war diese Freundlichkeit, Einfachheit und Mut.
Und dann hat sie uns rausgenommen, da hatte sie einen

großen Feigenbaum, und dann hat sie gesagt: ›Ich geb euch Feigen‹. Und dann hat sie die Feigen abgepflückt oder gesammelt, ich weiß nicht mehr. So ist es immer geblieben.«[93]

Martha Feuchtwanger »hat oft das Herz weh getan, wenn ich dieses Talent, dieses Genie ungenützt sah, wenn ich Helene Weigel schrubbern, nähen, tapezieren und kochen sah. Sie hat es immer verstanden, um Brecht und um alle seine, ihre Freunde eine Atmosphäre des Zusammenseins zu schaffen; und wenn auch Brecht sich weigerte, die selbstgezüchteten Schwammerln zu essen, wir waren immer glücklich, unsere Füße unter ihren Tisch zu setzen. Das war eine alte Tradition: den Weihnachtsabend verbrachten wir bei Brechts, hier in Los Angeles, wo wir es taten wie vor langer Zeit in Berlin.«[94] Die Erwähnung von Schwammerln – Pilzen – zeigt, daß sie keineswegs nur in Hinblick auf Brecht plante und kochte. Um sich selbst, vielleicht den Kindern und ihren Gästen solche in der Wüste eigentlich unmöglichen Genüsse zu verschaffen, ließ sie Pferdedung anfahren, auf dem sie die Pilze dann züchtete.[95]

Das Weihnachtsfest wurde nicht nur mit alten und neuen Freunden, sondern auch sehr deutsch vorbereitet und gefeiert. In der Hoffnung, daß der zur Armee eingezogene Sohn heimkommen könnte, schrieb Brecht am 18. Dezember 1944 an Stefan: »Im Hause finden gigantische Vorbereitungen der Weihnachtsfeier statt. Helli näht unzählige Jacken, Nachthemden usw. und backt unzählige Stollen. Barbara nimmt Anleihen auf, die sie für 50 Jahre versklaven.«[96]

Weigels Fürsorge für Brecht umfaßte nicht das Frühstück: »Frühstück wurde allein zubereitet, zwar vorbereitet, ein Tablett, und der Brecht machte sich seinen Tee oder den Kaffee allein. Er stand früh auf. Er sagte auch so ungern ›Guten Morgen‹ [...] – und dann ging er an seine Papierchen sofort, arbeitete fast immer am Vormittag bis zum Mittagessen, nach dem Mittagessen hat er sich so zehn Minuten hingelegt, dann kramte er, las er, dann kamen Gespräche, Gespräche kamen eigentlich mehr am Abend.«[97]

Zwischen Lou, der Frau von Hanns Eisler, und der Weigel bestand eine Konkurrenz hinsichtlich der von beiden organisierten Partys mit Berühmtheiten. Ein Problem war, daß sich Brecht mit Lou nicht verstand. Diese rächte sich, indem sie

Brecht und Weigel nie einlud, wenn Charlie Chaplin bei ihnen war, den sie schon lange gerne kennenlernen wollten. Ruth Berlau erinnerte sich: »Wegen dieser merkwürdigen Taktik [...] entwickelte nun Helli wieder den Ehrgeiz, zu ihren Abenden mit berühmten Leuten die Eislers nicht einzuladen. Helli hatte [Charles] Laughton gekapert, aber Lou hatte Chaplin. Beide hatten einen Trumpf.« Berlau, die sich mit Lou Eisler gut verstand, setzte schließlich das Ende der Chaplin-Blockade durch.[98] Brecht hätte gern mit Chaplin gearbeitet. Von dessen Seite kam ihm gegenüber aber nur Respekt und Freundschaft auf, kein tieferes Verständnis. Barbara Brecht erzählt jedoch, daß sie ihren ersten Kuß von Chaplin bekommen habe, »ganz keusch, auf der Treppe, bei Salka Viertel zu Silvester«.[99]

An den nun in New York lebenden Karl Korsch, mit dem Brecht 1942 den Austausch über aktuelle politische und marxismusphilosophische Fragen wieder aufnehmen wollte, schrieb er über seine familiäre Situation: »Helli geht es, glaube ich, gut, sie arbeitet wieder einmal einen kleinen Garten um und hat eine kleine Aussicht auf eine Rolle. Steff studiert Chemie, fährt einen 1928 Ford und hat eine Sammlung elisabethanischer Dramatiker. Barbara ist auf der Junior high, was immer das bedeuten mag, und bekommt eine Büste.«[100]

Die »kleine Rolle« für die Weigel, von der hier die Rede war, ergab sich im Zusammenhang mit gemeinsamer Arbeit an einem Filmskript zwischen Brecht und Fritz Lang, dem berühmten deutschen Filmregisseur. Es ging um einen Stoff über ein Attentat, das auf Reinhard Heydrich, den deutschen Reichsprotektor von Böhmen und Mähren, verübt worden war. Die Arbeit mit Lang – den Brecht für einen Freund hielt – und zu der auch der bekannte Bühnen- und Filmautor John Wexley eingeschaltet wurde, war konfliktgeladen, weil es Brecht nicht genügte, die Spannungsmomente der Fabel herauszuarbeiten, während das gesellschaftliche Milieu des besetzten Prag zu einer überschminkten Hollywoodkulisse zurechtgetrimmt wurde. Ein Nebenproblem war, daß der in Deutschland so berühmte, in Hollywood aber chancenlose Fritz Kortner Brecht böse war, daß er ihm in das Skript keine

Rolle hineingeschrieben hatte.[101] Das war Brecht nur hinsichtlich der Weigel gelungen. Sie sollte eine alte Gemüsefrau spielen, die verhört wird. »Man stellt ihr einen Stuhl hin, und dieser Stuhl ist so präpariert, daß dauernd das oberste Brett der Lehne herunterfällt. Die Frau wird gezwungen, das Brett jedesmal aufzuheben. Man will sie nervös machen. Zu Recht hatte die Rolle kaum Text, denn Weigels deutscher Akzent im Englischen hörte sich grauenvoll an.«[102]

Fritz Lang – der der Weigel 1926 eine Statistenrolle in *Metropolis* gegeben hatte – beraumte Probeaufnahmen mit ihr an und ließ dann nichts mehr von sich hören. Er strich sie von der Liste der Darsteller, ohne ihr oder Brecht etwas davon zu sagen. Am 24. November beklagte dieser in seinem Journal die »besonders rüde Art, in der Lang die strikte Abmachung, die Rolle einer Gemüsefrau in unserer Story der Weigel zu geben, brach – er versteifte sich auf Akzentfreiheit [...], machte einen flüchtigen Tontest, versprach einen Totaltest, ließ sie darauf warten und arbeiten und drehte dann einfach die erste Szene mit jemand anderm, ohne es auch nur mitzuteilen [...].« Brecht stellte fest, daß »die alte Verpflichtung, gegen private Unmoralität heftig zu reagieren, [...] angesichts der allgemeinen Zustände als verfallen angesehen werden [muß ...]. Selbst der Freund hat schnell die Grenze erreicht, jenseits welcher er keinen Anspruch mehr auf Empörung erheben kann. [...] Andererseits kann man die Empörung, diesen sozial so produktiven Affekt, nicht nur gegen die Verhältnisse lenken, weil man sonst die Verhältnisse völlig entpersonifizierte, überhaupt nicht mehr mit Menschen besetzte [...].«[103] Brecht zog jedenfalls die persönliche Konsequenz: er verließ definitiv Langs Studio. Die bereits von ihm geleistete Arbeit brachte 5000 Dollar ein, 10000 Dollar wären das übliche Honorar gewesen. Immerhin war damit aber die Phase größter materieller Beschränkungen in den USA beendet.

Erst 1944 hatte die Weigel eine Chance in Hollywood. Damals drehte Fred Zinnemann mit Spencer Tracy in der Hauptrolle einen Film nach Anna Seghers' Roman *Das siebte Kreuz*. Hier bekam sie eine winzige stumme Rolle, eine Hauswartsfrau. Nur dreißig Sekunden war sie auf der Leinwand zu sehen. Nie habe sie pro Sekunde so viel verdient, sagte sie der Freundin Salka Viertel scherzhaft. Es blieb ihr einziger künstlerischer Verdienst in den Staaten.[104] Nur im ersten Jahr ihres Aufenthalts in Hollywood war es ihr auch gelungen, ein wenig Schauspielunterricht zu geben – einer unbekannt bleibenden Actrice ungarischen Ursprungs.

Ansonsten beschränkte sich ihr Dasein auf die Kinder und das Haus – letzteres freilich mit einem auch für sie selbst keineswegs uninteressantem Salon. Nicht wenige der hier geknüpften oder erneuerten Freundschaften behielten Bedeutung für die spätere Intendantin.

In Kalifornien lebten Weigel und Brecht in einer multikulturellen Gesellschaft. Brecht verfolgte eine Weile den Plan einer Aufführung der *Dreigroschenoper* mit einem Theater von Farbigen. Aus der Sache wurde nichts, Weill war dagegen. Eine Aufführung mit Farbigen, meinte er, würde das Prestige des Werkes schmälern, eine New Yorker Aufführung käme dann nie mehr zustande.

Es lebten damals auch schon viele Asiaten an der Ostküste, Chinesen und – bis zum Angriff auf Pearl Harbor – auch Japaner. Nach der Kriegserklärung der USA wurden letztere interniert. Nirgendwo hatten Weigel und Brecht ihre asiatischen Interessen so ausleben können wie hier. Das Badezimmer im neuen Haus war mit chinesischen Zeitungen tapeziert. Am 16. November 1941 hielt Brecht im *Journal* fest, daß er in Chinatown einen kleinen chinesischen Glücksgott gekauft hätte.[105] Am 25. Dezember fuhr er »früh sieben Uhr« nach Los Angeles, um »für Helli einen Schminkspiegel zu besorgen. Entreiße einem Chinesen den vierteiligen Rahmen und lasse Spiegel einsetzen. Sehe wieder einmal, wie sehr es hier drauf ankommt, daß man dem Handwerker sagt, wozu, warum und wie, kurz, daraus eine persönliche Sache macht.« Der chinesische Schminkspiegel war ein Weihnachtsgeschenk. »Abends, um den Baum, Elisabeth Bergner, Czinner, Feuchtwanger, Granach, später Lang.«[106]

Am 9. Juni 1943 trug Brecht ins *Journal* ein, daß er von dem chinesischen Autor und Schauspieler Tsiang zu einer Vorstellung zweier langer Einakter eingeladen worden war, wofür dieser ein Lokal gemietet habe. Das sehr interessante

Spiel integriere asiatische und westliche Ausdrucksformen, »mit einigem Stanislawski drinnen, jedoch begrüßt mich Tsiang feierlich als den ›founder of the epic theater‹.« Brecht lädt Tsiang ebenfalls ein. Er »demonstriert Helli und mir einiges. Er zeigt, wie die Chinesen, einen Stock als Gewehr hantierend, einfach den Stock als Symbol für das Gewehr nehmen.«[107] Tsiang war auch am 25. Juli bei Brecht/Weigel und hat mit anderen Freunden – darunter Kortner und Viertel – eine Radiosendung über Mussolini mit verfolgt.[108] Am 8. August offenbarte er sich erneut als außerordentlich politisierter Mensch. Er sagte, »daß die Deutschen (und Japaner) auch ihre Herren« eines Tages »besser bekämpfen werden. […] Die Idee der Freiheit ist keine ›natürliche‹ Idee. Und die Schurkereien eines Regimes werden selten von den Untertanen als die ihrigen oder die von ihnen zu verantwortenden gewertet, ein zu großer Teil davon wird an ihnen selber verübt.«[109] Auch am 15. August war Tsiang zu Gast. Anwesend waren noch »eine junge amerikanische Schauspielerin, ein amerikanischer Schauspieler, Granach. Ich stellte die Frage, warum sie spielen. Die Amerikaner sagen: um sich auszudrücken; um die kreativen Fähigkeiten zu betätigen usw. […] Tsiang spielt, weil er Leute liebt und Leute haßt, so empfiehlt er oder diskreditiert er sie.«[110] Am 30. Juni 1944 ist Tsiang noch einmal als Anwesender bei einer Lesung des *König Lear* durch Charles Laughton erwähnt.[111]

Tsiang war wahrscheinlich nicht der einzige asiatische Schauspieler, den die Weigel in Kalifornien studieren konnte. Vor allem aber hat sie sicher auch den Gang und die Haltung der Asiaten im Alltag beobachtet und sich nach und nach weitere Elemente ihres Habitus angeeignet. Zu ihrem Tagesprogramm gehörten nicht nur Stimm-, sondern auch Körperübungen, letztere schon, seit sie in Eugenia Schwarzwalds Schule gegangen war.

In sein *Journal* klebte Brecht Zeitungsfotos über Kriegsereignisse, die ihn berührten. Ein Foto, das er im April 1942 eingeklebt hatte, bekam für die Weigel besondere Bedeutung: Nach einem japanischen Luftangriff auf Singapur kauert eine Frau vor ihrem getöteten Kind. Sie hat den Mund weit aufgerissen – zu einem lautlosen Schrei, der durch die Fotografie

Gemälde von Ernst van Leyden: *Bertolt Brecht und Helene Weigel senden Nachrichten nach Deutschland,* New York 1944

verewigt scheint.[112] Aus diesem Gestus entwickelte sie den ›stummen Schrei‹ für die Courage, wenn ihr Sohn, der Schweizerkas, erschossen wird. (Siehe Abbildung Seite 227)

Wenn man sich das Foto der im Halbprofil abgebildeten Asiatin anschaut, erkennt man leicht, daß die Weigel hier nicht nur den ›stummen Schrei‹ entlehnt, sondern wohl ihr ganzes späteres Aussehen nach diesem Bild modelliert hat. Ganz entgegen dem damaligen Modetrend, der verlangte, die kurzgeschnittenen Haare der Frauen in luftige Locken zu legen, ließ sie die Haare wachsen und trug sie fortan nach hinten gekämmt, zu einem Knoten gebunden. Diese für Schauspielerinnen manchmal so wichtige Neumodellierung des Äußeren vollzog die Weigel in der Einsamkeit des Exils, mitverfolgt nur von Brecht. Sie wußte nicht, ob das alles noch einmal eine professionelle Bedeutung bekommen könnte.

Trotzdem muß sie damals auch ihre seit jeher von der Kritik gelobten ›Gänge‹ perfektioniert haben. Hier machte eine Kopie der Asiatinnen – wie bereits dargelegt – keinen Sinn. Aber weder Brecht noch Weigel haben sich gescheut, auch mal von der Unterhaltungsindustrie etwas zu übernehmen. In den USA kam jedenfalls noch ein neuer Gang der Weigel hinzu, von dem Sexstar Mae West[113] inspiriert, den Brecht den

›Millionen-Dollar-Gang‹ nannte.[114] Ein reichliches Jahrzehnt später sollte dieser Gang nicht nur auf das Publikum »erotisch, sexuell aufregend« wirken, sondern auch auf ihren Schwiegersohn Ekkehard Schall[115], der im *Kaukasischen Kreidekreis* den Adjutanten spielte. Als Gouverneursfrau hatte die Weigel »von Portal zu Portal« auf ihn zuzugehen. »Doch, ich war viel größer, weil ich sehr hohe Absätze hatte.« Sie kam im »Millionen-Dollar-Gang« und drückte »den Kopf ganz starr in den Nacken [...]. Und sie hatte eine Halbmaske mit großen ausgeschnittenen Augenlöchern und diese glatte Maskenstirn, da guckten zwei so wunderschöne große Augen hervor und der große, in diesem Gang hochgeschürzte Mund, die Lippen, waren so eindringlich. [...] bei den vielen jüngeren Frauen, mit denen ich gespielt habe, die sozusagen meines Alters waren und mit denen ich auch Rollen spielte so in der Weise, ist mir das nie passiert. Bei der Helli passierte es fast bei jedem Mal, wenn sie auf mich zukam, daß ich mich erstaunt erotisiert fand. [...] Das war schon kein Arrangement mehr zeitweise, sondern es war ja eine Choreographie und das konnte sie eben auch.«[116]

Während Karin Michaelis vielen Menschen das Exil über viele Jahre ermöglicht und erleichtert hatte, erwies sich ihr eigenes Exil als sehr schwer. Sie hatte in den USA Probleme, »ihre Aufenthaltsgenehmigung verlängert zu bekommen, und finanziell war sie von ihren Einnahmen in Europa abgeschnitten. Sie mußte Darlehen bei der dänischen Gesandtschaft aufnehmen, billiges Essen vom Tag vorher kaufen, ja, sie mußte sogar leere Flaschen verkaufen, um existieren zu können.« Außer ihre Lebenserinnerungen *Little troll – Der kleine Kobold –* (1946) konnte sie in den USA nichts publizieren. Selten bekam sie Gelegenheitsarbeit.[117] In den letzten Kriegsjahren konnte sie im Radio Vorträge für Dänemark halten. Das hatte wahrscheinlich Ruth Berlau vermittelt. Mit ihr und deren Arbeitskollegin und Wohnungsgenossin Ida Bachmann pflegte die Michaelis in New York freundschaftliche Kontakte.

Die schreibträge Weigel hatte sich erst ein dreiviertel Jahr nach ihrer Ankunft in Kalifornien brieflich bei Michaelis gemeldet. Sie bekundete ein »schlechtes Gewissen und was Du willst, aber ich habe viel zu tun, das heißt keine wirkliche Arbeit, aber Haushalt, Leute und Dreck wegputzen. Und schreiben, weisst Du ja, kann ich schlecht. [...] ich hoffe so sehr, daß Du mal in dieses Überwundersonnenland kommst und daß wir Dich zu sehen bekommen. [...] Hast Du erfahren, daß Grete bei unserer Durchfahrt in Moskau gestorben ist. Brecht arbeitet viel, versucht zu verkaufen, bis jetzt aber gelingt nichts. Mir erzählen auch alle Leute, daß ich unbedingt und sicher hier etwas zu tun bekommen werde, aber bis jetzt ist nichts los. [...] Schau, Karinoli, daß Du ein bißchen hierherkommen kannst. Wir haben hier auch einen Garten.« Unter dem Brief steht auch ein Gruß von Brecht.[118]

Nachdem Karin Michaelis im Sommer 1943 eine Thrombose erlitten hatte, die sie sehr schwächte, entschloß sie sich endlich, Weigel und Brecht in Santa Monica zu besuchen. Sie blieb acht Monate. Brecht an Ruth Berlau am 28. Oktober: »Karin ist also da und war nicht besonders erschöpft von der Fahrt, aber sie ist natürlich sehr, sehr ruhebedürftig und ich werde energisch sein müssen, daß sie ruht. Das ist gut, daß Du sie geschickt hast.«[119] Am 2. November schrieb Michaelis an Ida Bachmann: »Es ist infam, wenn man so eine alte Schachtel wird, daß man gezwungen ist, sich selbst wie ein feines, zerbrechliches Glas zu behandeln. Das paßt mir nicht. Dagegen paßt es mir großartig, mit Brechts vielen Freunden zusammen zu sein, die alle interessante, lebendige Menschen sind, die sich hier aufhalten wie Motten, die ums Licht tanzen.«[120] Einem Brief vom Dezember an eine in New York lebende ehemalige Sekretärin von Eugenie Schwarzwald ist zu entnehmen, daß sie inzwischen wieder voll am gesellschaftlichen Leben teilnahm und offenbar auch wieder Aktionen zur Rettung verfolgter Juden unternahm: »Es ist so schön und gut hier und hier sind viele Freunde von drüben, sehr viele sogar, so Heinrich Mann, Feuchtwanger, Schönberg, Kurt Weill, Hanns Eisler, Luise Rainer, Viertel, Henreid und viele andere. Wir leben sehr gesellig, und Brechts sind fantastisch lieb zu mir. [...] Ich habe viel zu tun und gebe meine *ganze* Kraft dazu, um die Juden herauszubringen, bevor Hitler erreicht habe, sie alle zu ermorden. Ich spreche im Radio, an Banquetten, soll Vorlesungen geben, und schreibe. Ich tue, was ich kann. Es ist dieses, für mich, das allerwichtigste von allen Fragen. Wir können etwas mehr als eine Million retten, eine Million unschuldige Männer, Frauen und Kinder. – Mein Herz zittert Tag und Nacht. Sollte ich eines Tages herumfallen und tot sein, dann wißt, die Ursache ist Trauer wegen der Juden. […] Ich kann auch nicht die Bombardierung von Berlin aushalten. Die Unschuldigen dort, die nicht heraus können, […] schrecklich.«[121]

Brecht und Weigel hatten Karin Michaelis angeboten, bei ihnen in Kalifornien zu bleiben. Aber sie fuhr nach acht Monaten, im August 1944, wieder nach New York zurück.

Damals war Ruth Berlau schwanger. Anfang September mußte sie sich wegen eines Tumors behandeln lassen. Bei der notwendigen Operation kam es zu einer Frühgeburt. Ihr und Brechts Sohn Michel starb nach wenigen Tagen, noch in der Klinik in Los Angeles. Das FBI hat nicht nur die Vorgänge in und um die Klinik ausspioniert (die Operation wurde als Abtreibung mißdeutet), sondern auch im Oktober Briefe von Karin Michaelis an Ruth Berlau abgefangen, übersetzt und in Brechts Akte geheftet. Es ist nicht klar, ob die Michaelis, als sie diese Briefe schrieb, vom Unglück der Frühgeburt bereits informiert war, denn der normale Geburtstermin hätte erst im November gelegen. Sie wollte jedenfalls zum Ausdruck bringen, daß sie den (oder einen erneuten?) Kinderwunsch der Berlau für recht verantwortungslos hielt. In der Manier der Briefschreiberin aus *Das gefährliche Alter* hieß es: »Du kannst immer noch vorgeben, es ist Dir im Urlaub passiert. Ich hatte an dem Morgen, als Brecht aus dem Haus ging, ohne seinen Morgenkaffee getrunken zu haben, meinen Verdacht. […] Aber wie soll es mit Helly weitergehen? Weiß sie davon? Wird das nicht einen Riß zwischen den beiden erzeugen? […] Und was sagt Brecht dazu?« In einem weiteren Brief stand: »[…] meine Fragen über Brecht bereiteten Dir Schmerzen, ebenso wie, daß *er sich befreit* fühlte […]. Du sagst, es sei Dein Kind, aber es gehört Dir nur, wenn Du es zu einem Menschen entwickelst. […] mein spontanes Gefühl ist, daß Brecht darüber Bescheid wissen sollte, und in diesem Sinne habe ich ›Befreitfühlen‹ gemeint. Meine Sorge, die ich diesbezüglich um Helly habe, läßt sich niemals zerstreuen, weil ihr nichts geblieben

Helene Weigel in Santa Monica, 1947

ist, seit Stef in der Armee ist, und Barbara noch nicht groß genug, um ihr eine Gesprächspartnerin zu sein.«[122]

Obwohl Ruth Berlau solche Briefe, in denen die Michaelis deutlich die Interessen von Helene Weigel vertrat, sehr verletzt haben müssen, blieb sie mit ihr doch in gutem Einvernehmen. Jedenfalls hat sie Karin Michaelis, als diese 1946 wieder erkrankte, zusammen mit Brecht besucht.[123]

Die Trauer um ihr Kind verschlimmerten Berlaus ohnehin labilen nervlichen Zustand. In den darauf folgenden Jahren war sie mehrmals in psychiatrischen Anstalten. Wenn Brecht nicht nach New York kommen konnte, kümmerten sich Elisabeth Bergner, Berthold Viertel, aber auch Elisabeth Hauptmann um sie, die damals die Sekretärin des Council for a Democratic Germany war.

Letztere verließ New York, nachdem ihr Lebensgefährte Horst Baerensprung 1946 nach Deutschland zurückkehrte, weil ihn die amerikanische Besatzungsbehörde zum Polizeipräsidenten von Braunschweig ernannte. Damals zog die Hauptmann nach Kalifornien, wo sich die Zusammenarbeit mit Brecht wieder intensivierte. Außerdem bahnte sich ein Liebesverhältnis mit Paul Dessau an, den sie 1948 heiratete. In den USA entstanden folgende Stücke: Mit Lion Feuchtwanger *Die Gesichte der Simone Machard*, mit Ruth Berlau:

Der kaukasische Kreidekreis. Außerdem: *Schweyk im Zweiten Weltkrieg*. Doch weder für diese noch für frühere Stücke gelang es Brecht, eine Bühne zu interessieren. Möglich wurden nur hin und wieder Rezitationsabende oder auch Vorführungen einzelner Teile von *Furcht und Elend des Dritten Reiches*. Sowohl 1943 als auch 1945 war an New Yorker Aufführungen die Schauspielerin Elisabeth Neumann beteiligt, Weigels ehemalige Klassenkameradin.[124] Ihre Ehe mit dem Psychoanalytiker Siegfried Bernfeld bestand nicht mehr. Sie wurde die zweite Ehefrau von Berthold Viertel.

1943 entstand bei Brecht der Plan, das Prestige Elisabeth Bergners auszunutzen. Trotz der persönlichen Freundschaft hatte die Bergner aber kaum Sinn für die epische Spielweise. Nun wollte sie es aber doch einmal mit einer Brecht-Produktion versuchen. Ihr Mann, Paul Czinner, finanzierte das Unternehmen. Zusammen mit der Hauptmann und dem Dichter Wystan Hugh Auden begann Brecht in New York für sie eine Bearbeitung von John Websters *Duchess of Malfi*. Die unterschiedlichen Theaterauffassungen führten jedoch zu einem Mißerfolg, der für Czinner hohe finanzielle Einbußen brachte.

Zu einer wirklichen Zusammenarbeit, wie Brecht sie verstand, kam es in den USA eigentlich nur mit Charles Laughton. Die beiden lernten sich im März 1944 bei Salka Viertel kennen. Brecht gab Laughton sofort die Übersetzung von *Schweyk im Zweiten Weltkrieg*. Laughton war begeistert. Am 17. April las er ihm und Eisler zwei Akte daraus vor. »Tatsächlich lachten wir schrecklich, er hatte sämtliche Jokes verstanden.«[125]

Laughton war zu Beginn der dreißiger Jahre als bereits bekannter Bühnenschauspieler aus England nach Hollywood gekommen und ein berühmter und steinreicher Filmstar geworden. Er besaß ein herrliches Anwesen an der Steilküste von Pacific Palisades. Daß er sich überhaupt von Brecht hatte ansprechen lassen, lag zunächst wohl nur daran, daß er sich in einem Tief seiner Karriere wähnte und Lust hatte, etwas Neues auszuprobieren, auch mal wieder Theater zu machen. Da es als wahrscheinlich anzusehen war, daß Brechts Haus vom FBI überwacht wurde, soll er seinen Mantel über den Kopf geschlagen haben, als er es zum ersten Mal betrat.[126]

Es entstand eine Freundschaft, die eineinhalb Jahre später in eine Zusammenarbeit für eine Inszenierung von Brechts Stück *Leben des Galilei* mündete, zunächst ohne daß sich eine Aufführungsmöglichkeit anbot. Es waren weniger gemeinsame Ansichten als die sich offenbar ergänzenden künstlerischen Sensibilitäten, die beiden die Arbeit zu einem Hochgenuß machte

Sie begann bei der gemeinsamen Herstellung des Bühnentextes – eine für Brecht geradezu ideale Konstellation. Vom *Galilei* besaß er nur eine wahrscheinlich von Elisabeth Hauptmann angefertigte Übersetzung, die er Schritt für Schritt mit Laughton durchging. Dieser überführte die noch ungelenken Formulierungen zu Brechts großer Freude in eine außerordentlich gestische Sprache. Text und physischer Ausdruck verschmolzen auf beeindruckende Weise.[127]

Noch während der Arbeit, am 6. August 1945, kam es zum Abwurf der amerikanischen Atombombe über Hiroshima. Brecht beobachtete, daß dieses Ereignis, das das Ende des für die USA opferreichen Krieges in Asien bedeutete, in Los Angeles keine triumphale Stimmung erzeugte: »[…] die große Stadt erhob sich zu einer erstaunlichen Trauer. Der Stückeschreiber hörte Autobusschaffner und Verkäuferinnen in den Obstmärkten nur Schrecken äußern. Es war der Sieg, aber es war die Schmach der Niederlage. Dann kam die Geheimhaltung der gigantischen Energiequelle durch die Militärs und Politiker, welche die Intellektuellen aufregte. Die Freiheit der Forschung […] war stillgelegt.«[128]

Brecht aktualisierte sein Stück, indem er Galileis Abschwören nicht mehr nur als schlaue Taktik, sondern als Verrat an der gesellschaftlichen Verantwortung der Wissenschaft zeigte. Dieser Wandel hatte auch einschneidende Konsequenzen für Laughtons Darstellung. Er bemühte sich nun, in bestimmten Phasen des Stücks verlumpte, asoziale Züge des Physikers herauszustellen. Erste Lesungen des Stücks vor Freunden, aber auch in Militärhospitälern, in denen kranke und verwundete Rückkehrer des Asienkrieges lagen, brachten unerwartet positive Resonanz.[129]

Diese kolossale mehrjährige Zusammenarbeit fand nicht nur in Laughtons Villa statt, sondern oft auch bei Brecht. We-

gen seines Übergewichts bekam Laughton zu Hause nur
Diätkost vorgesetzt. Deshalb war er froh, wenn er Helene
Weigels üppige Wiener Küche genießen konnte. Auch diese
beiden waren sich außerordentlich sympathisch. Die Tochter
erinnert sich, daß sie, wenn Brecht seine Siesta nach dem Essen machte, immer gerne zusammensaßen. »Sie hat da einen
langen Flirt gehabt, der nix wurde, wo sie sich beide sehr
mochten, glaube ich, das war mit Laughton. Aber das war
mehr als eine Seelenverwandtschaft. Wie Sie wissen, war
Laughton außerdem homosexuell.«[130] Auch ihr, der Tochter,
tat Laughton Gutes an. Sie litt unter Diskriminierungen in
der Schule. Selbst ihren Freundinnen Doris und Joyce konnte
es einfallen, sie mal als »Jude«, mal als »Nazi« zu beschimp-
fen. »Und sie wollten nichts mehr mit mir zu tun haben, weil
die Jungs dann nicht an sie herantreten würden. Und ich
weiß, dann hat der Laughton mich mit der Doris eingeladen,
in ein Filmstudio zu gehen […], um mir […] eine etwas
höhere Sozialstellung zu geben. Es ist aber nicht gelungen.«[131]
1947 bot sich die Möglichkeit, den *Galilei* im Theater von
Beverly Hills aufzuführen, Laughton und ein Produzent finanzierten die Inszenierung jeder mit einem Einsatz von
25 000 Dollar. Obwohl das viel Geld war, mußten für die meisten der etwa 50 Rollen preiswerte Schauspieleleven engagiert
werden. Das war Brecht allerdings auch lieber, als wenn Filmschauspieler mitgewirkt hätten, deren Stil er ohnehin für verdorben hielt. Die Weigel war beteiligt – wenn auch ohne Honorar – als Kostümbildnerin und Aufseherin über die Näherinnen. Dabei wurde ein Aufwand getrieben, der für Amerika
völlig unüblich war. James K. Lyon schrieb, das Premierenpublikum hätte »an den relativ einfachen Kostümen nicht erkennen können, mit welcher Sorgfalt sie nach Renaissance-
bildern ausgesucht und entworfen waren. Sie sollten nicht nur
getragen aussehen, sondern auch die Klassenunterschiede
hervorheben, die modernen Zuschauern sonst nicht augenfällig sein mochten. Helene Weigel nähte viele Kostüme selbst
und überwachte die zahlreichen Änderungen, die das Budget
weit zu überschreiten drohten. Aber die neunzig Kostüme
überforderten die eingestellten Theaterschneiderinnen.«[132] In
dieser Beschreibung sind bereits die blassen, stets mit Grau

gebrochenen Farbtöne der Aufführungen des späteren Berliner Ensembles zu erkennen, das überall präsente, berühmte Brecht-Weigelsche ›Anthrazit‹.

Offiziell war Joseph Losey der Regisseur, eigentlich ging aber alles nach Brecht und Laughton. Eda Reiss, die Darstellerin der Frau Sarti, kam nach Loseys und Brechts Meinung mit ihrer Rolle nicht gut zurecht. Sie wollte sie schon abgeben. Da sagte Brecht, daß sie sich doch einmal von seiner Frau helfen lassen solle. Die Weigel fragte die Reiss, »ob sie eine Fremdsprache oder einen Dialekt beherrsche. Auf ihre Antwort, sie könne einen jüdischen Akzent aus Brooklyn nachmachen, ließ die Weigel sie die Rolle auf diese Weise sprechen. Zum ersten Mal [...] habe sie verstanden, was *Verfremdung* bedeute und die Rolle mit ganz neuen Augen gesehen. Brecht, hörte sie kurz darauf, war befriedigt.«[133]

Es gefiel Brecht, daß Laughton offen den Genußmenschen spielte. Aber in den drei öffentlichen Generalproben entstand ein Problem, das das puritanische amerikanische Publikum nur empören konnte. Laughton war in der ersten Szene so nervös, daß er die Hände in die Hosentaschen steckte und mit seinem Glied spielte. Seine lange Rede über die neue Astronomie in der ersten Szene spielte er ohnehin mit entblößtem Oberkörper, »gerade diese Mischung von Körperlichem und Geistigem interessierte L. ›Galileis Wohlbehagen‹, wenn der Knabe ihm den Rücken frottierte, setzte sich um in geistige Produktion [...], seine wohlige Art, auf und ab zu gehen, und sein Spiel mit den Händen in den Hosentaschen beim Planen der neuen Forschungen reichte an die Grenze des Anstößigen.«[134] Das alles hätte Laughtons Ruf als Homosexuellen skandalös bestärkt. Niemand, auch Brecht, traute sich aber, ihn daraufhin direkt anzusprechen. Die Lösung fand die Weigel. »Am nächsten Abend jagte ein erboster Laughton die Garderobiere über die Bühne und schrie: ›Wer hat meine Taschen zugenäht?‹ Was Frau Brecht in die Wege geleitet hatte, mußte die arme Frau Stich für Stich wieder auftrennen.« Die Sache kam sogar in die Klatschspalten der Zeitungen, ohne daß der Grund präzisiert wurde.[135]

Laughtons erster Bühnenauftritt seit dreizehn Jahren lockte das Publikum an. Es kam zu siebzehn ausverkauften und erfolgreichen Aufführungen im Theater von Beverly Hills. Aber die Resonanz bei den Kritikern blieb zu gering, um Brecht den immer noch verhofften Durchbruch in den USA zu verschaffen.

Ohnehin war sein Blick auf Europa gerichtet.

Der Krieg war vorbei. Auch im deutschsprachigen Raum rückten Theaterexperimente wieder in den Bereich des Möglichen. Mehrere Bühnen planten Brecht-Stücke, einige führten bereits welche auf und zwar mit und ohne Erlaubnis des Autors. So wurde 1946 vom Wiener Theater in der Josefstadt *Der gute Mensch von Sezuan* mit Paula Wessely[136] in der Hauptrolle aufgeführt, obwohl Helene Weigel von Kalifornien aus im Namen Brechts beim Bürgermeister Körner dagegen protestierte und mit einem Anwalt drohte. Dafür gab es zwei Gründe: Brecht und Weigel waren der Meinung, daß die Stücke nur mit der Kenntnis der von ihm entwickelten Theatertheorie inszeniert werden sollten, d. h. zunächst nur durch ihn selbst bzw. enge Mitarbeiter. Zweitens kamen politische Gründe dazu: Paula Wessely hatte während der Nazizeit nicht nur in unpolitischen, sondern auch in faschistischen Filmen mitgewirkt. Die Stadt Wien kümmerte sich jedoch nicht um den Protest, zumal der angedrohte Anwalt nicht in Aktion trat.[137] Diese beiden von Brecht selbst eingeführten Kriterien einer gewissen Kompetenz im epischen Theater und politischer Integrität können noch heute zum Versagen von Aufführungsrechten durch die Brecht-Erben führen.

Im ehemaligen Kriegsgebiet, besonders aber in Deutschland und Österreich, hungerten die Künstler oft. Den vielen heute noch im Helene-Weigel-Archiv lagernden Dankesbriefen nach zu urteilen verschickte sie – argwöhnisch vom FBI beobachtet[138] – damals unzählige Care-Pakete nach Deutschland und Österreich. Damit half sie nicht nur vielen, sondern sie stellte auch Verbindungen wieder her, deren Unterbrechung der Faschismus erzwungen hatte. In einem vom Februar 1947 datierten Brief kündigte sie Peter Suhrkamp, der sie und Brecht in der letzten Nacht vor der Abreise ins Exil versteckt hatte, bereits ein zweites Paket an. »Außerdem habe ich an Ihre Adresse etwas abgehen lassen, das sich hoffentlich nicht als ein mittlerer weißer Elephant herausstellt, nämlich hundert Pfund Mehl, die ich Sie bitte an ein paar Freunde und sich selber aufzuteilen, die Freunde Kasack, Ihering und einen Jugendfreund von Brecht, sein Name ist Otto Müllereisert. […] wenn Ihr mehr braucht, schreibt bitte.« Suhrkamp antwortete am 10. Mai: »Das war eine der sehr vernünftigen Sendungen, sagen wir ruhig: die vernünftigste.«[139]

Ernst Busch gegenüber entschuldigte sich die Weigel am 25. November 1946, daß sie ihm bislang noch nichts geschickt hatte, kündigte ihm aber Zigaretten an und: »Ich bin in diesen vielen Jahren auch nicht schöner geworden und ich hoffe nur mal wieder arbeiten zu können. Mein Hausfrauentum hängt mir, da meine beiden Kinder erwachsen sind, zum Halse heraus. […] es freut mich zu wissen, daß Du unsere ollen Klamotten alle wieder singst.«[140]

Über Care-Pakete wurde auch die Verbindung zu Brechts Bruder Walter wieder belebt. Erst nach dem Krieg hat Brecht über diesen erfahren, daß Frank Banholzer am 13. November 1943 an der Ostfront umgekommen war.[141]

Unter den Akten des FBI, das die Emigranten überwachte, gehört die von Bertolt Brecht zu den umfangreichsten. Auch Berlau wurde als seine Verbindungsperson zu anderen Emigranten oder auch potentiell links eingestellten Amerikanern offenbar auf Schritt und Tritt verfolgt. Nicht nur sein und ihr Briefverkehr, sondern auch Hotelzimmer und Gepäck wurden untersucht und analysiert. Die Weigel – offenbar als harmlose Ehefrau eingestuft – scheint kaum observiert worden zu sein. Immerhin wurde festgehalten, daß sie am 30. Januar 1946 an ihren Sohn 500 $ überwiesen hatte und eine Woche zuvor 125 $ an Salka Viertel, der es damals finanziell nicht gut ging. Das FBI hielt es für interessant, daß die Weigel wußte, unter welcher Telefonnummer sie ihren Gatten bei seiner Freundin Berlau in New York erreichen konnte. Karin Michaelis hielt man für ihre Verwandte. Und ihr wirklicher Familiennamen soll angeblich ›Skovsbostrand‹ gewesen sein.[142]

Der FBI-Überwachung, die ihr und Brecht spätestens seit 1946 kein Geheimnis mehr gewesen war, begegnete sie mit Humor. »An einem kalten Tag«, so erinnerte sich die mit ihr befreundete Sozialarbeiterin Rhoda Riker, »ging sie zu dem

FBI-Agenten, der von einem geparkten Auto aus ihr Haus überwachte, und bat ihn ins Haus: ›Sie Ärmster, Sie können uns drinnen doch viel besser beobachten.‹« Riker berichtete auch, daß Helene Weigel einer anderen Freundin (es war Martha Feuchtwanger) einmal Rezepte aus einem polnischen Kochbuch übers Telefon vorlas, um die Abhörspezialisten mit einer Sprache zu verwirren, die diese vielleicht zunächst für Russisch hielten.[143] In Rhoda Rikers Erinnerung sei die Weigel »ihr ganzes Leben lang eine Dame« gewesen, »allerdings eine marxistische in proletarischem Gewand, und sie verlor nie die Beherrschung oder ihre angeborene Liebenswürdigkeit«.[144]

Der Beamte, der den zehn unter Kommunismus-Verdacht stehenden Hollywood-Regisseuren die Vorladungen vor den Ausschuß für unamerikanische Tätigkeit überbringen mußte, fand die meisten nicht zu Hause vor, weil sie sich an anderen Adressen versteckten. Anders bei Brecht, vor dessen Haus er am 19. September 1947 stand. Brecht sollte vor dem Ausschuß aussagen, weil der Verdacht bestand, daß er kommunistischen Einfluß auf andere Künstler ausgeübt hätte. Der Beamte wurde von Helene Weigel nach bestem Protokoll mit einen Kaffee empfangen und revanchierte sich, indem er Brecht den Tip gab, für seine Vernehmung keine Zugfahrtkosten, sondern Autokilometer abrechnen zu lassen.[145]

Die Reise zum Untersuchungsausschuß war zugleich der Beginn der langen Rückreise nach Deutschland. Das Haus war verkauft, als Brecht, Weigel und Barbara am 16. Oktober Santa Monica mit dem Zug verließen. In New York probte Brecht mit Hermann Budzislawski[146] bestimmte Antworten auf die Fragen ein, die der Ausschuß wahrscheinlich stellen würde. Das am 30. Oktober in Washington stattfindende Verhör verlief dank seiner raffinierten Selbstinszenierung glimpflich. Schon am selben Tag fuhr er nach New York zurück: »abends höre ich mit Helli und Budzislawskis im Radio Teile meines Verhörs.« Und am nächsten Morgen traf er Charles Laughton, »der schon im Galileibart geht und froh ist, daß er nicht speziellen Mut benötigt, den Galilei zu spielen, wie er sagt: keine headlines über mich. – nachmittags fliege ich ab nach Paris.«[147] Erneut unter Loseys Regie, kam es im Dezember zu sechs erfolgreichen Aufführungen des *Galilei* im New Yorker Maxim Elliott's Theatre. Eine kommerzielle Ausnutzung der Produktion am Broadway gelang allerdings nicht.

Nach einem Bericht eines damaligen Mitarbeiters des tschechoslowakischen Außenministeriums kann neuerdings angenommen werden, daß Brecht in den letzten Tagen seines Aufenthalts in den USA einen tschechoslowakischen Dienstpaß bekommen hatte, mit dem er möglicherweise sicherer als mit seinem ›Exit Permit‹ ausgereist ist.[148]

Was wäre aus der Weigel geworden, wenn das Verhör zu einer Verhaftung Brechts geführt hätte?

Sie und Barbara, beide zum ersten Mal in New York, blieben noch einige Tage, ehe sie sich einschifften. Vom Erlös des Hauses in Santa Monica kauften sie eine elegante Garderobe für Europa. Laughton begleitete die beiden in Broadway-Musicals. Aus *Annie Get Your Gun* fischte sich die Weigel wieder einmal einen weiteren starken Ausdruck für ihre spätere Karriere heraus. Die Hauptdarstellerin Ethel Merman »reagierte auf den Anblick des Geliebten, indem sie mit offenem Munde stehenblieb«. Knappe drei Jahre später stand auch der Mund der Weigel offen, »und zwar für den Augenblick, in dem die Courage ihren alten Liebhaber, den Koch, wiedersieht«.[149]

Ihr Sohn Stefan, der in Boston studierte, wollte nicht ins zerstörte Europa zurückkehren, sondern in Amerika bleiben. Seiner Schwester, die sich »hundeelend« gefühlt hatte, als sie Santa Monica verlassen mußte, bot er an, mit ihm zusammen in den USA zu leben. Aber die Siebzehnjährige wollte lieber der Mutter folgen.

Am 19. November trafen beide in Zürich ein.

Helli jetzt herrlich, von großer Kühnheit

Komm aus dem Dämmer und geh
Vor uns her eine Zeit
Freundliche, mit dem leichten Schritt
Der ganz Bestimmten, schrecklich
Den Schrecklichen.

Abgewandte, ich weiß
Wie du den Tod gefürchtet hast, aber
Mehr noch fürchtetest du
Unwürdig Leben.

Und ließest den Mächtigen
Nichts durch, und glichst dich
Mit den Verwirrern nicht aus, noch je
Vergaßest du Schimpf und über der Untat wuchs
Ihnen kein Gras.
Salut![1]

Nicht nur in diesem *Antigone* betitelten Gedicht stellte
Brecht in Gedichten für die Weigel Identifizierungen ihrer
Person mit den Rollen her, die er für sie schrieb. Man könnte
meinen, daß er hier etwas praktizierte, was er in der Schau-
spielpraxis bekämpfte. Genauer betrachtet zeigt sich, daß es
sich bei diesen Identifizierungen stets nur um einzelne Züge
der Weigel handelt. Hier ist es der politisierte Mensch. In anderen Gedichten ist es ihre Mütterlichkeit. Brecht hielt nichts
davon, daß Schauspieler versuchten, ein Abbild ihrer Gesamt-
persönlichkeit ins Spiel zu bringen. Er hielt es u. a. auch für
unökonomisch. Die epische Ebene wurde dadurch erreicht,
daß der Schauspieler auch als Erzähler auftrat, d. h. seine
Rolle nicht nur spielte, sondern zugleich als ihr Interpret
sichtbar wurde. Und hier wiederum konnten verschiedene
Wertungsvarianten auftreten. Gab es in der *Antigone* tatsächlich Übereinstimmungen zwischen der Darstellerin und ihrer
Rolle, so war bei anderen Rollen von vornherein kritische
Opposition deutlich zu machen. Man darf sich zum Beispiel
nicht vorstellen, daß in den Mütterrollen nur die viel-
gerühmte Mütterlichkeit der Weigel selbst sichtbar geworden
wäre. Vielmehr versuchte sie in manchen Rollen auch »eine

Die Antigone des Sophokles im Februar 1948 im Stadttheater Chur (Schweiz)

ziemliche Abneigung gegen bestimmte Formen der Mütterlichkeit« zum Ausdruck zu bringen.[2] Kollegin Steffie Spira
dazu: »die Helli war [...] eine Frau, die immer gegen sich
spielen mußte. Also in Rollen, in denen sie nicht genau das
war, was sie war, da wirkte sie am besten.«[3] Das alles war
natürlich nicht einfach zu realisieren, und wie schon öfter erwähnt, erlag die Weigel zuweilen den Einfühlungseffekten
ihres eigenen Spiels. Das hat es womöglich für viele Zu-

schauer und nicht wenige Kritiker sogar attraktiver gemacht, als wenn sie auf der Bühne nur die reine Verkörperung von Brechts Theorie dargestellt hätte.

Das obige Gedicht schenkte Brecht der Weigel anläßlich der ersten und erfolgreichen Premiere nach den fünfzehn arbeitslosen Exiljahren. Sie hatte in dem kleinen Schweizer Ort Chur die *Antigone* von Sophokles gespielt. Die Grundzüge der Rolle fielen hier augenfällig mit Grundzügen der Weigelschen Biographie zusammen. Das Epische ihres Spiels konnte deshalb weniger durch Distanzsetzung zwischen der Darstellerin und der Dargestellten erzeugt werden. Es mußte sich aus dem großen geschichtlichen Abstand zum Stoff ergeben, dessen Historizität Brecht auch aus anderen Gründen stark betonte.

Mit der speziell für Weigels Auftritt in Chur bearbeiteten Hölderlinschen Übersetzung trat Brecht bewußt in Opposition zu der damals im Nachkriegseuropa herrschenden Mode der Adaption antiker Stücke. In existentialistischer Manier wurde der in den antiken Dramen enthaltene Fatalismus betont, die Schicksalhaftigkeit des Geschehens. Nach Faschismus und Weltkrieg war dies aber das Gegenteil von dem, was Brecht vom Theater erwartete. Es sollte beitragen, die gesellschaftlichen Mechanismen aufzudecken, die u. a. zu Kriegen führen. Hinter dem Walten der Schicksalsgötter wurde von Brecht »die höchst realistische Volkslegende«[4] herausgearbeitet. Der »Krieg gegen Argos kommt von der Mißwirtschaft in Theben. Die Beraubten werden auf Raub verwiesen. Das Unternehmen übersteigt die Kräfte. Gewalttätigkeit, anstatt die Kräfte zusammenzuhalten, spaltet sie; das elementar Menschliche, zu sehr gedrückt, explodiert.«[5]

In der Bearbeitung der *Antigone* finden sich wesentliche Grundmotive der späteren Inszenierung von *Mutter Courage und ihre Kinder*. In der Schweiz sollte aber vor allem ausprobiert werden, »ob ich noch spielen kann. Natürlich war es ein Risiko für Brecht und mich.« Für einen solchen Test war ein Auftritt auf einer kleinen Bühne angebracht. »Die Rollen, die er für mich geschrieben hat, über die war ich [hinsichtlich des Alters] schon weg. Das war die stumme Kattrin, damit sollte ich im Exil auftreten, sozusagen ohne Sprachschwierigkeiten, eine ideale Rolle für so etwas, und die Shen Te, auch die hat er für mich geschrieben.« Die Rolle der *Antigone* wird normalerweise ebenfalls einer jüngeren Schauspielerin übertragen. Die Weigel brachte dafür jedoch ihr besonderes Talent für antike Rollen mit, das nun noch ergänzt war durch die chinesischen Geheimnisse ihrer Kunst. Dennoch blieb die Altersfrage ein Problem: »Das war ja auch eine unmögliche Sache: eine 47jährige Antigone. Der Hämon war 20 Jahre jünger, und nicht viel älter war Gaugler, der den Kreon spielte.« Es waren aber »alle, und ich besonders, so stark geschminkt, daß jedenfalls die Masken die Altersunterschiede vollkommen beseitigt haben. […] Das Experiment ging für mich gut aus. Wir entdeckten, daß es auf der Bühne noch geht.«[6]

Die Kritiker waren beeindruckt. In den *Neuen Zürcher Nachrichten* hieß es: »Unheimlich stark vermochte die Gattin des Dichters, Helene Weigel, als Antigone die epische These zu vertreten, diese Aneinanderreihung von Zuständen, die dem Spieler in jeder Szene neue Aufgaben stellt. Von ihr ging die geistige Spannung aus, die als Conditio sine qua non für diese Stilform gilt.«[7] Die ebenfalls in Zürich verlegte Zeitung *Die Tat* schrieb: »Die Aufführung, von Brecht selbst und von Caspar Neher inszeniert, […] vermied alles, was das Gefühl gefällig hätte ansprechen können; in strenger Stilisierung, in karger Deklamation, in stark rhythmisierter Bewegung ging das Spiel seinen folgerichtigen, atembeklemmenden Gang. Helene Weigel als Antigone, sparsam in Sprache und Bewegung, war vor allem eindrucksvoll.«[8] Eigentlich hatte nur der Kritiker des *Freien Räter* das falsche Alter der Darsteller moniert: »es stört dermaßen, daß auch die Erhabenheit in Mimik und Gestik nicht über diese Ungleichzeit weghilft«.[9] Die *Neue Bündner Zeitung* fand dagegen Argumente, die sogar für die Besetzung der Rolle für eine reifere Darstellerin sprachen: »Die Schauspielerin hätte mit Leichtigkeit zu einer jungen Antigone geschminkt werden können. Brecht hat sie bewußt zu einer Frau gesetzten Alters gestempelt, um damit zum Ausdruck zu bringen, daß nur ein Mensch von großem Gewicht die altgriechische Maske nachahmt.«[10]

»Hat auch Brecht mit dieser rhythmisch der alten Vorlage folgenden Bearbeitung gesiegt? Wir bezweifeln es«, schrieb aber der *Zürcher Tagesanzeiger*.[11] Die Schweiz war vom Krieg

Die Antigone des Sophokles im Februar 1948 im Stadttheater Chur (Schweiz)

verschont geblieben, hatte an ihm nicht unerheblich verdient, hielt sich aber keineswegs für mitverantwortlich. Sie war also kein günstiger Standort, von dem aus das Publikum erkennen konnte, daß die vor, während und nach dem Krieg möglichen Geschäfte zu seinen Ursachen gehören. Die *Neue Zürcher Zeitung* hielt Brechts Bearbeitung für so fern vom ursprünglichen Stoff, daß man Sophokles geradezu vergessen müsse. Immerhin habe Brecht es verstanden, »sein Werk in der reinsten Form des epischen Theaters auf die Bühne zu stellen, einer Form, der man das spannungsgeladene Interesse, das sie beim Zuschauer weckt, obgleich dieser zum distanzierten Betrachter wird, nicht absprechen kann.«[12]

Immer wieder erwähnte die Kritik die klare Gestik der Weigel. Auf den Fotos ist ihre außerordentlich gerade Haltung erkennbar, die sie selbst beim Zusammenbrechen wahrte. Das vermittelt den Eindruck, daß es sich wieder um eine sehr chinesische, vielleicht um die am meisten chinesische Darstellung überhaupt gehandelt hat, die sie je auf die Bühne brachte. Zugleich aber hatte sie – jedenfalls für Brechts Geschmack – zuviel ›Einfühlung‹ in ihre Darstellung gebracht. Günther Weisenborn beobachtete nach einer Matinéeaufführung der *Antigone*, daß Brecht die Weigel angefahren habe, »sie sei nicht gut gewesen, sie habe Tränen in den Augen gehabt. Sie habe sich identifiziert, einwandfrei! Keinerlei Verfremdung, kein Danebenstehen! Sie war wunderbar gewesen.«[13]

Obwohl er mit ihrer Darstellung nicht ganz zufrieden war, nahm Brecht neidlos zur Kenntnis, daß die erste öffentliche Anerkennung der gemeinsamen Arbeit von fünfzehn Jahren eher der Weigel als ihm zugekommen war. Das obige Gedicht erinnert an diese Zeit, die auch eine Zeit der Ängste gewesen war. Zugleich weist es in eine Zukunft, die – unter ihrer Führung – eine gemeinsame sein soll: Komm aus dem Dämmer und geh / Vor uns her eine Zeit.

Beeindruckt von Weigels *Antigone* zeigte sich auch Ruth Berlau, die am 22. Januar in Zürich eingetroffen war. Sie hatte gehofft, dort mit Brecht in einem gemeinsamen Atelier zu wohnen. Er wohnte aber in Feldmeilen, wo Helene Weigel eine gemeinsame Wohnung eingerichtet hatte.

Damals schon plante Brecht die Zusammenstellung von Modellbüchern seiner Inszenierungen, in denen der Aufbau der Rollen und Szenen in epischer Spielweise auch über umfangreiches Fotomaterial nachvollziehbar sein sollte. Berlau hatte in den USA bei dem ebenfalls dorthin emigrierten Josef Breitenbach Unterricht genommen und fotografierte die *Antigone*-Aufführung in Hinblick auf so ein Modellbuch. Als sie jetzt ihre Rivalin zum ersten Mal auf einer großen Bühne sah, riß ihr vor Rührung der Film, denn »ein Schalter, um unsere Tränen abzustellen, ist noch nicht erfunden«.[14] Auch bei der Berlau als Zuschauerin war das Ziel der epischen Spielweise im Sinne Brechts nicht ganz erreicht worden.

Die Berlau berichtete auch, daß Brecht die *Antigone*-Bearbeitung wahrscheinlich überhaupt nur deshalb vorgenommen hatte, weil er nicht durchsetzen konnte, daß die Weigel die Schmuggleremma in der vom Zürcher Schauspielhaus geplanten Inszenierung von *Puntila und sein Knecht Matti* spielen konnte. Der Regisseur Kurt Hirschfeld war – »ich weiß nicht warum, vielleicht vertraute er ihr nicht nach so langer Bühnenpause – gegen eine Besetzung mit Helene Weigel und gab die Rolle der Giehse. Ich habe die Weigel sehr bewundert, wie sie diese Enttäuschung verwunden hat. Leicht kann es nicht gewesen sein [...]. Aber sie war guter Dinge und nicht ungeduldig. Sie empfing Gäste und bewirtete sie mit Charme. In dem schmalen Eßzimmer, das sie eingerichtet hatte, brachte sie zu den Mahlzeiten mindestens zehn Leute unter. Die politisch fortschrittlichen Schweizer, die Brecht besuchten, besaßen meistens keinen Rappen – wie der Pfennig in der Schweiz heißt – und bei der Weigel sollten sie jedenfalls etwas zu essen haben.«[15]

Zu den armen, oft auch jungen Leuten, die sich für Brecht interessierten, seit sie die Aufführungen seiner Stücke am Zürcher Schauspielhaus während des Krieges mitverfolgt hatten, gehörte auch Benno Besson.[16] Neben einer Reihe neuer Freunde, wie Max Frisch, saßen auch Menschen am Tisch der Weigel, die die Nazizeit in Deutschland verbracht hatten, wie Caspar Neher. Brecht war sofort wieder zur Zusammenarbeit bereit. Bald kam auch die inzwischen erwachsene Hanne, verehelichte Hiob, bereits angehende Schauspielerin. Ihren inzwischen als Filmkomiker berühmt gewordenen Stiefvater Theo Lingen wollte Brecht als Mackie Messer einsetzen wie übrigens auch den ebenfalls durch Filme in der Nazizeit bekanntgewordenen Hans Albers.

Weitere Tischgenossen waren Menschen aus dem Freundes- und Arbeitsumkreis, die ebenfalls aus den USA zurückgekommen waren, wie Fritz Kortner und bald auch Paul Dessau. Elisabeth Hauptmann war wegen einer langwierigen Hüftverletzung noch in den Staaten geblieben. Sie schrieb am 25. August 1948 an die Weigel, wie ungeduldig sie sei. »Ich wollte, es steckte mich einer in eine Kiste und schickte mich nach Europa.«[17]

Zusammen mit Fritz Kortner hatte sich die Weigel am 11. Dezember die Premiere eines bislang im deutschsprachigen Raum unbekannten Stücks von Maxim Gorki angesehen: *Wassa Shelesnowa*. Die Titelrolle war eine unvergeßliche Leistung von Therese Giehse. Die Weigel hat die Ebenbürtigkeit dieses Talents offenbar sofort anerkannt. Das beruhte – spätestens seit die Giehse ihre *Antigone* gesehen hatte – auf Gegenseitigkeit. Die beiden Frauen wurden damals Freundinnen. Therese Giehse, die ihre Karriere im Schweizer Exil nahtlos fortgeführt hatte, war ein nicht weniger politisierter Mensch wie die Weigel. Niemand konnte besser ermessen als sie, was es bedeutet hatte, fünfzehn Jahre vom Theater ausgeschlossen zu sein. Die Giehse gehörte zu den wenigen Schauspielerinnen, denen sie weiterhin umstandslos erlaubte, die Rollen, die Brecht für sie geschrieben hatte, zu spielen.[18]

Bei der Inszenierung des *Puntila* führte Hirschfeld eigentlich nur die Co-Regie, Brecht durfte aus arbeitsrechtlichen Gründen als Hauptregisseur nicht genannt werden. Leonard Steckel[19] war ein großartiger Puntila, die Schmuggleremma der Giehse war ein weiterer unbestrittener Höhepunkt der Aufführung. Um der Rolle mehr Gewicht zu geben, schrieb Brecht noch während der Proben das *Pflaumenlied*. Er überreichte es ihr in einem selbstgebastelten Etui, das auch ihr Porträt enthielt. Helene Weigel hatte die Giehse vorgewarnt: »Ein Verehrer macht dir heute ein Präsente, da mußt du lernen.«[20] Ein Grund für die dreiseitige Begeisterung hat wohl auch darin bestanden, daß sich die Giehse schnell als Verbündete in Fragen der epischen Spielweise herausstellte. Sie war epische Schauspielerin auf eine andere Art als die Weigel, auch, nachdem die intensive Zusammenarbeit mit Brecht begann. Ihr Spiel war u. a. durch Humor und Ironie erzählend und distanziert, aber weit weniger stilisiert als das der Weigel. In der Distanzierung übertraf sie diese. Ihr passierte es nicht, beim eigenen Spiel zu weinen. Durch geringere Stilisierung erschien ihr Spiel in den Augen mancher natürlicher.

Am Zürcher Theater konnte episches Spielen nur als Glücksfall auftreten, es wurde durch keinen der Regisseure verlangt oder entwickelt. Man hatte hier die besten, aber doch konventionellen Traditionen des Theaters der Weimarer Republik bewahrt und weiterentwickelt. Die Weigel scheint stärker als Brecht gespürt zu haben, daß seine – und das hieß ein für alle Mal auch ihre – Theatermethode noch besonderer Anstrengungen bedürfe, nicht nur, um sich durchzusetzen, sondern um überhaupt verstanden zu werden. »Die Schweiz, das war unsere Vorbereitung auf Berlin. Ich habe den Brecht gedrängt, daß er seine theoretischen Schriften ordnet. Da gab es soviel Angefangenes. Du brauchst ein Programm, habe ich gesagt, daß sie sehen, was du willst. [...] Er war wirklich am Anfang verärgert über den Vorschlag. Immer schleppte er viele Seiten Theorie mit herum und wollte sie ordnen. Aber er kam nie dazu, er hat sich auch etwas gedrückt, weil die Notizen tatsächlich sehr unübersichtlich waren.«

Das enorm angewachsene Konglomerat *Der Messingkauf* zu ordnen, war aus Zeitgründen damals ebenfalls unmöglich. Brecht kam auf die praktischere Idee, eine thesenhafte Zusammenfassung der Theatertheorien zu schreiben, *Kleines Organon für das Theater*. Es fand in den nächsten Jahren große Verbreitung, auch in anderen Sprachräumen. Weigel: »Ich bin froh, daß er es gemacht hat.«[21]

Daß Brecht und Weigel scheinbar spät heimkehrten und einen langen Zwischenaufenthalt in der Schweiz nahmen, lag nicht nur daran, daß dies das einzige europäische Land gewesen war, das in den Kriegsjahren Stücke von ihm aufgeführt hatte. Es lag auch an der schwierigen Situation des in vier Besatzungszonen geteilten Deutschland. Diese Spaltung konnte damals nur als vorübergehend gelten, bis der endgültige Status des Landes zwischen den Siegermächten ausgehandelt war. Einstweilen war es schwierig bzw. ganz unmöglich, legal zwischen den Besatzungszonen zu reisen.

Eine Beschränkung seines Tätigkeitsfeldes auf eine Besatzungszone – etwa auf die sowjetische – kam für Brecht nicht in Frage: »Die Literatur kann sich nicht hinter die Elbe zurückziehen und lediglich eine von den Russen militärisch (und polizeilich) verteidigte Musterprovinz aufbauen helfen. Das übrige Deutschland kann nicht durch eine Mustermesse zur Revolution gebracht werden«.[22] Da die kulturpolitische Repräsentanz von Deutschen in Ostberlin hauptsächlich aus Künstlern und Kulturpolitikern bestand, die in der Sowjetunion überlebt hatten und sich Brechts Auffassungen gegenüber entsprechend kritisch verhielten – Gustav von Wangenheim, Fritz Erpenbeck[23], Johannes R. Becher –, war es keineswegs geraten, dort zu schnell und als Bettler anzuklopfen. Die auf eine Aufwertung der bürgerlichen Literatur und ein passiv rezipierendes Publikum zielenden Schriften von Georg Lukács wurden in der sowjetischen Besatzungszone in riesigen Auflagen gedruckt und hatten enorme Autorität. Aufenthalt und erste Arbeitserfolge Brechts und Weigels in der Schweiz trugen jedenfalls zu einem Prestigegewinn bei, der notwendig war, um sich innerhalb der gegebenen Konstellationen in Ostberlin möglichst günstige Arbeitsbedingungen zu verschaffen.

Weniger Prestigegewinn als späte Genugtuung bedeutete ihm wohl die Verleihung des Preises der American Academy of Arts and Letters in New York am 18. März 1948.[24] Es wäre für Brecht gefährlich gewesen, den mit 1 000 Dollar dotierten Preis persönlich entgegenzunehmen. Abgesehen davon besaß er auch keine dazu erforderlichen Reisepapiere.

»Meine Frau hat während des ganzen dritten Reiches die Bilder von Ihnen, Helli Weigel und Steff unter einer Glasplatte in ihrem Schlafzimmer gehabt und ebenso die Bilder aus Dänemark mit Karin Michaelis« – eine anrührende Passage aus einem Anfang 1946 entworfenen Brief Herbert Iherings an Brecht.[25] Ihering hatte die Nazizeit in der inneren Emigration überstanden. In einem tatsächlich abgeschickten Brief vom 31. 3. 1946 hieß es, daß Gustav von Wangenheim – der Weigel einst in der Sowjetunion keine Filmrolle geben wollte und nun erster Intendant des Deutschen Theaters nach dem Krieg geworden war – »sofort eine Aufforderung an Helli Weigel richten« wolle, »doch nach Berlin zu kommen und hier die *Mutter Courage* zu spielen, am Deutschen Theater. Eine andere Besetzung, an die wir ursprünglich gedacht hatten, bevor wir wußten, daß Helli Weigel kommen wollte, ist damit natürlich hinfällig geworden.«[26] Aus einem Brief Iherings vom 21. 4. 47 geht hervor, daß Wolfgang Langhoff – der vom Zürcher Schauspielhaus bereits nach Berlin übergewechselt war und von Wangenheim in der Intendanz des Deutschen Theaters abgelöst hatte, »für die Weigel als Mutter Courage [...] schon mal einen Vertrag nach Amerika geschickt« habe.[27]

Nicht nur Ihering versuchte, Brecht und Weigel nach Berlin zu holen. Deren Zukunft in der sowjetisch besetzten Zone Deutschlands wurde durch den Zufall begünstigt, daß es im Kulturstab der sowjetischen Militärverwaltung zwei gebildete leitende Offiziere gab, die Brechts Werk aufgeschlossener gegenüberstanden als die meisten der aus der Sowjetunion zurückgekehrten und jetzt in verantwortlichen Positionen stehenden deutschen Künstler und Kritiker: zunächst Ilja Fradkin und dann Alexander Dymschitz. Beide müssen der inneren Emigration der sowjetischen Kulturszene während des Stalinismus angehört haben und entschlossen gewesen sein, der leichten Liberalisierung, die im Krieg und Nachkrieg in der sowjetischen Kulturpolitik stattgefunden hatte, auch in der Besatzungszone Wirkung zu verschaffen. Der deutsch sprechende Philologe Fradkin, Theateroffizier in Berlin von 1945 bis 1947, kannte die vom ›japanischen Spion‹ Tretjakow herausgegebenen russischen Übersetzungen von Brechts Stücken. Er hatte über Ihering ein Manuskript der *Courage* bekommen und dem zögerlichen von Wangenheim empfohlen, das Stück im Deutschen Theater aufzuführen. Als Brecht und Weigel in Berlin eintrafen, war Fradkin bereits wieder in die Sowjetunion abberufen worden.[28] Aber mit dem ebenfalls in der Kuluradministration der Besatzungszone tätigen Alexander Dymschitz hatte Brecht einen ebenso überzeugten Unterstützer. Er war mit dem Schriftsteller Alexej Tolstoi verwandt, hatte in der Familie deutsch gelernt und über Wladimir Majakowski gearbeitet.[29] Ihm war klar, daß es zwischen diesem 1930 durch Selbstmord aus dem Leben geschiedenen bedeutendsten Vertreter der sowjetischen Moderne und Brecht wesentliche künstlerische Parallelen gab. Dymschitz hatte – wie zuvor Fradkin – offensichtlich ein Interesse daran, den aus der sowjetischen Emigration heimgekehrten Kulturleuten, die die dortige offizielle Parteilinie vertraten, mit Brecht eine gewichtige andere Position entgegenzusetzen. Über Max Frisch, der mit Dymschitz 1947 in Berlin zusammengetroffen war, hatte Brecht einen Brief von letzterem erhalten, in dem er eingeladen wurde, nach Berlin zurückzukehren und dort ein Theater zu leiten. Frisch beschrieb, daß Helene Weigel sofort begeistert gewesen sei. Brecht war ebenfalls erfreut, habe sich aber abwartend gezeigt.[30]

In den späten fünfziger Jahren hat die Weigel mit Max Frisch über die Identitäts- und Reisepapiere gesprochen, die sie und Brecht unmittelbar am Ende ihres amerikanischen Exils besaßen, eigentlich nur ein ›Exit Permit‹, eine Ausreiseerlaubnis für Emigranten. »[…] als wir nach Zürich kamen, sollte [sie] verlängert werden und wurde zu diesem Zweck nach Chicago zurückgeschickt. Diese Verlängerung wurde verweigert und und wir bekamen das Papier aus Chicago nicht zurück.« Die Schweiz wiederum wollte die Aufenthaltsgenehmigung für die beiden Staatenlosen nur kurzfristig verlängern. »In dieser Situation rieten uns Caspar Neher und Gottfried von Einem[31] zu versuchen, österreichische Papiere zu bekommen (da ich Österreicherin [gewesen] war). Wir stellten einen solchen Antrag, hörten aber lange nichts aus Österreich. Als wir längere Zeit schon in Berlin waren, bekamen wir im April 1950 die *Urkunde über die Verleihung der österreichischen Staatsbürgerschaft* zugeschickt.«[32] Ihrem Sohn Stefan erklärte die Weigel in einem Brief von 1955, daß auch die westlichen Besatzungszonen Brecht von der Schweiz aus nur eine Einreise genehmigen wollten, wenn er versicherte, auch dort zu bleiben. Die Frage der deutschen Staatsbürgerschaft habe sich in Berlin problemlos geklärt, »da die Entziehung der Staatsbürgerschaft bei Brecht und mir ungesetzlich gewesen war. Wir bekamen sozusagen automatisch unsere Rechte [als Deutsche] zurück.« Seit der Übertragung der österreichischen Staatsbürgerschaft, deren Ablehnung ein »Affront« gewesen wäre, seien sie beide »doppelstaatig« gewesen.[33]

Im Herbst 1948 stand fest, daß Brecht mit der Weigel in der Hauptrolle *Mutter Courage und ihre Kinder* am Deutschen Theater in Berlin inszenieren konnte. Die am 17. Oktober 1948 dann begonnene endgültige Reise nach Berlin weist eine merkwürdige Symmetrie mit der Fluchtroute von 1933 auf. Sie mußte über Österreich und die Tschechoslowakei führen, weil die Durchreise durch die westlichen Zonen nicht möglich war. Und wieder mußte Tochter Barbara zurückbleiben, diesmal, »weil man Angst hatte vor der Ernährungslage, und daß ich in Nachkriegsdeutschland wieder TB kriege«.[34]
Weigel und Brecht fuhren zunächst nach Salzburg, wo sie sich zwei Tage lang mit Gottfried von Einem trafen. Weigels Heimatstadt Wien, die sie 1950 in einem Brief an Berthold Viertel als »Saunest«[35] bezeichnete, wurde nicht besucht. Dagegen blieben sie einige Tage in Prag, wo sie mit Lou und Hanns Eisler, aber auch mit tschechischen Autoren zusammenkamen.
Offenbar hatte sich Brecht beim Außenministerium für den Dienstpaß bedankt und dort den Wunsch geäußert, das jüdische Prag zu besichtigen. Der Dolmetscher Mittelmann-Dédinský, der beauftragt wurde, ihn zu begleiten, verfaßte 1998 darüber einen Bericht. Er führte ihn und die Weigel zum Hause Kafkas, zum Ghetto, zum jüdischen Friedhof und zur Synagoge. »Ich zeigte ihm die Vertiefung, von der aus der Vorbeter sang und erklärte ihm, daß dies sich auf den Psalm bezieht: *Aus der Tiefe ruf ich zu Gott.* Ich erinnere mich: Brecht ging nochmals und nochmals zum Vorbeterstand, betrachtete die Vertiefung im Boden, schüttelte das Haupt und konnte sich vom Ort nicht trennen. Er sah aus, als ob er den Formalismus des israelitischen Glaubens bewunderte. [...] Ich begleitete ihn zunächst zum Grabmal des Rabbi Löw [...]. Er frug mich, was die kleinen Kieseln und Steine bedeuten, die am Rande des Sarkophags angehäuft waren. Ich erklärte

ihm, daß es Gaben sind dem Verstorbenen [...], damit er bei
Gott für den Lebenden vorspreche. Ich beobachtete wie-
derum Brechts Kopfschütteln und schweigendes Hinschauen.
Nach einer Weile nahm er ein Steinchen und legte es dahin.
Danach interessierte er sich über das Judentum in Prag, über
die Vernichtungen etc.«[36]

Daß sich Brecht hier erstaunlich auf jüdische Rituale ein-
ließ, hing zweifellos mit der Erschütterung zusammen, die er
beim Eintritt in den geografischen Raum der ›Endlösung der
Judenfrage‹ empfand. Im *Journal* vom 20. Oktober heißt es:
»Von 37000 Juden [Prags] kamen nach der Hitlerbesetzung
800 zurück. Wir besuchen den Judenfriedhof.« Danach resü-
mierte er die von Mittelmann-Dédinský gegebenen Informationen über Unterdrückungen und Einschränkungen, denen
die Prager Juden in den Jahrzehnten und Jahrhunderten vor
der Nazizeit unterlagen.[37]

Am 22. Oktober 1948 überquerten Weigel, Brecht und Eislers die tschechisch-deutsche Grenze. Dort erwartete sie ein
kleines Begrüßungskomitee: »[der Schriftsteller Ludwig]
Renn, Theaterleute, Parteileute – sehr nett und sehr hungrig.
Fotografiererei wie in USA und Rundfunk.« Der Fahrer, der
sie dann nach Berlin brachte, erzählte vom schweren Alltag
der Bevölkerung. Abends, im Kulturbund, erwarteten sie Johannes R. Becher, Slatan Dudow und Herbert Ihering. Am
nächsten Tag fand – ebenfalls im Kulturbund – ein offizieller
Empfang für die beiden statt, auf dem Alexander Dymschitz
eine »kluge kleine Rede« hielt.[38] Brecht versäumte nicht, sich
bei ihm für einen lobenden Artikel zu bedanken, den Dymschitz ein Jahr zuvor in der deutschsprachigen *Täglichen
Rundschau* über ihn verfaßt hatte.

Weigel und Brecht wurden in einem restaurierten Seitenflü-
gel des ehemaligen Luxushotels Adlon untergebracht. Dort
wohnten in den folgenden Monaten auch andere Mitarbeiter
und Mitarbeiterinnen wie Ruth Berlau und Elisabeth Hauptmann.

Mehr noch als das zerbombte Berlin[39] erschütterte Brecht
und Weigel der Zustand der Bewohner der Stadt. Sie waren
durch den Krieg demoralisiert, hungerten und litten unter

dem Schwarzhandel. Die sozialistische Aufbruchsstimmung
hielt sich in engen Grenzen: »[…] nur wenige stehen auf dem
Standpunkt, daß ein befohlener Sozialismus besser ist als gar
keiner. Die Übernahme der Produktion durch das Proletariat
erfolgt zu dem Zeitpunkt (und scheint vielen also zu erfolgen
zu dem Zweck) der Auslieferung der Produktion an den Sieger.«[40] Und: »immer noch, nach den drei Jahren, zittert unter
den Arbeitern […] die Panik, verursacht durch die Plünderun-
gen und Vergewaltigungen nach, die der Eroberung von Berlin
folgten.« Solche Delikte wurden zwar mittlerweile von der sowjetischen Armee selbst schwer bestraft, kamen aber immer
noch vor. Am 14. 12. 1948 hielt Brecht im *Journal* fest, daß Jakob Walcher, dessen Frau, er und die Weigel beim Verlassen
des Künstlerclubs Möwe auf einen betrunkenen russischen
Leutnant gestoßen seien, der Walcher und dann die Weigel
festgehalten und mit dem Revolver hin und her fuchtelnd, bedroht habe. »Er hat den bleichen, verzweifelten Ausdruck der
Betrunkenen […]. Am End tritt er zurück mit einer Bewegung beider Arme, den Weg frei machend […], weder der Por-
tier noch sonst jemand kümmert sich um den Vorgang.«[41]

Zum Zeitpunkt dieses Vorfalls liefen die Proben für *Mutter
Courage und ihre Kinder* am Deutschen Theater bereits seit
einem Monat. Außer der Weigel waren alle Mitwirkenden
Schauspieler, die in der Nazizeit gespielt bzw. ihren Beruf erlernt hatten. Brecht drängte nicht allzusehr auf seine Methode, dazu war die Probezeit ohnehin zu kurz. »Erst in der
elften Szene schalte ich für 10 Minuten episches Probieren
ein. […] Ich lasse […] jeweils hinzufügen ›sagte der Mann‹,
›sagte die Frau‹. Plötzlich wurde die Szene klar, und die Müller[42] entdeckte eine realistische Haltung.«[43] Sein junger Assistent Heinz Kuckhahn kam darauf, die Hilfsformel für das
epische Spielen ›sagte die Courage‹ durch ›soll die Courage
gesagt haben‹ zu verbessern.[44]

Zunächst schien es Brecht, als stiege »eine merkwürdige
Aura von Harmlosigkeit von der Bühne auf bei allen Proben,
als hätte Hitler auch die Bösartigkeit der Deutschen verbraucht«. Den an sich guten Schauspielern mangele es an
Hintergründigkeit.[45] Als vorteilhaft stellte sich heraus, daß
sein alter Kollege Erich Engel als Co-Regisseur mitwirkte, er

konnte vermittelnd eingreifen. Brecht änderte auch Text. Er wollte vermeiden, daß sich die Zuschauer – wie es 1941 in Zürich geschehen war – mit der zähen Überlebenskraft der Courage identifizierten und den Krieg weiterhin nur als Schicksalsmacht ansahen. Sie sollten erkennen, daß die Courage durch die Prioritätssetzung des Geschäftlichen ihre Kinder verlor und mitschuldig am Krieg wurde. Herbert Ihering, der an Proben teilnahm, stellte fest, »daß eine Variabilität der Weigelschen Couragefigur zutage tritt, die er bei der Betrachtung der einzelnen Szenen [im Manuskript] vermißt hatte«.[46]

Am Tage der Premiere, am 11. Januar 1949, notierte Brecht: »Die Couragefigur Hellis jetzt herrlich, von großer Kühnheit.«[47]

Wie 1932 bei der *Mutter* gab es auch diesmal eine Voraufführung für Arbeiter. Sie kamen teils aus den Hennigsdorfer Stahlwerken, teils aus einer Schule für Gewerkschaftsfunktionäre. Ein Mißerfolg wäre besonders für die Schauspieler problematisch gewesen. Aber die Reaktion der Arbeiter war die, die Brecht sich erhofft hatte. Es dauerte zwar eine Weile, bis sie überhaupt reagierten. Aber »nach der Szene mit dem Lied von der Kapitulation klatschten sie, und die Szene mit dem Tod der stummen Kattrin unterbrachen sie mit großem Beifall da, wo sie das Ehrenwort des Offiziers ablehnt. Und am Ende vergaßen sie aufzustehen und in die Garderobe zu stürzen, obwohl [...] die Bahnen spät nicht fahren. Bei einer späterer Diskussion in der Gewerkschaftsschule kritisierten die zumeist jungen Leute mit »Bestimmtheit« und »Höflichkeit« einige technische Mängel. Solche Hinweise nahm Brecht immer gern entgegen. Entscheidend war für ihn, daß sich die Arbeiter nicht mit der fatalistischen Haltung der Courage identifizierten. Ihnen war es befremdlich erschienen, »daß die Courage nichts lernt im äußersten Elend«, es »erregte diesen Zuschauern nur Mitleid!«.[48] Empörung wäre besser gewesen. Trotzdem: der Courage-Effekt begann zu funktionieren.

Auch die eigentliche Premiere – unter Anwesenheit der Kulturoffiziere aller vier Besatzungsmächte – wurde zum Triumph für Weigel und Brecht. Das schon vor und zu Beginn des Krieges entstandene Stück schlug vielleicht deshalb so gut ein, weil es einerseits mit der tatsächlichen Haltung der meisten Deut-

Mutter Courage und ihre Kinder am Deutschen Theater, Berlin 1951

schen korrespondierte, die sich nicht – wie Brecht bis zuletzt gehofft hatte – gegen Hitler und den Krieg erhoben, sondern wie die Courage versucht hatten, aus jeder Kriegssituation noch das scheinbar Günstigste zu machen. Andererseits hatte das nun hinter ihnen liegende reale Erleben des Kriegsendes und seiner Folgen einen geistigen Boden geschaffen, auf dem die Haltung der Courage kritisierbar war, auch und gerade weil sie selber zu keiner ›Selbstkritik‹ gelangte.

Mit einem Schlage wurde die Weigel zur bekanntesten Schauspielerin Berlins. Über viele Jahre wurde sie identifiziert mit der Botschaft des Stückes: Kleine Leute können im Krieg nur verlieren. Am 1. Mai 1950 notierte Brecht etwas erstaunt in sein Journal, daß der auf einem Lastwagen plazierte Wagen der Courage von den Menschen in der Stadt erkannt wurde. »Helli wird durch alle Straßen hindurch begrüßt, Frauen halten tatsächlich die Kinder hoch: ›Die Mutter Courage!‹«[49]

Daß sie die große Rolle mit äußerster Schlichtheit und unter Zurücknahme von allem, was man bisher auf der Bühne für wirkungsvoll hielt, gespielt hatte und trotzdem höchste Ergriffenheit beim Publikum hervorrief, verblüffte die Kritiker. Wolfgang Harich[50] nannte sie eine »verhaltene, unpathetische, schlichte Mutter Courage, großartig in ihrer Ausdrucksfähigkeit, in der Ironie, die sie zuweilen aufleuchten läßt, erschütternd im Schmerz, den sie mit sparsamsten Mitteln fast nur andeutet«.[51] Paul Rilla sprach von einer »wundervoll gereiften Kunst, welche die Stille und die Größe, das Schwere und das Leichte, realistische Unauffälligkeit und genaueste mimisch-sprachliche Akzentuierung in einer einzigen lösenden Bewegung verbindet. In demselben Maße, wie sich die Rolle tragisch verdunkelt, gewinnt sie die Höhe eines unerbittlich desillusionierenden Humors.«[52] Die prägnanteste Beschreibung gab ein Kritiker aus den Westsektoren, Friedrich Luft: »Sie, vor fünfzehn Jahren aus der vordersten Linie des Experimentiertheaters mit Brecht emigriert, hatte damit eine herrliche Wiederkehr. Wir sind um eine unverwechselbare Schauspielerin reicher mit diesem erregendem Premierenabend. Klein, von einer zähen Fragilität, das harte und unvergeßliche Gesicht wie von der Kollwitz gezeichnet, spielte sie die Mutter Courage. Eine schauspielerische tour de force, die sie scheinbar mühelos erledigte. Wie sie – sozusagen klug neben der Rolle stehend – das Schicksal der vom Krieg betroffenen Frau vorzeigte, ohne selbst sich in die Figur zu verlieren, wie sie, spielend, das Exempel statuierte mit einer wie selbstverständlich scheinenden darstellerischen Überredungskraft, das bleibt noch genauer zu studieren.«[53] Es war sicher kein Zufall, daß ein Kritiker aus dem Westen, der an keinerlei Loyalität zur offiziellen sowjetischen Kunstlinie gebunden war, die genaueste Beschreibung von Weigels Spiel lieferte. Es scheint, als hätte Luft damals bereits das *Kleine Organon* gelesen. Als er im April 1949 nach Kalifornien fuhr, gab ihm die Weigel Empfehlungen für Lion Feuchtwanger mit. »Ich hab einen kleinen Empfehlungsbrief an einen Kritiker, er heißt Friedrich Luft, für Sie mitgegeben. Er ist wirklich ein interessanter und gescheiter Mensch, der Beste, den es hier gibt [...]. Er kann Ihnen viel über Berlin und auch einiges über BB und mich erzählen.«[54] Luft wurde auch eingeladen, am Berliner Ensemble einen Vortrag über Theater in Amerika zu halten.[55]

Aus einem zwei Monate zuvor an Feuchtwanger geschriebenen Brief spricht ihr Stolz über ihre erfolgreiche Rückkehr auf die Berliner Bühne. »Na ja, eine Beschreibung von Berlin werden Sie ja von mir nicht verlangen. Das ist nicht mein Geschäft. Aber kommen sollten Sie! Ich weiß nicht, ob Sie wissen, daß wir die *Courage* hier gemacht haben. Endlich konnte ich mal wienerisch reden, und kein Mensch hat was dagegen gehabt. Sie erinnern sich, daß Sie mich immer geärgert haben, wenn Sie behaupteten, meist bei Shakespeare, daß ich wieder etwas Wienerisches gesagt hätte. Aus Eitelkeit schicke ich Ihnen auch ein Bild von mir.«[56]

Die Überzeugungskraft von Weigels ungewöhnlichem Spiel war – jedenfalls im Osten – eine große Provokation. Es machte die Auseinandersetzung mit Brechts Vorstellung vom epischen Theater unausweichlich. Hier meldete sich ein Anspruch auf radikale Umgestaltung des Theaters, der vielen unbequem sein mußte. Schon eine Woche nachdem die Kritiker sich mit Lob überschlagen hatten, begann ein Kritikerstreit um Brechts Methoden, der nie mehr enden sollte. Fritz Erpenbeck – schon als Mitarbeiter des Moskauer *Wort* Brechtkritiker – hatte die Aufführung am 13. 1. 1949 zunächst zwar als »das in vieler Hinsicht bedeutsamste Theaterereignis seit 1945«[57] bezeichnet. Und wie einst Alfred Kerr bewunderte er sogar Weigels verfremdendes Spiel: »Nicht zufällig führte ich einmal in einem Aufsatz über Pathos – was auf deutsch Leidenschaft heißt und nichts anderes – Helene Weigel als vorbildliches Beispiel an; ich schilderte, wie sie in *Mutter Courage* den Satz ›Verflucht sei der Krieg!‹ fast tonlos, wie nebenbei sagt und damit doch das höchste Pathos gebe, das beim Zuschauer die stärkste Emotion (und in diesem Augenblick auch die entscheidende ideologische Erkenntnis) auslöse.«[58] Erpenbeck sah in Weigels Spiel einen einmaligen, glücklichen Sonderfall, eine Begabung, die sich gewissermaßen trotz Brecht durchsetzte. Eine Verallgemeinerung von dessen Theaterprinzipien wollte er auf keinen Fall zulassen. In einem anderen Artikel, am 18. 1. in der *Weltbühne*, listete er die besonderen Merkmale des Stücks kritisch auf, die seiner Meinung nach einen Bruch mit ewiggültigen Gesetzen der Dramatik bedeuteten: die lose aneinandergereihten Szenen, die eingestreuten Songs, den Verzicht auf die Duellsituation von Spieler und Gegenspieler. Und er stellt die »Grundfrage, die stets an Zeitenwenden neu gestellt werden muß: Wo verliert sich, trotz fortschrittlichen Wollens und höchsten, formalen Könnens, der Weg in eine volksfremde Dekadenz – wo führt, bei fortschrittlichem Wollen und höchstem, formalen Können, der Weg zur Volkstümlichkeit, zur dringend notwendigen Gesundung unserer Dramatik?«[59] Keine Behauptung war damals denunziatorischer als die von der »volksfremden Dekadenz«. Zwar konterte Wolfgang Harich in der *Weltbühne* vom 8. 2. 1949 ganz im Sinne Brechts gegen Erpenbecks Vorstellung von ewig gültigen Gesetzen der Dramatik: »Nicht wer die Form überhaupt, sondern wer sie lediglich um ihrer selbst willen verändert, ist Formalist.« Erpenbecks Behauptung, Brechts Stück stehe »volksfremder Dekadenz« nahe, bezeichnete er als »ungeheuerlich«.[60]

In Wirklichkeit steckte hinter dieser, in vielen Zeitschriften weitergeführten Polemik eine grundsätzliche Auseinandersetzung um Wege und Ziele zukünftiger sozialistischer Dramatik. Der in der sowjetischen Zone nach 1945 schnell verbreiteten Theorie von Georg Lukács, der auch Erpenbeck folgte, genügte es, wenn sozialistische Kunst neue Inhalte in das höchste Niveau der klassischen Formen brachte. Es war eine ähnliche Linie, mit der das bürgerliche Theater Stanislawskis nahtlos zur stalinistischen Theaterdoktrin umfunktioniert worden war. Lukács repräsentierte mit seiner Ästhetik in gewisser Weise die im Vergleich zur westlichen Arbeiterbewegung zurückgebliebenen Emanzipationsbewegungen Osteu-

Von dem Foto aus Brechts
Arbeitsjournal (oben), das
nach einem japanischen
Luftangriff auf den briti-
schen Stützpunkt Singa-
pore (1941) aufgenommen
wurde, entlehnte die Wei-
gel den ›stummen Schrei‹
der Courage.

227

ropas, die gegenüber der bürgerlichen Epoche einen Nachholebedarf hatten. Gerade das Festhalten an den Formen klassischer Kunst war aber ein Zeichen dafür, daß diesem Nachholebedarf keine demokratische Basis gegeben worden war. Die Abneigung gegen das Experimentelle und gegen eine soziologische Fundierung der Ästhetik offenbarte den autoritären Charakter des gesellschaftlichen Projekts. Obwohl gerade mit dem *Courage*-Stück bewiesen war, daß das bewußte Weglassen der Katharsis auf der Bühne beim Publikum durchaus kathartische Wirkungen hervorgerufen hatte, fürchteten die Parteigänger Erpenbecks nicht zufällig gerade diesen Zug Brechtscher Kunst. Das freie Nachdenken des Zuschauers über das Geschehen auf der Bühne konnte theoretisch nämlich auch in ganz andere als die gewünschte Richtung gehen. Brecht sah nicht zu Unrecht hinter der Kunstdoktrin der Lukács-Anhänger keinerlei Anspruch zur Entwicklung jenes mündigen Zuschauers, der lernen konnte, in der Gesellschaft mitzudenken und mitzuregieren.

Genau dieser Punkt sollte bald auch schon einmal zum Konflikt zwischen Brecht und einem Spitzenfunktionär der SED werden. Erich Honecker, damals Vorsitzender der Freien Deutschen Jugend, verlangte, aus dem für diese Organisation geschriebenen *Aufbaulied* die Zeile »Und kein Führer führt aus dem Salat« zu ändern. Honecker befürchtete, daß die jungen Leute dabei nicht an Hitler, sondern an die »Führung durch die Partei« denken würden.[61] Brecht, der ja auf Kritik im allgemeinen gern einging, notierte: »Ich kann dem aber nicht entsprechen, die Strophe ist auf das Motiv des Sich-Selbst-Führens aufgebaut, und das ganze Lied dazu.«[62]

Therese Giehse hatte die Courage mit großem Erfolg im Dezember 1948 an der Wiener Scala gespielt. Und als Courage gelang ihr im Oktober 1950 auch die triumphale Rückkehr in die Stadt, aus der sie vor Hitler geflohen war: München. Assistiert von Ruth Berlau, führte Brecht Regie nach dem Berliner Modell. Die Schauspieler waren »ganz verschieden von Berlin und ausgezeichnet. Während der ganzen Proben nicht ein Disput. Die Giehse baut bewunderungswürdig das ganze Arrangement um, das sie mit solchem Erfolg in Zürich und

Wien benutzt hatte.«[63] Die Giehse nahm das Modell als Anregung, änderte es selbst aber kreativ ab, insbesondere auch in Bezug zu der konkreten Bühne und dem konkreten Publikum, vor dem sie spielte. »Dem Lied von der Großen Kapitulation gab die Giehse eine aggressive Wendung, indem sie beim letzten Refrain das Publikum mit einbezog – sie trat auf in der Stadt der Bewegung [in München formierte sich schon zu Beginn der zwanziger Jahre die Nazibewegung] und der Remilitarisierung. Ihren Zürcher Szenenschluß, mit dem in militärischer Zu-Befehl-Haltung gesprochenen ›Ich beschwer mich nicht‹, gab sie für den Münchener Szenenschluß auf; die Courage ging mit gesenktem Kopf die Rampe entlang […], wodurch die Niederlage betont wurde.«[64] Der kreative Umgang der Giehse mit dem Modell war in Brechts Augen beispielhaft. Ihre Änderungen wurden – auch im späteren Druck – als mögliche Varianten ins Modellbuch aufgenommen. Tatsächlich übernahm die Weigel in der Neuinszenierung von 1951 einige der Erfindungen Giehses.

Nur, weil die Lukács-Front selbst in der Sowjetunion nicht ganz geschlossen war, bekamen Brecht und Weigel die Chance, ihre Vorstellungen vom neuen Theater ein Stück weit zu realisieren – auf einer Insel. Daß sie schnell verwirklicht werden konnte, lag aber auch am außerordentlich freundschaftlichen Verhalten von Wolfgang Langhoff, dem Intendanten des Deutschen Theaters. Zwar vertrat er eher traditionelle Auffassungen vom Theater. Brecht mochte weder die Fotos seiner Darstellung des Eilif in der Zürcher *Courage* noch seine Regie von *Furcht und Elend des Dritten Reiches* am Deutschen Theater im Januar 1948. Zwischen beiden entwickelte sich aber eine über die künstlerischen Differenzen hinwegreichende gegenseitige Achtung. Langhoff bot Brecht noch während der Proben zur *Courage* an, ein dem Deutschen Theater angeschlossenes eigenes Studiotheater einzurichten, das drei bis vier Stücke im Jahr spielen könnte. Es sollte mit wichtigen Schauspielern der Emigration wie z. B. Kortner als Galilei und Giehse als Wassa Shelesnowa, aber auch mit jungen Nachwuchskräften arbeiten. Um das epische Spielen zu entwickeln, dachte Brecht an ein dem Studiotheater angeschlossenes Kindertheater.[65]

Während der Endproben zur *Courage* wurde Brecht plötzlich »zum neuen Oberbürgermeister Berlins [des Ostteils] geholt, wo, im Beisein von Langhoff und Wisten[66], dem bisherigen Intendanten des Schiffbauerdammtheaters, über mein Theaterprojekt (betreffend die Zuziehung großer emigrierter Schauspieler) gesprochen wurde. Der Herr Oberbürgermeister sagte mir weder Guten Tag noch adieu, sprach mich nicht einmal an und äußerte nur einen skeptischen Satz über ungewisse Projekte, durch welche Vorhandenes zerstört würde. Die Vertreter der SED (Ackermann, Jendretzky, Bork) schlugen die Kammerspiele für das Projekt vor, sowie Gastspiele im Deutschen Theater oder bei Wisten. Auch von Sparmaßnahmen wurde geredet. [...] Zum ersten Mal fühle ich den stinkenden Atem der Provinz hier.«[67] Deutlich schien, daß die deutschen Verantwortungsträger kein Interesse an Brechts Projekt hatten. Wenn sie sich hier überhaupt regten, folgten sie dem Wunsch des Kulturoffiziers der Besatzungsmacht. Dymschitz war anwesend und erinnerte sich in einem Artikel von 1966, daß Brecht damals auf das Schiffbauerdammtheater »entschlossen verzichtete, bis für Wisten ein neues Gebäude errichtet würde. Dann nahm er den Vorschlag des Intendanten des Deutschen Theaters, Wolfgang Langhoff an, mit der Schaffung des künftigen Berliner Ensembles in seinem Theater zu beginnen.«[68]

Einen Verbündeten hatte Brecht allerdings in Kurt Bork, der kurz darauf Leiter des Amtes für Kultur wurde. Er und seine Frau Elfriede kannten ihn und Weigel aus der Arbeiterkulturbewegung. Sie waren – zusammen mit Margarete Steffin – im Verein ›Fichte‹ gewesen. Beide Borks hatten 1931 *Mann ist Mann* und 1932 *Die Mutter* gesehen.[69] Auf Grundlage eines gemeinsamen Vorschlags von Bork und Dymschitz traf das Zentralkomitee der SED am 30. Januar 1949 eine positive Vorentscheidung für das Ensemble. Am 20. Februar reichte Helene Weigel der Abteilung Kultur und Erziehung einen Kostenvoranschlag für den Etat des neuen Ensembles ein. Und am 1. April wurde im ZK endgültig der Beschluß gefaßt, »ein besonderes Ensemble unter Leitung von Helene Weigel« zu gründen.[70] Vom 18. Mai stammt eine Bescheinigung, »daß das Berliner Ensemble, Leitung Helene Weigel, eine Institution

Oben: Therese Giehse als Courage deckt die Leiche der stummen Kattrin
zu. Münchener Kammerspiele 1950
Unten: Helene Weigel als Courage deckt die Leiche der stummen Kattrin
zu. Deutsches Theater, Berlin 1949

der Deutschen Verwaltung für Volksbildung in der sowjetischen Besatzungszone ist. [...] Helene Weigel ist ab sofort
mit dem Aufbau des Ensembles durch die Deutsche Verwaltung für Volksbildung beauftragt.« Es mutet merkwürdig an,
daß ein Theater der obersten Instanz für Volksbildung zuge-
ordnet sein konnte. Dies galt indes für den gesamten Sektor
›Kultur‹. Unterzeichner der Bescheinigung war Kurt Bork.
Damit war das Theater dem Verantwortungsbereich des ehe-
ablehnenden Oberbürgermeisters Ebert entzogen, der auch

nach der *Courage*-Premiere ein Gespräch mit Brecht ablehnte.[71] In dem Dokument steht ausdrücklich, daß das Theater »einer besonderen Zulassung des Magistrats von Groß-Berlin« nicht bedürfe.[72]

Der Kulturamtsleiter Bork wurde später über viele Jahre stellvertretender Kulturminister. Der künftige Minister Johannes R. Becher vertrat zwar die Positionen von Lukács. Zwischen ihm und Brecht bestand aber eine noch aus den zwanziger Jahren stammende gegenseitige Achtung. Brecht hielt ihn nicht zu Unrecht für den intelligentesten der Emigranten, die in der Sowjetunion überlebt hatten, und vermied ihm gegenüber Polemik. Er pflegte auch jetzt einen kollegialen Ton. Aber zweifellos hatte er und vor allem auch die Weigel einen direkteren Draht zu Bork. Und das nicht nur, weil dessen Frau Elfriede, genannt ›Blacky‹, bald die Leiterin des Künstlerischen Betriebsbüros vom Berliner Ensemble wurde.

Damit bestanden wichtige Verbindungen zu den Etagen der Macht – wie bald auch zum zukünftigen Präsidenten Wilhelm Pieck. Nach Elfriede Bork kam dieser zu allen Premieren, auch, als er dann »geradezu die Treppe hinaufgeschoben werden« mußte.[73] Solchen wohlwollenden Kräften standen ablehnende gegenüber, deren Einfluß in Zukunft zunehmen sollte wie z. B. der des 1. Vorsitzenden der FDJ, Erich Honecker. Zu den eher ablehnenden ist auch Walter Ulbricht, der 1. Sekretär des ZK der SED, zu zählen, der sich allerdings dem Willen der Kulturbehörde der Besatzungsmacht beugte. Zustimmung oder Sorge in bezug auf das künftige Weigel-Brecht-Theater gründeten sich letztlich darauf, ob die Funktionäre ausschließlich die Machtsicherung der Partei im Auge hatten oder zumindest in ihrem Innersten die Perspektive der Selbstregierung des Volkes für wünschenswert hielten. Denn das Berliner Ensemble verströmte – im Unterschied zu anderen kulturellen Institutionen des Landes – über viele Jahre hinweg die Aura eines basisdemokratisch orientierten »Luxemburgischen Rats«[74].

Für Helene Weigel bedeutete die neue Funktion, ihre Kunst als Schauspielerin durch die Kunst einer Intendantin zu ergänzen, die darin bestand, die Interessen des Theaters auch in äußerst fragilen Machtbalancen durchzusetzen. Zunächst gemeinsam mit Brecht, die meiste Zeit allein, hat sie diese Aufgabe brillant bewältigt. Daß ihr das gelang, zeigt, daß auch sie sich kaum weniger intensiv als Brecht mit den – zu ihrem Glück – nur aus der Ferne gemachten schweren und schwersten Erfahrungen der sowjetischen Kulturpolitik auseinandergesetzt hatte. Brecht und Weigel kamen nach Ostberlin wie Voltaire nach Sanssouci gekommen war. Sie nahmen den Mächtigen gegenüber die Positionen der Intellektuellen der Aufklärung ein: Sie zogen sie in einen Dialog scheinbar Ebenbürtiger, der in Wirklichkeit ein behutsamer Dialog Erwachsener mit gefährlichen Kindern war. Dabei waren sie in gewisser Weise erfolgreicher als Voltaire: Sie konnten ihr eigenes Projekt über viele Jahre vor Ort präsent halten. Das gelang nicht zuletzt aber auch nur, weil aus dem wachsenden Erfolg wachsendes Prestige erwuchs.

Auf Werner Hechts Frage, wieso Brecht ihr offenbar ganz selbstverständlich die Leitung des Berliner Theaters überlassen hätte, antwortete die Weigel: »Na ja, erstens, weil ers nicht wollte. Er hat sich auch dabei etwas gedrückt vor einer bestimmten Arbeit. Durch diese vielen Jahre – wir haben ja wirklich sehr lange zusammengelebt – mußte er ja gesehen haben, daß ich ein wirkliches Organisationstalent hab‹ [...]. Dann hat Brecht eines Tages gesagt: ›Das kannst du‹, und da hab ich gesagt: ›Na schön!‹«[75] Es waren aber noch andere, nicht nur organisatorische Talente notwendig. Mit welch theatralischer weiblicher Gerissenheit die Weigel einerseits die Führung hofierte und andererseits ihr öffentliches Prestige nutzte, um ihre Interessen durchzusetzen, erzählte Käthe Rülicke[76]: »Am 1. Mai – für uns alle stets ein großer Feiertag – verstand sie es auf geniale Weise, vor Beginn der Tribüne stehenzubleiben, so daß zwischen den vor uns Demonstrierenden und dem Ensemble eine Lücke entstand. Und dann ging sie mit raschen Schritten vor, so daß sie und das Theater stets besondere Beachtung fanden. Einmal, erinnere ich mich, fuhr sie im Courage-Kostüm direkt von der Proben ins ZK und drang an den staunenden und sie bewundernden Angestellten ins Büro Grotewohl vor, um sich über etwas zu beschweren. Den Anlaß habe ich vergessen [...].«[77] Der Regieassistentin Wera Skupin, spätere Küchenmeister, die 1951 den Auftrag bekommen hatte, die Weigel für die SED zu werben, brachte sie schlau bei, daß dort »kein angemessener Platz für sie sei. Sie sagte, sie wäre der Sproß einer bürgerlichen Familie, hätte sich ganz und gar für unsere Sache eingesetzt. Aber Mitglied der Partei – das müsse man nicht sein.«[78] Zu dieser Schläue gehörte auch, daß sie im allgemeinen nicht dementierte, wenn sie als »Genossin« angesprochen wurde.

Noch im Januar 1949 begann Brecht, Mitarbeiter für das in Aussicht stehende Theater zu werben, das ja ausdrücklich auch große Namen der Emigration heranziehen wollte. Er schrieb an Leonard Steckel, dem er Puntila vorschlug[79], und an Hans Gaugler[80], den Kreon in der *Antigone* von Zürich. Er lud Capar Neher ein[81] und hoffte, daß Piscator kommen würde. (Dieser sollte – so war Brechts Vorstellung – allerdings versuchen, ein eigenes Theater zu bekommen, um eine zweite, an die Arbeiterkulturbewegung anknüpfende Bühne in Berlin zu haben.[82]) Im Frühjahr reiste Brecht für einige Monate nach Zürich (noch immer sein offizieller Wohnsitz), um Kräfte vom dortigen Theater anzuwerben, aber auch, weil er sich um seine erkrankte Tochter Barbara kümmern mußte. Deren Mutter war, mit den organisatorischen Vorbereitungen für das Ensemble beschäftigt, in Berlin unabkömmlich. Weil er von allerhand Verzögerungen gehört hatte, schrieb Brecht der Weigel aus Zürich Anfang März einen beunruhigten Brief: »Daß ich immer noch nichts gehört habe von der endgültigen Zustimmung der DWK [Deutsche Wirtschaftskommission], macht mich recht unsicher: die Leute hier fangen an, mit Berlin zu rechnen, machen Dispositionen, verlassen sich auf mich. Auch, daß Du noch nicht einmal in der ›Möwe‹ wohnst oder Büros hast, sieht schlecht aus. Und daß Alexander Dymschitz einen Abschiedsabend gab [...], hört sich bedrückend an: wer wird helfen? Wie ist es mit den Visas für Cas [Caspar Neher] (und mich und Barbara)? Hier ist es nach Berlin ungeheur langweilig. [...] Ich freue mich zurück.«[83]
Von Brecht und Weigel war das *Berliner Ensemble* keineswegs als Brecht-Theater gedacht. Außerordentlich wichtig war es ihnen, Berthold Viertel nach Berlin zu holen, der da-

mals an der Wiener Burg Regie führte. Er war in gewisser Weise ein Antipode Brechts, denn er baute seine Regie auch immer von psychologischen Spannungsmomenten der Fabel her auf. Er sollte als erstes *Wassa Shelesnowa* mit der Giehse[84] inszenieren, die sofort zugesagt hatte. Helene Weigel schickte ihr am 7. Juni 1949 den entsprechenden Vertrag und schrieb dazu: »Ich freu mich schrecklich auf Dein Kommen. Versuche mit sämtlichen, mir zur Verfügung stehenden Intrigen, Listen und Kenntnissen ein Zimmer, ein anständiges, in meiner Nähe aufzutreiben, damit wir endlich unsern von mir lang entbehrten Tratsch weiterführen können.«[85] Die Verhandlungen mit Viertel zogen sich länger hin, obwohl Brecht ihm das höchstmögliche Angebot gemacht hatte: »Ihre Stellung wäre die eines Chefregisseurs oder – wenn Sie wollen, einfach eines Regisseurs, jedenfalls formell. Sie sollten in Wirklichkeit aber Helli, die die künstlerische Leitung hat, dabei helfen.« Mögliche politische Bedenken Viertels, die Arbeit im Ostsektor betreffend, versuchte er zu zerstreuen: »Sie könnten ohne weiteres auch am Hebbel-Theater [im Westen] inszenieren: auf dem Theatergebiet kann man hier in allen Sektoren zugleich arbeiten.«[86]

Viertel war zögerlich. Er schrieb an seine ehemalige Frau Salka: »Ich soll mit und für Brecht das Theater am Schiffbauerdamm übernehmen, als Chefregisseur, wage es aber nicht recht, solange der Zonenkrieg währt, schon aus puren Gesundheitsgründen. Ich müßte dazu mindestens zehn Jahre jünger sein.«[87] Er stellte die Bedingung, daß seine jetzige Frau, Elisabeth Neumann, die Anna in *Wassa Shelesnowa* spielen könne. Das brachte die zukünftige Intendantin Weigel in Schwierigkeiten, denn sie hatte diese Rolle für die junge und außerordentlich engagierte Schauspielerin Angelika Hurwicz[88] vorgesehen. Immerhin war Elisabeth Neumann in den USA ebenfalls erfolgreich und engagiert in *Furcht und Elend* aufgetreten und – sie war ihre Klassenkameradin aus der Schwarzwaldschule! Die Weigel schrieb: »Lieber Berthold, Liesl ist nicht nur für Dich notwendig. Vielleicht hast Du recht mit der Anna. Haben täte ich aber jemanden Hervorragendes, das ist die Hurwicz, die die Kattrin gespielt hat, aber vor allen Dingen soll die Liesl hier sein, sich umschaun und wir werden inzwischen herauskriegen, wo es eine vernünftige Anfangsrolle für sie gibt.[89] Elisabeth Neumann-Viertel schrieb darauf an »Liebes Hellichen«, daß sie nur kommen würden, wenn sie die Rolle im voraus bekäme.[90] Auf so einen Handel ließ sich die frischgebackene Intendantin nicht ein. Schließlich kamen die beide Viertels trotzdem. »Ich lasse die Wohnung anheizen, die Betten beziehen und Euch eine Wärmflasche hineinlegen, wenn ich Euer Ankunftstelegramm in Händen habe.«[91] Daß die schließlich einvernehmlich erfolgende Besetzung der Anna mit Hurwicz die Freundschaft mit Liesl Neumann nicht trübte, belegt späterer Briefwechsel.

Die Premiere am 23. Dezember 1949 war ein großer Erfolg für die Giehse und für Viertel, nicht nur für die Zeitungen im Osten, sondern auch für die im Westen. »Therese Giehse gibt mehr als Gorki, mehr als den Tod einer bourgeoisen Kapitalistin, nämlich ein volles Menschenbild, das über die Tendenz des Stückes hinaus für sich stehen kann«, schrieb *Der Mittag* aus Düsseldorf.[92] Auch die *Westdeutsche Allgemeine Zeitung* bekräftigte, daß das Publikum mit dieser Inszenierung keineswegs kommunistisch indoktriniert würde. »Berthold Viertel war sogar so wenig östlich orientiert, daß er den Humoristen Gorki freilegte. […] daß er den alten Schlachtruf ›hie Kapitalismus – hie Kommunismus‹, verkörpert durch die alte Wassa und ihre Schwiegertochter Rahel, nur mehr wetterleuchtend am Horizont entlanglaufen ließ.«

Die beiden Viertels konnten sich nicht entschließen, in Ostberlin zu bleiben. Das fortgesetzte Werben Weigels und Brechts um sie zeigt indes, daß die ursprüngliche Konzeption für das Berliner Ensemble keineswegs die Errichtung eines nur auf Brecht konzentrierten Theaters gewesen war. Matthias Braun meint, »daß Bertolt Brecht gar nicht daran dachte, alles etwa auf einen Ton, auf nur ein methodisches Verfahren abzustimmen. Das Ensemble sollte in verschiedenen Methoden unterrichtet werden, ging es doch darum, sehr verschiedene Stücke entsprechend ihrer ästhetischen Eigenart spielen zu können.«[93]

Weigel und Brecht konnten sich offenbar auch vorstellen, daß das Berliner Ensemble zwei Primadonnen haben könnte. Sie wünschten, daß Therese Giehse ständig ans Ensemble käme. Aber auch sie wollte bei ihrer »Oberdandlerin [süd-deutsch: Oberhändlerin] und Lieblingsdirectrice«, bei der »Lieblingsausbeuterin und Courtisanen Mausi« ebenfalls nur gastieren.[94]

Für die Wiederaufnahme von *Wassa Shelesnowa* stand Vier-tel 1951 nicht mehr zur Verfügung, wohl aber die Giehse: »Ge-liebte Therese, wir freuen uns auf Dich wie die Irren. Ich bin traurig, daß unser guter Berthold sich windet, aber ich könnte auch nicht mehr tun als ihm seine sämtlichen Bitten, Forde-rungen und Wünsche zu erfüllen.« Statt dessen, meinte Brecht, sollte die Regie ein sehr junger Mitarbeiter überneh-men: Egon Monk[95], »der mit den Prinzipien der Bearbeitung am besten vertraut ist [… und] doch schon etwas mehr Erfah-rung in anständigem Theater als die meisten der etwas älteren Regisseure hat, die vielleicht noch in Frage kämen.«[96] Diesmal kam die Giehse noch. 1952 führte sie sogar selbst Regie in *Der zerbrochene Krug* Es half aber nicht immer, wenn ihr die Wei-gel einen »Schimpfbrief« wie folgenden schrieb: »Ich verbiete Dir, Engagements anzutreten außer bei uns, weil: das Alters-heim ist noch nicht fertig […].«[97] Der seltsame Hinweis auf das »Altersheim« deutet darauf hin, daß sich auch die Giehse den Zumutungen des ›Zonenkriegs‹ nicht mehr gewachsen fühlte. Brechts Angebot von 1954, sie als Intendantin für Leipzig vorzuschlagen,[98] nahm sie nicht an.

Hier kam ein sich immer schärfer herauskristallisierendes Problem zum Ausdruck. Obwohl die Grenze zwischen Ost und West noch lange nicht vollkommen abgedichtet war, wa-ren Künstler – einschließlich der großen Namen der Emigra-tion – mehr und mehr gezwungen, sich zwischen Arbeit im Osten und im Westen zu entscheiden. Aus einem am 21. Juli 1949 geschriebenen Brief der Weigel an Harry Buckwitz[99], der Interesse bekundet hatte, am Berliner Ensemble zu arbeiten, geht hervor, daß die in den Westzonen und Westberlin voll-zogene Währungsreform der bislang noch einheitlich gehand-habten Alimentierung der Berliner Theater ein Ende gesetzt hatte: »Die Schwierigkeit meines Etats besteht darin, daß durch die Verfügung des Westmagistrats, daß ab 30. Jun. ds. Js. für Verpflichtungen des Ostsektors, die nach diesem

Helene Weigel und Therese Giehse, etwa 1952

Termin geschlossen werden, keine Westmark mehr bewilligt wird. Wir mußten also versuchen, alle unsere Mitarbeiter im Osten von Berlin unterzubringen, damit ihre Einnahmen den Realwert behalten. Ich hoffe, daß diese ungeheure Belastung so vieler in Berlin arbeitender Menschen, die durch die doppelte Währung entstanden ist, in kurzer Zeit ein Ende nimmt.

238

[...] Freilich verstehe ich im Augenblick Ihre große Schwierigkeit, da Ihre Familie in München lebt. Wollen wir unsere Unterredung eine kurze Zeit aufschieben.«[100] Die »kurze Zeit« nahm kein Ende. Harry Buckwitz kam nie ans Berliner Ensemble, setzte aber Brecht in Frankfurt am Main durch. Zwar bekam das Berliner Ensemble im Vergleich zu anderen Theatern in der DDR ein relativ hohes Budget westlicher Devisen. Er reichte aber nicht aus, um die Folgen der Währungsreform auszugleichen.[101]

Mindestens ebenso stark wie die materiellen Gründe haben politische Gründe gewirkt. Die Atmosphäre des Kalten Krieges vergiftete auch die Sprache von Presse und Rundfunk. Künstler, die auf der oder für die jeweilige Gegenseite auftraten, wurden auf beiden Seiten schnell diskriminiert. Hans Henny Jahnn schrieb z. B. im Mai 1951: »In letzter Zeit habe ich eine unwahrscheinliche Berühmtheit erlangt, aber nicht als Schriftsteller, auch nicht als Orgelbauer, nicht als Präsident der Freien Akademie der Künste in Hamburg und auch nicht als ordentliches Mitglied der Akademie der Wissenschaften und der Literatur in Mainz, sondern ausschließlich deshalb, weil ich mit vier Dichtern der Ostzone ein kleines Gespräch geführt habe. Dieser Umstand hat so gut wie die ganze Presse in Erregung versetzt; selbst Provinzblätter, die nicht einmal in der Lage gewesen wären, meinen Namen im Lexikon zu finden, erblicken nunmehr in mir eine leicht schwankende Säule westlicher Kultur und Dichtkunst.«[102]

In einer Rede auf einer Mitgliederversammlung des Ensembles im Oktober 1953 sagte die Weigel: »Unsere großen Künstler, die bei uns gearbeitet haben, sind leider nicht mehr bei uns wie Therese Giehse und Leonard Steckel, denen wir *Wassa Shelesnowa* und unsere 1. Aufführung von *Puntila* zu verdanken haben. Auch Gaugler, der eine große Zukunft vor sich hatte und dessen Erfolg im *Hofmeister* groß gewesen ist, ist nicht mehr zu uns zurückgekommen. Die Schwierigkeiten, die man Künstlern, die mit uns arbeiten, im Ausland macht, waren zu groß. Wir werden nicht aufhören, sie zu bitten, weiter mit uns zu arbeiten.«[103]

Die Zwänge, in die der Kalte Krieg deutsch-deutsche Zusammenarbeit auf dem Gebiet der Kultur brachte, zeigten

sich auch darin, daß Brecht im August 1953 seinem alten Mitarbeiter Emil Hesse-Burri, der seit den dreißiger Jahren bei
der Ufa München arbeitete, vorschlug, an der Weiterentwicklung des seit 1949 in gemeinsamer Arbeit entwickelten Dreh-
buchs für einen Courage-Film anonym mitzuarbeiten.[104] Dieses von 1949 bis 1955 verfolgte Projekt stieß auf vielerlei Hin-
dernisse, unter anderem auch auf nicht in Übereinstimmung
zu bringende Vorstellungen Brechts und des Regisseurs Wolfgang Staudte.[105] Dessen Vorbehalte betrafen offenbar auch
das Äußere der Hauptdarstellerin. In einem mit ›Mephisto‹
unterzeichnetem, undatiertem Bericht für die Staatssicherheit
heißt es: »Als man die ersten Aufnahmen gemacht hatte,
stellte der Regisseur fest, daß Helene Weigel nicht fotogen ist
(ihre Augen erscheinen als schwarze Höhlen und man kann
die Augen nicht erkennen). Aus diesem Grunde war eine
schnelle Umbesetzung notwendig. Brecht hat sich damit
nicht so ohne weiteres einverstanden erklärt.«[106] Er hat sich
überhaupt nicht einverstanden erklärt und die Arbeit am Film
eingestellt. »Ich habe von Beginn einer Verfilmung nur zugestimmt, wenn Weigel die Courage spielen würde.«[107] Staudte
hatte offensichtlich der Giehse vorgeschlagen, die Rolle zu
übernehmen. Brecht dankte ihr für ihre »feste Haltung«, abgelehnt zu haben.[108] In der (nur elf Seiten umfassenden)
Staatssicherheitsakte Brechts befindet sich auch noch eine
Notiz darüber, daß eine ungenannte Schauspielerin aus Westberlin für die Rolle engagiert werden sollte. Das verhinderte
der dortige Kultursenator Tiburtius, indem er dieser Schauspielerin androhte, daß sie dann mit keinem Engagement in
den Westsektoren mehr rechnen könne.

Brecht gehörte zu den ganz wenigen deutschen Künstlern, die
– wenn sie auch auf beiden Seiten umstritten waren – sich
trotz des Kalten Krieges damals in ganz Deutschland Autorität verschaffen konnten. Das Berliner Ensemble gastierte
im Juni 1950 erfolgreich mit *Puntila*, *Wassa Shelesnowa* und
Der Hofmeister in Braunschweig, Hannover und Wuppertal,
einen Monat später auch in Düsseldorf. Die Presse war ge-
spalten. Ein Teil der Kritiker sah in diesem Gastspiel nur
kommunistische Propaganda. Ein Brecht-Boykott konnte

aber weder in Westdeutschland noch in Österreich vollständig durchgesetzt werden. Daß Brecht die Verwaltung seiner Werknutzungsrechte an Peter Suhrkamp in Frankfurt am Main gegeben hatte, sein Theater aber im Ostteil Berlins lag, sollte sich mit der Zeit als wichtige ›technische‹ Grundlage des heranreifenden Doppelerfolgs erweisen, war jedoch keineswegs der einzige Grund. Das Interesse, das eine spätere Generation westlicher Intellektueller an Brechts Theater entwickelte, war die bereits erwähnte, in ganz Deutschland ansonsten nicht wahrnehmbare Aura eines ›Luxemburgischen Rats‹, die vom Berliner Ensemble ausging. Trotz aller von der offiziellen Kulturpolitik verhängten Einschränkungen erschien das Berliner Ensemble als ein – aus der sonstigen DDR herausgehobener – Experimentierraum gesellschaftlicher Phantasie.

Ein mit ›Aldo‹ gezeichneter Artikel von 1951 gibt ein plastisches Bild von der Geschäftigkeit der Weigel in ihrem Theater: »Augenblicklich probt man in den hier aufgestellten Kulissen das Schauspiel *Wassa Shelesnowa* von Maxim Gorki, und Helene Weigel sitzt inmitten ihrer Getreuen, spricht hier einer Anfängerin einen Satz vor, macht dort einen Gang über die Bühne, und überall da, wo sich auch nur eine Spur von Routine zeigt, frischt sie auf.« Aldo hob hervor, daß den Ensemblemitgliedern auch gesellschaftwissenschaftliche Schulungen angeboten wurden: »Universitätsprofessoren, erfahrene Dramaturgen, Regisseure, Kunsthistoriker und selbstverständlich auch namhafte Bühnendarsteller halten des öfteren Vorlesungen für die Nachwuchskräfte. Weit entfernt von dem sogenannten Bohèmientyp weltfremder Komödianten sind die von Helene Weigel Betreuten mit vollem Recht als Mitglieder unserer neuen, schaffenden Intelligenz anzusehen.«[109] Anzumerken ist, daß es sich bei diesen Schulungen nicht um Veranstaltungen wie die berüchtigten Marxismus-Leninismus-Seminare der Universitäten handelte. Brecht und Weigel suchten die Vortragenden selber aus, es waren z. B. Jakob Walcher, Hans Mayer[110], Jürgen Kuczynski[111], auch Friedrich Luft.

Aldo erwähnte auch, daß zwischen 5. und 20. Mai »Betriebstheaterwochen« geplant seien, in denen die »führenden Büh-

nen« Ostberlins »ausschließlich für den Besuch von Betriebs-
arbeitern reserviert« waren. »Man wird streng darauf achten,
daß die Theaterkarten nicht in unrechte Hände gelangen oder
bereits in den Büros der Verwaltungsgebäude in den Groß-
betrieben hängen bleiben.«

Erfüllten sich jetzt Grundideen der Arbeiterkulturbewegung der Zeit vor Hitlers Machtergreifung? Tatsächlich emp-
fingen die Theater im Osten nicht nur viele Menschen, die
niemals zuvor ein Theater von innen gesehen hatten. Die
Theater gingen mit ihren Aufführungen bzw. Ausschnitten
daraus auch in die Betriebe. Der große Enthusiasmus dieser
Gründerjahre verging aber. In späterer Zeit nahmen die für
Arbeiter reservierten Aufführungen und Aufführungszeiten
ab. Das Publikum der Theater blieb aber sozial gemischt.
Nicht nur über Betriebsabonnements kamen – bis zum Ende
der DDR – immer auch Menschen ins Theater, die man
›Werktätige‹ nannte. Speziell das Berliner Ensemble wurde
aber bekanntermaßen mehr und mehr von Intellektuellen besucht. Der Grund hierfür war, daß sich die Ideen der Arbeiterkulturbewegung in der DDR insgesamt nicht verwirklich-
ten.

Konzeption und Praxis des Berliner Ensembles hatten mit
der späteren Kulturpolitik des ›Bitterfelder Wegs‹, wo sich
Künstler von Arbeitern – in Wirklichkeit aber von der SED –
über Inhalt und Form ihrer Werke ›beraten‹ lassen sollten,
nichts gemein. Hier wurde eine Form von Kollektivität weiterentwickelt, die Brecht von jeher gepflegt hatte. Er selbst
sprach wenig oder erst in zweiter Position – übrigens auch auf
Proben mit Schauspielern. Bei allen Kontakten, egal ob es sich
um junge Leute oder um Berühmtheiten handelte, zeigte er
zunächst Interesse für deren Erfahrungen und Meinungen.
Wenn dann doch die Richtung eingeschlagen wurde, die er
– nicht ohne Berücksichtigung der Beiträge der anderen –
vorschlug, lag das daran, daß er und Weigel als eine Art natürliche Autoritäten empfunden wurden (das traf übrigens in be-
deutendem Maße auch für Elisabeth Hauptmann zu, wie
natürlich auch auf Ruth Berlau und Ernst Busch), die über
immense Erfahrungen verfügten. Eine weitere Voraussetzung
der Zusammenarbeit war, daß Brecht und Weigel die Men-

schen in ihrem Umkreis oft davon überzeugen konnten, daß die offensichtlichen und – im Unterschied zur offiziellen Propaganda – nicht geleugneten Mängel des neu installierten sozialistischen Systems historisch bedingt seien und überwunden werden könnten. Wie sie es hinsichtlich der Sowjetunion annahmen, glaubten sie nun auch hinsichtlich der DDR, daß die Vergesellschaftungen von Boden und Produktionsmitteln mit der Zeit zu mehr Gerechtigkeit und Wohlstand als im Kapitalismus führen würden. Viele ehemalige Mitarbeiter betonen aber, daß solcherart sozialistische Überzeugung nicht die Bedingung für Mitarbeit war. Als Grundkonsens galt das Bejahen von Friedenspolitik. »Es gab also beispielsweise keine weltanschaulichen Vorschriften am Theater, sagen wir, was z. B. das Bekenntnis zum Sozialismus betraf. Das Bekenntnis zur Friedenstaube Picassos war Gesetz. Das war das, was das Ensemble einte.«[112] Daß gerade die Hoffnungen auf eine positive Weiterentwicklung des Sozialismus in den kommenden Jahren auf harte Proben gestellt und von vielen wieder aufgegeben wurden, steht zunächst auf einem anderen Blatt. Diejenigen, die weggingen – sei es aus persönlichen, sei es aus politischen Gründen –, nahmen als Kapital jedenfalls eine glänzende Ausbildung mit. Mit dieser Grundlage konnten sie sich an anderen Theatern sofort gut etablieren – nicht nur im deutschsprachigen Raum.

Die Positionen, die große Namen älterer Emigranten hätten einnehmen können, wurden von jungen Leuten besetzt. Brecht und Weigel waren die einzigen Theaterleute, die bewußt an ihre eigene Aktivität in der Arbeiterkulturbewegung bis 1933 anknüpften, die auf Doppelgleisigkeit von einerseits hoher Professionalität und andererseits frischer Erfahrungswelt und Lernbereitschaft von jungen Leuten setzte. Absolventen von Schauspielschulen gegenüber waren Brecht und Weigel eher skeptisch. Das Schauspieltalent Käthe Reichel[113] wurde 1950 ohne jede Ausbildung engagiert und entwickelte sich unter Brechts Führung schnell zu einer gestisch eindrucksvollen Darstellerin. Auch in späteren Zeiten konnte ein junger Mensch, der an einer Theaterschule Schwierigkeiten hatte, durch ein Vorsprechen bei Helene Weigel sein Schicksal wenden. So hat die Weigel zum Beispiel Manfred Krug ans Berliner Ensemble geholt.

Zum festen Stamm von Nachwuchskräften der ersten Jahren zählten Benno Besson als Regieassistent und die junge Schauspielerin Regine Lutz.[114] Beide kamen vom Zürcher Schauspielhaus für etliche Jahre ans Berliner Ensemble.

Egon Monk stammte aus einer Arbeiterfamilie und hatte nach dem Krieg eine Laienspielgruppe gegründet, mit der er auch Gedichte von Brecht einstudierte. Schon 1949 stellte er sich und seine Truppe bei ihm vor. Brecht war von Monks unpathetischer Vortragsweise begeistert, engagierte ihn sofort und betraute ihn frühzeitig mit Regieverantwortung.

Engagiert wurde auch die aus Monks Truppe stammende junge Schauspielerin und Kabarettistin Isot Kilian[115]. Bei ihr erwiesen sich die Organisationstalente stärker als die schauspielerischen. Sie übernahm Aufgaben des Managements und der Public Relations, insbesondere auch die Herstellung zahlreicher Verbindungen zu anderen Kulturinstitutionen, zu Betrieben und zu Medien. Die Kilian hatte Erfahrungen beim Radio. Sie konnte sowohl organisatorische als auch technische Verantwortung übernehmen für Auftritte von Ensemblemitgliedern in Radiosendern. Und sie organisierte die Sonntagsmatineen des Theaters, womit eine Tradition der alten Volksbühne wieder aufgenommen wurde. Hier sollte nicht nur neues Publikum angelockt werden. Brecht und Weigel wollten auch, daß sich hier die jungen Schauspieler im Singen üben, »um auch mal zum Musical zu kommen, um überhaupt innerhalb der Stücke wirklich den Gesang zu bewältigen«.[116]

Auf ähnliche Art wie Monk kam Manfred Wekwerth[117] zum Berliner Ensemble. Er hatte als Neulehrer in seinem Heimatort Köthen gearbeitet, wo er Laienspiel- und Agit-Prop-Gruppen leitete. 1951 inszenierte er *Die Gewehre der Frau Carrar* und lud Brecht zur Premiere ein. Der kam zwar nicht, schickte aber zwei Busse, damit die Truppe ihr Spiel auf der Probebühne des Berliner Ensembles zeigen konnte. Wekwerth hatte einen Text für einen Schulchor hinzugefügt und eine pazifistische Aktualisierung des Schlusses vorgenommen: Als die Carrar ihrem Sohn das Gewehr geben wollte, trat dessen Darsteller vor den Vorhang und sagte Brechts Gedicht *An meine Landsleute* auf, in dem die Zeile vorkommt: »Ihr Männer, greift zur Kelle, nicht zum Messer!« Helene Weigel, Ernst Busch, Paul Dessau, Wolfgang Langhoff, Elisabeth Hauptmann, die Kritiker Paul Rilla und Fritz Erpenbeck waren begeistert. »Nur Brecht meckerte«, weil diese Aktualisierung die historische Substanz des Dramas verletzte. Er »fühlte sich didaktisch behandelt [...]. Am Abend der Vorstellung noch rief er meinen Hauptdarsteller Erich Franz[118] zu sich und fragte ihn, ob er nicht an das Berliner Ensemble kommen wolle. Irgendwie ärgerte mich das, wahrscheinlich fühlte ich mich mächtig in meinem eigenen Ehrgeiz gekränkt. Am nächsten Tag, ich wollte gerade abfahren, begegnete ich Brecht auf der Treppe zur Probebühne. Er fragte mich, ob ich eigentlich Spaß daran hätte, zu lernen. Ich bejahte die Frage [...].«[119]

Durch Ruth Berlau ans Berliner Ensemble empfohlen wurden Hans Bunge und Peter Palitzsch[120]. Letzterer war gelernter Grafiker und zog aus dieser Berufserfahrung wichtige Impulse hinsichtlich der Farben und bildhafter Gestaltung. Einer der eigenwilligsten jungen Schauspieler, die bereits in den ersten Jahren verpflichtet wurden, war Ekkehard Schall. Als er 1952 als Eilif in der *Courage* und als José in der *Carrar* probte, soll er zunächst noch wie ein »schillerscher Jüngling« gewirkt haben.[121] Da er viele gestische Möglichkeiten bis ins Tänzerisch-Akrobatische hatte, entwickelte er sich aber schnell zu einem sowohl von Brecht als auch von Weigel stark beeinflußten Schauspieler, zu einem der markantesten Repräsentanten des Theaters.

Ende 1950 wurde Käthe Rülicke als Regieassistentin engagiert, obwohl Brecht ihre Abschlußarbeit über die Inszenierungen von *Herr Puntila und sein Knecht Matti* und *Wassa Shelesnowa* nicht sehr gefallen hatte. Kenntnisse und Engagement der Achtundzwanzigjährigen überzeugten ihn in einem Gespräch aber doch, zumal sie Schülerin von Hans Mayer war, des ersten Germanisten, der über Brecht an einer deutschen Universität (Leipzig) lehrte und zu Vorträgen sowie zu dramaturgischer Beratung immer wieder ans Berliner Ensemble herangezogen wurde. Seinem Wunsch entsprechend, machte

Rülicke in den folgenden Jahren zahlreiche Aufzeichnungen über seine und die Arbeit des Berliner Ensembles. In Brechts Auftrag versuchte sie, auch die anderen Mitarbeiter dazu zu bringen. Benno Besson, der sich selbst als empirischen Theaterarbeiter schildert, sagt noch heute: »Den Wert der *Notate* sah ich nicht.«[122]

1978 hat Käthe Rülicke-Weiler in ausführlichen Gesprächen mit Matthias Braun über die Arbeitsteilung gesprochen, die zwischen Weigel und Brecht am Berliner Ensemble bestand. Alle Entscheidungen, die den technischen, ökonomischen, organisatorischen und administrativen Apparat des Theaters anging, traf die Weigel zumeist allein. In der »Engagementpolitik« hinsichtlich des künstlerischen Personals – das ein Drittel ausmachte – entschieden beide zusammen. »Die Schauspieler, die engagiert werden sollten, sprachen vor – in Anwesenheit von Brecht und Weigel und dem Regie-Dramaturgie-Kollektiv. [...] Kriterium war in erster Linie das Talent, aber es ging auch stets um den Spielplan der nächsten Jahre [...]. Brechts Mitarbeiter [für Regie und Dramaturgie] wurden zuerst von ihm engagiert. Aber die Weigel mußte einverstanden sein. Um mein Beispiel zu nehmen: nach einem einstündigen Gespräch, ich war noch Studentin, sagte Brecht, daß er mich engagieren wolle. Aber ich müsse noch mit der Weigel sprechen, sie entscheide, ob ich ins Ensemble passe. Umgekehrt: ich erinnere mich, daß die Weigel Hans-Joachim Bunge als *Archivar* einstellen wollte. Brecht war auf komische Art entrüstet und erklärte, er ließe sich später nicht nachsagen, daß er einen Archivar benötigt hätte. Er bestand auf einer Planstelle für Bunge als Dramaturg.«[123]

An der Arbeit in der Dramaturgie nahm die Weigel nicht teil. »Wir trafen uns meist abends in Brechts Wohnung, da spielte die Weigel«. Einfluß auf die Inszenierungen nahm sie von der Position der Schauspielerin aus, wenn sie auf der Probebühne stand. »Die Weigel brachte natürlich ihre Rolle ein, die nicht nur von der Gesamtkonzeption bestimmt war, sondern auf die sie auch zurückwirkte. Sie bot ihre Auffassung an, ihre Beobachtungen. Und sie hatte Einfluß auf die Inszenierungen in geschmacklicher Hinsicht. Brecht gab da viel auf ihr Urteil. Sie saß stets in den Kostümproben, diskutierte mit

Palm[124], mit Christine Stromberg[125] [...], wichtig war sie in den letzten Probentagen, für die Bühne, für die Kostüme, da war sie unverzichtbar.«[126]

Daß die Weigel an den Arbeiten der Dramaturgie kaum teilnahm, bestätigte auch Isot Kilian. In dieser Zeit hatte sie selber Proben oder war mit den Problemen der Intendanz beschäftigt. »Das lag ihr auch nicht so, so ein Stück im großen und ganzen durchzuarbeiten, so stückweise zu verfolgen. Was sie konnte, wenn sie mal eine Szene oder ein Stück sah, da hat sie ihre Meinung darüber gesagt oder aufgeschrieben oder auch sehr impulsiv gesagt, den Schauspielern, das findet sie falsch, ›was ihr da macht‹ oder sie hat sehr viel praktische Sachen gesagt, also sehr viel bühnenpraktische.«[127]

Als ›Mutter‹ des Theaters half Helene Weigel neu engagierten Ensemblemitgliedern bei der Suche und der Einrichtung von Wohnungen – für Normalbürger schwere Probleme. »Sie schlug sich – für ihre Mitarbeiter – mit dem Wohnungsamt herum.« Für unlösbar scheinende Wohnungfragen hatte sie ›Beziehungen‹ und zwar Rudolf Engel, den Präsidenten der Zentralverwaltung für Volksbildung, Kunst und Kultur. Außerdem richtete sie »bekanntlich gern Wohnungen ein, nicht nur für ihre Familie, sondern auch für die Mitarbeiter [...], kaufte überall in der DDR in den Antiquitätenhandlungen Möbel dafür. Die waren zu Beginn der fünfziger Jahre nicht nur schöner, sondern auch viel billiger als neue. Sie nahm Einfluß auf Fußbodenbelag und Gardinen, da verdanken wir ihr viel.« Und als die großen Fenster der Probebühne in der Reinhardtstraße abgedunkelt werden mußten, kaufte sie so reichlich grünen Kordsamt, »daß für jedes Ensemblemitglied ein paar Meter abfielen. Wir liefen alle in grünen Kordanzügen oder Kostümen herum.«[128]

Die zweite Rolle, die die Weigel nach der Courage in Berlin spielte, war die Mutter. Brecht schrieb nach der ersten geschlossenen Aufführung: »Die Figur der Wlassowa wird durch die Weigel unübertrefflich gegeben. [...] 40 Vorhänge ungefähr, einige eiserne.«[129] Trotz – beziehungsweise gerade wegen – des enormen, heute kaum noch nachvollziehbaren Erfolgs sollte sich eine Polemik um diese Aufführung entfalten.

Sie reizte die Kulturbürokratie nicht nur deshalb zum Widerspruch, weil dieses Stück von seinem Bau her weitaus mehr als die *Courage* an den damals verteufelten ›Proletkult‹ der zwanziger Jahre erinnerte.

Um die Wirkung des Stücks auf das Publikum zu testen, hatte Ruth Berlau es zuvor in Leipzig inszeniert. Obwohl sie mit Brecht einer Meinung war, daß der historische Charakter des Stücks nun deutlicher hervortreten müsse, schlug sie einige Aktualisierungen vor, die er für die Berliner Inszenierung jedoch nicht übernahm. Es kam hier nur zu einigen, gemeinsam mit den Schauspielern erarbeiteten behutsamen Textänderungen. Brecht war sich bewußt, daß der mögliche Widerspruch zwischen Historischem und Verallgemeinerbarem gerade in einem Kunstwerk, das politische Wirkung hervorrufen will, nicht durch aktualisierende Manipulation der Details entschärft werden darf, weil es dann leicht unglaubwürdig wird. Ein solches Kunstwerk muß hoffen, daß der Gegensatz von Historischem und Verallgemeinerbarem durch Publikum und Kritik souverän aufgenommen und gelöst wird. Diese Fähigkeit war in der DDR zu Beginn der fünfziger Jahre aber kaum vorhanden. Dem von Brecht erhofften Arbeiterpublikum fehlte Bildung und Übung. Und die Kulturbürokratie war sich ihrer eigenen Substanz so wenig sicher, daß das Bedürfnis nach Eindeutigkeit und Direktheit der Aussage übermächtig war. Obwohl die Partikularität der Handlungsebene im Verhältnis zur *Mutter*-Inszenierung von 1932 durch die Russifizierung von Kostümen und das (erneut durch Caspar Neher gestaltete) Bühnenbild sehr verdeutlicht worden war, entzündete sich große Verärgerung an kleinen Details. Es war nicht nur die persönliche Meinung des mit Ypsi zeichnenden Kritikers der *Neuen Zeit*, daß das Zerreißen der Bibel in der *Bibelszene* Christen schockieren und verärgern müsse.[130] Es schockierte auch die SED, weil sie meinte, daß eine solche Szene ihre ›Bündnispolitik‹ zu christlichen Schichten der Gesellschaft gefährde. Das Zerreißen der Bibel mußte nach der Premiere gestrichen werden.

Gerade weil die große Handlungsebene der Kulturbürokratie eigentlich keinen Anlaß zur Kritik bot – im Gegensatz zur *Courage* gelangen die zentralen Figuren hier zu ›Klassenbewußtsein‹ –, irritierte die Ironie im Detail und zwar nicht nur hinsichtlich der Zeichnung einiger Personen wie der des Lehrers und des Metzgers. So unwahrscheinlich es heute anmutet, kritisiert wurde sogar die ironische Taktik, mit der die Mutter an der Kupfersammelstelle versucht, andere Frauen von der Abgabe des Kupfers als Kriegsopfer abzuhalten. Johanna Rudolph schrieb im *Neuen Deutschland*: »Ironie ist für das Volk unfruchtbar. Das zeigt sich in der Szene vor der Kupfersammelstelle, wo die Mutter durch die trockene Widersprüchlichkeit ironischer Redewendungen andere Frauen gegen den Krieg herauszufordern sucht. Es ist die einzige Stelle, an der es selbst der großen Kunst Helene Weigels nicht gelang, wirksam zu werden.«[131] Daß Brecht hier nicht nur elementare Prinzipien seiner Kunst, sondern der Kunst überhaupt angegriffen sah, verwundert nicht: »Angesichts der Aufführung der *Mutter* in Berlin stellte ein Kritiker den Satz auf, das Proletariat liebe und verstehe Ironie nicht. Nicht etwa: eine bestimmte Ironie, nein, keine Ironie. Mit einem Federzug versinken für ewig in der Versenkung die Werke des Aristophanes, Cervantes, Shakespeare, Dante, Gogol.«[132] Historisch war der Punkt noch nicht erreicht, an dem die Kulturbehörden der DDR wenigstens einsahen, daß Ironie ein wichtiges politisches Ventil darstellt.

Der eigentliche Gewinn der Aufführung lag zweifellos darin, daß die Weigel den Heroismus der von ihr verkörperten Figur unpathetisch und leise dargestellt hatte, womit ein deutlicher Gegensatz zu den aus der sowjetischen Kultur kommenden heldischen Übersteigerungen und Verklärungen hergestellt war. Insofern wundert es nicht, daß in der Schlichtheit der Darstellung nicht Verfremdung, sondern eher die Zurückgewinnung der realistischen Ebene gesehen wurde: »Helene *Weigel* spielt die Wlassowa, besser: sie ist es. Jede Bewegung, jeder Satz lassen die russische Mutter vor uns erstehen.«[133] Walther Pollatschek glaubte, daß er sich hier eine »Auseinandersetzung mit der Brechtschen Theorie« sparen konnte, da Helene Weigel »außer in sparsamen und wohl erwogenen Momenten – nicht neben der Rolle steht, sondern völlig in ihr aufgeht«.[134] Für Ypsi indes ist diese Mutter zwar »erregend und bewegend, bedrückend teils und teils beglückend, doch zu erschüttern vermag sie nicht«. Das läge nicht an der Darstellerin, sondern sei schon im Stück angelegt. »Erschütternd wirken Leidenschaft, Haß und Trauer.« Ypsi fehlten nicht die Attribute des Heldentums, sondern eher die des passiven Muttertums, die er für die ewigen und allgemeingültigen hielt.[135]

Insbesondere die von Johanna Rudolph im Zentralorgan der SED vorgebrachten Warnungen an und vor Brecht weisen auf die Atmosphäre des Mißtrauens hin, die einen Monat später, im Februar 1951, durch das Eingreifen der Regierung in die Inszenierung von *Das Verhör des Lukullus*[136] in der Deutschen Staatsoper sowie in der nun auch in der DDR aufbrechenden »Formalismusdiskussion« zum Ausdruck kam.

Auf einer Mitte März stattfindenden Tagung des ZK der SED nahm das ZK-Mitglied Fred Oelsner zwar keine Stellung zum *Lukullus*, aber zur *Mutter*. »Ist das wirklich Realismus? Sind hier typische Gestalten in typischer Umgebung dargestellt? Ich will schon gar nicht von der Form reden. Nach meiner Meinung ist das kein Theater; das ist irgendwie eine Kreuzung oder Synthese von Meyerhold und Proletkult. Wenn ein Mensch, der so begabt ist wie Brecht, ein wirklich zusammenhängendes, komponiertes *Theaterstück* schreiben würde, welch gewaltiges Kunstwerk könnten wir da bekommen! Es sind aber auch in dieser *Mutter* von Brecht Szenen, die historisch falsch und politisch schädlich sind. Das muß man aussprechen. Ich erinnere euch an die Szenen von 1914, wie die Mutter in Panik verfällt und jammert: ›Die Partei stirbt.‹ Ist das wirklich eine Charakteristik der historischen Rolle der bolschewistischen Partei von 1914, die als einzige Partei in der ganzen Internationale ein klares Programm und Ziel hatte und nicht in Panik verfiel?«[137] Der Verweis auf Meyerhold und Proletkult war eine deutliche Warnung. Ambivalenzen hinsichtlich des Überlebens der Partei sollten dem Publikum nicht einmal für Augenblicke erlaubt sein. Denn auch im Stück starb die Partei keineswegs.

Rechte Seite: Plakat von John Heartfield und Wieland Herzfelde (Ausschnitt) zur Aufführung von *Die Mutter* am Berliner Ensemble 1951 mit Erwin Geschonneck (links) und Ernst Busch

DIE MUTTER

von Brecht nach Motiven aus Gorkis Roman · Musik von Hanns Eisler

Immerhin hatte auf dieser Tagung auch die »National-preisträgerin Helene Weigel, Intendantin des Berliner Ensembles«, Gelegenheit zu einer Stellungnahme, die sicherlich mit Brecht abgesprochen war. »Ich muß sagen, daß die Mutter in dem Falle, der angeführt wurde, eben nicht jammert. Sie wird angesprochen, etwas zu tun, weil die Partei in Gefahr ist, und sie tut es, obwohl sie krank ist.« Außerdem verwies sie darauf, daß ihr Theater immer bereit gewesen sei, über strittige Punkte zu diskutieren und gegebenenfalls auch Änderungen vorzunehmen. Wie Brecht im Falle des *Lukullus*, versuchte die Weigel hier, die Kritik der Regierung auf derselben Ebene zu definieren, auf der auch Kritik von Freunden, Kollegen, Schauspielern oder vom Publikum stets willkommen gewesen war. Schlau argumentierte sie zwar nicht grundsätzlich gegen Auftragskunst – die hätte es schließlich in der Geschichte immer gegeben –, aber gegen die Vorstellung, daß jedweder Auftrag der Regierung »von der Kunst bewältigt werden« könne. »Nicht jede große Sache ist bereits Stoff der Kunst.« Letztlich müßten die Künstler selbst entscheiden, womit und wie sie sich befassen. »Man sollte auch unsere Künstler als Experten betrachten, so, wie wir unsere Ingenieure als Experten betrachten.«

Den Hauptteil ihrer Redezeit nutzte sie anders. Sie legte dar, wie wenig es bislang gelungen sei, das große Publikum der Werktätigen in die Theater zu bringen. Die Masse des Publikums setze sich zum größten Teil aus »den alten kleinbürgerlichen Schichten« zusammen. »Ich glaube Recht zu haben, wenn ich sage, daß nicht mehr als 10 Prozent unserer Werktätigen – und ich halte das noch für zu hoch gegriffen – wirklich ins Theater gehen.« Dann folgten Vorschläge, wie die Theater in direkteren Kontakt zum Publikum der ›Werktätigen‹ kommen könnten.

Wie weit die Realität von den Vorstellungen Brechts und Weigels über eine neue Kultur entfernt war, zeigen auch Weigels empörte Bemerkungen zum Kitsch im Arbeiter- und Bauernstaat. »Wir haben neuen Kitsch, wir haben überlieferten Kitsch, und es wird gegen den Kitsch sehr wenig getan. Ich war in Leipzig auf der Messe und sah mit Schaudern in den Ausstellungen Dinge in der Keramik und in Textilwaren […].

Die Rehe blühen wieder auf unseren Teppichen auf. Wie unterscheiden wir und wie werden unsere Werktätigen unterscheiden lernen, was Kitsch und was Kunst in der Malerei und im Theater ist?«

Das von den vorangehenden Rednern empfohlene »Studium des sozialistischen Realismus in der Sowjetunion« war natürlich gerade nicht das, was in Weigels Augen das Problem gelöst hätte. Aber wie den Vorschlag abwehren? Wie sie es auch in dem in der DDR geführten Streit um Stanislawski tun wird, behauptete die Taktikerin jetzt einfach, daß dieses Studium »schwer zu erfüllen« sei. »Wir wissen sehr wenig darüber; wir sehen auch sehr wenig davon. Die Stücke, die wir zum Lesen bekommen, sind in den meisten Fällen miserabel übersetzt und geben kein Bild von den wirklichen Aufführungen, die in der Sowjetunion gespielt werden.« Indirekt sagte sie damit, daß sich die Kunst an die Realitäten vor Ort halten solle. Und ehe Ungeprüftes übernommen werde, sollte erst einmal jungen Nachwuchskräften der DDR und der Sowjetunion Gelegenheit gegeben werden, in wirklichen Erfahrungsaustausch zu treten. Dahinter steckte natürlich die Hoffnung, daß in solchem Austausch das Ideologische überwunden und durch realitätsnahe Kunst und Kunsttheorie ersetzt werden würde. Im Gegensatz zu dem, was die Genossen als ›Sozialistischen Realismus‹ einführen wollten, betonte sie, daß das Berliner Ensemble sowjetisches Anschauungsmaterial verwenden würde, das der verfemten Richtung des Proletkults zuzuordnen war wie der Film *Panzerkreuzer Potemkin*. Auch könne nicht alle Kultur, die dem von Oelsner pauschal abgelehnten »Amerikanismus« entsprungen sei, von vornherein verworfen werden. Die jungen Leute müßten mit den »großen Filmen des Auslands« bekanntgemacht werden. Aber »Chaplin ist ihnen kein Begriff […]«. Erforderlich war neben der Erschließung solcher Quellen auch – und hier wurde sie wieder sehr deutlich –, daß zunächst einmal mehr für die Entwicklung des künstlerischen Handwerks getan würde, in dem sie »eine unbeschreibliche Verschlampung« beklagte. »Die jungen Leute können weder sprechen noch sich auf der Bühne bewegen, noch wissen sie etwas von Literatur, noch sind sie politisch bewandert. […] Ich kenne in Berlin nur einen Sprechlehrer; auf diesem Gebiet ist immer sehr viel geschwindelt worden [...].«[138]

Was den Sprechunterricht betraf, so hatte sie ihn am Berliner Ensemble bereits etabliert. Das geht aus einem Artikel von 1950 in der *Weltbühne* hervor: Junge und alte Schauspieler nahmen daran teil. Es ging offensichtlich nicht nur um Sprechtechnik an sich, sondern auch um das Ausmerzen von Einfärbungen der Sprache, die im Faschismus entstanden waren: Im Berliner Ensemble »war ein neuer Ton, eine für das Theater Deutschlands ungewohnt gewordene Art des Sprechens« zu hören. »Hier war kein falscher Ton mehr. Es war, als seien die Stimmbänder gereinigt worden, gereinigt von den Einflüssen des Naziregimes, das menschliche Töne durch Panzergeratter ersetzt hatte – als sei der Schauspieler wieder zu seiner ursprünglichen Echtheit und Natürlichkeit zurückgekehrt.«[139]

Seit Mai 1949 bewohnten Weigel, Brecht und ihre Tochter ein Haus in Berlin-Weißensee, wo sich wieder reges gesellschaftliches und Arbeitsleben entfaltete. Wie früher war für die vielen, oft unangemeldeten Gäste sowie die Dauergäste immer Essen da. Natürlich kochte die Weigel nun nicht mehr selbst, sie buk aber zuweilen noch. Käthe Rülicke-Weiler erinnerte sich, daß das Berliner Ensemble »keine Arbeitsstelle« gewesen sei, »sondern eine Lebensweise – das füllte uns von morgens bis abends aus und an sieben Tagen in der Woche. Arbeit und Privatleben spielten sich gleichzeitig ab. Ich war häufig im Hause Weigel-Brecht, in Weißensee habe ich drei Monate bei ihnen gewohnt, ehe ich eine eigene Wohnung bekam. Ich habe die Abende, an denen meist Gäste da waren – wenn nicht ohnehin Dramaturgie-Besprechung war – dort verbracht. Die Gäste waren Freunde, und die Freunde waren Mitarbeiter – oder sie wurden dazu gemacht, indem sie ausgefragt wurden.«[140] 1952 pachteten Brecht und Weigel mehrere Gebäude am See in Buckow, wo sowohl Erholung als auch entspannterer Austausch mit Mitarbeitern möglich war. Hier wurde meistens das Wochenende verbracht und ein großer Teil der Theaterferien. Einer der ersten Gäste in Buckow war im Juli 1952 Georg Lukács. Er zeigte Interesse für Brechts

Pläne der *Coriolan*-Bearbeitung.[141] In ästhetischen Fragen kam man sich sicher nicht grundsätzlich näher, vielleicht aber in politischen. Wie Brecht sah der nach Ungarn zurückgekehrte Lukács die Kopie des stalinistischen Systems durch die Volksdemokratien als äußerst verhängnisvoll an.

Ende 1952 fand auch das erste Auslandsgastspiel des Berliner Ensembles statt, und zwar in Polen. Für Polen wiederum war es das erste Gastspiel einer deutschen Theatertruppe nach dem Zweiten Weltkrieg. Brecht und Weigel hatten es gemeinsam auf einer Reise im Februar vorbereitet, die sie auch zu Theateraufführungen in mehreren polnischen Städten führte. Sie waren begeistert. Es entstand eine Reihe dauerhafter Beziehungen zu polnischen Theatern, Regisseuren und Kritikern, die in Zukunft auch bei Premieren im Berliner Ensemble zu Gast waren. Die künstlerischen Kontakte waren Brecht und Weigel wahrscheinlich deshalb so wichtig, weil in Polen – im Gegensatz zur DDR – die sowjetische Kunstdoktrin nicht in dem Maße Fuß fassen konnte und sich daher deutlich eine freiere, vorurteilslosere Entwicklung der Künste anbahnte. Helene Weigel zog ernsthaft in Betracht, Rollen in polnischen Stücken zu spielen – was sich jedoch nicht realisierte. Die Aufführungen des Ensembles in Warschau, Lodz und Krakau waren triumphal. In dem Land, das neben der Sowjetunion am meisten unter der deutschen Besatzung glitten hatte, wurde *Mutter Courage und ihre Kinder* als beeindruckende Auseinandersetzung deutscher Künstler mit dem Krieg verstanden. Der Kritiker Roman Szydlowski: »Man könnte ganze Bände über die Sparsamkeit der Mittel, durch die sie ausgezeichnete schauspielerische Effekte erreicht, schreiben, darüber, wie einfach, unmittelbar, diskret und maßhaltend sie ist.«[142] Es scheint, daß selbst das »Agitationsstück« *Die Mutter* weniger Irritation auslöste als in der DDR. »Das herrliche *Lob des Kommunismus*, das Helene Weigel so einfach und ruhig spricht mit der inneren Geniertheit einer Arbeiterin, die etwas, das ihr erst unlängst zu Bewußtsein gekommen ist, so intim definiert, daß den Zuhörern der Atem wegbleibt. In dieser Schauspielerin triumphiert die große Kunst der Subtilität. Was für eine gewaltige Gefühls- und Erlebnisskala ist die Weigel mit einem Blick imstande zu zeigen, mit einem Zusammenpressen der

Lippen, mit einer unbestimmten Bewegung. Sie ist eine schüchterne Kämpferin [...].«[143] Ein polnischer Kritiker, Leon Schiller, war es auch, der Helene Weigel zum ersten Mal mit einer asiatischen Darstellerin verglich. Die Wandlungsfähigkeit der Weigel erinnerte ihn daran, »wie sich die berühmte japanische tragische Darstellerin, Sada Yakko, in einem Augenblick aus einem schönen jungen Mädchen mit Hilfe einiger Striche der im Finger zerriebenen Schminke in einen fürchterlichen Dämon verwandelt hat.« Ihn störte auch nicht, daß die Courage in den letzten beiden Aufzügen auf expressionistische Art geschminkt war, daß ihn das Schauspielensemble insgesamt an das Habima-Theater [Jüdisches Theater in Moskau, heute in Tel Aviv] erinnerte.[144]

Roman Szydlowski erklärte 1982 in einem Gespräch mit Matthias Braun, daß Brecht 1953 von den polnischen Intellektuellen als »oppositioneller Schriftsteller« empfunden worden war, dem es ernsthaft um den Kampf gegen die Bürokratie und den Dialog mit den Arbeitern gegangen sei. Er und Weigel, deren Spiel »viel einfacher als das der polnischen Schauspielerinnen« gewesen sei, aber auch »scharf expressionistisch«, mit »Gesten und Sprecharten, die ganz kontrastvoll waren«, erschienen als Vertreter einer neuen Moderne. Dieses Image sei in den folgenden Jahren schwächer geworden, weil in Polen dann auch viel absurdes Theater gespielt und Brecht mehr mit dem Sozialistischen Realismus in Verbindung gebracht wurde.[145]

In den Herbstmonaten 1952 war es zu vermehrten Spannungen zwischen Brecht und Weigel gekommen, die ihren Höhepunkt im berüchtigten Streit um das Kostüm für *Die Gewehre der Frau Carrar* fanden, Weigels dritte Mutterrolle im Berliner Ensemble. Während sonst in Kostümfragen stets leicht Einigkeit erzielt wurde und Brecht sich Weigels Geschmack unterordnete, verfiel er hier mehrmals in polternde Explosionen. Die Weigel war zur Probe mit einer großen Brosche erschienen, erinnerte sich Tochter Barbara. »Helli hatte ja bis zu seinem Tode – ich habe es ihr Gott sei Dank dann abgewöhnt – eine ungeheure Liebe für Volkskunst. Und das war so ein gehämmertes Riesendings, und da hat der Papa sie angebrüllt, daß die Helli heulte wie ein Schloßhund.«[146] Die Weigel scheint auf die Brosche verzichtet zu haben, erregte dann aber erneut Brechts erregten Widerspruch, weil sie darauf bestand, eine dunkle Bluse mit weißen Mustern zu tragen. »Brecht verlangte eine graue«, erinnerte sich Käthe Rülicke. »Sie trug diese in den Hauptproben, kam aber zur Premiere, als nichts mehr zu ändern war, in ihrer gemusterten Bluse auf die Bühne. Brecht verließ sofort das Theater und hat wochenlang nicht mehr mit der Weigel gesprochen. Solche Verstimmungen wirkten sich dann aufs ganze Ensemble aus.«[147]

Der Streit hatte allerdings keine für das Publikum sichtbaren Folgen auf das Spiel der Weigel bzw. das der anderen Schauspieler. Hinsichtlich der *Carrar*-Aufführung 1953 war selbst der Brecht-Feind Erpenbeck wieder voller Lob: »Wenn das, was wir von Erwin Geschonneck[148] als Pedro, von Ekkehard Schall als José, von Norbert Christian[149] in der sehr schwierigen Rolle des Padre und nicht zuletzt von Helene Weigel als Frau Carrar sahen und tief erlebten, die von Brecht *gewollte* Art der Menschendarstellung ist, dann sind unsere kunsttheoretischen Meinungsverschiedenheiten auf diesem Gebiet in der Praxis sehr gering.«[150]

In der Frage der Bluse hatte die Weigel auch Brecht gegenüber die Intendantin hervorgekehrt, was öfter vorgekommen sein muß und was er gar nicht mochte.[151] Um Konflikte dieses Ausmaßes zu vermeiden, entwickelte sie aber auch eine indirekte und sehr weibliche Art, ihn in Kostüm-, Dramaturgie- und Regiefragen zu beeinflussen, ohne daß er es merkte. Der 1953 als Regieassistent zum Ensemble gestoßene Peter Voigt[152] erzählt, daß er 1955 »an einem Morgen, zu Probenbeginn für die Komödie *Pauken und Trompeten*[153]« hervorgetreten sei und gesagt habe, »woran es liegt, daß das Schlußbild nicht in Gang kommt. Ich zeige drei Fehler auf, im Grundriß und im Arrangement, und weiß auch wie das zu lösen ist. [... Brecht] ist beeindruckt. ›Gut Voigt!‹ ruft er, ›sehr gut!‹ vor dem ganzen Regiekollektiv. Wohl ist mir nicht dabei. Es kam von Helene Weigel. Tags zuvor hat sie die stagnierenden Proben gesehn und mich dann ins Intendanzbüro geholt. Ohne viel Worte zeigte sie mir drei Fehler im Grundarrangement und wie das geändert werden müsse. Dann hat sie mich bestimmt, den jüngsten

Assistenten: ›Sag du ihm das – als deine Vorschläge.‹ Der Grund dafür: Wenn sie ihm das sage, höre er nicht zu. Anderntags also ermanne ich mich und stelle mich vor ihn hin mit Helene Weigels Änderungsvorschlägen. ›Gut Voigt!‹ ruft der Getäuschte, und nochmal: ›sehr gut!‹.«[154]

Auf die damaligen Spannungen reagierte die Weigel geschickt, indem sie sich zurückzog und mehr aus dem Hintergrund agierte. Die Gereiztheiten Brechts waren sicher teilweise in dem nervlichen Zustand von Ruth Berlau begründet, die immer wieder in der Öffentlichkeit Skandale provozierte. Dennoch wollte er sie auf keinen Fall verstoßen. Zum anderen gab es Konkurrenz junger Frauen, die sich um ihn bemühten. Käthe Reichel sagt heute, daß »wir Brecht verführt haben«. Der Plural ist kein Pluralis majestatis, sondern bezieht sich eben auch auf andere Frauen am Theater. »Er selbst ist viel zu schüchtern gewesen. Es waren auch nur ganz bestimmte Frauen, die sich in den Brecht verlieben konnten. Das funktionierte nur über Arbeit.«[155]

Brechts vorheriges Verhältnis mit Käthe Rülicke hatte die Weigel tolerieren können.[156] Unmöglich war ihr das bei Käthe Reichel. U. a. hat sie sich Rudi Engel anvertraut, dem damaligen Direktor der Akademie der Künste, als sie ihn eines Morgens besuchte: »Laß mal keinen rein, ich muß mit dir sprechen. Ich nehm dir gleich ein paar Taschentücher weg, die weine ich jetzt hier naß. Ich bin fix und fertig.« Sie erzählte Engel, daß Brecht eine neue Freundin habe, worauf dieser meinte: »Na, das ist doch nichts so Neues.« – »Na ja, aber man wird müde dabei. Ich kann das nicht mehr und ich will das nicht mehr.« Engel versuchte recht geschickt, sie zu trösten, indem er fragte, wie sie denn seinerzeit Brecht kennengelernt habe. Daraufhin erzählte sie ihm die Episode, wie sie zusammen in München Marianne Zoff und Hanne im Kinderwagen begegnet seien. »Und dann beklagst du dich jetzt? Du hast doch gewußt, was du zu erwarten hast!«[157]

Trotzdem darf man sich die Weigel in dieser Zeit keineswegs als konstant unglückliche Person vorstellen. Ihren Humor verlor sie auch damals nicht. Als sich Brechts alte Gewohnheit, an Freunde und Freundinnen Weihnachtsbäume zu verschenken, umkehrte und mehrere Frauen ihm mit Süßigkeiten behängte Tannen ins Haus brachten, platzte ihr »bei der allerletzten« der Kragen, sie »machte die Klobrille runter, setzte den Baum drauf und sagte: das weitere ist sein Problem«.[158]

Daß sie endlich spielen und ein ganzes Theater weitgehend nach eigenen Vorstellungen leiten konnte, war ihr zweifellos viel wichtiger als eheliche Treue Brechts. Ende Januar 1953 schrieb sie an den in Pacific Palisades zurückgebliebenen Feuchtwanger: »Meine Lage rentiert sich jetzt wirklich. Ich bin zwar unendlich mager wegen Überarbeitung, aber aufgeblüht. Wie man das beides auf einmal sein kann, weiß ich nicht, aber ich habe es fertig gebracht.«[159]

Trotzdem wollte die Weigel in der Privatsphäre damals Distanz zu Brecht herstellen. Mit Barbara zog sie im Mai 1953 in eine Wohnung in die hinter dem Berliner Ensemble liegende Reinhardtstraße 1 um. Brecht nahm nun bei der Berlau sein Mittagessen ein und hielt bei ihr auch seinen Mittagsschlaf. Aber er lehnte es ab, sie oder eine der jüngeren Frauen mit der Pflege seiner Kleidung zu betrauen. Nun setzte aber eine groteske Verwahrlosung bei ihm ein. In dieser Situation inszenierte die Weigel wieder einen Coup aus dem Hintergrund, um ihn doch endlich einmal neu einzukleiden. Sie schrieb ihm: »Lieber Bert, ich habe mit [dem Kostümbildner] Palm gesprochen wegen des Schneiders. Ich halte den Mantel nicht mehr aus, und Du brauchst auch dringlich den neuen Anzug. Morgen 9.00 Uhr wird ein Schneider abgeholt, der Dir zu Hause Maß nimmt, Stoffe mitbringt und Dich – ich hoffe ohne Anprobe – bekleidet. Bitte, sei einverstanden, Palm hat das geordnet.«[160]

Allein wollte Brecht in Weißensee nicht bleiben. Recht schnell begann auch er eine Wohnung zu suchen, die näher beim Theater – und wohl auch näher bei der Weigel lag. Der Bühnenbildner Heiner Hill fand ein passendes Hinterhaus in der Chausseestraße 125. Die Wohnung wurde erst im Oktober bezugsfertig. Aber schon im Juni/Juli versuchte Brecht brieflich, sie auch der Weigel schmackhaft zu machen. Das Haus sei »sehr alt, zweistöckig, aus den dreißiger Jahren, also sehr hübsch, ziemlich ärmlich, für kleine Leute gebaut [...].«[161]

Weigel dachte aber zunächst nicht daran, wieder mit Brecht zusammenzuziehen, und zum ersten Mal seit zwanzig Jahren kümmerte sie sich auch nicht um die Einrichtung. Barbara Brecht-Schall erzählt, daß er »völlig verzweifelt ins Theater« gekommen sei und um Hilfe beim Möblieren gebeten habe. Elisabeth Hauptmann, Ruth Berlau und – »ich weiß nicht, wer die Junge damals war« – hätten versucht, die Wohnung herzurichten, eine »Katastrophe«.[162]

Trotz allem war auch in diesen Zeiten Zusammenarbeit möglich. Eine neuartige kollektive Erfahrung am Berliner Ensemble, an der sowohl Brecht als auch Weigel beteiligt waren, war *Katzgraben*, das erste aktuelle Stück, das nach einer Vorlage von Erwin Strittmatter[163] entwickelt wurde. Es ging um ›Klassenkampf‹ zwischen Klein- und Großbauern in Ostdeutschland Ende der vierziger Jahre, geschrieben freilich schon aus der Perspektive der in den fünfziger Jahren begonnen Kollektivierung. Angesichts der andauernden Fluchtbewegung von Bauern aus der DDR in den Westen mußte man, um ein solches Thema zu dramatisieren, die ihm innewohnende Widersprüchlichkeit als Ausdruck seines epochalen Charakters ansehen. Davon überzeugt, hatte Strittmatter »die letzten paar Seiten« in Jamben geschrieben. Brecht, der selbst noch kein Gegenwartsstück abgeschlossen hatte, an Strittmatters Text aber bis zur Premiere mitarbeitete, war sich »nicht sehr sicher, wie sich die Jambisierung auf die Komödie auswirken wird«, hatte »aber nicht das Herz, ihm den Spaß zu verderben«. Vor kurzem habe auch Georg Lukács gemeint, »daß man für die Zeitstücke doch auch gehobene Formen wählen solle«.[164]

Die Weigel spielte in *Katzgraben* eine Großbäuerin, eine Rolle, die sie selbst als sehr negativ empfand. Bei der Gestaltung ihrer Maske entwickelte sie eine nicht versiegende Phantasie für Scheußlichkeiten. Die Kostümbildnerin Stromberg erinnerte sich, daß die Weigel ihre Maske praktisch selbst gestaltete, mit einem außerordentlichen »Bekenntnis zum Häßlichsein in dieser sehr unangenehmen Rolle, das hat sie hervorragend gemeistert. Bis auf die Spitze hat sie das getrieben. Da war ihr auch nichts zuviel: einen Buckel und einen Hängebusen und einen Kropf sich anbringen zu lassen.«[165]

Als die Weigel mit dem Kropf und einer schiefen Schulter, die sie sich ins Kleid hatte einnähen lassen, zum ersten Mal auf die Probebühne kam, zeigte sich Brecht irritiert und fragte, was sie sich dabei gedacht hätte. Sie antwortete, sie wolle deutlich machen, daß diese Figur ihres Geldes wegen geheiratet worden sei und der Bauer sich ihr »Herumregieren« auf dem Hof auch nur aus diesem Grunde gefallen ließe. »Ich selbst [d. h. die Großbäuerin] käme nicht darauf, herumzuregieren ohne dieses Geld, da ich religiös erzogen bin und *dem Manne untertan*.« Diese allein durch Maske und Kostüm ausgedrückte Vorgeschichte helfe u. a., die Verhältnisse anderer weiblicher Figuren zu den Männern besser zu verstehen. Brecht, der seine Frau auch bei den *Katzgraben*-Proben des öfteren unbeherrscht vor allen anderen angeschrien hatte, lobte nun: »Eine geniale Schauspielerin ist die Weigel. [...] Genie ist Interesse.«[166]

Es ist nicht verwunderlich, daß Kritiken im Osten diese »gespenstisch-satirische Verkörperung der Großbäuerin« als »Leistung überragenden Formats« lobten.[167] Der Westen, dem die Ästhetisierung der Armut fremd war, spottete über alle Figuren, die »sackleinen, wie der Vorhang« gewirkt und etwas »Aufgezogenes, Marionettenhaftes« ausgestrahlt hätten. »Ganz kraß zeigt sich das bei Helene Weigel. Diese großartige und zu Recht hochgeehrte Schauspielerin bedient sich hier mit Kropf und Mißgestalt äußerer Wirkungselemente, die weder sie noch im Sinne des Typischen die Gestalt nötig hätten. Deshalb verläßt sie den Boden des Ästhetischen, der auch für das Häßliche auf der Bühne verbindlich ist und gleitet ins Nur-Abscheuliche ab.«[168] Diese Vorbehalte haben auch Zuschauer im Osten und Ensemblemitglieder geteilt, und ich unterstreiche sie ebenfalls. Gerade eine negative Gestalt gewinnt Plastizität, wenn sie auch mit positiven Zügen und Attributen ausgestattet wird. Hier ist aber nicht zu vergessen, daß sowohl die am Stück Beteiligten als auch deren Gegner von der Richtigkeit ihrer jeweiligen Haltungen in der Bauernfrage überzeugt und die ästhetischen Standpunkte von diesen Überzeugungen her beeinflußt waren. Obwohl sich in der Realität weder die eine noch die andere Überzeugung in dauerhafte Geschichte verwandelt hat – die in den Westen fliehenden Bauern wurden dort meist keine Bauern mehr und auch Millionen westlicher Landwirte haben seitdem ihre Höfe aufgeben müssen –, sind wir noch nicht in der Lage, die damaligen Projekte und das, was geschichtlich von ihnen übrigblieb, abschließend zu bewerten. Deshalb stehen auch endgültige Urteile zu den in der DDR entstandenen Stücken zur zeitgeschichtlichen Bauernproblematik ebenfalls noch aus. Das Berliner Ensemble hat sich dieser Themen über Brechts Tod hinaus angenommen. Dessen oben zitierte Äußerungen lassen im übrigen ja auch bei ihm Unsicherheit erkennen.

Zu verteidigen ist aber das manchen damals wie heute störende »Sackleinen« am Berliner Ensemble. Es spukte noch in dem im ersten Kapitel zitierten Weigel-Aufsatz Sybille Wirsings von 1998 herum, obwohl das Berliner Ensemble bekanntlich niemals echtes Sackleinen für Kostüme verwendet hat. Schon allein damit die Schauspieler sich wohlfühlten, war es notwendig, ärmlich wirkende Lumpen aus edlen Materialien herzustellen, die nicht selten aus dem Westen importiert wurden. Aber darum geht es ja nicht. Der Spott über das Sackleinen möchte die Frage aus der Welt schaffen, ob Kunst nur Traumfabrik sein oder in Bezug zum realen Leben und gesellschaftlichen Konflikten stehen darf.

Nervosität und Unbeherrschtheit Brechts waren auch bedingt durch die Schwierigkeiten mit der Kulturbürokratie, die nicht nur Kritik am *Katzgraben* übte,[169] sondern auch an der kurz zuvor stattgefundenen Premiere des *Urfaust*. Außerdem kündigte sich ein Konflikt um die Faustgestalt an, die Hanns Eisler in einer eigenen Faust-Oper entworfen hatte und die ebenfalls dem offiziellen Bild der Goethe-Gestalt widersprach. Brecht verteidigte das Werk seines Freundes – gegen das sich Walter Ulbricht persönlich äußerte –, als wäre es sein eigenes.

Er fühlte sich müde und krank. Weil er mit seinen Kräften haushalten mußte, unterschied er jetzt offenbar zwischen Haupt- und Nebenkampfschauplätzen. Stanislawski – immer noch der Säulenheilige des sowjetischen Theaters – wurde auch in der DDR zur absoluten Autorität stilisiert. Im April 1953 fand eine unter Fritz Erpenbecks Leitung stehende Stanislawski-Konferenz statt. Brechts Haltung erinnerte an Meyerholds Geste während der Diskussion zu Mei Lan-Fang im Jahre 1935: Um vorsichtig für seine eigenen Anschauungen zu argumentieren, hatte Meyerhold zugleich freundlich Stanislawskis Arm festgehalten.

Die Perversität der kulturpolitischen Situation zeigte sich auch darin, daß auf der Konferenz scheinbar natürlich eine Konfrontation zwischen Wolfgang Langhoff – der dem Berliner Ensemble im Deutschen Theater immer noch Gastrecht gewährte – und Brecht/Weigel provoziert wurde. Langhoff und sein Theater standen in den Stanislawski-Traditionen, was auch aus dessen Referat zu seiner eigenen *Egmont*-Inszenierung deutlich hervorging. In dieser Situation verzichtete Brecht klugerweise auf den Kampf. Dazu gehörte auch, daß das von ihm ausgearbeitete Referat von Helene Weigel vorgetragen (und später unter ihrem Namen publiziert) wurde. Brecht/Weigel behaupteten einfach, daß es den von den Kritikern immer wieder hervorgehobenen Gegensatz zwischen seiner Methode und der von Stanislawski eigentlich nicht gäbe: Brecht benutze auch ›Einfühlung‹, und bei Stanislawski gäbe es auch ›Verfremdung‹. Beiden käme es auf »die volle, runde, lebendige menschliche Gestalt« an. Im übrigen sei weder das System Stanislawskis ausreichend bekannt und studiert noch das von Brecht, weshalb man sich hüten solle, die Diskussion um Theatermethoden durch Errichtung von unhinterfragbaren Autoritäten frühzeitig in eine bestimmte Richtung zu lenken.[170] Hier ist deutlich jene ziemlich verzweifelte Taktik reformkommunistischer Ansätze zu erkennen, bei der es nur noch darum ging, die Diskussion offenzuhalten.

Verzweiflung, zugleich Entschiedenheit prägen auch den Brief, den Brecht an Ministerpräsident Grotewohl schickte, um ihn an das Versprechen der Regierung zu erinnern, Weigel und ihm das durch die Restaurierung der Volksbühne nun endlich frei werdende Theater am Schiffbauerdamm zur Verfügung zu stellen. Nachdem er damit gedroht hatte, daß Curt Bois[171], der einzige große »Volkskomiker [...], wegen Mangel an Beschäftigung uns sehr leicht verloren gehen kann«, drohte er – durch die Blume – auch mit der Möglichkeit seines eigenen Abgangs: »Sie haben vielleicht gehört, daß in Westdeutschland die unsinnigen Gerüchte über Zwistigkeiten zwischen mir und der Regierung der Deutschen Demokratischen Republik wieder sehr verstärkt aufgemacht werden. Die Übernahme des Theaters am Schiffbauerdamm durch das Berliner Ensemble, das weit über Deutschland hinaus bekannt ist, würde meine Verbundenheit mit unserer Republik deutlichst dokumentieren.«[172]

Der Brief wurde am 15. Juni 1953 geschrieben, zwei Tage vor dem Volksaufstand. Der 17. Juni dämpfte Brechts noch immer vorhandene Illusionen über die revolutionären Potenzen der deutschen Arbeiter erheblich. Aber er mußte auch deutlicher als zuvor erkennen, daß der sogenannte Arbeiter- und Bauernstaat zum wirklichen Dialog mit Arbeitern und Bauern nicht bereit war. Das von ihm immer wieder geforderte Gemeinwesen, in dem die »Weisheit des Volkes« entwickelt und mitentscheiden würde, war nicht in Sicht. Um so wichtiger mußte ihm die Institutionalisierung einer eigenen Theaterinsel erscheinen, in dem wenigstens im kleinen Maßstab mehr Selbständigkeit der Mitarbeiter und auf dieser Basis ein höherer Grad von kollektivem Zusammenwirken vorgelebt werden konnte.

Helene Weigel war am 17. Juni nicht in Deutschland. Sie befand sich gerade auf einem Weltfriedenskongreß in Budapest.

Brechts in der DDR totgeschwiegene und im Westen umstrittene Reaktionen auf den 17. Juni gaben den Boykottversuchen in Westdeutschland und Österreich noch einmal Auftrieb. Trotzdem kam im Oktober 1953 eine Inszenierung der *Mutter* in Wien zustande. Sie wurde unter der Regie von Manfred Wekwerth mit Schauspielern der linksgerichteten Scala einstudiert. Helene Weigel spielte die Titelrolle. Sie kam mit Brecht, der die Endproben leiten wollte, und Ernst Busch, der den Semjon spielte, Mitte Oktober in ihre Heimatstadt. Obwohl die Darsteller der Scala über den von Wekwerth und Brecht geforderten Stil irritiert waren, ließen sie sich doch in Diskussionen ein, und es kam zu einer erfolgreichen Premiere. »Der enthusiastische Applaus, der nach jedem Aktschluß einsetzte, steigerte sich am Schluß zu einem Beifall-sorkan.«[173] Dennoch muß die Darstellung der Weigel so be-fremdlich gewirkt haben, daß sie nicht als Kind der Stadt, sondern respektvoll als »Brechts Gattin« empfunden wurde. »Verhalten und womöglich noch knapper als der Dichter, er-laubt sich Helene Weigel keinerlei Ausbruch; ihr Maßhalten verrät eine innere Dynamik, die ihresgleichen sucht.«[174]

Während des Wien-Aufenthalts kümmerte sich Brecht auch um Hanns Eisler, der sich wegen der Attacken, die in Ostberlin gegen ihn geführt worden waren, in seine Heimat-stadt zurückgezogen hatte und sich in einer tiefen Existenz- und Schaffenskrise befand. Brecht wollte ihn unbedingt zurückholen und half ihm beim Entwurf eines im Stil einer Selbstkritik abgefaßten Briefes an das ZK der SED.[175]

Nach der gemeinsamen erfolgreichen Arbeit an der *Mutter* in der Wiener Scala im Oktober stattete Brecht seiner Frau ein-mal kurz vor dem Mittagessen in der Reinhardtstraße einen Besuch ab, zog einen Veilchenstrauß »aus der Hosentasche« und überreichte ihn ihr. »Ich als zwanzigjähriges Kind«, er-zählt Barbara Brecht, »wußte, daß ich nun zu verschwinden hatte.«[176] Das war die Versöhnung.

Die Weigel zog schon im November in die Wohnung über Brechts und kümmerte sich nun auch um seine Einrichtung. Sie hat »ganz schnell einen Rundgang durch die DDR ge-macht und dieses und jenes [antiquarisch] aufgefischt und hat ihm das möbliert, wie er es brauchte. Da war das Haus wieder in Ordnung.« Brechts Räume wurden vorwiegend mit sach-lichem Biedermeier ausgestattet. In ihrem eigenen Bereich stellte sie antike Möbel auf, die auch verspieltere barocke und klassizistische Elemente aufweisen.

Brecht konnte seine letzte Wohnung nur noch knapp drei Jahre bewohnen. Und die letzte Freundin, die er in diesen Jahren hatte, war Isot Kilian. Sie benahm sich der Weigel ge-genüber respektvoll, damenhaft, herzlich. Barbara Brecht ist ihr noch heute dafür dankbar: »Und die Isot konnte das ge-nau: so weit und nicht weiter gehen. Da war das Verhältnis von Papa und Helli wieder sehr gut. Gott sei Dank, es wäre scheußlich gewesen sonst.«[177]

Isot Kilian selbst sagte, daß die Weigel mit Brechts Frauengeschichten »große Probleme« gehabt hätte. »Sie hat das alles nicht so harmlos hingenommen und gesagt: ›Mach nur, was du willst, ich finde alles richtig.‹ So einfach war das nicht.« Es sei eben von Bedeutung gewesen, »mit wem Brecht zur Zeit befreundet war, und wie derjenige sich der Weigel gegenüber benahm. Ob er sich bemühte, sie nun aus dem Haus zu treiben oder sie als gegeben hinnahm und respektierte und auch einige Formen der Höflichkeit einhielt und der Achtung. Oder den Streit eben maßlos förderte. Sowas gab's ja auch, nicht? Die Berlau hat den Streit zwischen Brecht und Weigel maßlos gefördert.« Ruth Berlau habe das Scheitern ihrer Hoffnungen niemals verkraftet und habe nicht verstanden, daß sie ihn als »Mitarbeiterin und Persönlichkeit [...] weiterhin interessiert hat«.[178] Regieaufgaben im In- und Ausland, das Herstellen der Modellbücher, die Theaterfotografie – diese Aufgaben füllten sie nicht aus. Mehrmals mußte sie in psychiatrischen Kliniken behandelt werden. Ihre Alkoholprobleme nahmen zu.

»Das war Helli schon nicht einerlei mit Brechts Frauen. Das gefiel ihr gar nicht, daß sie bei Brecht erst klingeln mußte, sich bei ihm quasi erst anmelden mußte«, sagte auch Hertha Walcher.[179] Mit Isot Kilian nahmen die Spannungen ab. Diese sagte selbst: »Ich meine, ich hatte sehr, sehr lange Zeit ein sehr gutes Verhältnis mit der Weigel, auch in dem letzten Lebensjahr von Brecht. Sie wußte, daß ich überhaupt nichts darauf anlegte, Weigel und Brecht zu trennen oder besonders zu intrigieren. Im Gegenteil. Mir war es angenehmer, wenn Brecht und Weigel sich nicht stritten und keine Kontroversen miteinander hatten als umgekehrt. Ich bemühte mich da auch, so taktvoll wie möglich zu sein. Das wußte sie und das hat sie auch sehr respektiert. Das hat sie auch in den darauffolgenden Jahren, bis ich mich vom Theater trennte, weil ich ihre Theaterpolitik nicht mehr für richtig hielt, das hat sie eigentlich in den Jahren immer so gehalten. Sie hat mir sehr vertraut.«[180]

Auch in den privat schwierigen Zeiten bewahrte die Weigel also ihre früh erworbene Fähigkeit, die Beziehung zu Brecht auf das zu konzentrieren, was sie beide verband. Und das war

nach wie vor die Arbeit im Theater. Gemeinsame Pflege von
Freundschaften und öffentliche Auftritte, auf die sie sich wirkungsvoll vorbereiteten, um sich gegenseitig zu unterstützen,
blieben immer möglich. Barbara Brecht betont, daß die Weigel im Gegensatz zu anderen »keine Szenen« und »keine
Selbstmordversuche« machte. Ihre Druckmittel waren sanf-
terer Art. Wenn sie beleidigt war, zog sie sich in ihre im obe-
ren Stockwerk gelegene Wohnung zurück und war für Brecht
nicht erreichbar. Daß das für ihn ein offenbar unerträglicher
Zustand war, zeigt ein Briefchen: »liebe helli, bitte, komm
runter. b.«[181]
Auch muß die Weigel bei ihm immer noch ein Gefühl des
Zweifels wachgehalten haben, daß sie jederzeit wieder weggehen könnte. Der Tochter zufolge ist Brecht in diesen letzten
Jahren »wahnsinnig eifersüchtig« gewesen. »Ein Othello, irr-
sinnig, und soweit ich weiß, das eigentlich nur bei Helli. Er
wurde wahnsinnig, wenn auch nur ein Funken Interesse an
einem anderen Mann war. [...] Wenn Helli ein bißchen flirtete, wenn sie ein Schnäpschen trank – sie konnte auch nicht
viel vertragen. Aber wenn sie dann ein bißchen flirtete, wurde
er ganz mulmig, und das nach über dreißig Jahren Ehe.« Die
Weigel hätte aber keinen Freund gehabt, sondern »dusselige
Treue« gehalten. »Also ich meine nicht, daß sie nicht reizvoll
war, aber sie hat das nicht ausgenützt, ihren Reiz [...]. Der
hat also wirklich, als sie über ihm wohnte, manchmal an der
Tür gehorcht, wer da die Treppe hoch ging. [...] Und als der
Besson mal bei ihr oben war, ist er ganz unvermittelt rein gekommen, aber wie in solch einem französischen Film. Ich war
dabei. Das hat das Ganze gestoppt. Also, wenn ich nicht gewesen wäre, hätte er noch unters Bett geguckt, glaube ich.
Wahnsinnig komisch nach all den Jahren.«[182]
Daß die Weigel keinen wirklichen Anlaß zu Eifersucht ge-
boten hätte, behaupten auch viele ehemalige Kollegen und
Freunde. Gisela May meint aber, daß es doch eine Reihe Be-
werber – darunter einen mit großen Blumensträußen erscheinenden »Professor« – gegeben hat.[183] Auf jeden Fall, ist hier
jedoch wieder die Meisterin der Diskretion am Werke gewesen. Es ist nicht klar, wer dieser Professor gewesen sein
könnte.

Ihr Theater am Schiffbauerdamm hat die Weigel jedenfalls bekommen. Die Entscheidung, die die Regierung der DDR diesbezüglich treffen mußte, war freilich mehr eine Entscheidung für oder gegen Brecht als eine Entscheidung für oder gegen Weigel. Daß sich die Regierung entschloß, den beiden das Theater zu geben, hatte mehrere Gründe. Gerade weil das Berliner Ensemble nicht die offizielle Kulturdoktrin verfocht, konnte es als Aushängeschild für Pluralität gelten. Und das wiederum nicht nur nach außen, sondern auch nach innen. Am 10. Mai 1953 war Brecht zum Präsidenten des damals noch gesamtdeutschen PEN-Zentrums gewählt worden. Und schließlich konnten die Intellektuellen, die es lieber gesehen hätten, daß sich die Kulturpolitik mehr an der deutschen Arbeiterkulturbewegung der zwanziger Jahre als an der stalinistischen Kulturpolitik der Sowjetunion orientierte, niemals ganz ausgeschaltet werden. Auf all diese Konstellationen wies der unbestreitbare Erfolg von *Die Mutter* im In- und Ausland.

Wilhelm Girnus[184], einer der dezidiertesten Kämpfer gegen den sogenannten Formalismus – unter anderem trat er mit scharfer Polemik gegen Ernst Barlach und Hanns Eisler hervor –, hatte seit Mai 1951 den inoffiziellen Auftrag der SED, Brecht politisch zu überwachen und zu beeinflussen.[185] Es ist nicht unwahrscheinlich, daß dieser sich der Rolle von Girnus bewußt gewesen ist, der ihn und z. B. auch den *Faustus*[186] von Eisler öffentlich kritisierte, zugleich aber auch das private Gespräch suchte. Am 27. Juli 1953 berichtete Girnus Walter Ulbricht schriftlich über ein Gespräch, das in Buckow stattgefunden hatte. Brecht hätte vor, einen Artikel im *Neuen Deutschland* zu publizieren, in dem die gesamte bisherige Kunstpolitik als falsch dargestellt würde. Er sähe die Orientierung auf die sowjetische Kulturpolitik als verheerend an. Der jetzige Gebrauch des Begriffs Volk erinnere Brecht an den der Nazis wie auch der Kampf gegen Formalismus und Dekadenz. Trotzdem riet Girnus, Brecht das Theater am Schiffbauerdamm zu überlassen, nicht zuletzt aus internationalen Gründen. Er hielt es für möglich und wollte in eigener Person als Kritiker und verantwortlicher Redakteur des *Neuen Deutschland* dafür sorgen, daß auf Brecht eine »erzieherische Wirkung« ausgeübt werden könne. Man dürfe ihm nicht »irgendeine kleine Quetsche« geben, sondern »ein richtiges Theater [...], damit er seinen Primitivismus und Puritanismus nicht durch mangelnde Technik entschuldigen kann. Es versteht sich, daß sich unsere Kritik jeweils von Fall zu Fall mit den entsprechenden Aufführungen in prinzipieller Weise auseinandersetzen wird, ohne dabei grob und taktlos zu sein.«[187]

In den Jahren des Wartens richteten sich die Wünsche von Brecht und Weigel auch eine Zeitlang auf den Wiederaufbau der Ruine des Schauspielhauses am Gendarmenmarkt. Käthe Rülicke erinnerte sich: »[...] wir haben es uns zusammen mit dem Architekten Henselmann, mit dem Brecht und Weigel befreundet waren, mal angesehen, sind in den Trümmern herumgestiegen.«[188]

Nachdem Fritz Wisten in die fertiggestellte Volksbühne umziehen konnte, fand zwischen Januar und März 1954 der Umbau des Theaters am Schiffbauerdamm zum späteren Berliner Ensemble statt. »Die Bühne bauen wir um, die Putten im Zuschauerraum lassen wir, damit es nicht aussieht, als hätten wir zu große Illusionen. [...] Im großen und ganzen lebt man in Hinsicht auf ein vorgestelltes Publikum und einige wenige Leute, die man dann schließlich vermißt«, schrieb Brecht an Lion Feuchtwanger.[189] Die neobarocke Innenausstattung des Zuschauerraums war ein verfremdender Kontrast zur totalen Ausleuchtung der Bühne, zum kleinen Vorhang und das bislang theaterungewöhnliche Geschehen. Lediglich der im Stuck enthaltene Reichsadler wurde mit einem roten Farbkreuz durchgestrichen. Und über den großen Vorhang wurde ein Vorhang mit Picassos Friedenstaube entrollt. Die anderen Räumlichkeiten gestaltete die Weigel: »Von Anfang an habe ich mich um die Einrichtung unseres Theaters gekümmert. Die Möbel im Foyer – sie sind nicht absolut erstklassiges Barock, das ist Dresdner Barock – diese ganzen Möbel habe ich alle herbeigeschleift. Auch die Kantine ist meine Erfindung. Die Tische sind von mir entworfen, auch die eisernen Lampen. Die Tische haben wir machen lassen, und ich muß immer wieder darum kämpfen, daß sie sauber gehalten werden. Der Eindruck der BE-Kantine entsteht natürlich durch die blanken Tische.«[190]

Am 19. März 1954 wurde das Berliner Ensemble mit der Premiere von *Don Juan* eröffnet, dem von Elisabeth Hauptmann, Benno Besson und Brecht bearbeiteten Molièrestück. Offiziell zeichnete Besson als Regisseur. Brecht behauptete, ihn nur »unterstützt« zu haben. Don Juan war Erwin Geschonneck. Barbara Brecht, die sich damals Barbara Berg nannte, trat als Angelica auf. Zwei Wochen später hatte das chinesische Stück *Hirse für die Achte* Premiere, das Hauptmann und Wekwerth bearbeitet hatten. Letzterer führte auch Regie. Das Brecht-Theater stellte sich als Theater der Brecht-Schüler mehrerer Generationen dar.

Ende Juni 1954 nahm das Berliner Ensemble mit *Mutter Courage und ihre Kinder* an einem dreiwöchigen internationalen Theaterfestival in Paris teil. Die vier Aufführungen im Théâtre Sarah Bernhardt wurden zum bislang größten Erfolg des Berliner Ensembles und seiner Hauptdarstellerin Weigel. Das war um so bemerkenswerter, als der Kontrast der ästhetisierten Armut der *Courage* in eklatantem Gegensatz zum üblichen Glamour der anderen Aufführungen stand. Unversöhnlich schockiert zeigte sich indes nur der Kritiker von *Le Monde*: »Mit der Weigel hebt das Stück niemals vom Boden ab. Sie hat keine Flügel. Sie kriecht im Morast der Armut, der raffgierigen Lüsternheit, der Niedrigkeit. Aber auch das ist ergreifend, bestrickend.«[191]

Zehn Jahre nach Kriegsende nahm indes der Großteil des Publikums in Paris die aus Deutschland kommende Botschaft des Antikriegsstücks nicht weniger bereitwillig auf als das Publikum in Polen. Am Abend der ersten Vorstellung gab es 26 Vorhänge. Das Publikum trampelte, verlangte, auch Brecht zu sehen. Elfriede Bork erinnerte sich, daß Zuschauer, die für die anderen Aufführungen keine Karten mehr bekommen hatten, von außen über die Feuerleitern versuchten, ins Theater zu gelangen.[192] Zeuginnen des Triumphs waren auch alte Freundinnen der Weigel. Martha Feuchtwanger beschrieb, wie Salka Viertel die Weigel hinter der Bühne getroffen hätte und diese sagte: »So siehst du, daß ich auch was anderes kann als Gugelhupf backen.«[193]

Es kam zu tiefgründigen, auch sehr grundsätzlichen Diskussionen französischer Kritiker und Intellektueller. Hinsichtlich des Spiels der Weigel erscheint mir die Beobachtung von Clara Malraux am bemerkenswertesten: Als sie gesehen hatte, »wie Mutter Courage sich bewegte, mit Gesten, die jedes Mal den ganzen Körper in Bewegung brachten, Gesten, die in Wahrheit Haltungen waren, wovon eine jede logisch aus der anderen entsprang«, fühlte sie sich an japanische Marionetten aus Osaka erinnert. Auch bei deren Spiel hatte das Ziehen eines einzigen Fadens Rückwirkungen auf die Dynamik des ganzen Körpers.[194]

Das Berliner Ensemble gewann den ersten Preis für das beste Stück und die beste Inszenierung.

Das war der Durchbruch zum Weltruhm. Der erste Brecht-Boykott nach dem Zweiten Weltkrieg ging damit zu Ende. (Einen weiteren Boykott gab es nach der Errichtung der Mauer.) Insbesondere kam es zu zahlreichen Aufführungen in Westdeutschland, wo es bislang nur Harry Buckwitz in Frankfurt am Main gewagt hatte, jährlich ein Brecht-Stück zu inszenieren. Allein in der DDR wollte der Pariser Erfolg keine Früchte tragen. Die Zeitungen weigerten sich, in angemessener Form darüber zu berichten, brachten nur Kurzmeldungen. Brecht beklagte sich am 14. August bei der Redaktion der *Wochenpost*, die von der Presseabteilung des Berliner Ensembles zur Veröffentlichung vorgeschlage Fotos und Artikel als nicht mehr ›aktuell‹ abgetan hatte: »[…] immer noch bringen französische, skandinavische und westdeutsche Blätter Berichte über das Gastspiel des Berliner Ensemble zum Pariser Festival, das allgemein als außerordentliches Ereignis gewertet wird. […] Es ist unmöglich, daß Sie einen solchen kulturellen Erfolg der DDR einfach unter den Tisch fallen lassen.«[195] Die damalige politische Führung und die Chefredakteure der Zeitungen hatten das Berliner Ensemble noch nicht als einen ihrer wertvollsten Exportartikel erkannt. Noch ein Jahr später schrieb er an Helene Weigel, daß er sich mit Rudi Herzog, einem Mitarbeiter des ZK, »wegen der ärmlichen Ausbeutung des Pariser Erfolges in der DDR« unterhalten habe. Herzog hätte nun versprochen, daß die französischen Kritiken endlich übersetzt und in geeigneter Form bekannt gemacht würden.[196]

Helene Weigel und Bertolt Brecht. Gastspiel des Berliner Ensembles in Paris 1954

Mitglieder des Ensembles wollen beobachtet haben, daß aus Brecht und Weigel in Paris wieder ein Liebespaar geworden sei. Das bestätigt auch eine Erinnerung der Tochter an die Heimfahrt, die gemeinsam im Auto mit dem Chauffeur Lindemann angetreten wurde: »[...] wir fuhren von Paris nach München. Ich sollte dort zum Arzt gehen in eine Klinik, und ich hatte noch gefeiert am letzten Tag und hatte einen irrsinnigen Brummschädel. [...] Wir fuhren da über den Schwarzwald. Ich glaube, mit Lindemann war das noch. Und da stiegen sie aus, aus dem Wagen und – was weiß ich, aber es war ganz offensichtlich, was da im Wald passiert war, als sie zurückkamen. – Fand ich merkwürdig, daß ältere Leute so etwas noch tun.«[197]

Im November 1953, noch am Deutschen Theater, hatte Brecht mit Proben zum *Kaukasischen Kreidekreis* begonnen, ein Stück nach einer mittelalterlichen chinesischen Vorlage, das über mehrere Vorstufen hauptsächlich 1944 und 1945 in den USA entstanden und dort, im Mai 1948, an einem College in Minnesota auch schon einmal aufgeführt worden war. Der Streit einer Gouverneursfrau und der Amme ihres Kindes, die es aus Kriegswirren gerettet und aufgezogen hat, wird durch den volksnahen Richter Azdak zugunsten der Amme entschieden. Während das Publikum die Verschiebung vom mütterlichen Recht des Blutes zum mütterlichen Recht durch soziales Handeln im allgemeinen akzeptierte, blieb das Vorspiel umstritten, das den Streit zweier Kolchosen um ein Tal schildert, bei dem es zu einem parallelen Entscheid kommt: Neue, durch Arbeit und soziales Handeln erworbene Rechte triumphieren über die traditionellen Rechte des Erbes und des Besitztums.

Die deutsche Uraufführung war nicht nur durch den Umzug des Theaters erschwert. Die Kulissen mußten verändert, vor allem verkleinert werden. Die Werkstätten des Ensembles kamen bei den Vorbereitungen der über 150 Kostüme und Masken in Schwierigkeiten. Wegen der Rollenbesetzung war es zu Eifersucht gekommen. Brecht gab die Rolle der Amme Grusche Angelika Hurwicz. Käthe Reichel, die sie ebenfalls spielen wollte, sollte die Gouverneursfrau übernehmen. Nachdem am 15. Juni 1954 die Generalprobe und danach mehrere Voraufführungen stattgefunden hatten, machte die Reichel einen Selbstmordversuch.

Die Premiere verzögerte sich bis zum 7. Oktober. Die Weigel übernahm die Gouverneursfrau. Da es nur noch wenig Probezeit gab, mußte der Text gekürzt, die ursprünglich auf viel Bewegung angelegte Rolle vereinfacht werden. »Weigel drehte die Rolle total um [...], spielte viel aus dem Stand, aber großartig.«[198] Wenn sie lief, dann in dem bereits beschriebenen, höchst beeindruckenden ›100-Dollar-Gang‹. Die Darstellerin der proletarischen Mütter hatte sich vor dem Berliner Publikum – trotz ihrer geringen Körpergröße – nun auch als Darstellerin von Herrscherinnen bestätigt, eine Fähigkeit, die am Berliner Ensemble von anderen Kolleginnen bis heute kaum entwickelt wurde.

Die Inszenierung des *Kreidekreises* erreichte wegen des auch rein ethisch auffaßbaren Stückkonflikts, aber auch wegen der prächtigen Ausstattung Zuschauerschichten, die bislang nicht ins Berliner Ensemble gegangen waren. Die gegen Brecht gerichtete Fraktion der Kritiker mußte das alarmieren. Das *Neue Deutschland* brachte überhaupt keine Kritik, andere Zeitungen im Osten reagierten spät. Die Masken, die die Vertreter der Feudalklasse trugen, erregten wieder Formalismusverdacht. »Dem Ensemble stehen doch so ausdrucksfähige Schauspieler wie Helene Weigel [...] von großer realistischer Gestaltungskraft zur Verfügung. Gerade die hervorragende Leistung von Helene Weigel, deren Gouverneursfrau von der Eiseskälte und Frechheit der Feudalklasse durchdrungen war, wird ohne Maske erst echt und packend wirken.« Die Figuren aus dem Volk, die keine Masken trugen, wirkten angeblich durch »Überbetonung einzelner, negativer, zufälliger Elemente« nicht positiv genug.[199] Da die Aufführung aber internationale Beachtung fand, konnte Erpenbeck ihren Glanz nicht leugnen und seine Bedenken wieder nur im Grundsätzlichen formulieren: »Hält man jedoch, wie der Schreiber dieser Zeilen, den Weg für grundsätzlich unrichtig, dann gebietet die Aufrichtigkeit, besorgt zu warnen: Vorsicht, Sackgasse!«[200] Da der Ruhm der Aufführung auch nach Westdeutschland gedrungen war, brachte Erpenbeck seine Bedenken auch dort vor. In einer Düsseldorfer Zeitung argumentierte er gegen Brechts Anleihen bei der asiatischen Kunst: »Unsere nationale Kunstentwicklung ging völlig andere Wege. Sie ging, ähnlich wie die russische, englische und französische auf dem Theater, den Weg der direkten Handlung von Menschen, die ›sind‹.«[201] Interessant ist aus heutiger Perspektive, wie sehr auch DDR-Funktionäre damals noch in Kategorien der deutschen Einheit dachten.

Hochgelobt im *Kaukasischen Kreidekreis* wurde die Darstellerin der Grusche, Angelika Hurwicz, die hier erstmals eine Hauptrolle spielte. Ihr stummes Spiel als Kattrin in der *Courage* hatte die Pariser Kritiker begeistert. Am Berliner Ensem-

Als Gouverneursfrau Natella Abaschwili in *Der kaukausische Kreidekreis* am Berliner Ensemble 1954

ble übernahm sie auch Regieaufgaben. Im Februar 1956 brachte sie Nikolai Ostrowkis Stück *Die Ziehtochter* heraus. Hier spielte die Weigel die alte Gutsbesitzerin Wassilissa. Mit der Inszenierung eines zurückhaltenden, leisen Spiels zeigte sich auch die Regisseurin Hurwicz als Brechts Schülerin.

Am 18. Dezember 1954, eineinhalb Jahre nach Stalins Tod und ein reichliches Jahr vor dem XX. Parteitag, auf dem seine

Verbrechen angeprangert wurden, bekam Brecht den Stalin-Friedenspreis der Sowjetunion. Anerkannt wurde damit nicht sein Werk, das dort nach wie vor weder gespielt noch gedruckt wurde, sondern sein Engagement gegen die erneute Aufrüstung der Kriegsparteien des Zweiten Weltkriegs sowohl mit konventionellen als auch mit atomaren Waffen. Die Preisverleihung, die am 25. Mai 1955 stattfand, war bereits ein Ausdruck beginnender Entstalinisierung, zunächst in der Sowjetunion selbst. Sie machte sich auch in Theateraufführungen spürbar, die Brecht und Weigel besuchten. Neben »hohlem Pathos, kleinbürgerlicher Innigkeit und Nippfigurenkomik«, die Stanislawski-Schüler auf die Bühne brachten, sahen sie auch Majakowskis *Schwitzbad* im Satiretheater als »vitales Kammermysterium, sehr lebendig gespielt«. Und in der Schauspielerin Faina Ranewskaja erkannten sie bereits eine mögliche *Courage*.[202]

Käthe Rülicke erinnerte sich, daß die Atmosphäre bei der Preisverleihung im Moskauer Swerdlow-Saal »heiter« gewesen sei. »Über die Gesichter der Anwesenden, hauptsächlich Künstler, ging ein Lächeln, als Nikolai Ochlopkow[203] zum Rednerpult trat und zu Brecht sprach – wußte doch jeder, daß zwanzig Jahre zuvor sein Theater während einer Brecht-Inszenierung geschlossen worden war.«[204]

Die damaligen Filmaufnahmen zeigen, daß Helene Weigel Brecht das Preisabzeichen an den Anzug heftete. Eine ungewöhnliche Geste, die indes das Verhältnis der beiden auf merkwürdige Weise mehrfach spiegelte – sowohl ihre Rolle als Medium seiner Kunst als auch ihre Rolle als fürsorgliche Gattin. Beim abendlichen Bankett rezitierte sie unter beträchtlichem Beifall aus den *Hundert Gedichten*. An diesen Zeremonien nahmen auch Asja Lacis und Bernhard Reich teil, die beide viele Jahre in Stalins Lagern zugebracht hatten. Mit Fradkin und Reich suchte Brecht nach Wegen, sowohl die Übersetzung seiner Stücke als auch ihre Aufführung in der Sowjetunion in Gang zu bringen. Die Herausgabe der Übersetzungen erlebte er nicht mehr, und zu einem Gastspiel des Berliner Ensemble kam es erst nach seinem Tod.

Bernhard Reich beschrieb Brecht und Weigel folgendermaßen: »Er hatte sich sehr verändert. Das Gesicht breit […], der Körper stämmig. Die Weigel hingegen wie früher zierlich. [...] Er stellte Nachforschungen über das Schicksal von Carola Neher an und kümmerte sich um die Instandhaltung der Grabstätte von Margarete Steffin [...]. Auch für mich setzte er sich mit Nachdruck ein, um die Erledigung meines Rehabilitationsgesuchs zu beschleunigen.«[205]

Brecht war frühzeitig von Alter, Krankheit und nervlich-motorischen Störungen gezeichnet. In den letzten Monaten konnte er sein Auto nicht mehr in die Hofeinfahrt seines Hauses in der Chausseestraße fahren. Wenn Isot Kilian das nicht für ihn erledigte, mußte der Wagen im Halteverbot stehenbleiben. (Ein Volkspolizist, der deswegen Strafen verhängt hatte, entschuldigte sich nach Brechts Tod dafür.) Zu den Proben zum *Galilei* erschien er mit einem Stock, im April 1956 war er gezwungen, die Proben Erich Engel zu überlassen. Er mußte wieder in die Berliner Charité. Aber die angebliche Virusgrippe wollte nicht ausheilen.

Und obwohl er in seiner Dichtung persönliche Todesahnungen zum Ausdruck brachte, rechnete niemand – auch er selber nicht – wirklich mit dem Ende im Alter von achtundfünfzig Jahren. Sein ständiges Unwohlsein brachte ihn aber dazu, einige Verfügungen niederzulegen, die sein Begräbnis betrafen, sowie testamentarische Festlegungen, deren juristische Bestätigung allerdings nicht sofort in Angriff genommen wurde. Immerhin leitete er Schritte ein, um Ruth Berlau den Kauf eines Hauses in Dänemark zu ermöglichen.

Am 9. August schrieb er an den Moskauer Verlag der Kunst, der endlich Stücke zum Druck vorbereitet hatte, daß er es nicht geschafft habe, ein Vorwort zu verfassen, »es war das einzige, was ich zu schreiben versuchte diesen Sommer«. Statt dessen schlug er das Gedicht *Über alltägliches Theater*[206] vor.[207]

Obwohl wahrscheinlich schon Tage zuvor ein Infarkt stattgefunden hatte, gelang es seinen Ärzten nicht, Symptome einer Herzerkrankung zu erkennen. Brecht wollte sich nun bei einem ihm bereits bekannten Arzt in München behandeln lassen. Am 9. August schrieb die Weigel einen ziemlich panischen Brief an die in München wohnende Giehse: »Brechts Zustand schaut so aus: die Herzklappeninfektion ist behoben, aber er ist in einem Erschöpfungszustand, der mir unbegreiflich ist und der ihn beunruhigt, weil er ihn arbeitsunfähig macht. Er hat zwar völliges Vertrauen zu seinen hiesigen Ärzten, aber ich hätte doch gern eine zweite Meinung. Hier in Berlin werde ich das nie erreichen. Was ich Dich also bitten will, ist folgendes: frag Dich herum, wo in München oder auch anderswo ein großer Fachmann 1. Herz, 2. Kreislauf (schließlich ist er 58) sitzt, und rede ihm zu, außer Schmidt noch jemanden zu konsultieren. [...] Ich hoffe, Du wirst mich nicht verraten, weil er vermutlich eher auf Deinen Rat hört als auf mein Gerede, das er so viele Jahre um die Ohren hat.«[208]

Brecht trat die Reise nicht mehr an. Er starb am 14. August 1956 in seinem Bett in der Berliner Chausseestraße 125.

Brecht-Erbin und Mutter des Ensembles

> Mein Anteil an seinem schriftstellerischen Schaffen ist kolossal, denn ich konnte vorzüglich kochen! Wir hatten zwei Kinder, und Brecht konnte dennoch arbeiten, denn ich habe ihm den Haushalt gut geführt. Es ist wahr, ich habe das Maschinenschreiben nicht gelernt. Das habe ich mit drei Fingern versucht, aber Brecht konnte viel schneller schreiben als ich. Es gibt nur wenige Schriftsteller, die so viele Frauenrollen geschrieben haben (gute Frauenrollen) wie Brecht. Dafür sollten sich die Schauspielerinnen bei mir bedanken, denn Bertolt hat sie für mich geschrieben![1]

Jeder, der die Weigel in den Tagen nach Brechts Tod gesehen hatte, bestätigte, daß sie äußerlich sehr gefaßt wirkte. Der Bildhauer Fritz Cremer war beauftragt, Brecht die Totenmaske abzunehmen und den Plan für den von ihm gewünschten Stahlsarg zu zeichnen. Bevor dieser vom Stahl- und Walzwerk Hennigsdorf angeliefert werden konnte, wurde der Tote in seinem Anzug in einen Holzsarg gelegt. »Die Helli steckte dann noch ein paar Kugelschreiber herein und so ein paar Sachen, die zu ihm gehörten.«[2]

Am Morgen des 16. August wurde Brecht, wie er es gewünscht hatte, neben seiner letzten Wohnung, auf dem Dorotheenstädtischen Friedhof in unmittelbarer Nähe von Hegel und Fichte ohne Grabrede beigesetzt. Der offizielle Staatsakt fand erst am 18. August statt. Auch Georg Lukács und Walter Ulbricht lobten Brecht.

Ernst Schumacher, ein junger Mann aus München, der gerade über Brecht promovierte, wurde kurz nach dem Staatsakt in die Intendanz bestellt, wo sich außer der Weigel auch Elisabeth Hauptmann, Käthe Rülicke und Isot Kilian aufhielten, die beiden letzteren mit verweinten Gesichtern. Hier fand schon wieder eine Arbeitsbesprechung statt und zwar über das bevorstehende Gastspiel im Londoner Palace-Theater. Ausgeschlossen, es etwa ausfallen zu lassen. Weigel legte fest, daß Besson die Proben für dieses Gastspiel leiten sollte.

Dann schickte sie Rülicke und Kilian aus dem Zimmer. Sie und Hauptmann wollten sich durch den aus Westdeutschland angereisten Schumacher über das am Tage zuvor vom Bundesverfassungsgericht ausgesprochene Verbot der KPD informieren lassen.[3]

Brecht hätte sich genauso benommen. Trauer bedeutete nicht, die laufenden Arbeiten zu unterbrechen. Das tagespolitische Interesse gehörte dazu. Als Cremer Ende November in die Intendanz kam, um seinen Vorschlag für die Beschriftung des Grabsteins vorzustellen, wurde er von Elisabeth Hauptmann gebeten, ein anderes Mal wiederzukommen. Er hatte die Frauen in ihrem Gespräch über die eben erfolgte Verhaftung Wolfgang Harichs gestört. Helene Weigel wird beim Kulturminister Johannes R. Becher scharf dagegen protestieren.

Mittels einer Gelatineform aus Westberlin hatte Fritz Cremer die Totenmaske Brechts ohne Wissen der Weigel vervielfältigt und an einige der nächsten Freunde verschenkt. Als sie davon erfuhr, sagte sie ihm: »Du bist wohl wahnsinnig!« Sie verlangte, daß er die Masken zurückrief. Ruth Berlau behielt ihr Exemplar. Andere kamen zurück und wurden unter Zeugen zerschlagen.

Die Weigel hatte gesagt: »Jetzt ist es mein Brecht!«[4]

Um kein literarisches Erbe ist in Deutschland im 20. Jahrhundert so gestritten worden wie um das von Bertolt Brecht. Von den verschiedensten Seiten wurde immer wieder die öffentliche Relevanz des Werks betont und gefolgert, daß es jedem uneingeschränkt zur Verfügung stehen müsse. Die Regierung der DDR wollte Kontrolle darüber haben, weil sie fürchtete, daß unveröffentlichte Werke und Notizen politischen Sprengstoff enthielten. Genau aus diesem Grunde forderten Intellektuelle aus der DDR und vielen anderen Ländern aber freien Zugang zu diesem Werk und freien Umgang damit. Aber sowohl diejenigen, die den Nachlaß kontrollieren wollten, als auch diejenigen, die ganz freien Zugang wünschten, wurden daran durch seinen privaten Status gehindert. Das, was für Nachlässe zunächst einmal normal ist, nämlich daß sie Privatbesitz sind und den bürgerlichen Erben gehören, erschien und erscheint vielen im Falle Brechts als unnormal. Hier spiegelt sich aber nur die enorme Relevanz des Werks wider. Seine Bedeutung beschränkt sich keineswegs auf das von Brecht selber angestrebte, 1989 aber gescheiterte sozialistische Experiment. Daß auch heute diese Diskussionen fortgesetzt werden, zeigt, daß das Werk für jede Gesellschaft wichtig bleibt, in der radikaldemokratische Ansprüche existieren und umkämpft sind.

Brechts Erbe hat eine materielle und eine ideelle Seite. Mit einem im Mai 1955, vor der Abreise nach Moskau, Isot Kilian in die Maschine diktierten Testament hatte er die Weigel und seine drei Kinder zu seinen Haupterben bestimmt, zugleich aber eine Verbesserung der Tantiemenanteile von Elisabeth Hauptmann und Ruth Berlau an seinen Stücken verfügt, außerdem Anteile an Isot Kilian, Käthe Rülicke und Jakob Walcher gegeben. Es enthält weitere materielle Verfügungen zugunsten von Käthe Reichel und Ruth Berlau. Helene Weigel und Elisabeth Hauptmann sollten über die weitere Verwendung seiner literarischen Arbeit gemeinsam entscheiden. Seine Manuskripte und Modellbücher sollten an die Akademie der Künste gehen.

Dieses maschinenschriftliche Dokument wurde jedoch weder unterschrieben noch notariell beglaubigt. Dasselbe trifft für eine von dem Sterbenden diktierte Liste von Wünschen zu,[5] in der die Weigel als alleinige Erbin benannt war. Und »solange sie glaubt, den Stil halten zu können«, sollte sie das Berliner Ensemble weiter führen. Barbara sollte einen Teil des Grundstücks in Buckow erhalten, Stefan die amerikanischen Tantiemen. Unter der Bedingung, daß Käthe Reichel die Shen Te am Berliner Ensemble spielen würde, sollte sie ebenfalls ein Haus in Buckow bekommen, Isot Kilian die Rechte an den Songs und Ruth Berlau das Geld für ein Haus in Dänemark. Dieses Haus sollte nach ihrem Tod wieder an die Erben zurückfallen.[6] Da jedoch auch dieses Dokument keine Rechtskraft besaß, trat die gesetzliche Erbfolge ein.

Unter dem Eindruck der eigentlich erst nach Brechts Tod einsetzenden großen Einnahmen, die ausgerechnet aus dem Werk eines kommunistischen Autors erzielt wurden, ist über Brechts testamentarische Wünsche und die Art ihrer Umsetzung viel unnütze Tinte vergossen worden wie z. B. über angeblich nicht anerkannte spektakuläre Anteile der Mitarbeiter und Mitarbeiterinnen an den Stücken. Zumeist fehlt der Hinweis, daß alle vorherigen, teilweise bedeutenden Rechtsabtretungen Brechts an Mitarbeiter und Mitarbeiterinnen von der gesetzlichen Erbfolge keinesfalls berührt wurden, daß sie also bis heute fortbestehen. John Fuegi versuchte, in der Öffentlichkeit den Eindruck zu verbreiten, daß Elisabeth Hauptmann als Hauptautorin der *Dreigroschenoper* betrachtet werden müsse und demzufolge die 1928 vereinbarten 12 % der deutschen und 15 % der Auslandsrechte für sie zu wenig gewesen seien.[7] Da Fuegi keinerlei philologische Beweise vorlegen konnte, die Eingriffe Brechts in die von der Hauptmann für mehrere Stücke gelieferten Übersetzungen aber als die dramaturgisch entscheidenden zu erkennen sind, scheiterten juristische Versuche, die Tantiemen neu aufzuteilen. Helene Weigel war sich immer darüber im klaren, daß ihr niemand so zuverlässig wie die Hauptmann bei der Herausgabe von Brechts Werken helfen könnte. Deshalb wurde die in den letzten Wünschen bestehende Unschärfe hinsichtlich der amerikanischen Tantiemen an der *Dreigroschenoper* im Sinne der ursprünglichen Aufteilung geklärt, wonach ihr weiterhin 15 % zuflossen. Im Elisabeth-Hauptmann-Archiv habe ich weitere Dokumente gefunden, die zeigen, daß die Weigel der Hauptmann noch nachträglich Tantiemen zugebilligt hat, die zu Brechts Lebzeiten ungeklärt waren, u. a. weil die Stücke noch nicht unter Vertrag gekommen waren. So schrieb sie ihr am 18. Oktober 1957: »Was wir mit dem *Ja-Sager* in Ordnung bringen können, sollst Du mir genau sagen, was *Pauken und Trompeten*[8] betrifft, habe ich im Augenblick den Vertrag nicht bei der Hand. Außerdem wollte ich Dir schon längst sagen, daß ein Vorschlag unsererseits wegen *Dreigroschenoper* bei Inge Gentz [Anwältin der Brecht-Erben, bei der auch Elisabeth Hauptmanns letzte testamentarische Verfügungen niedergelegt wurden] liegt. Dein *sonniger Lebensabend* liegt mir auch am Herzen.«[9]

Das sicher weniger von Freundschaft, sondern mehr vom gemeinsamen Interesse an der Verbreitung von Brechts Werk geprägte Verhältnis der beiden Frauen war nach außen hin jedenfalls absolut loyal. Elisabeth Hauptmann verließ den Raum, wenn junge Mitarbeiter ihrer Meinung nach ungehörig über die

Intendantin sprachen. Zum anderen schützte sie sich vor Voyeurismus hinsichtlich ihres Verhältnisses zur Weigel. Jochen Tenschert[10] gab zum Beispiel zu, daß ihn die Rivalität zwischen Hauptmann und Weigel mehr interessiert habe als die zwischen Kilian und Weigel. Sobald Hertha Walcher der Hauptmann vorschlug, zusammen die Weigel zu besuchen, fand sie »immer einen Grund, diese Begegnung zu verhindern«. Die Hauptmann sei immer allein zur Weigel gegangen.[11]

Als einziger im letzten Testament geäußerter Wunsch blieb die Übertragung der Rechte an den Songs an Isot Kilian unerfüllt. Sie hat sich mit einer Pauschalabfindung zufrieden gegeben. Sie und Käthe Rülicke haben damals den Gewinn, den sie durch die Zusammenarbeit und vielleicht auch durch das Liebesverhältnis zu Brecht gezogen haben, als ihr eigentliches Erbe angesehen – wie es Käthe Reichel noch heute tut: Es gäbe keinen Menschen, sagt sie, dem sie so viel verdanke wie Brecht, insbesondere in Hinblick auf eine kritische Sicht der Welt. Außerdem sei er für sie bis heute das, was für andere die Deutsche Bank ist. Die Zusammenarbeit habe ihr lebenslang »Zinsen« eingebracht.[12] Die Spannungen, die nach Brechts Tod zwischen diesen jungen Frauen und der Weigel bestanden, hatten weniger mit Brechts Wünschen als mit Entwicklungen innerhalb des Theaters zu tun.

Und muß die Auflösung des Arbeitsvertrages von Ruth Berlau als besondere Grausamkeit der Weigel angesehen werden? Konnte man von ihr verlangen, dieselbe Geduld wie Brecht aufzubringen? Ruth Berlau lebte fortan von dem Geld, das ihr für den Hauskauf zugesprochen war. Die Weigel zahlte ihr zunächst eine Rente, die später von der Akademie der Künste übernommen wurde, nachdem die Berlau ihr ihren Nachlaß überschrieben hatte, in dem sich auch viele Brecht-Originale befanden. Sie zog sich nicht nach Dänemark zurück, sondern wollte im Umkreis des Ensembles bleiben. Ein Teil der Mitarbeiter kümmerte sich um sie, allen voran Hans Bunge, aber auch die Hauptmann und jüngere Schauspielerinnen.

Wichtiger als der Umgang der Weigel mit der materiellen Seite von Brechts Erbe scheint mir ihr Umgang mit dem ideellen Teil, den Manuskripten. Nach dem Testament von 1955 sollten sie an die Akademie der Künste gehen, nach dem letzten Testament fielen sie ihr zu. Aber weder das Spielen der Stücke in der DDR noch die Edition war ohne Zusammenwirken mit staatlichen Strukturen möglich. Insofern hat sie sich sofort mit dem Direktor der Akademie der Künste, Rudolf Engel, über die Form der Zusammenwirkung beraten. Engel betrachtete sie als Vertrauten. Er sagte 1980, daß der Akademie das zweite Testament nicht ungelegen kam, weil unklar war, ob sie das Erbe der Manuskripte überhaupt antreten konnte. Der Kulturminister Becher war prinzipiell dagegen, daß sich die Akademie mit Nachlässen und Archiven belastete. Engel hielt es für möglich, daß Becher im Falle Brechts auch aus Gründen dichterischer Konkurrenz gegen die Übernahme der Manuskripte gewesen sei. Aus dieser Situation heraus bestand zwischen Weigel und Engel zunächst Übereinstimmung, daß die Originale unter ihrer Aufsicht zusammengehalten werden sollten und die Akademie sich mit (jeweils zu aktualisierenden) Kopien begnügt. Engel war dafür, daß die Akademie in Perspektive auf Grundlage der Fotokopien ein Archiv einrichtete.

Die Weigel sagte: »Du kannst sicher sein, ich gebe keine Originalmanuskripte heraus«, womit gemeint war, daß sie nicht vorhatte, sie nach und nach zu verkaufen. Engel stellte sofort eine erhebliche Geldsumme bereit, für die sie sofort Fotokopiergeräte für Mikrofilme anschaffte. Sie sei aber auch bereit gewesen, notfalls nicht nur die Kosten der Archivierung der Originale, sondern auch die Herstellung der Kopien privat zu tragen.[13]

Außer bei der Akademie der Künste sollte noch je eine Kopie in den USA und in der Sowjetunion hinterlegt werden. Wie aus der Staatsicherheitsakte Weigels hervorgeht, mietete sie für die Manuskripte 1958 einen Tresorraum in der Sparkasse am Alexanderplatz. Er war ausgestattet mit sieben eisernen Schränken, drei Rollschränken und zwei Holzschränken. Später kamen noch zwei weitere Holzschränke dazu. Laut Vertrag hatte die Sparkasse kein Recht, vom Inhalt des Tresors Kenntnis zu nehmen. (Ein diesbezüglicher Versuch, um angeblich sicherzustellen, daß sich im Tresorraum keine westlichen Devisen befänden, konnte von der Anwältin Ingeburg Gentz 1963 als unberechtigtes Mißtrauen abgewehrt werden.) Die Zugangsrechte zum Tresorraum hatten außer Weigel nur noch Barbara und Stefan Brecht sowie Hanne Hiob. Die Mitarbeiter des Archivs betraten ihn zu zweit.

Weigels politische Haltung und ihre Entscheidungen hinsichtlich der Brecht-Edition wurden von der Desillusionierung geprägt, die u. a. die Verhaftung Wolfgang Harichs im November 1956 mit sich brachte, dessen Reformvorstellungen Brecht und sie nahegestanden hatten. Kurz darauf kam es zu einem Treffen mit Walter Janka[14], dem damaligen Leiter des Aufbau-Verlages, der Harich helfen wollte. »Im Unterschied zu anderen Prominenten, die sich immer uninformiert stellten oder ratlos zeigten, war sie gut unterrichtet. Auch bei Brecht war das der Fall gewesen. [...] Brecht hatte etwas mehr Mut zum Informiertsein. Und das traf auch auf seine Frau zu.« Sie sagte zu Janka: »›Diese Schweinerei mit Harich ist ein Rückfall in die schlimmste Zeit. Man darf sie nicht widerstandslos hinnehmen. [...] Brecht sagte nach dem XX. Parteitag, daß man bei Wiederholung solcher Erscheinungen die Arbeiter in den Streik führen müsse. Das sei die einzige Möglichkeit, den Terror der Bürokratie wirksam zu bekämpfen.« Sie meinte, daß Janka den Aufbau-Verlag streiken lassen solle. Er machte ihr aber klar, daß ein Streik oder ein breit angelegter Protest von Intellektuellen nur Erfolg haben würde, wenn er zugleich von großen Betrieben mitgetragen werde.[15]

Damit war ebenso wenig zu rechnen wie nach der Verhaftung von Janka selbst, dem nicht nur Konspiration mit dem Harich-Kreis vorgeworfen wurde, sondern auch, daß er Georg Lukács, der sich während des ungarischen Aufstands gefährdet wähnte und versteckt hielt, in die DDR bringen und hier zum Haupt einer intellektuellen Widerstandsgruppe machen wollte.

Unabhängig davon, ob und wie konkret dieser Plan tatsächlich existierte, hätte die Weigel dafür zweifellos ihr Theater nicht in Gefahr gebracht. Aber daß sie eingeladen wurde, am Schauprozeß gegen Janka teilzunehmen, zeigt doch, daß auch ihr eine Warnung zukommen sollte. Nach Jankas Berichten war sie die einzige der Eingeladenen, »die mir ihre Sympathie durch Zuwinken bekundet hatte«. Im Endeffekt teilte sie aber das Schweigen ihrer Freundin Anna Seghers, die, im Gegensatz zu Brecht, von Lukács stets gefördert worden war und – laut Janka – zusammen mit Johannes R. Becher am Ursprung des Rettungsplanes gestanden haben soll.[16]

Jedenfalls mußten die Hoffnungen, die der XX. Parteitag der KPdSU hinsichtlich einer raschen Entstalinisierung geweckt hatte, begraben werden. Wenn überhaupt, würde sich so etwas nur in kleinen Schritten vollziehen, wobei auch jederzeit Rückschritte möglich waren. Sie begriff, daß sie, um das Theater zu erhalten und die Brecht-Edition in Gang zu bringen, auf öffentliche Formen des Widerstands verzichten mußte.

Der Konflikt um Lukács – der sich in der jugoslawischen Botschaft in Budapest versteckt gehalten hatte – ist damals nicht an die Öffentlichkeit gedrungen. Obwohl er der Kulturbürokratie der DDR nun ein Dorn im Auge war, blieb er in ästhetischen Fragen noch lange die entscheidende Autorität. Er selbst hat indes die DDR nie mehr besucht.

Hans Bunge war schon vor Brechts Tod mit archivarischen Aufträgen betraut gewesen. Nun oblag ihm das Sichten und Ordnen in Brechts Arbeitsräumen selbst. Auch stand die Herstellung der Kopien unter seiner Leitung. Bereits 1957 wurde ein Teil der Materialien des Archivs der Öffentlichkeit zur Verfügung gestellt. Bunge regte auch eine gesamtdeutsche historisch-kritische Brecht-Ausgabe der Akademie der Wissenschaften und der Akademie der Künste an und begann mit ihrer Vorbereitung. Daß er – bei weitgehender Kenntnis des Materials – damals eine solche Edition für möglich hielt, zeigt, welche Illusionen er sich hinsichtlich der möglichen Entstalinisierung machte. Bunge war der Meinung, daß Brechts Werk so rasch und so vollständig als möglich auch und gerade der DDR-Öffentlichkeit zu Verfügung gestellt werden müßte und auch könnte. Aus diesen – im Grunde aufklärerischen – Motiven war er gegen die Privatisierung des Archivs und für eine Ausweitung des Einflusses der Akademie der Künste hinsichtlich der Verfügungsrechte über Brechts Werk.[17] Damit stand er nicht allein. Unterstützt wurde er unter anderem von Hermann Budzislawski, dem politischen Ratgeber der Weigel. Sie habe »nicht geahnt, wie sehr Budzislawski gegen sie damals war, und wie er meine Pläne damals unterstützte oder meine Reaktion auf Weigels Verhalten unterstützte«. Budzislawski habe sich selbst noch nach einem Herzinfarkt in seine Wohnung im vierten Stock geschleppt. Er hätte allerdings keinen offenen Kampf gegen die Weigel führen wollen und sei schließlich abtrünnig geworden.[18]

Im Helene-Weigel-Archiv befindet sich ein umfangreicher Protokoll-Band einer mehrtägigen Beratung für die historisch-kritische Ausgabe, die im April 1959 stattfand. Anwesend war u. a. Siegfried Unseld, der Leiter des Suhrkamp Verlages, und sein wissenschaftlicher Berater, Professor Beißner. Damals war noch nicht die Aufnahme oder Nicht-Aufnahme einzelner Brecht-Texte strittig, sondern die Prinzipien, nach denen so eine Ausgabe gestaltet werden sollte. Aller heutigen Legendenbildung zum Trotz wies Helene Weigel höchstpersönlich auf den Kollektivcharakter von Brechts Werk hin, der ihrer Meinung nach bei der Edition berücksichtigt werden müßte: »Ich wollte gern zum dichterischen Vorgang etwas sagen, eine ganz praktische Sache aus meiner Kenntnis der Arbeitsweise Brechts. Aus den Manuskripten sind fast immer Eingriffe und Meinungen von Freunden ablesbar, die Brecht sich zu Herzen genommen hat. Er hat Veränderungen [...] auf Grund bestimmter Einwände gemacht.« Darauf fragte Professor Beißner: »Das war erst hier in Berlin?« – »Nein, schon in Amerika. Es ist also tatsächlich so, daß Brecht, der ja meistens im Kollektiv gearbeitet hat, auf Ratschläge hörte und große Komplexe änderte. Solche Ratschläge konnten ästhetischer Art sein oder politischer Art. Der Prozeß der künstlerischen Produktion ist bei Brecht wirklich fast immer ein solcher. Ich wollte das hinzufügen, weil wir ablesen können, wo Einflüsse z. B. von Feuchtwanger sind oder von anderen. Man kann die Einflüsse wirklich noch nachweisen, was bei anderen Autoren längst nicht mehr möglich ist.«[19] Daß sie auch auf den Kollektivcharakter des Frühwerks hinwies, zeigt ihre Bemerkung, daß Martha Feuchtwanger »an vielen Titeln schuld« gewesen sei, z. B. an *Trommeln in der Nacht*. Immer wieder betonte sie, »daß die Arbeitsmethode Brechts ein neuartiger Vorgang ist. Ich glaube, das ist noch nicht ganz als Mit-Wichtigstes empfunden worden.«[20]

Aus diesem Protokoll geht hervor, wie die westliche Seite fürchtete, daß – trotz des zunehmenden Interesses an Brecht in Westdeutschland – die Ausgabe durch die Einarbeitung der Mitarbeiterproblematik zu schwerfällig, letztlich nur für Spezialisten interessant würde. Diese Befürchtung betraf den Umfang des Anmerkungsapparates überhaupt. Weigel und Bunge waren dagegen der Meinung, daß die Theater und besonders die Dramaturgen für einen umfangreichen Anmerkungsapparat dankbar wären. Sie schlugen vor, einen kleinen Probeband herzustellen, um zu testen, ob so ein ausführlicher Anmerkungsteil von den Benutzern angenommen würde.

»Professor Beißner: Ich finde, dem Dramaturgen genügt ein Reclam-Heft als Grundlage.

Helene Weigel: Nein! Bei uns jedenfalls schon nicht mehr.

Professor Beißner: Ich kenne sogar berühmte Regisseure, denen ich geradezu Druckfehler bei Reclam nachweisen mußte, denen sie kritiklos gefolgt waren.

Professor Kaufmann [DDR]: Es gibt aber auch Regisseure (wie Walter Felsenstein), die philologisch forschen!

Hans Bunge: Alle Mitarbeiter [des Archivs] wissen, wie wir von Dramaturgen geradezu heimgesucht werden. Wir behandeln sie sozusagen unmenschlich, weil wir sie im Interesse unserer Arbeit noch gar nicht an alle Quellen heranlassen.[21] Es hat jetzt eine ganz andere Arbeitsmethode in den Theatern begonnen und greift um sich. Die Dramaturgen kümmern sich um das Entstehen eines Textes. Sie fragen nach Variationen! Sie würden staunen, Herr Prof. Beißner, wenn Sie sähen, wie sich hier eine wissenschaftliche Haltung entwickelt!

Weigel: Man muß sich jedenfalls für den Apparat entscheiden, aus dem man am übersichtlichsten erkennt, wo die wichtigsten Veränderungen innerhalb der vielen Fassungen Brechts sind und in welchem Zusammenhang sie stehen. Es kommt nicht auf einen Vergleich von Worten an. Ich sprach von den Dramaturgen, die zu einer historisch-kritischen Ausgabe greifen. Ich kenne schon viele.«[22]

1959 bestand offenbar noch Vertrauen und Übereinstimmung zwischen Weigel und Bunge. Wenige Monate später, im August, entstand das hier oft zitierte Gespräch in Buckow.

Die gesamtdeutsche historisch-kritische Ausgabe scheiterte damals, weil der Suhrkamp Verlag, der seit 1948 das Erstpublikationsrecht besaß, den Markt im Westen dafür nicht erkennen konnte. Doch auch im Osten hatte sie im Grunde keine Chance. Noch war die Kulturbürokratie sich nicht voll im klaren, in welchem Umfang Sprengstoff im Tresor am Alexanderplatz lagerte. Anfang der sechziger Jahre nahm Helene Weigel sowohl die Originale als auch die Kopien der Texte über den 17. Juni, die Stalin-Mappe und die Texte, die später als *Arbeitsjournal* publiziert wurden, aus dem Tresor heraus. Sie hielt ihn offenbar nicht für hundertprozentig sicher. Eigens zur Aufbewahrung dieser Materialien hatte sie einen Tresor in ihrer Wohnung hinter einem Spiegel anlegen lassen. Zu ihren Lebzeiten kam nicht heraus, daß diese Texte bereits heimlich kopiert und im Brecht-Archiv abgelegt worden waren.[23]

Am 27. August 1963 schrieb die Weigel einen Brief an die Deutsche Akademie der Wissenschaften und an die Deutsche Akademie der Künste, in dem sie vorschlug, »dem nächsten Jahrhundert die Einschätzung der Bedeutung Brechts durch die historisch-kritische Ausgabe zu überlassen«. Nachdem sie sich für die bereits geleisteten Vorarbeiten bedankt hatte, schlug sie vor, lediglich die Editionskartei, die Bibliographie, die Ordnung der Komplexe und die Ordnung der Briefe fortzusetzen sowie ein Findbuch für das Archiv herzustellen und zu drucken. »Wenn diese Arbeitsvorgänge beendet sind, sind die entscheidenden Schritte getan, um einer Verfälschung der Arbeiten Brechts vorzubeugen.«[24]

Helene Weigel hatte nun Unselds Plan einer populären Gesamtausgabe erster Hand mit minimalen Anmerkungen im Suhrkamp Verlag zugestimmt. Darüber hinaus wurde ein Vertrag mit dem Aufbau-Verlag geschlossen, wonach dieser die Suhrkamp-Bände nachdrucken und vertreiben konnte, aber nicht mußte. So wurden die Vorstellungen Bunges, der das aufklärerische Potential dieser Schriften in der DDR fruchtbar machen wollte, zerrieben zwischen der Marktrealität des Westens und dem Realismus der Weigel, die Brechts Werk nicht der Willkür der Kulturbürokratie der DDR ausliefern mochte. Wie berechtigt ihr Mißtrauen war, sollte die Entwicklung der kommenden Jahre zeigen. Bunge aber schied 1962 aus dem Brecht-Archiv aus und wurde Mitarbeiter der Akademie der Künste.

Solange Bunge dem Archiv vorgestanden hatte, scheint er einen Cordon sanitaire zwischen der Kulturbürokratie und den dort lagernden Materialien errichtet zu haben. Der volle Umfang und die Schärfe der Brechtschen Kunst und Philosophie war noch nicht ins Bewußtsein der Kulturbürokratie gedrungen. Bunge hatte geglaubt, daß man die für damalige Kulturpolitiker schwer verdaulichen Werkteile nur mit historisch-kritischen Anmerkungen versehen müsse, um sie publizieren zu können, sei es in der DDR oder auch in der BRD. Diese Methode hat Elisabeth Hauptmann damals und in späterer Zeit in brenzligen Situationen immer wieder vorgeschlagen.

Bunge war nicht der einzige, der sich ärgerte, daß Brecht nun zuerst im Westen und dann, womöglich gekürzt oder gar nicht, im Osten herauskommen sollte. Manfred Wekwerth meinte ebenfalls, die Weigel »liefere Brecht dem Westen aus und förderte damit die Abwiegelungspolitik derer im eigenen Lande, die nun sagen konnten: Was wollt ihr denn, Brecht ist doch im Westen veröffentlicht, jeder kann ihn lesen. Ich meinte, sie hätte das Werk dem Aufbau-Verlag übertragen sollen, sie hätte die DDR zwingen müssen, Brecht hier zu publizieren.«[25] Aus einer zeitgenössischen autobiographischen Notiz von 1964 geht hervor, daß ihm die westliche »Vermarktung« Brechts, der den Markt seiner Meinung nach hatte abschaffen wollen, zuwider war. Besonders ärgerte ihn, daß Kuba – wie auch die anderen sozialistischen Länder – die Rechte für Brecht-Inszenierungen mit Dollars kaufen mußte. »Die Lösung […] wäre die vollständige Verstaatlichung des Brecht-Archivs«.[26] Er habe erst später verstanden, daß die Beweggründe der Weigel »aus tiefem Mißtrauen gegen die Kulturfunktionäre der DDR kamen«. Sie sei sich bewußt gewesen, daß sie die möglichst vollständige Publikation von Brechts Werk noch während ihrer Lebzeiten durchsetzen mußte – wo und wie auch immer das möglich war, weil dies

»angesichts der kulturpolitischen Verhärtungen nach ihrem Tode dann nicht mehr geschehen würde.«[27]

Wilhelm Girnus, damals Inhaber des Lehrstuhls für Germanistik in Berlin, schlug in einem Brief an Kurt Hager[28], den Leiter der ideologischen Kommission im ZK der SED, am 7. 3. 1964 diesbezüglich Alarm: »Ich möchte Dich von folgendem in Kenntnis setzen: Anläßlich eines Gesprächs mit Hans *Bunge* (Deutsche Akademie der Künste) über die Herausgabe eines [im Rahmen der damals von Peter Huchel geleiteten Zeitschrift *Sinn und Form* geplanten] Sonderheftes *Bertolt Brecht* äußerte er die Auffassung, daß Heli Weigel wahrscheinlich bemüht sein werde, Brechts Tagebücher in Westdeutschland herauszubringen. In diesen Tagebüchern sind natürlich sehr komplizierte Fragen angeschnitten.«[29]

Offensichtlich hatte Bunge sowohl bei Girnus als auch bei der Weigel um die Bereitschaft geworben, die *Journale* im Sonderheft *Sinn und Form* über Brecht zu publizieren. Girnus wandte sich in dieser Frage am 7. 1. 1965 nochmals an Hager. Er berichtete, daß er mit Helene Weigel ein ausführliches Gespräch geführt habe, »um die Materialien dafür aus dem Archiv zu erhalten. Helene Weigel machte darauf den folgenden Vorschlag: *Sie stelle das Tagebuch Brechts ›Sinn und Form‹ für eine Exklusivveröffentlichung zur Verfügung, mache jedoch zur Bedingung, daß das Tagebuch absolut ungekürzt und unverändert abgedruckt werde.* Ich erhielt die Genehmigung, dieses Tagebuch zu studieren. Eine exakte Durchsicht führte mich zu der Erkenntnis, daß dieses Tagebuch in der vorliegenden Form erhebliche Probleme aufwirft. Es gibt drei Kategorien von Stellen:

1. Stellen, die sicherlich manche schockieren würden, die m. E. trotzdem veröffentlichungsfähig sind (betrifft Kritiken an Becher, Thomas Mann, Scholochow, Stanislawski-Theater)

2. Stellen, die die sowjetischen Genossen unbedingt vor den Kopf stoßen müssen (Charakteristik folgt)

3. Stellen, die gegenwärtig absolut nicht veröffentlicht werden können.«

Girnus stieß sich z. B. daran, daß Brecht die »Verlogenheit der Stanislawski-Kunst« beschrieben und Thomas Mann als

»Reptil« bezeichnet hatte. Becher »stinke vor Nationalismus«, Tolstoi sei »Kitsch«. Skandalös fand Girnus Brechts Betrachtungen darüber, weshalb es den Bolschewiki nicht gelang, eine neue Literatur zu schaffen. Das Tagebuch sei »voller Invektiven gegen Stalin und sein Verhalten gegenüber Tretjakow, Kolzow. [...] ich mutmaße, daß Helene Weigel gerade aus diesem Grunde mit wünscht, daß das Tagebuch veröffentlicht werde.« Peinlich sei auch die von Brecht notierten Gerüchte, daß Anna Seghers in der DDR bespitzelt werde, daß die Rote Armee zwölfjährige Mädchen vergewaltigt habe. Auch werde der Finnländische Krieg nicht in der offiziellen Version interpretiert. Das Tagebuch enthalte außerordentlich scharfe Kritiken an Lukács und Bloch. Hier gäbe es allerdings auch Wertvolles. »Es wäre außerordentlich zu bedauern, wenn diese Fülle ästhetisch-literarischer Probleme der Öffentlichkeit weiter vorenthalten werden müßten. Auf der anderen Seite steht das kategorische Veto der Helene Weigel der Veröffentlichung [in Auszügen] entgegen.« Käme es nicht zu einer gütlichen Einigung, würde die Veröffentlichung im Westen »für uns sehr unangenehm, [...] denn es läßt sich einfach nicht verhindern, daß Exemplare auch in die DDR verbracht werden und daß die westdeutschen Rundfunkanstalten sich gerade auf die inkriminierten Stellen dieses Tagebuchs stürzen.« Hager sollte eine Entscheidung herbeiführen. Girnus übermittelte ihm außerdem noch Abschriften von Gesprächen mit Käthe Rülicke über Brechts Positionen am 17. Juni, bei denen zu berücksichtigen sei, daß sie ohne das Wissen der Rülicke angefertigt worden waren. Außerdem sei zur Kenntnis zu nehmen, daß der Anglist Robert Weimann berichtet habe, die New Yorker *Times* beschäftige sich bereits mit den Tagebüchern. Keine Außenstehenden dürften über diese Kontakte etwas erfahren, »denn die Helene Weigel ist in dieser Angelegenheit sehr empfindlich«.[30]

Nicht weniger Sorgen als die Tagebücher bereitete die Publikation politischer Gedichte Brechts. In seinem Brief vom 7. 3. 1964 an Hager wies Girnus auch darauf hin, daß der westdeutsche Insel-Verlag im Rahmen der *Buckower Elegien* das Gedicht abgedruckt habe, »das Brecht nach dem 17. Juni 1953 an Grotewohl zum Verlesen im Ministerrat übermittelt hatte«.[31]

Das bislang unpublizierte Gedicht müsse »also aus dem Brecht-Archiv nach Westdeutschland gekommen sein. Es sind Bestrebungen im Gange, zu dem ganzen Komplex *Brecht und der 17. Juni 1953* größere Publikationen zu tätigen. Eine Reihe Tonbandaufnahmen liegen mir im Stenogramm vor, die ich Dir übermitteln werde. Wahrscheinlich ist Genosse Kurella[32] über alle diese Vorgänge informiert.« Handschriftlich ist hinzugesetzt: »Bunge ist kein ganz einwandfreier Informant in dieser Angelegenheit, da er mit Helene Weigel Krach gehabt hat.«[33]

In der Tat waren Helene Weigel und Siegfried Unseld dabei, den »Komplex *Brecht und der 17. Juni 1953*« im Westen zu publizieren. Die Weigel spielte schlau die Überrumpelte. Der damalige Kulturminister Hans Bentzien[34] schrieb direkt an Walter Ulbricht am 23. 12. 1964, daß sie ihn am selben Tag über folgendes in Kenntnis gesetzt hätte: »Herr Unseld habe ihr gestern bekannt gegeben, daß die westdeutsche Theaterzeitschrift *Theater heute* in ihrer Dezember-Nummer [...] einen Brief Bertolt Brechts an Walter Ulbricht in vollem Wortlaut veröffentlichen wird. [...] dazu teilte Frau Weigel mit, daß der volle Wortlaut des Briefes bei uns bisher nicht veröffentlicht worden ist [Das *Neue Deutschland* hatte nur die Passage über Brechts ›Verbundenheit mit der Sozialistischen Einheitspartei Deutschlands‹ abgedruckt. Weggelassen war: ›Die große Aussprache mit den Massen über das Tempo des sozialistischen Aufbaus wird zu einer Sichtung und zu einer Sicherung der sozialistischen Errungenschaften führen.‹[35]], jedoch ein Auszug, eine Kopie des Originals liegt im Bertolt Brecht-Archiv, das unter der Leitung von Frau Weigel steht, und ist nicht in andere Hände gegeben worden. Sie wisse nicht, wo die Quelle einer solchen Veröffentlichung liegt. Ihre Vermutung lautet, daß Brecht immer mehrere Durchschläge [...] anfertigen ließ und daß in früheren Jahren ein solcher Durchschlag in ihr unbekannte Hände gelangt sein müsse. Sie betonte jedoch, daß dies lediglich eine Vermutung ist. Ihrer Meinung nach sei eine solche Veröffentlichung nicht zu bedauern, da der Inhalt des Briefes ein klares Bekenntnis zur Deutschen Demokratischen Republik darstelle.«[36] Ein Bekenntnis freilich zu einer DDR, die es weiterhin nicht gab: die der »großen Aussprache mit den Massen«.

Die im Umkreis des 17. Juni entstandenen *Buckower Elegien* stellten für Klaus Gysi[37], damals Direktor des Aufbau-Verlags, insofern ein heikles Problem dar, als er die damit verbundenen Verantwortlichkeiten gar nicht innehatte. Am 30. August 1965 wandte er sich an Lucie Pflug[38] in der Abteilung Wissenschaft des ZK der SED. Er berichtete, daß der Suhrkamp Verlag Anfang des kommenden Jahres bereits die Gedichtbände VIII bis X herausbringen würde, während der Aufbau-Verlag immer noch nicht den Band VII gebracht habe. Alle diese Bände enthielten politisch Problematisches, was aber am meisten auf die *Buckower Elegien* des Bandes VII zuträfe. »Eine sehr schwierige Situation« ergäbe sich auch bei Band V der Prosa-Bände, die noch in diesem Jahr bei Suhrkamp erscheinen sollten. Band V der Prosa-Bände war in der Tat explosiv. Er enthielt den *Me-ti*, Brechts vorwiegend in den dreißiger Jahren entstandene, aber bis an sein Lebensende fortgesetzte chinesische Aphorismen über Sozialismus, Faschismus und Stalinismus. Und ausgerechnet Uwe Johnson[39], ein nach Westdeutschland geflüchteter und dort hoch geschätzter Schriftsteller, hätte »monatelang im Brecht Archiv gearbeitet«, weil er als Herausgeber fungiere. »Das ist zwischen Frau Weigel und Suhrkamp abgesprochen und uns gegenüber niemals auch nur angedeutet worden. Selbst Elisabeth Hauptmann scheint darüber empört bzw. unglücklich zu sein.« Klaus Gysi zeigte sich ratlos. »Es herrschte an sich immer Übereinstimmung mit Helene Weigel darüber, daß der komplizierte Nachlaß, die Tagebücher und alle diese Dinge zugunsten der Hauptwerke zurückgestellt und vorläufig nicht nachgefaßt werden. Aber offensichtlich will man davon jetzt abgehen.« Er bemühe sich aber weiterhin um engen Kontakt, »trotz der etwas unerfreulichen Atmosphäre seit meinen letzten Gesprächen mit Helene Weigel über Band VII. Aber die Lage im Archiv, die Art der Zusammenarbeit zwischen Helene Weigel, Elisabeth Hauptmann und Suhrkamp sowie die vertraglichen Bindungen zwischen Suhrkamp Verlag und Aufbau-Verlag sind derart, daß wir nie vor Überraschungen sicher sind. Es ist natürlich klar, daß man keinen Wert auf engen Kontakt legt, wenn man Uwe Johnson zum Bearbeiter eines solchen Bandes macht.« Immerhin meinte Gysi, daß es »das geringere Übel« sei, den Band VII so zu bringen wie ihn

Suhrkamp gebracht hat, wobei wir das fragliche Gedicht sehr eindeutig kommentieren müßten.«[40]

In einem ohne Datum überlieferten Brief, vom Herbst 1965, an Kurt Hager tat der Kulturminister Hans Bentzien seine Absicht kund, »die leidige Angelegenheit *Brechtausgabe*, die seit über einem Jahr zu einem Stop in der weiteren Herausgabe der Gesamtausgabe beim Aufbau-Verlag geführt hat, zu bereinigen«. Er ersuchte Hager, d. h. das ZK, um Erlaubnis, die Druckgenehmigung für den Band VII geben zu können, einschließlich aller *Buckower Elegien*. Bentzien erinnerte daran, daß der Abstand zur Suhrkamp-Ausgabe schon drei Bände umfasse. »Den Westdeutschen aber Brecht zu überlassen, halte ich für politisch schädlicher und falscher als die Herausgabe des 7. Bandes.« Bentzien stellte sogar eine Art Ultimatum: Sollte er bis zum 25. November keine Antwort erhalten, erteile er die Genehmigung von sich aus.[41]

Zwei Tage nach Ablauf des Ultimatums, am 27. 11. 1965, teilte Hager Bentzien mit, er solle die Genehmigung noch nicht erteilen, weil das ZK darüber noch einen Beschluß fassen müsse.[42] Der Beschluß fiel negativ aus. Der Minister für Kultur, Hans Bentzien, erfuhr nach seiner Rede vor einer Intendantenkonferenz, aus der er gerufen wurde, daß er kein Minister mehr sei.[43]

Zwei Jahre später, am 12. 10. 1967, beklagte sich der Aufbau-Verlag gegenüber Kurt Hager, daß er noch immer nicht die Genehmigung zum Druck von Band VII bekommen hatte. Insgesamt habe Suhrkamp schon 39 Bände publiziert, Aufbau erst 28. »In einem Gespräch, das Genosse Dr. Voigt [der damalige Verlagsleiter] Ende 1966 mit Helene Weigel führte, erklärte sie, daß es nach ihrer Meinung keinen Grund für eine Nichtveröffentlichung des Gedichts gibt und daß sie einer Weiterführung der Lyrik-Ausgabe ohne das Gedicht, das außerdem zu dem Zyklus *Buckower Elegien* gehört, nicht zustimmt. Die Herausgeberin der *Gedichte* Elisabeth Hauptmann, will die Anmerkungen für unsere Ausgabe so erweitern, daß der richtige Zusammenhang deutlich wird.« Der Verlag machte darauf aufmerksam, daß die Situation anläßlich des 70. Geburtstages von Brecht in drei Jahren besonders peinlich werden könne.[44]

Nicht die Leiter der Verlage, nicht der Kulturminister, nicht der Vorsitzende der ideologischen Kommission des ZK konnten grünes Licht für kritische Brecht-Texte geben. Es war offenbar Ulbricht persönlich, der darüber entschied. Aus diesen Vorgängen wird ersichtlich, daß eine ›Verstaatlichung‹ des Brecht-Nachlasses dazu geführt hätte, daß die Öffentlichkeit wichtige Teile vielleicht erst nach 1989 kennengelernt hätte.

Wie viele andere, die mit Brecht in Briefkontakt gestanden hatten, bekam auch Walter Ulbricht 1957 eine Aufforderung von Helene Weigel, diese Briefe dem Archiv zur Verfügung zu stellen. In seiner Antwort an »Genossin Helene Weigel-Brecht« schrieb er, daß er nur einen dieser Briefe zur Verfügung stellen könne, andere erst, wenn sie gefunden würden. Dann drückte er seine Genugtuung über die Einrichtung des Bertolt-Brecht-Archivs aus. »Die Sammlung, Sichtung und Systematisierung des reichen literarischen Erbes des Genossen Bertolt Brecht muß letzten Ende dazu dienen, die Werke dieses unermüdlichen Streiters für Frieden, Demokratie und Sozialismus dem deutschen Volke immer mehr zugänglich zu machen.«[45] Welchen Brief wird er wohl zur Verfügung gestellt haben? Sicher nicht den, den er zum 17. Juni bekommen hat. Daß er es mit den Publikationen keineswegs eilig hatte, verrät seltsamerweise die Wendung »letzten Endes«.

Aus diesen Dokumenten geht deutlich hervor, daß die Privatisierung von Brechts Nachlaß unter den gegebenen historischen Umständen das einzige Mittel war, einerseits sein Werk vollständig zu erhalten und andererseits der Öffentlichkeit in einem vernünftigen Zeitraum zugänglich zu machen. Im Falle einer Verstaatlichung hätten wir nur den Brecht der Friedenstaube kennengelernt. Die Veröffentlichung hatte die Weigel als die wichtigste Aufgabe angesehen, die ihr nach Brechts Tod zugefallen war. Hier war sie eisern. Hier machte sie keine Kompromisse. Sobald sich die beste Lösung – die historisch-kritische Ausgabe für beide deutsche Staaten – als Illusion erwies, setzte sie eine möglichst vollständige populäre Edition in Westdeutschland durch – und zwar auch auf die Gefahr hin, daß die Edition in der DDR zum Stillstand kam.[46] Der Band VII der *Gedichte* erschien hier erst 1969, der *Me-ti* und die *Journale* erst lange nach ihrem Tod, nämlich 1975 bzw. 1977.

Zwischen der Weigel und den Instanzen von Partei und Regierung gab es einen Vermittler, der sich ihr gegenüber als Freund gebärdete, obwohl auch für sie kein Zweifel daran bestehen konnte, daß er vor allem die Interessen der anderen Seite im Auge hatte: das Mitglied des Zentralkomitees Alexander Abusch. In Diktaturen sind solche Mittlerfiguren nicht selten. Sie hinterlassen gemeinhin kaum Spuren.[47]

Im Maiheft 1956 von *Theater der Zeit* veröffentlichte Fritz Erpenbeck einen Artikel zur Situation der Ostberliner Theater. Das Berliner Ensemble habe zwar »das prägnanteste Gesicht«, das auch dann deutlich zutage trete, wenn man keine Brecht-Stücke spiele. Aber: »Man fragt oft, warum Brechts Stücke oder auch die vom Berliner Ensemble bearbeiteten [...] nicht häufiger von den Bühnen der Deutschen Demokratischen Republik nachgespielt werden. Ich glaube, der Hauptgrund ist, neben einigen unwesentlicheren, gerade die Erkenntnis künstlerisch verantwortungsbewußter Theaterleiter, daß – überspitzt formuliert – zur einwandfreien Aufführung eines Brecht-Stückes ein Brecht-Ensemble gehört.« Für dieses aber sah er eine »Gefahr der künstlerischen Einengung [...]. Der Stil droht schon bei manchen zur Manier zu werden, vor allem bei denen, die nicht – wie etwa Ernst Busch, Raimund Schelcher[48], Angelika Hurwicz, Helene Weigel – über eine außerordentlich starke künstlerische Eigenstruktur verfügen.« Das gelte noch mehr für die Regisseure, denn »nicht jeder ist ein Erich Engel. Wenn Erich Engel ein Werk von Brecht inszeniert, dann ist das Brecht, aber in der unverkennbaren Handschrift von Erich Engel. Wenn Benno Besson Molières *Don Juan* inszeniert, dann ist das nicht Molière, sondern unverkennbar Brecht in der Handschrift von Brecht. (Obwohl Benno Besson zweifellos ein sehr talentierter Regisseur ist, der nur seine eigene Handschrift wiederfinden muß.)« Ein anderes Beispiel schien ihm »ganz abgesehen von der gelungenen *Hirse für die Achte* (Regie Manfred Wekwerth) gerade die weniger gelungene Inszenierung von *Der Tag des großen Gelehrten Wu* (Regie: Peter Palitzsch, Carl M. Weber)«.[49] Obwohl Erpenbeck in diesem Artikel auf geschickte Weise Brecht selber einige Referenzen machte, erklärte er hier doch seine Schüler zu bloßen Epigonen, deren Leistung ohne Brechts Präsenz nicht recht erkennbar schien. Eigentlich zog er in Zweifel, ob vom Theater und von den Stücken Brechts ohne Brecht überhaupt etwas übrigbleiben würde.

Natürlich konnte Erpenbeck im Mai 1956 nicht ahnen, daß Brecht im August sterben würde. Da er aber in Theaterfragen der maßgebliche Berater von Partei und Regierung war, ist es doch interessant, daß sich in diesem Artikel bereits Konturen abzeichnen, die das Berliner Ensemble nach Brechts Tod prägen sollten. In der wichtigsten Entscheidung – nämlich wer die künstlerische Leitung übernehmen sollte – entschied sich Helene Weigel für die Lösung, die zweifellos auch die Kulturbürokratie favorisierte. Obwohl zunächst auch erwogen worden war, Giorgio Strehler – den Brecht zum begabtesten Regisseur Europas erklärt hatte[50] – ans Ensemble zu holen, entschied sie sich schließlich, Erich Engel zum Oberspielleiter zu berufen, den alten Mitarbeiter Brechts. Daß der, wie andere Ensemblemitglieder auch, seinen Wohnsitz in Westberlin hatte, gehörte damals noch zur Normalität. Daß er sieben Jahre älter war als Brecht, spielte wohl ebenfalls keine Rolle. Die andere mögliche Lösung, eine kollektive Leitung der jungen Brecht-Schüler zu installieren, war nicht durchsetzbar. Mit Hinweis auf die Rolle Erpenbecks meinte Käthe Rülicke-Weiler 1978: »Die kulturpolitische Situation war nicht so, daß man hätte sagen können, wir machen ein Theater der Schüler Brechts.«[51] Aber sicher war Engel auch in den Augen der Weigel die beste Lösung. Zu ihm hatte sie über Jahrzehnte gewachsenes Vertrauen.

Dennoch stellten sich sofort wichtige Fragen in der Orientierung des Theaters. Daß es zwischen einer Inszenierung, die Engel und Brecht zusammen gemacht hatten, und einer Inszenierung, die Engel allein machte, Unterschiede gab, gehörte zu den geringeren Problemen. Brecht bereitete die Schauspieler im wesentlichen inhaltlich und in den Haltungen auf ihre Rollen vor, Engel arbeitete mehr an Sprache und Gesten. Wenn auch Engel prinzipiell auf die gesellschaftliche Funktion des Theaters hin orientierte, so konnte er doch Brechts operatives Verhältnis zur aktuellen Realität nicht ersetzen. Dazu gehörte ja nicht nur eine ähnliche analytische Potenz, sondern eben auch die Fähigkeit, die gewonnenen Überzeugungen wenigstens teilweise der Kulturbürokratie gegenüber zu verteidigen. Auch hier war Brecht unersetzbar und das Theater tatsächlich in Gefahr, mehr oder weniger rasch in künstlerischen Manierismus zu verfallen. War in der von Engel während Brechts Krankheit übernommenen *Galilei*-Inszenierung dessen Hand noch deutlich erkennbar, so waren die beiden anderen Inszenierungen, die er noch machen sollte, *Schwejk im zweiten Weltkrieg* und *Die Dreigroschenoper*, zwar von künstlerischer, aber weniger von dialektischer Dichte.

Ein Vorteil für die Jüngeren war, daß Erich Engel genügend Souveränität besaß und frei von Prestigedenken war. Er ließ ihnen Experimentierraum. Die Frage, womit und wie Brechts Tradition nach seinem Tod überhaupt fortgeführt werden könne, war für die jungen Schüler und das Theater insgesamt eine Überlebensfrage. »Wir waren uns darüber klar, daß man Brecht in keiner Weise ersetzen konnte«, erinnert sich Peter Palitzsch, »und daß man am BE das Wort ›Ensemble‹, Kollektiv, ernst nehmen und gemeinsam arbeiten mußte. Dazu gehörte es, die Instanz der Regie abzubauen und sie gleichsam ins Ensemble zu delegieren. Das war spannend, ganz, ganz hart. Es war ja eine Überlebensfrage, ob uns das gelingt. [...] Brecht war ein Bergmassiv, und wir waren sehr klein. Keiner von den Assistenten hätte sich zugetraut, das Haus weiter zu führen.« Aber: »Als die Frage der Nachfolge Brechts anstand, wurde die Konkurrenz im Hause deutlicher. Die anderen Regisseure sagten immer, ich sei ein ganz herrlicher Dramaturg – was bedeuten sollte, daß sie mich für keinen besonders guten Regisseur hielten.«[52] Palitzsch mit seiner dramaturgischen Stärke, Wekwerth, ausgestattet mit einem Draht zu Brechts Theoriegebäude und der Lust, sich kulturell in die Realitäten der DDR einzumischen, Besson als Spezialist für das Artistische – würden diese drei erfolgreich zusammenarbeiten? Und die vierte Person, die Anspruch auf Regietätigkeit stellte, Angelika Hurwicz, würde sie im Team akzeptiert?

Auch der Weigel war klar, daß die Zukunft des Theaters in der Kombination von Talenten, in der Kollektivarbeit lag. Es war nicht Erich Engel, sondern sie selbst, die zunächst versuchte, die Dramaturgiesitzungen zu leiten. Das erwies sich als schwierig. Weil sich Becht mit ihr vor den anderen in dramaturgischen Fragen manchmal gestritten und sie an den Dramaturgiesitzungen ohnehin nicht teilgenommen hatte, war der Eindruck entstanden, daß sie davon kaum etwas verstünde. Das ließen die Schüler sie offenbar rasch spüren. Als sie merkte, daß sie in dieser Form keine Autorität herstellen konnte, löste sie die Institution der großen Dramaturgiesitzungen auf. Fortan regierte sie von ihrem Intendantenzimmer aus, in das sie die Mitarbeiter einzeln oder in Gruppen bestellte. Damit erhöhte sich aber nun die Gefahr von Eifersucht und Konkurrenz, der Bildung geschlossener Gruppen und Clans.[53]

Die erste große Erschütterung, die das Ensemble erlebte, entstand durch die Konkurrenzängste, die Benno Besson erregte, und zwar bis hin zu Koryphäen wie Ernst Busch, der ihn sofort nach Brechts Tod verdächtigte, die Macht an sich reißen zu wollen. Sowohl im Rostocker Theater als auch im Berliner Ensemble hatte Besson 1957 den *Guten Menschen von Sezuan* inszeniert. Wie Brecht es gewünscht hatte, spielte Käthe Reichel die Shen Te. Bessons Inszenierung erregte den Widerspruch anderer führender Ensemblemitglieder. In einem ultimativen Brief wurde festgestellt, daß Besson ein Grundprinzip der Brechtschen Regiearbeit mißachtet habe – nämlich den Verlauf der Fabel klar herauszuarbeiten. Der Brief trug die Unterschriften von Helene Weigel, Erich Engel, Manfred Wekwerth, Peter Palitzsch und Jochen Tenschert. Auch mißfiel das Spiel der Reichel, das eine enorme Skala von Gefühlsregungen bis hin zum großen Ausbruch zeigte. Hier schien ebenfalls ein Brecht-Dogma gebrochen. Es wundert nicht, daß Fritz Erpenbeck »vor allem Käthe Reichel für ihre schauspielerische Leistung als Shen Te« Anerkennung zollte. Auch Bessons Inszenierung fand er interessant, wiewohl auch er konstatierte, daß die Aufführung vielleicht »zu viele Einfälle, zu viele Verfremdungen, zu viele Unterstreichungen« aufweise und dem Zuschauer »alles Denken abgenommen« habe.[54]

Die Weigel konnte hart sein. Käthe Reichel bekam am Tage der Premiere die Kündigung vom Pförtner überreicht. Sie spielte trotzdem. Reichel und Besson verließen das Berliner Ensemble dann aber definitiv.[55]

Abgänge wichtiger Mitarbeiter sollte das Theater immer wieder erleben. Obwohl sie eigentlich den an Theatern üblichen Fluktuationen entsprechen, wurde ihnen sowohl von Freunden als auch von Feinden des Ensembles damals zu große Bedeutung beigemessen. Beiden Gruppen bedeuteten solche Abgänge eine Schwächung des Ensembles, möglicher Vorbote seiner Auflösung. In Wirklichkeit hat das Berliner Ensemble noch viele Jahre nicht nur von seiner Substanz gelebt, sondern sie auch regeneriert. Es funktionierte nach der Überzeugung seiner Begründer, daß das Talent nicht nur Naturbegabung ist, sondern durch Interesse und Arbeit entwickelt werden kann. Personelle Verluste konnten ausgeglichen werden. Und für die, die weggingen, war der Weggang keineswegs eine Tragödie. Die meisten konnten sich aussuchen, wo und was sie später arbeiteten.

Die Unterschrift der Weigel unter den gegen Bessons Inszenierung gerichteten Brief war damals sicher einer momentanen Überzeugung entsprungen. Das bedeutete aber keine definitive Feindschaft. Sie erlaubte ihm – was ein Vertrauensbeweis war – an anderen Theatern Brecht-Inszenierungen. U. a. inszenierte Besson *Die heilige Johanna der Schlachthöfe* in Rostock, Stuttgart und Lausanne mit Käthe Reichel in der Hauptrolle. Er war auch der erste, der 1970 ein Brecht-Stück in Berlin außerhalb des Ensembles inszenieren durfte: den *Guten Menschen von Sezuan,* an der Volksbühne.

1957 fand das erste Gastspiel des Berliner Ensembles in der Sowjetunion statt. Man zeigte *Mutter Courage und ihre Kinder, Leben des Galilei* und *Pauken und Trompeten.* Obwohl das Publikum Brecht immer noch nur durch ein paar Gedichte kannte, war sein Ruhm mittlerweile so groß, daß alle Karten für die Aufführungen in Moskau und Leningrad im voraus verkauft waren. Der Publikumserfolg konnte weder in der Sowjetunion noch in der DDR geleugnet werden. Die fortbestehende Skepsis der offiziellen Kulturorgane zeigte aber der lange Artikel des Theaterregisseurs Boris Sachawa über die grundsätzlichen Unterschiede zwischen den Kunstauffassungen, die als ›sowjetisch‹ galten, und denen des Ensembles, wobei die letzteren in oberlehrerhafter Art Lob und Kritik ernteten. »Helene Weigels Mutter Courage ist gleichzeitig stark und schwach, klug und beschränkt, mannhaft und weiblich, leidenschaftlich und zurückhaltend. Um alle diese Nuancen, Übergänge und inneren Widersprüche wiedergeben zu können, muß man eine große Schauspielerin sein. Doch während wir die Meisterschaft und die Begabung Helene Weigels gebührend würdigen, dürfen wir nicht verschweigen, daß uns zu unserer völligen Zufriedenheit noch ein Moment fehlt, das als heftiger Gefühlsimpuls, als explosiver künstlerischer Ausdruck, als Flug auf die Höhen der großen menschlichen Gefühle zu bezeichnen wäre. Wir sind überzeugt, daß eine solche ›Explosion‹ durchaus in den Möglichkeiten der Darstellerin liegt und daß sie sich bewußt zurückhält.« Der starke »Gefühlsimpuls«, der Sachawa fehlte, war aber genau jener Tribut an die Schicksalsmächte, den Brecht aus dem Theater herausoperiert hatte, egal, ob es sich um Götter der Entfremdung im Kapitalismus oder im Sozialismus handelte. Daß es Sachawa wirklich um die fehlenden kathartischen Wirkungen des sozialistischen Pathos ging, zeigt deutlicher noch seine Kritik an der Figur der Stummen Kattrin. Wenn diese die Stadt Halle durch ihr Trommeln vorm bevorstehenden Angriff warnt, vergäße die Schauspielerin Hurwicz nicht, »das Krankhafte an diesem Mädchen zu betonen. Welche Erschütterung würde der Zuschauer jedoch erleben, wenn man in dieser Szene des selbstvergessenen, furchtlosen Heldentums die krankhaften Züge der Kattrin ganz weggelassen hätte und wenn dieses unglückliche Menschenkind innerlich und äußerlich gewandelt vor uns erschienen wäre!« Außerdem störten Sachawa hyperrealistische Details, z. B. wie sich Ernst Busch als Koch mit sichtlichem Wohlbehagen die Fußlappen zwischen den Zehen rieb. Die russische Bühnenkunst bemühe sich, »das Leben so zu zeigen, daß noch die bitterste Wahrheit ein Stückchen Sonnenschein, ein winziges bißchen Schönheit birgt. Zudem sind wir immer bemüht, alles zu vermeiden, was den physischen Abscheu des Zuschauers erregen könnte.«[56] Damals zunehmende Akzeptanz des Brecht-Theaters in Westdeutschland zeigt dagegen ein Artikel in *Die Welt*, der Sachawa ausführlich und angemessen kritisiert.[57]

Obwohl mit anderen Inhalten und Werten umgehend, stimmten die Grundlagen der von Sachawa für sowjetisch bzw. für russisch ausgegebenen Ästhetik mit denen Hollywoods durchaus überein. Zweifelsohne hätte wiederum Brecht selber einen Fehler darin gesehen, die Schlichtheit der Darstellung und das Ansprechen des Verstandes auf der einen Seite einer anderen, tabuisierten Seite des Gefühlsmäßigen schroff gegenüberzustellen. Gerade die Weigel verkörperte beide Seiten. Und Brechts Interesse an der jungen Schauspielerin Reichel war sicher ebenfalls darin begründet, daß er sich auch bei ihr durch die Kombination beider Elemente einiges versprach. Hätte man in Moskau und Leningrad Bessons *Guter Mensch von Sezuan* gezeigt, hätte Sachawa differenzierter argumentieren müssen.

Mit der Premiere von *Arturo Ui* gelang Manfred Wekwerth und Peter Palitzsch in enger Zusammenarbeit in Dramaturgie und Regie 1958 ein Meisterwerk. Sie bearbeiteten das von Brecht selbst nie aufgeführte und insofern auch nicht wirklich abgeschlossene Stück in einer Weise, die das Interesse an der Hitlergestalt anders als gewöhnlich beantwortete. Hitler wurde nicht als dämonischer Verführer verrätselt, sondern als gemeingefährlich gewordener Kleinbürger dekonstruiert. Daß Ekkehard Schall diese Figur mit großer artistischer Brillanz à la Chaplin spielen konnte, trug wesentlich dazu bei, daß die Aufführung ein Welterfolg wurde.

Die Weigel spielte in den immer mal ›aufgefrischten‹ alten Inszenierungen ihre Mütterrollen. Wekwerth produzierte 1957 eine Filmdokumentation der Bühneninszenierung der *Mutter*. Und 1961 gelang es Wekwerth und Palitzsch, die Kargheit der Bühnenfassung von *Mutter Courage und ihre Kinder* – die damals ihre 400. Aufführung hatte – in eine filmische Form zu bringen. Wer aber war in der Lage, für die Prinzipalin eine neue Rolle, ein neues Stück zu schreiben?

Neue Stücke verlangten auch Partei und Staatsführung. Im März 1959 hatte die Kulturkommission beim Politbüro des ZK unter Leitung Alfred Kurellas eine Aussprache mit Berliner Theaterschaffenden organisiert, wo scharf kritisiert wurde, daß der Spielplan aller Ostberliner Bühnen kein einziges Gegenwartsstück aufwies, während in der Republik immerhin elf solcher Stücke gespielt würden. Die Partei verlangte, daß sich die Bühnen in der Hauptstadt der DDR »nicht nach dem Geschmack der Westberliner Bourgeoisie« richteten, die sie offensichtlich ausgiebig besuchte. Sie müßten vielmehr den Interessen der Werktätigen dienen, mit Inszenierungen, aus denen die »Gestaltung des Lebens unserer Tage, des sozialistischen Aufbauwesens unserer Republik« hervorgehe.[58]

An kaum einem Berliner Theater war die Bereitschaft größer, den Interessen der Werktätigen zu dienen, als am Berliner Ensemble. Aber die Aufgabe war kompliziert. Brecht selbst war es nicht gelungen, zu Lebzeiten ein Stück über die von ihm immer widersprüchlicher empfundene sozialistische Wirklichkeit zu beenden. Klar war, daß das Theater eine solche Aufgabe nur im Kollektiv angehen konnte. Als Ideengeber schien der 1958 ans Ensemble gekommene Dramaturg Helmut Baierl[59] fungieren zu können, der soeben ein Stück über die Republikflucht eines Bauernehepaars verfaßt hatte. »Schreibst mir a Rollen«, hatte die Weigel ihn aufgefordert.[60]

Das entstehende Stück *Frau Flinz* war eine sozialistisch-optimistische Umkehrung des *Courage*-Motivs. Die Bäuerin Flinz, die sich zeitlebens mit List gegen die Obrigkeit im Kapitalismus zur Wehr gesetzt hatte, tut dasselbe im sozialistischen Staat, an den sie nach und nach ihre fünf Söhne verliert: einen an die Gewerkschaft, einen an die Partei usw. Am Ende war jedoch auch sie für die LPG gewonnen. Das Stück wurde – wie *Katzgraben* – von Dramaturgen, Schauspielern und Regisseuren zusammen entwickelt, ehe Baierl die endgültige Fassung herstellte. Die Weigel trug wieder viele lebenspraktische Aspekte bei. So sollten die Söhne beim Betreten des Untermieterzimmers die Schuhe ausziehen. »Die Flinz, meinte sie, hat in der Notunterkunft eine gewisse Behaglichkeit geschaffen und hält streng auf Ordnung. Deshalb schien ihr auch undenkbar, daß die Flinz in einer anderen Szene in dem Zimmer wäscht, wie das ursprünglich vorgesehen war, sie schlug Bügeln vor.«[61]

Baierl beschrieb 1987, wie die Arbeit unter dem Druck der Kulturbürokratie litt. Unter dem Eindruck massenhafter Republikflucht der Bauern erlaubte diese keine realistische Abhandlung des Stoffes. Volker Braun[62] und Peter Hacks[63] hätten z. B. vergeblich dafür plädiert, daß mindestens ein Sohn der Flinz nicht an sozialistische Institutionen, sondern an den Westen verlorengehen müsse. Ihm selbst und Manfred Wekwerth sei dies als tragische Komponente und politisch zu riskant erschienen. Man glaubte noch nicht einmal, sich einen Courage-Effekt erlauben, d. h. die gewünschte Katharsis ins Publikum verlegen zu können. Nach dem letzten Akt verkündete ein Lautsprecher die Teilnahme der Flinz an einem sozialistischen Bauernkongreß.

Der Opportunismus der Grundachse war freilich gebrochen durch viele ketzerische Details, die das Stück für das Publikum annehmbar machen sollten. So wurde ein Sohn noch von einem kapitalistischen Unternehmer in die Gewerkschaft geschickt, weil er »langsam« sei. Da die sozialistische Gewerkschaft insgesamt ebenfalls langsam war, konnte an dieser Stelle gelacht werden. Die Konstruktion derartiger lustiger Mißverständnisse wurde immer mehr zur populistischen Technik mittelmäßiger sozialistischer Dramatik. Dennoch ist rückblickend nicht zu vergessen, daß es die kulturpolitische Zwangsjacke war, Künstler in diese Richtung drängte: Selbst diese kleinen Ketzereien konnten ein Stück zu Fall bringen. Um *Frau Flinz* durch die Zensur zu lotsen, kam die Weigel auf die Idee, eine Lesung des Stücks vor den maßgeblichen Kulturfunktionären zu veranstalten. Eingeladen waren u. a. Alexander Abusch, Alfred Kurella und Hans Rodenberg[64]. Für diese Lesung hatte eine spezielle Regie dafür gesorgt, daß die Schauspieler an vollkommen harmlosen Stellen in langanhaltendes Lachen ausbrachen, während die politisch heißen Stellen so unauffällig wie möglich vorgetragen wurden. Bei den Politikern entstand tatsächlich ausreichend Verwirrung, die Zensur schlug nicht zu. Und das Publikum lachte ebenfalls – an den richtigen Stellen. Baierl betonte 1987, daß das Stück zwei Monate vor der Errichtung der Mauer Premiere hatte. »Es hätte nicht später kommen dürfen.« Das war in Bezug auf die Akzeptanz des Publikums gemeint. Obwohl heute schwer vorstellbar, galt die Inszenierung damals als politisch gewagt. Linientreue Genossen, die sich über die »Überheblichkeit« des Berliner Ensemble aufregten,[65] wurden mit dem nun häu-

In *Frau Flinz* von Helmut Baierl, Berliner Ensemble 1961

figer auftauchenden Argument beruhigt, daß man dem Volk einige Ventile öffnen müsse. Daß die Arbeiter des Elektro-Apparate-Werks Treptow gelacht hatten, weil die sozialistische Gewerkschaft tatsächlich »langsam« war, gelangte sogar in die Presse.[66]

Da die Rolle der Flinz der Weigel auf den Leib geschrieben war und bis hin zu einer Szene, in der die Flinz heiraten will, um sich die Arbeit zu erleichtern, Anleihen bei der Courage gemacht hatte, wurde sie für die Schauspielerin wieder zu einem großen Erfolg. Wolfgang Gersch meinte, daß diese »herrliche poetische Szene auf dem Kartoffelacker« zeige, daß die Weigel auch »unsere charmanteste Schauspielerin« sei.[67] Der alte Freund Friedrich Luft meinte aber zu Recht, das Stück »pendele« zwischen »Momenten der Echtheit und solchen, die in ihrer Gesinnungsbeflissenheit völlig abstrakt sind. Das Publikum schien nur die einen zu genießen.« Aber »wie ein Dialog auf einem Kartoffelfeld arrangiert ist, wie da – nur durch gelegte Kartoffelreihen – Weite, Komik, Landschaft und Elend des Landlebens angedeutet sind, das sieht man auf Deutschlands Theatern nicht oft.« Die Weigel spiele die »Komplementärrolle der Mutter Courage«, den »weiblichen Schwejk in der DDR« brillant. Sie habe »jetzt einen so triftigen Humor gewonnen, sie ist so agil, so drahtig und genau im Ausdruck, daß man sie sehr bewundert. Wenigstens so lange, wie ihre Rolle sie in der Lust des *Negativen* beläßt, also so lange sie wahrhaftig bleiben kann.«[68] Festzuhalten ist, daß Luft nicht »Sackleinen« kritisierte, sondern den Opportunismus des Stücks. Selbst die *New York Times* meinte, daß sich der Besuch von *Frau Flinz* lohne, »um die wundervolle Truppe zu sehen und besonders die brillante Darstellung von Helene Weigel, der Witwe Brechts und großen Schauspielerin«.[69]

Es ist interessant, daß der Export des Stücks in die Sowjetunion mißlang, wo die Kollektivierung Millionen an Menschenopfern gefordert hatte. Zwar bestand zwischen dem Abtransport in ein stalinistisches Lager und der Möglichkeit, vor der Kollektivierung nach Westdeutschland zu fliehen, kein Vergleich an Tragik. Es ist aber dennoch von Interesse, daß Nikolai Ochlopkow – der Schüler Meyerholds, der Brecht den Stalin-Friedenspreis übergeben hatte – *Frau Flinz* mit der Begründung ablehnte, daß er über eine für die Bauern so schwere Zeit keine Komödie aufführen würde.[70]

Trotz der inneren Krisen und des ungeklärt bleibenden, ebenfalls krisenhaften Verhältnisses des Berliner Ensembles zur sozialistischen Realität wurden die sechziger Jahre eine Zeit des Weltruhms. Besser als die Versuche, die Gegenwart auf die Bühne zu bringen, gelangen die Inszenierungen von Stücken Brechts oder auch von Autoren aus westlichen Ländern wie Heinar Kipphardt und Sean O'Casey. Das Ensemble konnte gar nicht allen Einladungen zu Gastspielen Folge leisten. Die Kulturbürokratie hatte es endgültig als attraktiven Exportartikel anerkannt.

Weigels Intendantenzimmer hatte etwas von Eugenie Schwarzwalds stets offenem Direktionszimmer, war zugleich aber auch ein Gegenentwurf zu Reinhardts geschlossenem Büro. »Als junge Schauspielerin mußte ich antichambrieren, und das hat mir gar nicht gefallen. Ich habe die Bürokratie sofort ausgemerzt bei mir. Jeder Mitarbeiter kann kommen, und selbstverständlich kann jeder Schauspieler, der sich für die Arbeit bei uns interessiert, vorsprechen.«[71]

Der Schauspieler Willi Schwabe[72] meinte, daß die offene Tür keineswegs nur angenehm gewesen sei: »Weil man irgend etwas gemacht hatte, wo man dachte, na, vielleicht hat sie das erfahren und das gefällt ihr nicht so, dann mußte man notgedrungen an der offenen Tür vorbei und dann sagte sie, indem sie über die Brille guckte: ›Schwabinger, komm mal rein.‹ [...] Aber sie kriegte alles raus, komischer Weise, ohne zu forschen.« Sie habe im voraus gewußt, weshalb man kam, z. B. wegen einer Gagenerhöhung. »Frauen [...], die haben da eine Art sechsten Sinn, wenn es richtige Frauen sind. Das war sie ja. [... Frauen] haben es bis zu einem gewissen Grade in einer solchen Position leichter, weil man einer Frau gegenüber – eventuell als Mann – [...] schwächer und nachgiebiger ist als bei einem Intendanten. Würde man vielleicht mehr pöbeln. Das konnte man bei Helli nicht. Die ging aus allen Diskussionen als Sieger hervor. [...] Sie wußte eben, wann sie energisch sein mußte.« Die Weigel konnte viel Voluntarismus aktivieren. Es kam vor, daß die Regisseure nach einem halben Jahr Probenzeit vor der Generalprobe noch mehr proben wollten, die Schauspieler aber nicht bereit waren, ihren freien Montag zu opfern. »Und dann rief sie uns zusammen vor dem entsprechenden Monat und sagte: ›Ich bitt euch sehr, helfts mir.‹ Und dann liefen ihr ein paar Tränen über die Wangen, und dann sagten wir alle: ›Ja natürlich, Frau Weigel.‹«

Offiziell hielt sie sich von Dramaturgie und Regie fern. Schwabe aber sagte: »Die hat Regie geführt. Ich meine, sie hat nicht dafür gezeichnet. Sie hat sehr eingegriffen.« Diese Eingriffe bestanden eher darin, etwas vorzuspielen, als in ausführlichen Diskussionen. Als das von Brecht ungeordnet hinterlassene Material des *Messingkaufs* vom Ensemble bearbeitet und in Szene gesetzt wurde, kam Wolf Kaiser nicht zurecht mit seiner Rolle. Er sollte zeigen, wie ein Schauspieler eine Ratte fängt. »Als gerade diese Szene wieder probiert wurde, kam Helli auf die Probe. Sie war an dem Tag völlig in weiß, hatte einen weißen Mantel an und ein weißes Kleid. [...] Kaum hatte also Helli mitbekommen, um was es ging, lief sie auf die Bühne, sagte zum Wolf Kaiser: ›Geh mal weg‹, riß ihren Mantel ab und schmiß ihn da hin, wo die Ratte angeblich lief, warf sich dann selber auf den Boden und fing so die Ratte. Es war ihr in dem Moment völlig egal, wie ihre weißen Sachen nun aussahen, aber die Rattenpantomime war geboren. Und Wolf Kaiser hat sie dann übernommen und sie [...] glänzend gespielt. Das war typisch für Helli. So genau wußte sie oft gar nicht, um was es geht, wenn sie auf die Probe kam. Aber wenn sie's sah, hatte sie sofort einen Einfall.«[73]

Christine Stromberg, die Leiterin der Kostümabteilung, erinnerte sich, daß die Weigel nach wie vor, »was Stoffe und Schnitte betraf und die Bearbeitung von Kostümen, immer sehr mitarbeitend« gewesen sei. Das traf übrigens auch auf die Aufführungen von Brecht-Stücken oder -Opern in anderen Häusern zu. Sie hätte dafür eine typisch weibliche Naturbegabung besessen, die aber dann verfeinert worden sei durch »ein großes Kennen der Kunstgeschichte von Bildern und aus Büchern.«

Arbeitsbesprechungen fanden nicht nur im Intendantenzimmer statt, sondern auch bei der Intendantin zu Hause. Seit 1957 hatte sie ihre Wohnung für das Archiv freigemacht und sich zu ebener Erde im Haus zwei Räume sowie eine Küche und ein Bad ausgebaut. Ihr Schlafzimmer, mit großen Fenstern und Türen zum Garten zu, hatte eine aus zwei leinenbespannten Sitzsofas und einem Tisch bestehende Besucherecke sowie etliche weitere Sitzgelegenheiten. Dieser helle, bis auf die beiden Sofas mit antiken Möbeln ausgestattete Raum diente ebenfalls als Arbeits- und Empfangszimmer. Viele Besucher berichten, daß sie von der im Bett thronenden oder auch liegenden Weigel empfangen wurden. Hier fanden auch Planungen für die Kostüme statt. Christine Stromberg: »Sie hat dann in ihrem Zimmer in diesem großen alten Bett gelegen mit offenen Haaren in einem wunderschönen Nachthemd aus Leinen, was wir auch bewundern mußten. [...] Sie lag frontal im Bett, sie hat also ständig uns kontrollieren und beobachten können. Wir saßen also ihr gegenüber an einem kleinen Tischchen, ein Berg von Büchern um uns rum mit lauter Zetteln, die sie reingelegt hat. So stellte sie sich die Farbigkeit vor, das ging bis zu einem wunderschönen Picasso-Band, wo herrliche Strukturen von Stoffen zu erkennen waren und sehr schöne Farbzusammenstellungen. Und mit Kuchen natürlich und Tee wurden wir bewirtet und da hat sie uns doch wertvolle Hinweise gegeben.« Sie kaufte auch alte Kleider im Trödel und gab sie an den Fundus, sei es als Anschauungsmaterial, sei es als Kostüme.[74]

Gisela May erinnerte sich an ihr getragenes, von der Weigel im Ramsch gekauftes Kostüm für die Wirtin vom Kelch im *Schwejk*. »Und jetzt lieferte sie dazu, und das war wirklich ganz rührend, wie sie sich da Gedanken gemacht hat – da hat sie im Bett lange drüber nachgedacht: was könnte man durch kleine Besonderheiten da noch [...] machen? Da hat sie eine kleine Original-Korallen-Brosche angebracht. Wir hatten so ein dunkelgrünes Kleid, [...] ganz zerschlissen.« Außer auf die Brosche kam sie dann noch auf »einen winzigen Spitzenkragen, den sie auch irgendwo auf einem Trödelmarkt gekauft hatte. [...] Dadurch kriegte die Figur dieser Wirtin etwas noch hinzu.« Auf die Frage, ob sich Regisseure bzw. Bühnenbildner nicht bevormundet fühlten, antwortete die May, daß dies schon vorgekommen sei. Um solche Empfindlichkeiten möglichst gar nicht aufkommen zu lassen, griff die Weigel – wie auch schon bei Brecht – gerne zur Methode der Einflußnahme über Dritte. »Da ist sie dann in die Garderoben gekommen und hat dann so eine Beeinflussung vorgenommen, wo man als Schauspieler so zwischen Baum und Borke stand. [...] Wenn man gesagt hätte: ›Also das ist ein Vorschlag von Frau Weigel‹, hätte man bereits den Widerspruch des Kostümbildners gefunden. Wenn man aber das geschickt gemacht und gesagt hat: ›Also ich fühle mich in dem, was Sie mir da entworfen haben, nicht wohl, ich hätte lieber das‹, dann kriegte man es unter Umständen durch. [...] Sie war ja nicht in der Beziehung ehrgeizig, daß sie sagte, jeder mußte wissen, das war ihre Idee. [...] Das war ihr wurscht. Entscheidend war, daß es für die Aussage, daß es für das Gesamtwerk von Vorteil war.« Bei den Proben zu *Die Tage der Commune* mußten sich Renate Richter[75] und Angelica Domröse[76] streiten und prügeln. Aber sie prügelten sich nicht überzeugend genug. »[...] ehe wir uns versahen, lag die Weigel auf der Erde und raufte sich mit der Domröse [...], gab der also einen Fußtritt mit dem Knie, boxte die irgendwo hin, so, daß die Domröse auf der Erde lag, und sie lag auf ihr drauf. [...] Sie war wohl damals immerhin schon [...] beinahe sechzig, als sie das uns vormachte.« Auch wenn sie einen Regieeinfall hatte, von dem sie annahm, daß ihn die Regisseure von ihr nicht annehmen würden, ging sie nach der altbewährten indirekten Methode vor: »dann ist sie direkt zum Schauspieler gegangen, und hat ihm das erklärt, was sie gerne möchte. Und hat dann oftmals auch versucht, das einfach heimlich zu machen. Und hat dann gesagt: ›Versuchs doch mal in der Richtung‹. Das war dieselbe Sache wie mit den Kostümen. Da war man dann oft auch in einen Zwiespalt gebracht worden, und das spürte die Regie, und dann war die Regie sauer und böse. Und da gab es dann auch oft ziemlich große Spannungen. Das waren aber durchaus produktive Spannungen.«

Die jüdische Frau in *Furcht und Elend des Dritten Reiches*, die die Weigel 1957 noch einmal gespielt hatte, übernahm schließlich die May. In die Rolle eingeführt wurde sie durch die Weigel selbst und zwar in deren Schlafzimmer. »Während der Körper ruhte, war der Geist ununterbrochen auf Touren und arbeitete weiter.« Sie empfahl ihr, »die Aufregung der feinen Dame durch ein feines Taschentüchlein auszudrücken, das sie immer auseinandernimmt und zusammenfaltet.« Sie habe stets »sehr praktisch argumentiert«, wenn sie merkte, daß der Schauspieler »jetzt durch die Regie intellektuell zu sehr belastet« wurde und nicht mehr wußte, »wie er mit seinen Gliedmaßen zurechtkommen sollte«.[77]

Was Gisela May nach ihrem Weggang vom Deutschen Theater am Berliner Ensemble neu lernen mußte, was man also als die ›Weigel-Schule der Schauspielkunst‹ bezeichnen könnte, formulierte sie folgendermaßen: »[...] gefundene Lösungen immer wieder verwerfen, wenn neue dramaturgische Einsichten es erfordern [...], die Sprache nicht illustrativ zur Fabel zu verwenden, das heißt, die Ausdrucksmöglichkeiten unabhängig voneinander einzusetzen und nicht alles, was die Fabel erzählt, mit Wort und Geste noch einmal nachzuerzählen [...] // Brüche zu spielen, das heißt, das Gefühl so zu trainieren, daß es mit aller zur Verfügung stehenden emotionellen Kraft eingesetzt, aber im nächsten Moment gebrochen werden kann durch sachlichen, nüchternen Bericht; Verhaltensweisen vorzuführen, welche die kritische Sicht des Schauspielers auf die darzustellende Gestalt mitschwingen lassen. // Vor allem aber mußte ich szenisch denken lernen, in dramatische Probleme eindringen.«

Gisela May erlebte einmal, wie bei der Weigel die enorme Verletzung aufbrach, die die lange Spielpause des Exils – trotz aller gegenteiligen Behauptungen – bei ihr erzeugt hatte. »Wir sprachen über eine Rolle, die ich brennend gern gespielt hätte [es handelte sich um die Anna in den *Sieben Todsünde*n an der Berliner Staatsoper, für die die Weigel ihr Urlaub gewähren sollte], und ich sagte wohl so etwas wie: Mein Lebensglück hänge an dieser Aufgabe. (Man sagt in manchen Situationen solch übertriebenes Zeug). Da sprang sie plötzlich auf, durchmaß mit schnellen Schritten ihr kleines Büro, hin und her, und dann brach es aus ihr heraus: Wieviel herrliche Bühnenrollen hatte sie nicht spielen können! Alle großen jungen Frauengestalten, die Brecht geschaffen hatte, waren ihr versagt geblieben. Keine Grusche, keine Shen Te. Wer hatte nach ihrem Lebensglück gefragt!«[78]

Ein echter Konflikt war um die Lieder aus der *Mutter* entstanden, die die Weigel wohl auch als ein sehr persönliches Erbe betrachtete. Hans Bunge berichtete, daß Eisler die May als Sängerin entdeckte und mit ihr die Lieder einstudierte. Es war geplant, eine Platte zu produzieren. »Aber eh die Platte produziert war, wurde die Weigel eingeladen, das Tonband anzuhören, wie die May das macht. Und tatsächlich hat die Weigel verboten, die Platte zu pressen mit dem Hinweis darauf, daß die Lieder von Brecht für sie geschrieben worden sind. [...] die Platte wurde dann später doch gepreßt nach großen Auseinandersetzungen. Aber es gibt da eine Notiz von Eisler, die also ganz grausam ist. [...] Sinngemäß: ›Ich bin in der Nazizeit verboten worden. Ich habe Schwierigkeiten da und da gehabt. Aber, was mir jetzt passiert, daß die Weigel mir die Produktion dieser Lieder verbietet, das ist mir in schlimmsten Zeiten nicht passiert.‹«[79] Später gab es eine einvernehmliche Terrainaufteilung zwischen den beiden Frauen. Die May begnügte sich im Theater mit mittleren Rollen. Die Weigel gestand ihr zu, als Brecht-Sängerin aufzutreten. Ihre Brecht-Liederabende begleiteten die zahlreichen Gastspiele des Ensembles ins Ausland. Auf diesem Gebiet kam die May seit den sechziger Jahren zu Weltruhm.

Sie erzählte, die Weigel habe ihr oft gesagt, »daß sie mich da beneidete um meine Musikalität, weil sie es ja mit dem Singen und mit dem Rhythmus furchtbar schwer hatte und sich da mächtig geplagt hat, um etwas zu lernen. Da hat sie also mindestens die vierfache Zeit gebraucht, die ich brauche, um ein Lied einzustudieren. [...] Sie hatte keinen allzu großen Stimmumfang. Sie war eben kein Sopran.«[80] Ekkehard Schall zum selben Thema: »Sie hat ja auch eine schöne Stimme, diese tiefe alte Stimme [...], aber ich glaube, sie konnte sich da einem begleitenden Orchester nicht beugen. Damit kam sie, glaube ich, nicht zu Rande, außer, wenn der Kapellmeister sich ihr unterordnete.«[81]

Die Brecht-Edition im Westen durchzusetzen, im Osten wenigstens anzuschieben und gleichzeitig das Berliner Ensemble zu erhalten war ein Drahtseilakt, der außerordentliche Kräfte verschlang. Aber die Weigel war auch eine Entspannungskünstlerin. »Sicher wären einige Leute froh, wenn ich nicht soviel Energie hätte. Vielleicht erreiche ich das dadurch, daß ich bestimmte Pausen einlege. Ich suche mir verschiedene Erholungen: Pilze suchen, Schwimmen, Patience legen, Kreuzworträtsel, Kriminalromane [...]. Es ist tatsächlich so, daß ich dadurch völlig vergessen kann, womit ich mich die ganze Woche herumgeärgert habe.«[82] Da die Intendantentätigkeit, das eigene Spielen und die Edition Enthaltsamkeit von öffentlich geäußerter Kritik voraussetzte, fand sie andere, ganz eigentümliche Formen, Menschen in sozialer und politischer Hinsicht zu helfen. Die Art, wie sie sich ins gesellschaftliche Leben einbrachte, galt im offiziellen Sozialismus, aber auch in den Augen vieler Leute, als veraltet oder überflüssig. In zahlenmäßig gar nicht zu erfassenden Fällen leistete sie persönlich materielle Hilfe an einzelne oder Gruppen. Sie trat, wo sie Ungerechtigkeiten vermutete, als Bittstellerin gegenüber Behörden auf. Sie versuchte durch praktische Initiativen Mängel der Produktion zu beseitigen und sie protestierte in vielen Einzelfällen gegen politische Überspitzungen. »Ich glaube nicht, daß der Humanismus etwas anderes ist, als daß man Leuten hilft, und zwar nicht *den Menschen*, sondern Leuten. Das theoretisch auszudrücken finde ich langweilig und überflüssig.«[83] Der offizielle Diskurs suggerierte nämlich, daß ›die Menschen‹ oder ›unsere Menschen‹ kaum noch Opfer konkreter Sorgen und Nöte werden könnten. Caritative Tätigkeit oder auch der persönliche Einsatz für andere galten im Grunde als bürgerlich, nicht notwendig in der sozialistischen Ordnung. Die Weigel hat es anders empfunden und anders gehandelt. Damit stand sie zweifelsohne ganz bewußt auch in der Tradition, die ihr ihre Schulleiterin Eugenie Schwarzwald und ihre Mentorin Karin Michaelis vorgelebt hatten.

Diese Art Engagement hat sie bereits in den ersten Jahren gepflegt. Ganz im Sinne von Brechts Gedicht *Die Teppichweber von Kujan Bulak*[84], die erkennen, daß nicht die Errichtung eines Lenin-Denkmals, sondern das Trockenlegen der sie umgebenden Sümpfe im Sinne Lenins war, trat sie bereits 1949 auf. So berichtete die Zeitung *Tribüne* am 28. Juli, daß der Gewerkschaftstag des Krankenhauses Wuhlgarten ihren Vorschlag begrüße, »statt den aus Anlaß von Gedenktagen unseren antifaschistischen Kämpfern zugedachten Blumen und Kränzen die hierfür gesammelten Geldbeträge für den Aus- und Aufbau von Kinderheimen zu spenden.«[85]

Die Weigel war stolz darauf, als ›Mutter‹ des Ensembles zu gelten. Die Personalchefin Lilly Salm dazu: »[…] es fing vielleicht damit an, daß sich Helli eben auch erkundigte, ob die

Frau vom Heizer nun schon wieder aus dem Krankenhaus heraus war oder daß der Brecht, wenn er die Treppe herunter ging und eine Putzfrau kam mit dem Eimer, er auf dem Treppenabsatz stehen blieb und erst die Putzfrau hat vorbeigehen lassen. [...] Die Menschen am Ensemble hatten vielfältige Arbeiten. Die Menschen waren dadurch nicht klassizifiziert [...], dadurch hielten sich die Leute dort, trotzdem die Grenze offen war.« Auch Techniker gingen nicht weg. »[...] mit Fluktuation [...] hatten wir überhaupt nichts zu tun. Wir mußten nicht Putzfrauen suchen und wir mußten nicht Abendpersonal suchen, weil die dann rüber gingen und drüben im Westen verdienten. Wodurch kam das? Denn Auslandstourneen haben ja die Putzfrauen auch nicht mitgemacht.« Natürlich habe es der Weigel gefallen, »in einer gehobenen Stellung zu sein, aber sie hat darum nicht vergessen, daß das nicht der Sinn des Lebens ist. [...] Weigel und Brecht neigten zu dieser raffinierten Einfachheit. [...] Helli konnte [...] das teuflische Geld verkraften.«[86]

Seit den frühen fünfziger Jahren gibt es zahlreiche Belege für Geschenke an Kindergärten und Kinderheime und zwar nicht nur für die, die ihren oder Brechts Namen trugen. 1956 bekam eine Kindertagesstätte ein Karussell, dessen Foto vermuten läßt, daß es von Theaterhandwerkern zusammengeschweißt wurde. Kinder aus einer Kinderstation eines Krankenhauses bedankten sich für einen Filmvorführapparat. Des weiteren findet sich eine Rechnung über zwölf zusammenklappbare Rodelschlitten, die an Kinderheime geschenkt wurden. 1962 bekamen mehrere Einrichtungen Kinderplanschbecken zu Weihnachten, mit der Begründung, daß diese Planschbecken im Sommer nicht zu bekommen seien. Aus einigen Briefen geht auch hervor, daß sie zwischen Ensemblemitgliedern und Kindereinrichtungen über die Übergabe gebrauchten Spielzeugs und gebrauchter Kleider verhandelte. Immer wieder fragte sie auch an, was eigentlich gebraucht oder gewünscht wurde.[87]

Legendär sind die oft wertvollen Geschenke, die die Weigel nicht nur, aber besonders zu Weihnachten innerhalb des Ensembles machte, über die ebenfalls große, auch kuriose Listen existieren und zwar sowohl in den Nachlässen der Intendanz[88] als auch in den Unterlagen der Staatsicherheit.[89] Obwohl der eigentliche Antrieb zum Schenken ihr sicher aus dem Herzen kam, war das auch ein Mittel, Disziplin und Loyalität herzustellen. Es war vom Prinzip her eine Art dreizehntes Monatsgehalt, auch eine Art und Weise, die Ensemblemitglieder ein wenig an den Brecht-Tantiemen teilhaben zu lassen.

Schon von Brecht ist bekannt, daß er sich z. B. um seinen inhaftierten Assistenten Martin Pohl[90] gekümmert hatte. Käthe Rülicke-Weiler bezeugte, daß sich die Weigel im Falle versuchter Republikflucht einer Verkäuferin aus der Kantine für diese vor Gericht sehr eingesetzt habe.[91] 1957 engagierte sie sich für die zum Tode, dann zu lebenslänglicher Haft verurteilte doppelte Kindesmörderin Frieda M. aus Schwerin.[92]

Das Berliner Ensemble hatte sich offenbar als Ort herumgesprochen, wo Leute Arbeit finden konnten, die aus politischen Gründen in Haftanstalten gewesen waren. 1959 korrespondierte die Weigel mit Budzislawski, der eine Professur für die Geschichte der deutschen Presse in Leipzig innehatte, über einen jungen Studenten, »der am Philosophischen Institut war, gleichzeitig im 2. Fach Vorlesungen an der Theaterschule gehört hat. Er wurde im Juni 57 verhaftet und ist zu einem Jahr und drei Monaten Zuchthaus verurteilt worden. Er fragt nun bei ihm an, ob wir ihm weiterhelfen könnten, und ich wollte Dich fragen, ob Du von diesem Jüngling etwas weißt, bevor ich ihn zu mir kommen lasse. Im Prinzip soll man ja solche Leute nicht fallen lassen, aber ich hätte doch gerne etwas von kompetenter Seite über ihn gewußt [...].«[93] Aus einer Notiz der Sekretärin geht gervor, daß Budzislawski in dieser Angelegenheit telefoniert und mitgeteilt hatte, daß der junge Mann von 1952 bis 1955 bei der Volkspolizei gewesen war und sich gut geführt habe, im Oktober 1957 aber wegen »revisionistischer Diskussionen« verhaftet worden sei. In seinen Augen sei das kein hoffnungsloser Fall.[94] Obwohl der junge Mann auf sie keinen überzeugenden Eindruck gemacht hatte, wandte sie sich seinetwegen dann auch an den stellvertretenden Kulturminister Kurt Bork: »Zu leicht verlieren junge Leute den Mut, und es ist ja auch nicht im Sinne unserer Strafrechtsordnung, einen Menschen nach Verbüßung seiner Strafe weiter zu strafen.«[95]

Die Intendantin. 1970

Ob sie den betreffenden jungen Mann schließlich eingestellt hat, ist nicht bekannt. Sie versuchte auch Dissidenten
zu helfen, die nicht in den Westen gehen, sondern in der DDR
bleiben wollten. Als Heiner Müller, den Brecht 1951 als Talent nicht erkannt und abgewiesen hatte, zehn Jahre später
wegen seines Stücks *Die Umsiedlerin* (später: *Die Bauern*)
mit der Kulturbürokratie in Schwierigkeiten kam, riet ihm
Anna Seghers, sich an Helene Weigel zu wenden. Diese lud
ihn nach Buckow ein und erklärte ihm, wie er eine ›Selbstkritik‹ abfassen müsse. »Du darfst nichts erklären, nichts entschuldigen. Du bist schuld, sonst hat es gar keinen Zweck.«

Sie wollte ihn am Berliner Ensemble beschäftigen, was aber vom Büro Walter Ulbrichts aus verhindert wurde.[96] Dagegen hat der für Prag 1968 in Schwierigkeiten geratene Thomas Brasch[97] eine Anstellung im Archiv bekommen.[98]

Nicht nur bei technischem, auch bei künstlerischem Personal neigte sie dazu, Leute aus purem Mitleid einzustellen. »Wenn der ein krankes Kind hatte oder eine lungenkranke Frau, war der schon engagiert. Aus dieser Ecke heraus sind ihr oft Mißgriffe passiert.« Schnell »weich« wurde sie auch, wenn sich jemand »Brecht als Lebensaufgabe genommen hatte und alle anderen verdammte, auch der wurde sofort genommen [...]. Und das war dann oft nicht ausreichend.«[99]

Geradezu sensationell sind ihre Beschwerden an Betriebe oder an die zuständigen Ministerien hinsichtlich von Schlampereien oder grundsätzlichen Mängeln in der sozialistischen Produktion. Von 1955 stammt ein Briefentwurf an Walter Ulbricht, in dem sie schlechte Verpackungen kritisierte »von Dingen, die man kauft oder die dem Theater geschickt werden und die verdorben oder kaputt ankommen«. Auch die Werkzeuge, mit denen die Handwerker und Techniker arbeiteten, waren oft untauglich. Wahrscheinlich, weil ihm von Wilhelm Girnus geraten worden war, das Berliner Ensemble nicht an unzulänglicher Technik zugrundegehen zu lassen, schickte Ulbricht tatsächlich Vertreter einzelner Betriebe und Ministerien, die sich die Mängel ansehen und Abhilfe schaffen sollten.[100]

Dieses einmal bewährte Rezept wandte die Weigel des öfteren an, wobei sie Wert darauf legte, die Mängel nicht nur auf das Theater zu beziehen, sondern als ganz allgemein herrschende darzustellen. Im Falle ihrer Intervention für besseres und gesünderes Schuhwerk für Kinder stellte das Theater gewissermaßen nur den Ausgangspunkt der Aktion dar. Sie begann sicher nicht zufällig wenige Monate nach dem Bau der Mauer, den viele Intellektuelle nur hinzunehmen bereit waren, wenn gleichzeitig Demokratisierung einsetzte, d. h. eine allgemeine Diskussion um Unzulänglichkeiten und Fehler des Systems. Weigels Ensemble wartete nicht auf Demokratisierungsschritte von oben, sondern ergriff selbst Initiativen.

Im Dezember 1961 unterschrieben 160 Mütter und Väter unter den Ensemblemitgliedern, darunter die Weigel selbst als Großmutter, einen Appell an die Kinderschuhindustrie. Er kritisierte die in ihrer überwiegenden Mehrheit zu harten und unflexiblen Kinderschuhe. Der Appell landete beim Hauptdirektor der VVB[101] Schuhe. Dieser ordnete dem Direktor des VEB[102] ›Freiberger Schuhfabrik Pionier‹, Gerhard Ciemalla, an, sich umgehend nach Berlin zu begeben und das Kinderschuhproblem mit Frau Professor Weigel zu diskutieren. Ciemalla hatte zunächst »wenig Lust und noch viel weniger Zeit, am folgenden Tag nach Berlin zu fahren«, aber er mußte dem Befehl Folge leisten. »Im Theater des Berliner Ensembles angekommen, umfing mich das schwer zu beschreibende Milieu einer Hauptprobe zur *Dreigroschenoper*. Im Vorzimmer der Intendantin wartend, hörte ich durch geöffnete Türen den Song vom Mackie Messer, Regieanweisungen. […] Bis ich dann vor ihr stand. Ich kannte ›sie‹ nur von Bildern und von der Leinwand. […] Schon nach einer Viertelstunde sprachen wir wie Menschen, die sich jahrelang kennen und gegenseitig vertrauen, offen, ohne *Sicherheitsbedenken*. […] Frau Professor Helene Weigel erklärte mir, daß sie mit den Mitgliedern ihres Ensembles nicht nur die künstlerischen Aufgaben berate, sondern alle Dinge unsreres sozialistischen Aufbaus und alle Lebensfragen unseres Arbeiter- und Bauern-Staates. In diesen Gesprächen seien auch wiederholt verschiedene Versorgungsprobleme unserer Bevölkerung behandelt worden und hierbei letztlich besonders eindringlich auch die Versorgung unserer Kinder mit geeignetem Schuhwerk. Es wurde darüber gesprochen, daß es zu wenig Kinderschuhe gibt, daß sie teilweise nicht genügend flexibel sind, schlechte Paßform haben, zu dicke Sohlen und zu breite Sohlenränder sowie zu tiefe Kappen. Frau Professor Helene Weigel hatte […] eine Anzahl Kinderschuhe aus den verschiedensten Herstellerbetrieben gesammelt. […] Als einen allen Ansprüchen genügenden Kleinstkinderschuh stellte sie den in unserem Betrieb entwickelten und seit vorigem Jahr in der Produktion befindlichen Kleinstkinderschuh *Pionier-Spatz* heraus.«[103]

Zwischen dem Berliner Ensemble und Direktor Ciemalla entwickelten sich jahrelange Kontakte, um die Ursachen – die natürlich auch Materialfragen waren – der schlechten Kinderschuhproduktion zu beseitigen. Mit der Zeit wurde die Weigel Spezialistin in Kinderschuhfragen, wie folgendes Schreiben an den Gesundheitsminister Mackrodt zeigt: »Gleichzeitig möchte ich Sie darauf aufmerksam machen, sich doch ein wenig um die Schuhe vom *Banner des Friedens* zu kümmern, die ich, soweit mein Schuhverstand reicht, weder schön noch fußgerecht finden kann. Bei den Kinderschuhen scheint mir dieser verdammte Flecken hinten draufgesetzt erstens häßlich, zweitens der Fußform nicht entsprechend. Was die größeren Größen betrifft, scheint mir die Fersenhöhe nicht gut. Die Ausarbeitung der Ferse ist ganz schlecht, hart, mit Nähten, die die Fersen verletzen müssen, ganz abgesehen von den kaputtgehenden Strümpfen.«[104]

Obwohl alle Kinderschuhproduzenten angesprochen waren, hatte die Aktion in der Freiburger Kinderschuhfabrik ›Pionier‹ offenbar die größten Effekte. Im März 1963 teilte die Weigel Direktor Ciemalla mit, wie froh sie war, »daß meine Einmischung etwas genützt hat. Wenn es ging, würde ich mich sehr freuen, wenn Sie mir – natürlich gegen Bezahlung – die Schuhe, die Ihnen und Ihrem Betrieb gelungen erscheinen und den modernen Anforderungen entsprechen, als Muster schicken würden. Dann könnte ich mit meinen Frauen, von denen, wie Sie ja wissen, zahlreiche Mütter sind, wieder eine Besprechung durchführen und Ihnen die Meinung unserer Frauen sagen.« Daraufhin bekamen die Kinder der Ensemblemitglieder jeweils passende Musterschuhe, über deren Trageeigenschaften die Eltern nach einer gewissen Zeit Protokolle ablieferten, die dem Betrieb zugeschickt wurden.[105]

Nach dem Muster der Kinderschuhaktion startete die Weigel 1962 eine weitere Initiative, die eine ständige Sorge der Mütter in der damaligen DDR betraf: die schlechte Versorgung mit Obst und Gemüse und das völlige Fehlen von Kleinkindernahrung in Konserven. Sie war empört, festzustellen, daß es die im Westen üblich gewordene Babynahrung im Glas im Osten nicht gab, wo fast alle Mütter arbeiteten. Im April 1962 schrieb sie an an Grete Wittkowski, als Wirtschaftswissenschaftlerin Kandidatin des ZK: »[...] und ich kann es gar nicht fassen, daß es das bei uns nicht geben soll.

Es gibt diese Kinderkost-Konserven im Ausland in allen Kombinationen, Gemüsekonserven, zarteste Kompotte in Püreeform, Kombinationen von Fleisch, fein püriert mit Gemüsen, in richtigen Dosierungen, so daß es eine Kleinigkeit ist, ein wohlausgewogenes Essen für ein Kind in wenigen Minuten herzustellen.«[106] Einen Monat später beklagte sie sich beim Minister für Handel und Versorgung Merkel: »Ich habe seit Jahren mit Betrübnis festgestellt, daß es in den Monaten zwischen März und Ende Mai etwa die allergrößten Schwierigkeiten für unsere Frauen gibt, ihre kleinen Kinder mit Gemüse zu versorgen. Es fehlen immer Karotten, der Spinat ist nicht mehr da, und es wäre doch von allergrößter Wichtigkeit, genau für diese Übergangszeit Vorsorge in den Sommermonaten zu treffen, nämlich pürierte Gemüsekonserven und zwar in einer Größe, daß sie für eine Mahlzeit für ein Kind ausreichen, herzustellen. [...] Es würde für die jungen Frauen, die bei uns doch fast alle arbeiten, viel Zeit und viel Ärger erspart sein, wenn solche Büchsen bei uns vorhanden sein würden.«[107]

Der Ministervertreter Lemke antwortete ihr im Mai, daß »die Hinweise völlig berechtigt« seien und daß er »zuständige Handelsorgane beauftragt« habe, »mit Betrieben der Lebensmittelindustrie konkrete Vereinbarungen über die Herstellung kleinerer Abpackungen für die neue Saison zu treffen«.[108] Damit war man noch weit entfernt von den erst Jahre später in Potsdam-Rehbrücke entwickelten pestizidfreien Gläschen für Kindernahrung. Aber ein Stein war ins Rollen gebracht.

Da sie das Gefühl hatte, mit solcherlei Aktionen etwas zu erreichen, entwickelte sie eine geradezu fanatische Leidenschaft darin. Im Helene-Weigel-Archiv befinden sich auch Briefe mit Klagen an den Gesundheitsminister Friedeberger nicht nur über Schminkallergien, die bei Schauspielerinnen aufgetreten waren, sondern auch über schädliche Waschmittelbestandteile, die Haut und Nägel schädigten, und sogar über schmutziges Wasser, das aus Wasserhähnen in Leipziger Wohnungen geflossen war. Friedeberger antwortete: »Über die Waschmittel laufen die Untersuchungen. Ich lasse sie nicht aus dem Blickfeld, zumal mein eigenes Weib sowohl mit der Haut als auch mit den Nägeln sehr darunter leidet.«[109]

Zwar haben Bürger der DDR öfter von Eingaberechten Gebrauch gemacht, selbst an den Staatsrat. Mir ist aber nicht bekannt, daß andere Persönlichkeiten des öffentlichen Lebens mit ähnlicher Systematik und Hartnäckigkeit wie die Weigel versucht haben, gravierende Mängel der Produktion, die das Alltagsleben der Menschen so schwer machten, aufzudecken und ihre Behebung zu betreiben. Weigels Kinderschuhaktion wurde zwar von der Modezeitschrift *Sibylle* unterstützt und Direktor Ciemalla schrieb einen Artikel über seine ungewöhnlichen Kontakte zu einem Berliner Theater. Trotzdem wurde das alles der Allgemeinheit nicht bekannt. Es gab weder freie Medien noch freie Organisationen, die solche Aktivitäten wirklich hätten vernetzen können. Es war auch kein Zufall, daß Weigels Aktivitäten in der praktischen Sphäre der Produktion von den Staatsinstanzen geduldet und sogar unterstützt wurden. Es mußte ihnen recht sein, wenn der Tatendrang der Weigel hier Erfüllung fand und sich nicht auf politisches oder kulturpolitisches Gebiet konzentrierte.

Der Verzicht auf die Darlegung ihrer Positionen in den Westmedien war der Preis, den die Weigel für den Erhalt ihres Theaters und die Brecht-Edition zu zahlen hatte. Auf einer Einladungskarte Walter Ulbrichts zu einer vorbereitenden Besprechung der *Erörterung der Fragen der Literatur und Kunst auf dem VI. Parteitag der SED* am 30. November 1962 im Hause des ZK gab sie ihrer Frustration mit bitteren Bleistiftnotizen Ausdruck: »Wo liegt das Interesse der Kunst?« Dahinter steht dick eingerahmt: »Experiment«. In einem ähnlichen Rahmen steht: »Erschreckend«.

»Hochmut der Funktionäre, wissen alles besser. Sollen uns zuhören, aber nicht, als ob wir Narren [wären]. Warum gibt es Bitterkeit? Welches ist der wirkliche Grund. Bei Künstlern, die Sozialisten sind. Was stimmt nicht?

Also doch Personenkult eingeschlichen. [...] Sorge um den Menschen wird zur Entmündigung.

1. Walter Ulbricht hat Diskussion provozieren wollen. Es ist ihm nicht ganz gelungen.

2. Ich hörte zu; ein Wort, *Enge* setzte sich durch, was steht denn dahinter?«[110]

Ob sie sich zu Wort gemeldet hat, ist nicht ersichtlich.

Als Intendantin mußte sie die Arbeit des Ensembles in künstlerischer, organisatorischer und ökonomischer Hinsicht gegenüber dem Kulturministerium verantworten, in politischer Hinsicht gegenüber der Partei. Politisch zurückhaltend war sie jedenfalls keineswegs, wenn hochrangige Funktionäre in offizieller Mission mit ihr Kontakt aufnahmen. So existiert zum Beispiel das Protokoll eines Gesprächs, das sie unter Anwesenheit anderer Ensemblemitglieder mit dem damaligen Vorsitzenden der Kulturabteilung der SED, Siegfried Wagner, am 1. November 1965 führte. Es war die Zeit des berüchtigten 11. Plenums, das kulturpolitische Verhärtungen programmierte, darunter die öffentliche Verdammung Wolf Biermanns.[111] Unter anderem warnten Weigel und ihre Mitarbeiter davor, erneut in den Fehler zu verfallen, »Nietenhosen« und »lange Haare« bei Jugendlichen zu bekämpfen. Sie sprachen sich gegen ein Einreiseverbot in die DDR aus, das gegen den Westberliner Kabarettisten Wolfgang Neuss verhängt worden war. Hinsichtlich Biermanns meinten sie, daß ihn die Angriffe unnötig zum Märtyrer machten, was er »nicht wert« sei. Man zeigte sich erstaunt über »merkwürdige Huldigungen« an Günther Grass, der als Autor des Anti-Brecht-Stücks *Die Plebejer proben den Aufstand* im Berliner Ensemble keinen guten Ruf hatte. Und erörtert wurde, »ob es eine schlaue List und Berechnung« sein könnte, Brecht im Südafrika der Apartheid zu spielen, woher offensichtlich eine Anfrage gekommen war. Die Weigel entschied sich dagegen: »An soviel Schlauheit glaube ich nicht.«[112]

Vom 23. Februar 1966 stammt eine empörte Mitteilung an einige Mitarbeiter über ein Gespräch, das die Weigel allein mit Siegfried Wagner führte. Eine FDJ-Jugendgruppe hatte um die Vorlage der Texte des *1. Brechtabends* gebeten. »Das fand er ganz unmöglich. Wir arbeiten unter eigener Verantwortung.«[113] Hieraus ist ersichtlich, daß die Parteiführung versuchte, die Wirkungsmacht des Ensembles auf sein eigenes Haus zu beschränken.

Im Berliner Ensemble selbst herrschte nicht Partei und nicht Staatssicherheit, sondern die Weigel. Wie es zuweilen auch an anderen Kultur- oder Wissenschaftsinstitutionen der DDR vorkam, wählte man möglichst einen Parteisekretär, der mit dieser Institution verbunden genug war, um ihre Interessen gegenüber der Partei weitmöglichst zu wahren bzw. auch durchzusetzen. So war es auch im Berliner Ensemble, wo diese Funktion eine Zeitlang von Käthe Rülicke, zwei Jahre nach Brechts Tod auch einmal von Elisabeth Hauptmann wahrgenommen wurde. In späterer Zeit – das verrät ein Eintrag aus der Staatssicherheitsakte der Weigel vom Mai 1966 – scheint die Partei im Theater fast nur eine formale Präsenz gehabt zu haben. Eine Informantin hatte berichtet, »daß sich niemand im BE, auch nicht die Parteileitung, für die Probleme der Partei interessiert. Sie erhält meist die Post der Partei, die dann wochenlang bei ihr rumgelegen hat. Alle Mitglieder der Parteileitung einschließlich des Parteisekretärs wollen nichts damit zu tun haben. Wenn Einladungen zu offiziellen Veranstaltungen der Partei und Regierung erfolgen, streiten sich die Leitungsmitglieder, wer hingehen soll. Jeder versucht es auf denn anderen zu schieben.« Gegenüber den Organen der Staatssicherheit herrschte zumindest teilweise eine ähnliche Haltung. Ein Mitarbeiter hätte dieselbe Genossin aufgefordert, »den zuständigen Mitarbeitern des MFS nicht alles, was am Ensemble passiert, mitzuteilen. Er erklärte sich nur bereit, die Dinge auszuwerten, die beim MFS schon bekannt sind.«[114]

Vor jeder Tournee fanden im Intendantenzimmer der Weigel Treffen mit Leuten der Staatssicherheit statt, um die Tourneelisten auf politische Zuverlässigkeit und mögliche Republikfluchtabsichten hin zu prüfen. Manfred Wekwerth erinnerte sich, daß diese Treffen »insofern öffentlich« waren, als sie oft mit lauten Krächen endeten. Es gelang niemandem, auch nur einen einzigen Mitarbeiter von den Tourneelisten zu streichen. Durch die Autorität der Weigel und des Berliner Ensembles fand statt, was an anderen Theatern selten war: es fuhren alle mit. Die Stasi vermerkte, sicher mit Groll: »auf eigene Verantwortung des Berliner Ensembles«.[115] Die Formel über die eigene Verantwortung machte es – und das scheint mir einmalig in der DDR gewesen zu sein – auch mal möglich, daß ein Flüchtling, wenn er es denn wünschte, auch wieder zurückkehren konnte. So meldete die *FAZ* am 16. 9 1965: »Der Ost-Berliner Schauspieler Christian Weisbrod, der bei der Abreise des *Berliner Ensemble* aus London Ende August die Truppe verlassen hatte und nach Westdeutschland geflohen war, soll wieder in den Sowjetsektor zurückgekehrt sein. Diese Mitteilung machte jetzt der Chefdramaturg [...] auf einer Pressekonferenz in Ost-Berlin. Weisbrod soll vier Tage nach seiner *Flucht* Helene Weigel brieflich mitgeteilt haben, daß er sich in einer *Kurzschlußreaktion* abgesetzt habe und seinen Schritt bereue. Zur Zeit soll Weisbrod noch über seine Motive vernommen werden. Das *Berliner Ensemble* sei bereit, ihn wieder aufzunehmen.«[116] DDR-Medien berichteten über den Vorfall natürlich nicht.

Gegen Ende der sechziger Jahre wurde das Entscheidungsverfahren, ob jemand Dienstreisen in den Westen unternehmen dürfe, rationalisiert. Personen, für die das aus beruflichen Gründen öfter anstand, konnte das Privileg zuerkannt werden, ›Reisekader‹ zu werden. In der die Weigel betreffenden Ermittlung heißt es in einem Staatssicherheitsbericht vom Januar 1969: »Die Weigel kann nicht als politisch zuverlässig eingestuft werden.« Im Antrag auf das Statut des Reisekaders mußten die Verwandtschafts- und Freundesbeziehungen aufgelistet werden, die man in westlichen Ländern hatte. Je mehr, um so ungünstiger war das. Die Weigel, die ja rund um den Erdball Freunde besaß, hatte nur ihren Sohn in den USA, Brechts Tochter Hanne und einen gewissen Felix Krull in Düsseldorf aufgeführt, dessen Identität die Staatssicherheit nicht ermitteln konnte. Natürlich wurde sie trotzdem Reisekader.

Aus der Akte ist auch ersichtlich, daß Helene Weigel am 1. 7. 1967 bei der Stimmabgabe für die Volkskammerabgeordneten vom geheimen Wahlrecht Gebrauch machte und »ca. 3 Minuten die Wahlkabine benutzte«. Obwohl in allen Wahlbüros Wahlkabinen aufgestellt waren, galt es als politischer Affront, sie zu betreten. Den Wahlhelfern »war das Verhalten der Weigel unbegreiflich, zumal das Wahllokal zu dem Zeitpunkt stark besucht war«. Die berichtende Genossin sei sich sicher gewesen, »daß ein beschrifteter [d. h. ungültiger] Wahlschein von der Weigel stammt, denn sie kennt die Schrift der Weigel.«[117] Das Erstaunen der Wahlhelfer zeigt, daß die Weigel in der Öffentlichkeit zu den staatskonformen Künstlern gerechnet wurde. Dies war kein Wunder, weil die Medien über so einen Vorfall natürlich ebensowenig berichteten wie darüber,

daß sich die Weigel 1965 mit dem eben aus der Haft entlasse-
nen Wolfgang Harich zusammen in der Intendantenloge gezeigt hatte.

1964 inszenierten Manfred Wekwerth und Joachim Tenschert
Die Tragödie des *Coriolan*, ein von Brecht vorbereitetes, aber
nicht vollendetes Projekt. Gegenüber Shakespeare hatte
Brecht Änderungen vorgenommen. Während im alten Stück
alle Klassen Roms vom Senat bis zur Plebs bereit waren, sich
Coriolan zu unterwerfen, schmiedet bei Brecht die Plebs Waffen gegen ihn, und er muß begreifen, daß das Volk auch ohne
ihn Krieg gegen die Volsker führen kann. Die Ersetzbarkeit
des Helden, der Persönlichkeit schlechthin, war nicht nur gegen den bürgerlichen Kult der Persönlichkeit gerichtet, sondern mindestens ebenso gegen den stalinistischen. Wekwerth
und Tenschert verstärkten in ihrer Bearbeitung nun aber noch
die Differenzierungen innerhalb des Volks, womit das Stück
an Realismus gewann. Denn offiziell galt das Volk im Sozialismus als große Einheit. Coriolan wurde nicht nur eine weitere Erfolgsrolle für Ekkehard Schall. Hier profilierte sich
auch endgültig der junge Hilmar Thate[118]: er spielte den Aufidius, Coriolans volskischen Gegenpart. Die Kampfszenen der
beiden Recken wie auch der Heere wurden von Ruth Berghaus[119] zur eindrucksvollen Ballettchoreographie inszeniert –
ähnliches hatte es wohl im Theater noch nicht gegeben. Wekwerth wollte, daß die Weigel die Volumnia spielte, die Mutter
des Coriolan. Diese überbrachte ihm die – für sie selber
furchtbare – Nachricht, daß Rom sich nicht ergeben, sondern
gegen ihn kämpfen wolle. Der Weigel war der Typ der Heldenmutter so zuwider, daß sie die Rolle nicht spielen wollte.
Sie wurde schließlich mit Manja Behrens[120] besetzt, die sie
aber auch nicht sehr mochte. Ihre Stärken lagen eigentlich im
komischen Fach. Vom Äußeren her verkörperte die Behrens
eine Heldenmutter – sogar mit germanischer Ausstrahlung.
Da die Rolle für sie kaum Möglichkeiten der Distanzierung
bot, wirkte sie blaß.

Kein Geringerer als Giorgio Strehler soll die Weigel ermutigt haben, die Volumnia doch zu versuchen. Und hatte sie
nicht immer schon Lust gehabt, ihr Talent zur antiken Tragö-

din noch einmal zur Wirkung zu bringen? Und ihr Talent für klassische Verse?

Manja Behrens gab die Rolle nicht ungern ab. Bei der Weigel bestand nun aber die Gefahr, daß sie sie zu kritisch spielte. Am Anfang suchte sie den Habitus eines bestimmten Muttertyps nachzuahmen, der stolz auf den Heldentod der Söhne ist. Ekkehard Schall erinnerte sich, »daß sie sowohl diese amerikanischen Soldatenmütter, die wohl Kerzen ins Fenster stellten, wenn ihre Söhne fielen, sich zum Vorbild nahm, als auch das berühmte Gemälde *Daughters of Religion* [...], diese stolzen bourgeoisen Mütter, die auf den Heldentod ihrer Kinder mit Genuß schauten. Das weiß ich, das kam mehrmals gesprächsweise auf.«[121] Diese Überlegungen erwiesen sich als Irrweg. Weigel erreichte erst Differenziertheit, nachdem sie der ihr selbst unsympathischen Gestalt einnehmende Züge verliehen hatte: »Im Grunde genommen hat sie gegen sich gespielt, [...] mußte sie in die Figur viel mehr Sympathisches einbringen, viel mehr Positiv-Qualitatives, viel mehr um Verständnis-Suchendes einbringen, ehe die Figur kritisiert wurde, [...] im Grunde ein richtiges, dialektisches Verfahren.« Für Jochen Tenschert zeigte sich hier tatsächlich das große, viel zu selten genutzte Talent der Weigel zur antiken Tragödie: »Sie gab sich viel mehr als Behrens dem Vers hin, der schon gestisch geschrieben ist. [...] Die Weigel hat in die Figur eingebracht [...] die Qualität der klassischen Haltung. Versbehandlung, das konnte sie.« Außerdem lobte er die »Beschwingtheit, die Anmut des Ganges. Es kam Charme in die Rolle rein, in die Figur, was sie ja zuerst gar nicht dachte, daß das drin ist.« Tenschert erinnerte sich besonders an den »berühmte[n] Gang bei der Abstrafung des Sohnes, als er gegen die Tribunen das Schwert gezogen hat und nicht um Verzeihung bitten will, dieser ungeheure Gang«. Da sie damals bereits schwere Venenleiden hatte, »waren die Gänge jeden Abend für sie [...] eine Überwindung ihrer Physis, denn sie hat [...] auch in den Zeiten der schwersten Krankheitssymptome, was sich auf die Gehfähigkeit besonders legte, hat sie nicht verkürzt, künstlerisch«.

Für die Regisseure war die Übernahme der Volumnia durch die Weigel eine Erleichterung. Für Schall wurde es neue Arbeit. »Jetzt merkte man erst mal, daß er zu zeigen hatte, wessen

Als Volumnia in *Coriolan* mit Ekkehard Schall, Berliner Ensemble 1965

Sohn er war, […] praktisch eine Herausforderung.«[122] Schall
selbst war beeindruckt, daß ihre Mittel der Darstellung wieder die allerschlichtesten waren, daß sie »bis zum letzten Satz
bei dem großen Abgang, auch noch völlige Behrrschung
zeigte und wirklich nur ganz am Schluß einmal durch ein
leichtes Einknicken der Kniekehlen eine eventuell mögliche
Ohnmacht andeutete, die sofort abgefangen wurde durch die

beiden begleitenden Frauen. Es war sozusagen der einzige Bruch oder das einzige untaktische Benehmen der Mutter dem Sohn gegenüber. [...] Da würden viele Schauspieler natürlich viel stärker auf diesen Punkt hingearbeitet haben, sich vorher schon sehr stark erhitzen und die Mittel vergrößern, vergröbern, verallgemeinern [...] mit einfachen Vorgängen zwischen Menschen eine Rolle darzustellen, das habe ich auch nicht wieder bei anderen Schauspielern erlebt.« Diese Spielweise sei später »zurückgedrängt, vergessen« worden.[123]

Nachdem 1963 infolge des Baus der Berliner Mauer Gastspiele des Ensembles in Dänemark und Großbritannien an der Verweigerung der Einreisevisa gescheitert waren, kam es 1965 zu einem grandiosen Erfolg mit *Coriolan* im Lande Shakespeares. Zwar war die Veränderung, die Brecht vorgenommen hatte, umstritten. J. C. Trewin meinte darüber hinaus, daß die Volumnia der Courage-Darstellerin kaum »der Erwähnung wert« wäre.[124] Dagegen fand die *Financial Times*, die Inszenierung enthielte »Augenblicke von fast unerträglicher Schmerzlichkeit – als zum Beispiel Volumnia (herrlich dargestellt von Helene Weigel) Coriolan zu Füßen liegt und ihn beschwört und im selben Moment der Wächter hoch droben das Rauchsignal meldet«.[125] Die *Stuttgarter Zeitung* vermerkte, daß die Londoner Presse das Berliner Ensemble als die »beste Theatertruppe der Welt« bezeichnet hätte.[126] Und der *Generalanzeiger* für Bonn und Umgebung meldete »Superlative für die Weigeltruppe«.[127]

Wahrscheinlich war der Erfolg 1966 in Venedig noch größer. Die Italiener mußten sich nicht so stark wie die Engländer mit Brechts Veränderungen am Shakespeare auseinandersetzen. Der Brechtsche *Coriolan,* der inmitten der ihn einst umjubelnden Menge erdolcht wird, ohne daß dies die Emotionen erregt, hat sie wahrscheinlich an Benito Mussolinis ruhmloses Ende erinnert, der von Partisanen erschossen und später an den Füßen aufgehängt worden war. Schon beim ersten Auftreten der Weigel auf der Bühne brandete der Beifall los. Sie bezauberte »in ihrer starken und subtilen Darstellung einer neuen Volumnia mit magnetischer Kraft, die von ihrer grazilen Erscheinung und ihrem musikalischem Schreiten ausgeht«.[128] Und »die Frische ihrer Töne, die Klarheit ihres

Spiels erklären deutlich den Weltruhm, den sie in ihrer langen künstlerischen Laufbahn erworben hat«.[129]

Auch in anderen Ländern wiederholten sich diese Erfolge. Selbst die Sowjetpresse fand beim dortigen Gastspiel 1968 mit *Coriolan* und *Die Mutter* vor allem anerkennende Töne. Juri Zenin schrieb, daß die Weigel auch für diese letztere Rolle »die einzig richtigen Gesten, Züge und Intonationen« gefunden habe, »die uns zwingen zu glauben, mitzufühlen, gemeinsam zu kämpfen«.[130] Das hinderte Erpenbecks Zeitschrift *Theater heute* nicht, gerade nach dem Erfolg mit *Coriolan* einen besonders kritischen Artikel *Wohin steuert das Berliner Ensemble*? zu publizieren.[131]

Der Weltruhm hatte insofern eine Kehrseite, als es dem Ensemble nicht geglückt war, weitere Gegenwartsstücke aus der DDR aufzuführen. Einerseits lag das daran, daß die Weigel und zweifellos viele der Mitarbeiter nicht bereit waren, noch einmal ein nur in Details kritisches, ansonsten aber opportunistisches Stück aufzuführen. Andererseits gelang es aber auch nicht, einen jener Autoren aufzuführen, die seit Beginn der sechziger Jahre durch ihren kritischen Abstand zur Macht Glaubwürdigkeit beim Publikum hatten. Der ironische Peter Hacks, der am Berliner Ensemble gearbeitet hatte, mochte selber dort seine Stücke nicht aufführen lassen. Er gab sie lieber Benno Besson ins Deutsche Theater. Heiner Müller hatte die Weigel zwar politisch helfen wollen. Wekwerth wollte seinen *Lohndrücker* inszenieren, Guy de Chambure[132] den *Philoktet*. Aber für Müllers Stücke konnte sich die Weigel nicht genug erwärmen, um sich dafür in den höchsten Etagen der Macht herumzuschlagen. Anders sah es mit Volker Brauns *Kipper Paul Bauch* aus, dessen naiver utopischer Anspruch ihr wohl näher war als Müllers Zynismus und Hacks' Sarkasmus. Auch Volker Braun, der eine Anstellung am Ensemble hatte, war ein in den Augen der Obrigkeit unliebsamer Schriftsteller, der vom berüchtigten 11. Plenum 1965 scharf kritisiert und auch in den Jahren danach immer wieder attackiert wurde. Während die Nachwuchsregisseure Manfred Karge[133] und Matthias Langhoff[134] *Kipper Paul Bauch* 1966 inszenierten, schickte die Bezirksleitung der SED einen katastrophalen, von einem Anonymus verfaßten politischen Verriß des Stücks an die Leitung des Berliner Ensembles. Der Protestbrief des Chefregisseurs Wekwerth an die Bezirksleitung gegen Methode und Inhalt der Kritik blieben wirkungslos.[135] Die jungen Regisseure verloren den Mut und gaben die Inszenierung auf.

So blieb das Berliner Ensemble, das unter Brecht und Weigel 1949 mit dem Anspruch angetreten war, in kritischen Austausch mit der sie umgebenden Gesellschaft zu treten, in der eigenartigen Lage, nur kapitalismuskritische Stücke in seinem Repertoire zu haben: die von Brecht und die westlicher Autoren wie Kipphardt, Weiss, Hochhuth. Daß auch die Staatsführung erwartete, daß das Ensemble sich endlich der sozialistischen Gegenwart zuwendete, Helene Weigel aber nicht so ohne weiteres in eine solche Falle laufen wollte, offenbart ein Protokoll einer öffentlichen Parteiversammlung von 1963. Die Weigel berichtete erleichtert über einen Besuch Ulbrichts in *Die Tage der Commune*. Er hätte »mit großer Begeisterung und mit großem Vergnügen« gesagt: »Das ist ein Gegenwartsstück«. So absurd diese Feststellung war, so hatte das Ensemble damit offenbar sein Soll an Gegenwartsstücken erfüllt, und die Weigel war froh darüber.[136]

Daß der Rahmen der künstlerischen Freiheit des Ensembles ein für alle Mal im vornehmen historischen bzw. kapitalismuskritischen Bereich liegen sollte, mißfiel auch einem Teil der Mitarbeiter, zumal die Konkurrenz des Deutschen Theaters zwar mit metaphorischen, aber doch aktueller wirkenden Stücken von Hacks oder auch mit *Der Drache* von Jewgeni Schwarz ein ernsthaft konkurrierender Publikumsmagnet geworden war.

In der Vorbereitung von Brechts siebzigsten Geburtstag 1968 weiteten sich schon lange schwelende Meinungsverschiedenheiten zwischen Chefregisseur Wekwerth und der Intendantin aus. Die Weigel wollte, daß das Ensemble das letzte große Brecht-Stück zeigte, das es noch nicht aufgeführt hatte: *Die heilige Johanna der Schlachthöfe*. Es würde zahlreichen internationalen Gästen vorgeführt werden, die zu einem mehrtägigen ›Brecht-Dialog‹ eingeladen werden sollten. Wekwerth meinte, daß Brecht nicht unbedingt durch ein Brecht-Stück geehrt werden müsse, daß das Ensemble seine Brecht-

Verbundenheit auch durch ein kollektiv geschaffenes Gegenwartsstück demonstrieren könne. Er schlug das von Baierl und ihm bereits begonnene Stück *Johanna in Döbeln* zur weiteren Bearbeitung durch das Ensemble vor. Er und Tenschert sahen Brechts *Johanna* damals insofern auch als problematisch an, weil der hier beschriebene Kapitalismus der Wirtschaftskrise von 1929/1930 in den westlichen Ländern überwunden und vom kapitalistischen Sozialstaat abgelöst war. Das eigentliche Problem der Ausbeutung schien hinter dem Problem ihrer Verschleierung durch Wohlstand und den Einfluß der Massenmedien an Relevanz zu verlieren. Die Weigel wollte aber die *Johanna von Döbeln* erst inszenieren lassen, wenn zuvor *Die heilige Johanna der Schlachthöfe* gemacht würde.[137] Für sie war das der letzte Punkt von Brechts Vermächtnis, den sie erfüllen mußte.

Probleme gab es auch wegen der Besetzung der Johanna. Zunächst waren sich Weigel und Wekwerth einig, daß sie von Hanne Hiob gespielt werden sollte. 1959 hatte sie in dieser Rolle einen grandiosen Erfolg unter der Regie von Gustaf Gründgens in Hamburg gehabt. Schon damals hatte Weigel vorgehabt, die Hiob als Johanna ans Berliner Ensemble zu holen. Aber diese hatte geahnt, daß ihr Stand als Brechts Tochter am Ensemble schwierig sein würde. Bezüglich der Johanna im Osten bezweifelte sie, ob sie es »lange machen würde mit soviel Arsenik im Leibe, gegeben von Reichel und Lutz, das weiss ich nicht«.[138] Auch jetzt, zehn Jahre später, gab es junge Schauspielerinnen am Ensemble, die selber die Johanna spielen wollten und konnten. Wekwerth, der »nicht das Talent von Hanne Hiob« bezweifelte, wohl aber ihre »völlige Unerfahrenheit in der epischen Spielweise« zu bedenken gab,[139] wollte, daß Renate Richter mit ihr alternierte. Hanne Hiob »hatte nichts gegen eine 2. Besetzung, aber [...] wenn ich gesund bin, möchte ich die Rolle spielen und nicht alternieren«.[140]

Die Hauptdarstellerin, die beiden Regisseure und zweifellos viele Mitarbeiter und Mitarbeiterinnen im Hintergrund hatten die Arbeit im Mai 1967 mit Skepsis begonnen. Nur die Weigel scheint fest geglaubt zu haben, daß die Inszenierung gelingen könnte. Sie selbst spielte die einst von Brecht für sie geschriebene Rolle der Frau Luckerniddle glanzvoll. Aber die

Helene Weigel, Helmut Baierl, Manfred Wekwerth und Joachim Tenschert
im Mai 1967 vor der ›Eisernen Villa‹ in Buckow

sensible Hanne Hiob war den Belastungen nicht gewachsen,
fühlte sich vom Ensemble nicht angenommen und nahm es
selber wohl ebenfalls nicht an. Auf der Bühne blieb sie
tatsächlich ein Fremdkörper. Die Hiob erkrankte immer wieder, so daß die Proben mehrmals für Monate ausgesetzt werden mußten.

Die Anfang März 1968 angesetzte Premiere fiel aus, weil
sich Hanne Hiob am selben Tage krank meldete. Die Intendantin sah sich vor einer Katastrophe. Brigitte Krischauski,
Haushaltsreferentin im Berliner Ensemble, berichtete, daß
die Kartenverkäuferinnen »mit echter Angst« den Kassen-
raum betraten. Siebenhundert verkaufte Eintrittskarten mußten zurückgegeben werden, aber das entsprechende Geld war
im Hause nicht vorhanden. »Der Kampf mit dem Publikum
mußte aufgenommen werden. Mit sicherem, weitgreifendem
Schritt kam – vollkommen unerwartet – Frau Weigel in die
Kasse, nahm uns die Geschäftsführung aus der Hand, lachte
[...] und nahm das Publikum so für sich ein, daß kein böses
Blut entstand. Die Leute waren durch ihre Anwesenheit,
durch die persönliche Verantwortung so beeindruckt.«[141]

Vor dem Publikum hatte sie offenbar locker erklärt, daß eine Hauptdarstellerin eben auch am Tage der Premiere krank werden könne. Aber in ihrem Innern muß es düster ausgesehen haben. Sie hatte zum ersten Mal etwas Großes, was sie sich vorgenommen hatte, nicht durchgesetzt. Sie fühlte sich verraten von vielen, denen sie früher vertraut hatte.

Außerdem fühlte sie sich krank. Zu dem Venenleiden kamen Beschwerden in der Brust. Ein Speiseröhrenkarzinom entwickelte sich. Die langjährige Raucherin hatte das Laster 1967 eingestellt und bekämpfte ihre Sucht seitdem mit Häkeln – auch in der Öffentlichkeit. Hin und wieder wurde berichtet, daß sie ein fertiggewordenes Mützchen einem zufällig Anwesenden schenkte. Auch damit nahm sie eine der charmanten Gewohnheiten von Eugenie Schwarzwald auf.

Die Krise um die *Johanna*-Produktion wuchs sich zu einer Autoritätskrise der Intendantin aus. Die immer wieder unterbrochene Inszenierung hatte enorme Budgetmittel verschlungen, so daß kaum Geld und Kapazitäten für andere Arbeiten übrig waren. Nicht nur in westlichen Medien, auch im Ensemble gingen Ausdrücke um wie ›Theatermuseum‹ und ›Familientheater‹. Plötzlich drohten viele wertvolle Mitarbeiter mit ihrem Weggang. Im Mai schrieb sie einen Hilferuf an Kulturminister Gysi: Karge und Langhoff wollten weggehen. Die Regisseurin Uta Birnbaum-Pintzka[142] verhandelte mit der Berliner Staatsoper. Der Regisseur Hans Georg Simmgen[143] wollte zum Maxim Gorki Theater, Hilmar Thate zum Deutschen Theater. Sie bat um Hilfe in der nun offensichtlich ausgebrochenen Leitungskrise.[144] Bald wollten auch Isot Kilian und Ruth Berghaus das Theater verlassen.

Auch Manfred Wekwerth war im Mai 1968 in Kontakt mit dem Kulturminister Gysi getreten und hatte eine Konzeption für die Zukunft des Ensembles vorgelegt. U. a. schlug er vor, daß die Alleinverantwortung der Intendantin nicht aufgegeben, jedoch eine mehrköpfige Leitung benannt werden sollte, der sie rechenschaftspflichtig sein müsse. Um seinen Forderungen Nachdruck zu geben, kündigte Wekwerth[145]. Die Weigel schrieb ihm am 23. Mai: »Diese Deine Kündigung verstehe ich nicht und ich akzeptiere sie nicht. Dieses Theater ist von großer politischer Bedeutung [...]. Meine Wahl, Dich zum wichtigsten Mitarbeiter zu nehmen, hat sich durch Jahre hindurch als richtig erwiesen. [...] Diese Arbeit muß fortgesetzt werden und es wäre unverantwortlich von Dir, sie zu gefährden.«[146] Damals mußte Jochen Tenschert die Proben zur *Heiligen Johanna* allein weiterführen.

Während Wekwerth und Weigel einen offenen Kampf führten, hielt sich das Kulturministerium bedeckt. Es wußte offensichtlich weder aus noch ein. Gysi wollte Wekwerths Rolle gegenüber der Weigel stärken, zugleich aber nichts unternehmen, was von der internationalen Öffentlichkeit als ›Sturz‹ der Weigel aufgefaßt werden konnte. Da sie Wekwerth gegenüber immer Gesprächsbereitschaft – auch in Leitungsfragen – signalisiert hatte,[147] drückte ihr dieser im Dezember 1968 sein Erstaunen aus, daß ihr seine, dem Ministerium vorgelegte Konzeption noch immer nicht zugeschickt worden war.[148] Darauf beschwerte sich die Weigel sowohl bei Kurt Hager als auch bei Klaus Gysi, daß man ihr Wekwerths Vorschläge vorenthielte.[149]

Nach einem weiteren furchtbaren halben Jahr des Zwists schrieb die Weigel an Kulturminister Gysi, daß sie die Kündigung Wekwerths, der inzwischen eine schwere Tuberkulose bekommen hatte, nun annehmen wolle.[150] Damit hatte niemand gerechnet, auch Manfred Wekwerth selber nicht.

Der Kulturminister bat sie, ihren Entschluß zurückzunehmen.[151] Das kam für sie jedoch nicht in Frage. Ein ähnliches Gesuch Kurt Hagers lehnte sie am 2. Juni ab.[152]

Die Staatsmacht beugte sich schließlich vor der Weigel. Manfred Wekwerth konnte über die Hilfe der Regierung, der Sozialversicherung und der Gewerkschaft nur erreichen, daß ihm das Ensemble Krankengeld zahlte.

Schwer bezahlt hat auch Hanne Hiob, die nicht den Grund, aber den Anlaß dieser Theatertragödie abgegeben hatte. Im Oktober 1969 schrieb sie der Weigel: »Ich war mir im vornherein darüber im klaren, daß ich durch diese Johanna bei Euch im Westen, in dem ich wohne, nichts mehr zu tun haben würde, und ich habe nicht eine Sekunde überlegt, mich für Euch zu entscheiden.« Nun wisse sie, wolle auch das Ensemble »bis auf wenige Ausnahmen [...] nicht mehr mit mir arbeiten.« Nach allem Schrecklichem, was ihr widerfahren war, hielt sie Wekwerth aber »nach wie vor für einen großen Regisseur«.[153] Hiob spielte die Johanna nur wenige Male: Die Rolle übernahm Christine Gloger.[154]

Die Weigel wußte, daß ihr Sieg ein Pyrrhussieg war. Diesmal waren zu viele wertvolle Mitarbeiter verlorengegangen. Aus einem undatierten, am Beginn einer neuen Spielzeit 1969 verfaßten Entwurf hinsichtlich der weiteren Zukunft des Ensembles geht hervor, daß sie »nach diesem sehr schwierigen letzten Jahr […] auf einen alten Gedanken« zurückkommen wollte. »Mein Gedanke vor 4 Jahren war, aus den jungen Mitarbeitern Brechts, damals waren es Wekwerth, Pintzka[155], Tenschert, ein Direktorium zu schaffen, das verantwortlich nach meinem Tode das Theater weiterführen kann.« Ein solches Direktorium müsse jetzt zusammengestellt werden. Um die Lücken zu schließen, wollte sie Kurt Veth[156] und Peter Kupke[157] ans Theater holen.[158] Gerne hätte sie auch Wolfgang Pintzka, der damals an der Volksbühne arbeitete, ans Berliner Ensemble zurückgeholt.

Das Kulturministerium und die Parteispitze reagierten auf ihre Forderungen panisch. Auf einer Beratung der Kulturkommission des ZK über die Berliner Theatersituation wurde offen darüber geklagt, daß die kaderpolitischen Wünsche der Weigel offenbarten, sie hätte vor, »noch über Jahre hinweg das Haus zu leiten«. Paul Verner[159] unterbreitete, daß die Weigel – wenn man ihren Wünschen nicht Folge leistete – das Theater vielleicht selber liquidieren würde. Aus der Dramaturgie seien alle Genossen »weggeekelt« worden. Weitere sechs Schauspieler hätten gekündigt. Er fragte: »Wie erreichen wir, daß Helene Weigel aus der Leitung des BE ausscheidet?« (dahinter in Klammern: »weggeekelt wird«). Kurt Hager präzisierte die Gefahr der Liquidierung des Theaters durch die Weigel selbst: Sie habe »die Vorstellung, daß irgendwann dieses Theater als Brecht-Theater aufhören wird (seinen Sinn erfüllt hat) – sie will keine Umstellung auf einen anderen, gegenwartsbezogenen Spielplan, das BE soll kein Theater wie andere sein«.[160] Festgelegt wurde, daß Alexander Abusch und Klaus Gysi in persönlichen Gesprächen alles versuchen sollten, um sie zur Aufgabe zu bewegen.[161]

Im Gegensatz dazu, was ein Artikel im *Spiegel* vom Januar 1997 meinte, hegten die ›Genossen‹ sicher nicht die Hoffnung, daß Helene Weigel in den Westen »weggeekelt« werden könne.[162] Vorstellbar war eigentlich nur, daß sie sich nach Buckow zurückgezogen hätte. Jedenfalls suchten die Politiker nach einem Weg, die unbequeme Intendantin aus dem Amt zu drängen oder wenigstens gefügig zu machen. Klaus Gysi gab jedoch wie schon oft zuvor zu bedenken, daß ein Skandal schlimmer als ihr weiterer Verbleib im Amt wäre. Deshalb wurde nach einem Kompromiß gesucht. Für den Fall, daß es Alexander Abusch und ihm nicht gelänge, sie anläßlich ihres siebzigsten Geburtstags zum Rücktritt zu bewegen, sollten Übergangslösungen gefunden werden. Der mit Weigel befreundete stellvertretende Kulturminister Bork sollte ihr als stellvertretender Intendant vorgeschlagen werden. Dafür kam auch Ruth Berghaus ins Gespräch.[163] Auf jeden Fall sollte sie verpflichtet werden, sich in der Spielplangestaltung nach den Vorgaben des Berliner Magistrats zu richten – die aber natürlich die der Parteiführung waren.

Um Druck auf die Intendantin auszuüben, ließ man ihre Personalforderungen unbeantwortet. Im März 1970 erneuerte sie sie gegenüber Kurt Hager: »Glauben Sie nicht, lieber Genosse Hager, daß in meinem Kopf der Gedanke ist, daß ich jetzt mit 70 Jahren das Haus als Alleinherrscherin führen möchte.« Sie wolle »aus ein paar Leuten, denen ich vertraue und die ich hoch achte, eine Art Rat bilden«.[164]

Noch einmal beugte sich die Führung. Sie bekam sowohl Wolfgang Pintzka als auch Peter Kupke ans Berliner Ensemble. Mit Ruth Berghaus als stellvertretender Intendantin war sie einverstanden.

Diese entsetzlichen Spannungen wirkten sich nicht auf das aus, was das große Publikum auf der Bühne des Berliner Ensembles wahrnahm, weder in Berlin noch auf den Tourneen. Was die unmittelbare Arbeit betraf, konnte die Weigel die Disziplin stets aufrechterhalten. Sie selbst war immer schon sehr frühzeitig im Theater, ließ sich in der Garderobe den Text abhören und kontrollierte persönlich, ob auf der Bühne alles in Ordnung sei.

»Gerade je älter sie wurde, um so mehr meinte sie, auch manchmal besondere Mittel einsetzen zu müssen, damit das Publikum mehr zuhört.« 1968 war das Ensemble mit der *Mutter* in Paris. Isot Kilian erinnerte sich, daß ihr ungewöhnlich leises und langsames Spiel plötzlich den Eindruck von Wehleidigkeit machte. »[...] wir dachten, es kommt überhaupt nicht in Schwung. [...] sie hatte ihre Taktik: wenn ich ganz leise bin, zwinge ich die Leute hinzuhören. Sie war hier plötzlich larmoyant und leise. Sie machte also Konzessionen. Wir saßen in einer Loge im ersten Rang neben der Bühne. Der Wekwerth sagte: ›Geh mal runter und versuch ihr das beizubringen.‹ [...] Wir wollten auf jeden Fall, daß die Szene *Politökonomie* vernünftig und deutlich gesetzt wird, und sie nicht plötzlich wie eine hilflose Mutter [wirkte].« Zwischen zwei Szenen raste die Kilian in die Garderobe und sagte ihr: »›Du mußt lauter sein und kräftiger.‹ Nun sind das so Verständigungen, die man natürlich nur übernehmen kann, wenn man sich sehr lange kennt, und wenn auch ein Vertrauensverhältnis da ist. Die Weigel hatte [damals noch] ein Vertrauensverhältnis zu Wekwerth, und sie hatte auch ein Vertrauensverhältnis zu mir. Sie reagierte auf solche Zurufe sofort. Sie spielte dann die Aufführung viel mehr mit Tempo, mit Leichtigkeit; zog damit auch die anderen Schauspieler mit. Die Aufführung kriegte ganz großen Schwung, so daß also wirkliche, richtige, wunderbare Bravorufe [kamen].«[165]

Als sie drei Jahre später, im März 1971, in den roten Vororten von Paris, Aubervilliers, Nanterre und Saint Denis, erneut als *Mutter* auftrat, wurde ihr ein anderer, selbst gewünschter Sondereffekt zum tragischen Verhängnis. Diesmal mußte Wolfgang Pintzka aufpassen, ob sie laut genug sprach. »[...] es war an der Grenze. Man konnte sie verstehen. Und dann war ein solcher enormer Beifall in der Pause, eigentlich nach jedem Bild, aber in der Pause besonders, daß Helli so glücklich war, daß sie den Reinecke[166] bat, sie in der Szene, [...] wo der Sohn Pawel aus Sibirien zurückkommt, sie wie in Berlin zu drücken und anzuheben und herumzuwirbeln einmal. [...] Das war ein Fehler, denn sie hat sich und Peet Reinecke wahrscheinlich durch das mitgehende Publikum in solch eine Freudensituation begeben, daß der Reinecke sie offensichtlich zu sehr preßte oder vielmehr die Helli diesen Druck nicht mehr aushalten konnte. Er hat ihr zwei oder drei Rippen angebrochen oder gebrochen bei dieser Umarmung. [...] Das Publikum hat es nur dadurch bemerkt, daß sie kaum mehr Stimme hatte. Sie kämpfte mit der Luft und wir waren natürlich alle furchtbar erschrocken.«[167] Felicitas Ritsch[168], die die ganze letzte Szene hinter der Weigel zu stehen hatte, sah mit Entsetzen, daß ihr die rote Fahne gewissermaßen zum Stock geworden war, an den sie sich voller Schmerzen anklammerte.

Ihre Tochter Barbara, die eigentlich auch in der *Mutter* spielte, lag mit Gelbsucht darnieder. Sie hatte sicher recht mit der Vorstellung, daß die Weigel um jeden Preis versuchen würde, auch die beiden anderen geplanten Vorstellungen zu spielen und ihr dies schwerer fiele, wenn sie um ihre fortgeschrittene Krebserkrankung genau Bescheid wüßte. Ein Pariser Arzt verordnete nur Bettruhe und dämmte mit breiten elastischen Binden die Schmerzen ein. Um ihr Hotelbett herum fanden nun die Arbeitsbesprechungen statt. Und es kam auch Besuch. Ida Pozner erinnerte sich, daß die Weigel in einem sehr bescheidenen Hotel untergebracht war, in der Nähe vom Bahnhof St.-Lazare. »Sie hat angerufen und hat zu mir gesagt, ich möchte dich um etwas bitten: ›Barbara gehts nicht gut. Und würdest du uns nicht was Leichtes kochen, so etwas wie Kalbfleisch oder ein Süppchen. Denn hier kriege ich das nicht im Hotel, die haben keine Küche.‹ [...] Und dann habe ich ihr das gekocht. Und sie lag da im Bett und sprach nur über Barbara. Wie schlecht es Barbara geht.«[169]

Sie spielte auch die anderen beiden Vorstellungen. Weder das Pariser Publikum noch die Kritiker haben geahnt, in welchem Zustand sie war. Sie zeigten Begeisterung, wenn »die Weigel die Bühne betritt, leicht wie eine alte Grille, auf dem Boden verankert mit den groben Quadratlatschen, Haut und Knochen, einundsiebzig Jahre des Schicksals und fünfzig Jahre Geschichte auf dem Buckel, unschuldig wie die Armut, listig wie der alte Maulwurf der Dialektik, gebeugt wie die Geduld, zäh wie die Bosheit, vorstehende Schulterblätter wie die Lebensmüdigkeit, das Auge scharf wie der Eigensinn zu überleben [...]«.[170]

»Dieses eigenartige Gesicht einer alten Indianerin, hart, verschlossen, das ein Lächeln oder ein Blick plötzlich schuldig, tragisch, bereitwillig, unbeugsam macht. Wenn man das Epos dieser russischen Arbeiterin verfolgt, die sich des notwendigen Kampfes gegen die Ungerechtigkeit bewußt wird, wird man allmählich, ohne es zu merken, von einer inneren Bewegung, ja fast einer Zärtlichkeit ergriffen, die nichts mehr zu tun haben mit der politischen Aussage des Dramas, das sie erlebt.«[171]

Der Spiegel allerdings hatte in Paris ein zerfallendes und überaltertes Ensemble konstatiert, »mechanischen Stil« und »eine müde und harsch gewordene Helene Weigel. Das Pariser Publikum, immerhin, nahm die Ost-Berliner Darbietungen freundlich auf.«[172]

Willi Schwabe erinnerte sich, daß die Weigel trotz ihrer Beschwerden vor der Mauer, an der hundert Jahre zuvor die letzten Kämpfer der Pariser Commune erschossen worden waren, Blumen niederlegte, sich aber nicht ohne Hilfe der Schauspieler wieder aufrichten konnte. Sie nahm auch an der Diskussion nach der letzten Aufführung teil, obwohl sie fast getragen werden mußte. Und sie schleppte sich auf den Empfang des Bürgermeisters, weil sie meinte, als Intendantin nicht fehlen zu dürfen. »[...] ich ging ihr entgegen, weil wir wußten, wie schlecht es ihr ging. Und ich sagte: ›Wie gehts denn, Frau Weigel?‹ Und da sagte sie ganz leise zu mir: ›Schlecht.‹ Und in dem Moment kam der Bürgermeister auf sie zu, und sie sagte: ›Mein Lieber, ich danke Ihnen.‹ Und es war, als ob nichts ist.«[173]

In ihr Berliner Bett zurückgekehrt, verkündete die Weigel ihren Besuchern: »Ihr Buben, ihr sollt jetzt wissen, daß es mir nicht gut geht, und der Arzt hat mir gesagt, daß ich nur noch zeitweilig im Theater werde sein können und auf Tournee bestimmt nicht mehr fahren darf.« Da Barbara immer noch wegen ihrer Gelbsucht isoliert lag, kümmerten sich ihre Sekretärinnen Eva Pintzka und Gisela Knauf um sie. Am 29. April unterschrieb sie noch Auszeichnungen für den 1. Mai und Beförderungen. Und sie diktierte Wolfgang Pintzka einen Brief an die Obrigkeit über das Theater. Sie wollte, daß es unter der Verantwortung von Ruth Berghaus, Wolfgang Pintzka, Werner Hecht und Peter Kupke weiterarbeitete. »›Sie haben mein volles Vertrauen. Ich bitte Sie oder Euch‹, hat sie gesagt, ›je nachdem wie wir das schreiben, ihnen die Möglichkeit zu

Nach einer *Mutter*-Aufführung im September 1968 in Moskau

geben, ihre Aufgaben in meinem Sinne für Brechts Berliner
Ensemble weiter zu erfüllen. [...] Das schreiben wir an den
Hager, an Gotsche[174], an Abusch, an Rodenberg, an Oswaldt
und an Gysi.‹ Dann hat sie gesagt: ›[...] wir haben noch etwas
vergessen. [...] Dem Ollen müßte ich auch noch schreiben.‹
Ich habe gefragt: ›Wer ist das?‹ Sagt sie ›Na, dem Ulbricht.
Also dem Ollen müßte ich auch noch schreiben, das gehört
sich so. Der lebt noch zwanzig Jahre und wo bin ich dann?‹«

Mit sehr schwerer Zunge und gestreckten Zeigefinger habe sie hinzugefügt: »Da oben.‹« Außerdem legte sie fest, daß nach ihrem Tod viel Kuchen gebacken und viel Schnaps getrunken werden sollte. Trauer wollte sie nicht.[175]

In Wirklichkeit hatte sie vor der Paris-Tournee gespürt, wie es um sie stand. Sie hatte sich von Jürgen Kuczynski verabschiedet, der zu den wenigen gehörte, denen sie bis zum Schluß vertraut hatte. Für ihn wiederum war sie »der edelste Fuchs, den ich kenne« und »das liebeswerteste Aas, was man sich vorstellen kann.«[176] Und: »Ehe Helli zu ihrer letzten Reise nach Paris fuhr, hat sie mich noch einmal gebeten, zu ihr zu kommen. Sie lag im Bett und gab mir einen besonderen Kuß. Ich wußte nicht, warum der so besonders war. Und dann wußte ich's, vierzehn Tage später.«[177]

Am 6. Mai 1971 starb Helene Weigel. Ihren Wunsch, zu Bertolt Brechts Füßen begraben zu werden, erfüllten die Kinder zum Glück nicht. Sie liegt neben ihm.

Der »befohlene Sozialismus«, den Brecht 1948 für besser gehalten hatte »als gar keinen«[178], ist als in sich geschlossene Gesellschaftsformation gescheitert. Die Theater stehen heute überall in Konkurrenz mit der amerikanisierten Kulturindustrie, die Traumwelten produziert oder – wenn sie kritisch sein will – den emotionalen Ausbruch von Verzweiflung. Episches Spiel ist von den westlichen Bühnen weitgehend verschwunden. Giorgio Strehler schrieb Manfred Wekwerth im August 1990: »Ich bin in Europa herumgekommen, habe mit Ensembles aller Länder gearbeitet. Ich habe nicht einen einzigen Schauspieler gefunden, der etwas anderes über Theaterarbeit gewußt hätte, als es mit neurotischer Psychologie zu betreiben, der ungefähr gewußt hätte, was ein Verfremdungseffekt ist.«[179] In nichtwestlichen Kulturen wird freilich immer noch episch gespielt. Und keineswegs ausgeschlossen ist zukünftiges Interesse an einem Theater, das an der Selbsterziehung der Erniedrigten und Entrechteten dieser Welt mitwirkt, an einem Theater der radikalen Demokratisierung.

In ihrem letzten Lebensjahr hatte ich die Weigel zum dritten oder vierten Mal als *Mutter* gesehen. Was brachte mich dazu, immer mal wieder in dieses Stück zu gehen? In meinem

Kreis glaubte niemand mehr, daß die Arbeitenden, die weder im Kapitalismus noch im Sozialismus über die Produktionsmittel verfügten, mit so einfachen Argumentationsmustern zu revolutionierendem Bewußtsein gelangen könnten. Gerade war Che Guevara in Bolivien gescheitert. Das Stück und sein zentrales Gedicht *Lob des Kommunismus* stand in flagrantem Gegensatz zu unseren Realitäten. Diese waren ja auch bereits stark geprägt von weltweit funktionierenden Kommunikationssystemen, gegen deren Einflüsterungen ein ganz anderes, moderneres Potential von Aufklärung hätte eingesetzt werden müssen. Und das war nicht in Sicht. Die am Ende eingeblendeten Filmausschnitte über den ersten Weltraumfahrer Juri Gagarin und den Sieg in Vietnam empfand ich nicht als überzeugend.

Trotzdem ging man noch in dieses Stück, dessen Fabel – so unaktuell sie war – noch als eine Art Mythos gelten konnte. Oder man ging hin, weil man gute Schauspieler sehen konnte, allen voran die kleine alte Frau, die mit ihrem jüdischen Gesicht, ihrem österreichischen Dialekt und ihrer asiatischen Gestalt ein utopisches Welttheater repräsentierte. Allein bestimmter Darsteller wegen ins Theater zu gehen, ist im asiatischen Raum üblich. Auch Brecht hatte dieses Motiv eines Theaterbesuchs durchaus für legitim befunden.

Es war nicht Weigels Schuld, sondern der mißliche Weg, der ihrer Gesellschaft aufgezwungen war, daß sie am Ende ihres Lebens einer fast nur noch traditionsverpflichteten Truppe vorstand. Einen Pariser Kritiker befiel, als er *Die Tage der Commune* sah, »ein seltsames Gefühl: So als würden wir zum Beispiel einer Vorstellung der Pekinger Oper beiwohnen.«[180] Daher vielleicht auch der Wiedererkennungseffekt, der sich bei mir selber 1985 wohl nicht zufällig angesichts einer asiatischen Truppe einstellte. Ich dachte sofort an die Weigel, als Fräulein Kiko Miyata und und Fräulein Michiyo Yamamoto als alte Frauen auf die Bühne stiegen und mit anmutiger Gelassenheit den Hausaltar der Moderne öffneten, den Fernsehapparat. Um das Feudaldrama *Macbeth* unter Aufsicht des Volkes zu stellen.

Dann setzten sie sich, aßen und sahen schweigend zu.

Anmerkungen

Folgende Kürzel werden verwendet:

HWA   – Helene-Weigel-Archiv in der Stiftung der Akademie der Künste, Berlin

BBA   – Bertolt-Brecht-Archiv (ebenda). Für die Texte von B. Brecht © Suhrkamp Verlag, Frankfurt am Main; für die Texte von M. Steffin © Europäische Verlagsanstalt, Hamburg

EHA   – Elisabeth-Hauptmann-Archiv (ebenda)

ABE   – Archiv des Berliner Ensembles

KBS   – Königliche Bibliothek Stockholm

SAPMO – Stiftung Archiv der Parteien und Massenorganisationen der DDR im Bundesarchiv, Berlin

BFA   – Bertolt Brecht: Werke. Große Kommentierte Berliner und Frankfurter Ausgabe. Hrsg. v. Werner Hecht, Jan Knopf, Werner Mittenzwei, Klaus-Detlef Müller, Aufbau-Verlag Berlin und Weimar, Suhrkamp Verlag Frankfurt am Main; für die Texte von Brecht © Suhrkamp Verlag, Frankfurt am Main

Blut und Dampf: Die lärmendste Schauspielerin Berlins

1 Arnolt Bronnen: *Stimme und Stern des Dichters. Helene Weigel.* In *Berliner Zeitung* v. 8. 3. 1957: Bronnen erzählte hier, wie er sie 1922 das erste Mal als Darstellerin in seinem Stück *Vatermord* wahrnahm.

2 Therese Giehse (1898–1975), gehört zu den bedeutendsten deutschen Schauspielerinnen des 20. Jahrhunderts. Von Brecht geschätzt, seit er sie 1929 als Frau Peachum in der *Dreigroschenoper* an den Münchener Kammerspielen gesehen hatte. Emigration in die Schweiz, wo sie 1941 die erste Courage spielte. Danach wieder München. Gastierte im Berliner Ensemble, auch als Regisseurin.

3 Der Eindruck der Brecht-Verwandtschaft war ein zweifacher. Brecht hat aus dem asiatischen Theater die Akzentuierung des Ausstellungscharakters einer Theateraufführung übernommen, z. B. durch ein Vorspiel wie im *Kaukasischen Kreidekreis.* Ninagawas Vorspiel wiederum schien von Brecht (dessen *Dreigroschenoper* er inszeniert hatte) inspiriert. Der Hausaltar konnte durchaus auch als Fernsehapparat gelten. Gefragt, für welches Publikum er inszeniere, sagte Ninagawa: »Für die Menschen, die produzieren, die eine Familie haben, die für ihr Geld

hart arbeiten müssen. Nicht für Intellektuelle.« So stark für westliche Augen die Verankerung dieses *Macbeth* in den Traditionen des Kabuki-Theaters scheinen mochte, der Regissseur sagte: »Die Menschen, die sich bei Kabuki [...] langweilen, sind unser Publikum.« – Zit. nach: Jan Middendorf: *Japanse Macbeth onder Kersebloesein.* In: *Volkskrant* v. 3. 8. 1985.

4 Sybille Wirsing: *Eine proletarische Bühnenfrau.* In: *Theater Frauen. Fünfzehn Portraits*, Frankfurt am Main 1998, S. 120–124.

5 Therese Giehse an Helene Weigel – HWA KO 42/1.

6 Therese Giehse an Helene Weigel, zit. nach: *notate* 3/1981, S. 14.

7 Stella Weigl (1894–1934), heiratete 1914 Richard Zweig.

8 Notat über ein Telefonat eines Mitarbeiters des HWA mit Egon Weigl, aufgezeichnet am 16. 5. 1979 – HWA FH 12.

9 Hans Bunge (1919–1990), kam 1953 als Dramaturg und Regieassistent ans Berliner Ensemble. 1956–1962 erster Leiter des Brecht-Archivs, dann Arbeit in der Akademie der Künste. 1965 wegen Unterstützung Wolf Biermanns entlassen. 1968–1970 am Volkstheater Rostock, dann am Deutschen Theater Berlin. 1976 erneut wegen Unterstützung Biermanns entlassen. – Bunge führte mit Helene Weigel am 5. und 6. August 1959 in Buckow ein auf Tonband aufgenommenes Gespräch über ihr Leben und ihre Entwicklung als Schauspielerin. Im folgenden zitiert aus der Niederschrift des Gesprächs vom 5. August – HWA FH 77.

10 Josef Kainz (1858–1910), österreichischer Schauspieler, Engagements in Österreich, Deutschland und im Ausland. Der Günstling Ludwigs II. spielte auch vor Arbeiterpublikum, wurde teils aus politischen, teils aus theaterrechtlichen Gründen gerichtlich verfolgt. Kainz führte den eigenen Darstellungsstil aus höfischen Traditionen heraus zu lebensnäherer und zeitgebundener Gestaltung. Berühmt für seine virtuose, sich zuweilen auch verselbständigende Sprachkultur, galt er seinerzeit als bedeutendster deutschsprachiger Schauspieler.

11 Helene Weigel im Gespräch mit Hans Bunge – HWA FH. 77.

12 Werner Hecht (geb. 1926), kam 1959 als Dramaturg und Regisseur ans Berliner Ensemble. Herausgeber vieler Werke von und über Brecht, Weigel und das Berliner Ensemble. Bis 1990 Leiter des Brecht-Zentrums. Mitherausgeber der *BFA*. Im November 1969 führte er ein umfangreiches Gespräch mit Helene Weigel über ihr Leben und ihre Arbeit. Ausschnitte davon wurden in verschiedenenen Zeitschriften und Büchern publiziert. Im folgenden zit. nach: *Das Stichwort heißt: praktisch.* In: *Gelebt für alle Zeiten*, Berlin 1978, S. 400.

13 Helene Weigel im Gespräch mit Hans Bunge, a. a. O. – HWA FH 77.

14 Ursula Pintzka-Birnbaum: *Die Volksschauspielerin Helene Weigel.* Manuskript – HWA 297, S. 1.

15 Von hier stammt das einzige überlieferte Zeugnis 1917/18: Deutsche Sprache: gut, Latein: genügend, Geschichte und Geographie: gut, Naturgeschichte und allgemeine Erdkunde: gut. Keine weitere Noten. Für das 2. Semester ist notiert: Ausgetreten. – HWA 167.

16 Eugenie (auch Eugenia) Schwarzwald (1872–1940), Vorläuferin der Re-
formpädagik. Sie gründete und leitete verschiedene Schultypen. Darüber hinaus war sie sozial engagiert, gründete Volksküchen, Wohnanla-
gen für Obdachlose nach dem Krieg, Kinderhilfswerke. Das Realgymnasium, in das Helene Weigel ging, kostete 400 Kronen Schulgeld
jährlich. »In den unteren Klassen werden einige Knaben als schulbesu-
chende Privatisten aufgenommen.« – Aus dem *Prospekt der Schwarzwaldschen Schulanstalten*, gegr. 1901. In: Hans Deichmann: *Leben mit
provisorischer Genehmigung. Leben, Werk und Exil von Dr. Eugenia
Schwarzwald*, Berlin, Wien, Mühlhausen a. d. Ruhr 1988, S. 93.
Die weiteren Informationen über das Wirken der Schwarzwald auch aus:
Robert Streibel(Hg.): *Eugenie Schwarzwald und ihr Kreis*, Wien 1996.

17 Alice Herdan-Zuckmayer: *Genies sind in der Schule nicht vorgesehen*,
Frankfurt am Main 1981, S. 41.

18 Elisabeth Neumann wurde auch Schauspielerin. Sie war in zweiter Ehe
mit Berthold Viertel verheiratet. Hier zit. nach: Renate Göllner: *Die
Schule aber war das eigentliche Leben. Eugenie Schwarzwald und die
Mädchenbildung um 1900*. In: Robert Streibel (Hg.): *Eugenie Schwarzwald und ihr Kreis*, a. a. O., S. 45.

19 Oskar Kokoschka (1886–1980), österreichischer Maler und Zeichner,
führender Expressionist, schrieb auch Dramen und Dichtungen. 1915
malte er Weigels spätere Freundin Maria Lazar als *Dame mit Papagei*.
»Ich glaube, einmal kurz habe ich ihn [Brecht – S. K.] mit Kokoschka
bekannt gemacht. Kokoschka stammt nun wieder aus meiner Schulzeit,
der war in diesem Haus der Eugenia Schwarzwald.« – Helene Weigel im
Gespräch mit Hans Bunge am 5. und 6. 8. 1959 – HWA FH 83.

20 Helene Weigel im Gespräch mit Hans Bunge, a. a. O. – HWA FH 77.

21 Ursula Pintzka-Birnbaum: *Die Volksschauspielerin*, a. a. O., S. 2.

22 Auguste Wieghardt-Lazar (1887–1970), Schriftstellerin, kam 1920
durch Heirat nach Dresden. 1939 Emigration nach England, seit 1949
wieder in Dresden. In der DDR durch Kinder- und Jugendbücher bekannt. Seit Mitte der zwanziger Jahre mit Victor Klemperer befreundet, über ihre Schwester Maria auch mit der Weigel. Hier zit.: Auguste
Wieghardt-Lazar an Helene Weigel am 8. 3. 1969 – HWA KO3332/1.

23 Karin (eigentl: Karen) Michaelis (1872–1950), dänische Erzählerin, die in
ihren zahlreichen Romanen auf eindringliche Weise für soziale und sexuelle Emanzipation der Frauen eintrat. Seit ihrem ersten Bestseller *Das gefährliche Alter* war sie europaweit berühmt, besonders in Deutschland und
Österreich. Seit ihrer Jugend war sie sozial und politisch engagiert, arbeitete hinsichtlich der sozialen Hilfswerke eng mit der Schwarzwald zusammen. Sie besaß das Geschick, sich Zutritt zu Staatsmännern zu verschaffen, zugleich konnte sie vor einfachen Leuten sprechen. Michaelis'
Buch *Die Schule des Frohsinns* (1914) beschreibt die Schulen der Schwarzwald. Auch Michaelis und Weigel blieben lebenslang Freundinnen.

24 Weigel trug das Gedicht *Edward* aus Herders *Die Stimmen der Völker
in Liedern* vor.

25 Sarah Bernhardt (1844–1923), berühmteste französische Schauspielerin ihrer Zeit. Von unscheinbarem Äußeren, beruhte ein Großteil ihrer Wirkung auf dem ungewöhnlichen Wohlklang der Stimme.

26 Eleonora Duse (1858–1924) stammte aus einer italienischen Schauspielerfamilie und stand schon mit vier Jahren auf der Bühne. Sie debütierte in Erfolgsrollen der Bernhardt, deren stilisiertes Spiel sie durch mehr Realismus, aber auch größere Einfühlung neue Akzente hinzufügte.

27 Karin Michaelis: *Die Geburt des Genies*. In: *Vossische Zeitung* v. 25. 12. 1917. Um für ihren Schützling Helene Werbung zu machen, hat die Michaelis den Artikel offenbar mehrmals publiziert. In der Kritikensammlung der Schwester Stella befindet sich ein weiterer Abdruck mit der Beschriftung: »*Der Neue Tag*, 1919« – HWA 29. Erneut abgedruckt wurde der Artikel zu Weigels 60. Geburtstag im *Sonntag* 24/1960, S. 13, und in *Österreichische Volksstimme* v. 28. Juni 1960.

28 Daß die Weigel ihre Schönheit und Häßlichkeit selber herstellen konnte, hat auch Brecht im *Messingkauf* beschrieben: »So war sie auch nicht schön von Natur, sondern wurde es durch Kunst, und durch Kunst konnte sie auch häßlich werden, beides nur durch ihr Spiel, mit den einfachsten und üblichsten Mitteln.« – *BFA* XXII/2, S. 814.

29 Helene Weigel an Karin Michaelis am 18. 9. 1919, zit. nach: *Notate* 2/1990, S. 5.

30 Rudolph Schildkraut (1862–1930), Schauspieler rumänischer Herkunft, der lange Zeit als bester Darsteller des Shylock auf der deutschen Bühne galt. Er ging von Wien nach Berlin, ab 1922 in die USA, wo er in englischer Sprache auftrat und 1925 ein eigenes jüdisches Theater gründete.

31 Arthur Hellmer (1880–1961), Regisseur und Theaterleiter, galt als Avantgardist und machte das Frankfurter Neue Theater zu einer Bühne, die auch junge und wenig bekannte Autoren spielte. Emigration nach England, nach dem Krieg an verschiedenen westdeutschen Theatern.

32 Helene Weigel an Karin Michaelis am 19. 5. 1919, zit. nach: notate 2/1910. S. 4.

33 Werner Hecht: Anmerkung zu: ebenda, S. 5.

34 Weigels Schwester Stella hatte bis 1932 Theaterkritiken gesammelt und in zwei Hefte geklebt, die im HWA aufbewahrt sind. Kritiken 1925–1927 = HWA 29 I und Kritiken 1927 = HWA 29 II (die Jahreszahlen geben nur an, in welchem Zeitraum die Kritiken eingeklebt wurden). Leider hat sie nicht immer die Namen der Zeitschriften und die Erscheinungsdaten notiert. Auch gingen durch Abriß Textteile bzw. Autorennamen verloren. Manche Kritiken erschienen als redaktionelle Texte ohne Autorennamen bzw. unter Initialen. Aus diesen beiden Sammlungen wird – neben den zuweilen unvollständigen Angaben – auf die Signatur des HWA und die von der Schwester selbst vorgenommene Seitennumerierung verwiesen. Hier: *Frankfurter Nachrichten* u. *Intelligenzblatt* v. 17. 9. 1919 – HWA 29 II, S. 85.

35 Dbd.(wahrscheinlich Bernhard Diebold) in: *Frankfurter Zeitung* v. 17. 9. 1919 – HWA 29 II, S. 86.

36 Ohne Autor. *General Anzeiger* v. 17. 9. 1919 – HWA 29 II, S. 87

37 Albert Steinrück (1872–1929), weniger als Regisseur, vor allem als Schauspieler bekannt. Er stellte Kraft- und Willensmenschen dar. Spezialität: Rollen in Stücken von Frank Wedekind. 1918 hatte Steinrück in München die bei ihm vorsprechende Giehse ermutigt. »Auf ihr erklärendes: ›Ich weiß, ich bin zu dick, aber das Gretchen will ich ja gar nicht spielen‹, reagierte er sachlich: »Ja, Sie sind dick. Aber viel weniger dick als begabt.« – Therese Giehse: *»Ich habe nichts zum Sagen«. Gespräche mit Monika Sperr*, 1980, S. 22.

38 Barbara Brecht-Schall im Gespräch mit Matthias Braun am 25. 8. 1980 – HWA FH 24.

39 W. U., ohne Angabe der Zeitung, ohne Datum – HWA 29 II, S. 90.

40 -ck in: *Frankfurter Zeitung* v. 8. 3. 1920 – HWA 29 II, S. 97.

41 Max Geisenheyner in: *Mittagsblatt* v. 8. 3. 1920 – HWA 29 II, S. 96.

42 Helene Weigel im Gespräch mit Hans Bunge, a. a. O. – HWA FH 77.

43 Bernhard Diebold, ohne Angabe der Zeitung, ohne Datum – HWA 29 II, S. 94.

44 Ohne Autor, ohne Angabe der Zeitung, ohne Datum – HWA 29 II, S. 91.

45 a. t. in: *Volksstimme* v. 19. 9. 1921 – HWA 29 II, S. 102.

46 Helene Weigel im Gespräch mit Hans Bunge, a. a. O. – HWA FH 77.

47 Norbert Falk anläßlich der Aufführung von *Mann ist Mann* im Januar 1928, wo Helene Weigel die Witwe Begbick spielte: »Aber dem begabten Fräulein *Weigel*, das Wert darauf legt, die lärmendste Schauspielerin Berlins zu sein, sollte das gräßliche Schreien schnellstens gelegt werden. Das ist ja zum Davonrennen!« In: *BZ am Mittag* v. 17. 11. 1923 – HWA 29 I, S. 82.

48 Ohne Autor. *Hallische Nachrichten* v. 10. 11. 1923 – HWA 29 I, S. 87.

49 HWA 296.

50 Erich Mühsam (1878–1934), Vertreter der anarchistischen Arbeiterbewegung, Autor aufrührerischer Prosa, Dramen, Dichtungen und Streitschriften. Mitarbeit u. a. am *Simplizissimus*. In seinen Werken vertritt er das Recht des einzelnen gegen jede Form gesellschaftlicher Unterdrückung. Das Stück *Judas* erschien 1921 in der *Sammlung revolutionärer Bühnenwerke* im Malik-Verlag. Nach seiner Beteiligung an der Bayrischen Räterepublik 1919 wurde er zu 15 Jahren Festungshaft verurteilt. 1924 vorzeitig entlassen. Versuchte während des Weltkriegs und auch in den zwanziger Jahren verschiedene Fraktionen der Arbeiterbewegung zu einen. Mühsam wurde 1934 im KZ Oranienburg erhängt. Seine Frau Zenzl (eigentl: Kreszentia, 1884–1962) emigrierte in die Sowjetunion und wurde dort zusammen mit Carola Neher in ein Lager verbracht. Sie kehrte 1956 in die DDR zurück. Brecht in einem Brief an Lion Feuchtwanger vom August 1955: »Zenzi Mühsam, die wieder hier ist, würde Sie mit einer (längeren) Rede in ausgezeichnetem Dialekt begrüßen.« – *BFA* XXX, S. 368. Im HWA gibt es Dokumente darüber, daß die Weigel mit ihr befreundet war und sie materiell unterstützte.

51 Ursula Pintzka-Birnbaum: *Die Volksschauspielerin ...*, a. a. O., S. 6.

52 Friedrich Gnass (1892–1958), Schauspieler, der 1925 in Hamburg de-
    bütierte, später nach Berlin kam und ab 1930 an der Piscatorbühne
    spielte. Während des Faschismus war Gnass zeitweise verhaftet. Seit
    der Gründung Mitglied des Berliner Ensembles, wo er viele Arbeiter-
    und Bauerngestalten spielte.

53 Alexander Granach (1890–1949), aus Galizien stammender Schauspie-
    ler jiddischer Sprache. Seit 1908 spielte er in Berlin zunächst in jüdi-
    schen Theatertruppen. 1910 bekam er den ersten Vertrag mit dem
    Deutschen Theater, nach dem Krieg wieder dort und u. a. auch an der
    Piscatorbühne. Emigrierte kurz in die UdSSR, dann endgültig in die
    USA.

54 Arnolt Bronnen (1895–1959), expressionistisch beeinflußter Autor
    und Funkdramaturg. Zeitweise verband ihn eine enge Freundschaft mit
    Brecht. Bronnen sympatisierte mit den Nazis, bekleidete Kulturfunk-
    tionen in Österreich, bis er 1940 wegen oppositioneller Haltung entlas-
    sen wurde. 1951–1955 Direktor der Wiener Scala. Bronnen lebte ab
    1955 in der DDR. Im folgenden zit. nach: Arnolt Bronnen: *Tage mit
    Bertolt Brecht. Die Geschichte einer unvollendeten Freundschaft*, Mün-
    chen, Wien, Basel 1960, S. 159.

55 Elisabeth Bergner (1897–1986), Schauspielerin und Regisseurin aus
    Wien, ab 1918 in Berlin, ab 1922 am Deutschen Theater, ab 1924 auch
    Arbeit beim Film. Galt als Sexidol. 1926 bearbeitete Brecht für sie *Die
    Kameliendame*, während der Emigration in den USA *The Duchess of
    Malfi*. In den USA vor allem Filmarbeit. Nach dem Krieg zunächst in
    New York, dann London. Im folgenden zit. nach: *Unordentliche Er-
    innerungen*, Berlin 1987, S. 42 f.

56 *Der Verschwender* – Zaubermärchen in drei Aufzügen des österreichi-
    schen Schauspielers und Theaterdichters Ferdinand Raimund (1790 bis
    1836). Die Musik komponierte C. Kreuzer.

57 Fritz Kortner (1892–1970), österreichischer Schauspieler, ab 1910 zu-
    meist in Deutschland. Klassischer Vertreter des expressionistischen
    Theaters. Damals wie die Weigel am Staatstheater engagiert. Er spielte
    auch den Shlink in Brechts *Im Dickicht der Städte*. Emigrierte 1933 in
    die Schweiz, dann England, schließlich in die USA, wo er aber kaum Ar-
    beit fand. Ab 1947 wieder als erfolgreicher Schauspieler bei Film und
    Theater tätig, vor allem in Westdeutschland, auch in Wien.

58 Ruth Berlau im Gespräch mit Hans Bunge – *Brechts Lai-tu. Erinnerun-
    gen und Notate von Ruth Berlau*, Darmstadt und Neuwied 1985, S. 143.

59 Marianne Zoff (1893–1984), aus Wien stammende Opernsängerin, die
    seit 1922 mit Brecht liiert, 1923–1928 verheiratet war.

60 Barbara Brecht-Schall im Gespräch mit Matthias Braun am 25. 8. 1980 –
    HWA FH 24.

61 Marieluise Fleißer (1901–1974), von Feuchtwanger, dann von Brecht
    geförderte Dramatikerin und Erzählerin. Brecht brachte außer *Fege-
    feuer in Ingolstadt* auch *Pioniere in Ingolstadt* in eigener Bearbeitung
    und Regie auf die Bühne. Die Fleißer fühlte sich aber den daraus ent-

stehenden Skandalen nicht gewachsen. Da sich auch ihre Hoffnungen nicht realisierten, Brecht als Mann für sich zu gewinnen, kam es 1929 zu einem zeitweiligen Bruch. Die Fleißer, die während der Nazizeit und in den Jahren danach durch ihren Ehemann Schreibverbot hatte, erlebte erst in den sechziger Jahren späten Ruhm auf westdeutschen Bühnen, insbesondere mit Rainer Werner Faßbinder als Regisseur.

62 Elisabeth Hauptmann (1897–1973), seit 1924 engste Mitarbeiterin Brechts. Durch ihre literarische Bildung und Sprachkenntnisse erschloß sie ihm u. a. vor allem den englischen und amerikanischen Kulturraum. Sie war maßgeblich an der Entdeckung und Bearbeitung des Stoffs der *Dreigroschenoper*, der *Heiligen Johanna der Schlachthöfe* und vieler anderer Arbeiten beteiligt. Schon seit den dreißiger Jahren, aber auch nach Brechts Tod war sie auch die Erstherausgeberin der meisten seiner Werke. Wie ihre Bekanntschaft mit Brecht zustandekam, ist u. a. in einem Textfragment von ihr belegt: »November aufgefischt. Er keine Wohnung, sie Grippe [...]. In: *Das Mädchen, das sich seine Vorzüge machte*. Siehe: Sabine Kebir: *Ich fragte nicht nach meinem Anteil. Elisabeth Hauptmanns Arbeit mit Bertolt Brecht*, Berlin 1997, S. 84. – Das Atelier in der Spichernstraße wurde ab 1928 von Elisabeth Hauptmann als Wohnraum genutzt, nachdem Brecht in der Hardenbergstraße 1 lebte und arbeitete.

63 Im endgültigen Text von *Avantgarde*, in dem die Beschreibung der Weigel-Wohnung kürzer ausfällt, ist von einem »übergroßen Städte-Mann« die Rede. Marieluise Fleißer: *Ausgewählte Werke*, hrsg. v. Klaus Schuhmann, Berlin, Weimar 1979, S. 161.

64 Caspar Neher (1897–1962), Schulfreund Brechts, der – in lebenslanger Zusammenarbeit mit diesem und der Weigel – zu einem der gefragtesten Bühnenbildner Deutschlands wurde, auch Bedeutendes in Malerei und Grafik leistete. In der Spichernstraße blieb nach dem Auszug der Weigel ein großes Neher-Portrait von ihr zurück.

65 Marieluise Fleißer: *Über Helene Weigel*, Aufsatz, Bruchstück eines Manuskripts – BBA Z 6/31 (als Vorarbeit zur Erzählung *Avantgarde* erkennbar).

66 Max Reinhardt (1873–1943), aus Österreich stammender Regisseur, Schauspieler, Theaterleiter, hauptsächlich in Deutschland tätig. Sein Name ist besonders mit dem Deutschen Theater in Berlin verbunden, das er 1906 erworben hatte. 1924 gab er Brecht ein Engagement als Dramaturg. Reinhardt emigrierte in die USA, wo er auch starb.

67 Monty Jacobs in: *Vossische Zeitung*, ohne Datum, zit. nach: Werner Hecht: *Die Rollen der Weigel im Spiegel der Kritik*. In: *Helene Weigel zu Ehren*, Frankfurt am Main 1970, S. 103.

68 Kurt Pinthus in: *8-Uhr Abendblatt*, ohne Datum, zit. nach: ebenda.

69 E. M. in: *BZ am Mittag*, ohne Datum – HWA 29 I, S. 2.

70 Darstellerin der Mutter: Erika von Tellmann.

71 Franz Köppen in: *Berliner Börsenzeitung* v. 4. 11. 1925 – HWA 29 I, S. 6.

72 Ohne Autor in: *Volkszeitung*, ohne Datum – HWA 29 I, S. 10.

73 Arthur Michel in: *Vossische Zeitung*, ohne Datum – HWA 29 I, S. 5.

74 Fritz Engel in: *Berliner Tageblatt*, ohne Datum – HWA 29 I, S. 3.

75 Herbert Ihering (1888–1977), aus Österreich stammender Theaterkritiker, ab 1918 am Berliner *Börsen-Courier*. Da er auch an der Ersetzung des traditionellen bürgerlichen Theaters durch etwas radikal Neues interessiert war, wurde er frühzeitig zum energischen Förderer Brechts. Später auch Dramaturg in Wien, nach dem Krieg in beiden deutschen Staaten tätig. Hier: H. Ih. in: Berliner *Börsen-Courier*, ohne Datum – HWA 29 I, S. 7.

76 Theodor Tagger (1891–1958), österreichischer Schriftsteller und Regisseur mit avantgardistischer Tendenz.

77 Walter Steinthal in: *12 Uhr Blatt*, ohne Datum – HWA 29 I, S. 14.

78 F. Jo. in: *Börsen-Courier*, ohne Datum – HWA 29 I, S. 13.

79 Manfred Georg in: *8 Uhr Blatt*, ohne Datum – HWA 29, S. 14.

80 Ernst Barlach (1870–1938), Bildhauer, Zeichner, Grafiker und Dichter. Seine den körperlichen Gestus in großer Formensprache abstrahierenden (nie gegenstandslosen) Plastiken haben oft Armut und Leid von Müttern, aber auch das Kriegselend von Soldaten zum Inhalt. Barlach zog sich 1911 in die Kleinstadt Güstrow zurück, wo er in innerer Emigration noch die ersten Jahre des Faschismus erlebte. Seine Kunst war dem heroischem Menschenbild des Faschismus und des offiziellen Sozialismus diametral entgegengesetzt. Von der Kulturbürokratie der DDR wurde Barlach posthum als ›Formalist‹ bekämpft. Brecht verteidigte Barlach vehement: *BFA* 23,198. Erst 1977 wurde der Barlach-Nachlaß in Güstrow zur offiziellen Gedenkstätte der DDR.

81 Käthe Kollwitz (1867–1945), ursprünglich dem Naturalismus anhängende bedeutendste deutsche Grafikerin und Bildhauerin ihrer Zeit. Ihre Werke prangern Armut und Krieg an. Sie war im Faschismus verfemt. Da sie der Arbeiterbewegung nahegestanden hatte und ihre Ausdrucksformen denen des Sozialistischen Realismus näher standen als die Barlachs, war sie von der Kulturbürokratie der DDR als große Künstlerin anerkannt.

82 Helene Weigel im Gespräch mit Werner Hecht: *Das Stichwort heißt praktisch*, a. a. O., S. 401.

83 F. E. in: *Berliner Tageblatt*, ohne Datum – HWA 29 I, S. 16.

84 E. K., ohne Angabe der Zeitung, ohne Datum – HWA 29 I, S. 17.

85 Norbert Falk in: *BZ am Montag*, ohne Datum, über Weigels Darstellung der Witwe Begbick in Brechts *Mann ist Mann* im Januar 1928 – HWA 29 II, S. 41.

86 Bei dieser Aufführung wirkte auch Weigels Klassenkameradin Elisabeth Neumann mit.

87 H. S. in: *Montag Morgen*, ohne Datum – HWA 29 I, S. 21.

88 Julius Bab in: *Volkszeitung*, ohne Datum – HWA 29 I, S. 23.

89 Leopold Jessner(auch Jeßner) (1878–1945), Schauspieler und Regisseur, 1919–1930 Intendant des Berliner Staatstheaters, emigrierte nach England, dann in die USA.

90 L. R. in: *Nachtausgabe* v. 27. 3. 1926 – HWA 29 I, S. 33.

91 Emil Faktor in: *Börsen-Courier* v. 27. 3. 1926 – HWA 29 I, S. 29.

92 Siegfried Jacobsohn in: *Die Weltbühne* 1926, zit. nach: Günther Rühle (Hrsg.): *Theater für die Republik 1917–1933 II*, Berlin 1988, S. 697.

93 Franz Servaes in: *Lokal Anzeiger* v. 27. 3. 1926 – HWA 29 I, S. 34.

94 Kurt Pinthus in: *8 Uhr Abendblatt* v. 27. 3. 1926 – HWA 29 I, S. 39.

95 Alfred Kerr (1867–1948), Theaterkritiker, berühmt und gefürchtet wegen seiner scharfen Ausdrucksform. Kerr inszenierte einen Plagiatsprozeß gegen Brecht, der diesem wiederum Gelegenheit gab, seinen »laxen« Umgang mit dem geistigen Eigentum anderer öffentlichkeitswirksam darzustellen. – (Vgl. Seite 362, Anm. 67) – Hier: *Berliner Tageblatt* v. 27. 3. 1926, zit. nach: Rühle 1988, a. a. O., S. 700.

96 Paul Bildt (1885–1957), Schauspieler und Regisseur, u. a. am Deutschen Theater, 1926–1944 am Staatstheater, seit 1945 in Westberlin und an den Münchener Kammerspielen, auch am Berliner Ensemble.

97 Else Lasker-Schüler (1869–1945), im Expressionismus beheimatete Lyrikerin, Dramatikerin, Erzählerin. Von der Kollaboration vieler ihrer ehemaligen intellektuellen Freunde mit den Nazis enttäuscht, emigrierte sie nach Palästina, wo sie verarmt starb.

98 Marieluise Fleißer in einem von Günter Rühle geführtem Rundfunkinterview am 11. 3. 1973 – BBA Z 6/19-Z6/30.

99 Paul Fechter in: *Deutsche Allgemeine Zeitung* v. 26. 4. 1926 – HWA 29 I, S. 57.

100 Alfred Kerr in: *Tageblatt* v. 26. 4. 1926 – HWA 29 I, S. 56.

101 Monty Jacobs in: *Vossische Zeitung* v. 27. 4. 1926 – HWA 29 I, S. 45.

102 Norbert Falk in: *BZ* v. 27. 4. 1926 – HWA 29 I, S. 43.

103 Walter Steinthal, ohne Angabe der Zeitung, ohne Datum – HWA 29 I, S. 68.

104 Walter Israel in: *Rundfunk-Rundschau* v. 27. 3. 1929 – HWA 29 I, S. 71.

105 Heinrich George (1893–1946), einer der größten deutschen Schauspieler, wurde 1922 an das Deutsche Theater verpflichtet, später auch von Jessner ans Staatstheater, Zusammenarbeit mit Piscator. Als Sympathisant der Linken wurde George 1933 zunächst entlassen, arbeitete ab 1934 aber mit Gründgens zusammen. 1938–1944 Intendant des Schiller-Theaters. Trat auch in nazistischen Filmen wie *Hitlerjunge Quex* auf. George starb im sowjetischen Internierungslager Hohenschönhausen.

106 Erich Engel (1891–1966), Regisseur, machte 1925 die von Brecht hochgeschätzte Inszenierung von *Im Dickicht der Städte* am Deutschen Theater, an dem er auch zwischen 1933 und 1945 arbeitete. Häufige Zusammenarbeit mit Brecht, auch nach dem Krieg. Nach Brechts Tod holte ihn Helene Weigel als Oberspielleiter ans Berliner Ensemble.

107 Steffie Spira (1908–1995), in der Gewerkschafts- und Arbeiterkulturbewegung engagierte Schauspielerin, emigrierte 1933 nach Paris, 1939 nach Mexiko. Ab 1949 an Ostberliner Theatern vor allem proletarische Rollen. Das folgende zitiert aus: Steffie Spira: *Trab der Schaukelpferde*. Berlin, Weimar 1984, S. 64 und 63.

108 Herbert Ihering in: *Börsen-Courier* v. 5. 1. 1928, zit. nach Rühle, a. a. O., S. 1071.

109 Alfred Kerr in: *Berliner Tageblatt* v. 5. 1. 1928, zit. ebenda, S. 1068–1069.

110 Monty Jacobs in: *Vossische Zeitung*, ohne Datum – HWA 29 II, S. 29.

111 A. A. in: *Lokal Anzeiger*, ohne Datum – HWA 29 II, S. 42.

112 Tilla Durieux (1880–1971), Schauspielerin, große Erfolge u. a. in Wien und an den großen Berliner Theatern. Sie beteiligte sich künstlerisch und finanziell an der Piscator-Bühne. Emigrierte in osteuropäische Länder, nahm am jugoslawischen Widerstand teil. Nach dem Krieg in Westdeutschland. Gastspiele in der DDR.

113 Felix Hollaender in: *8 Uhr Abendblatt* v. 6. 1. 1928 – HWA 29 II, S. 43.

114 Manfred Georg in: *Volkszeitung* v. 5. 1. 1928 – HWA 29 II, S. 33.

115 Rolf Nürnberg in: *12 Uhr Zeitung*, ohne Datum – HWA 29 II, S. 37.

116 Carola Neher (1900–1942), Schauspielerin, die gleichfalls durch ihr vamphaftes Äußeres und großes Können u.a. als Polly im *Dreigroschen-opern*film brillierte. Bei der Premiere fiel sie aus, weil ihr tuberkulose-kranker Mann, der Dichter Klabund, im Sterben lag. Mit ihrem zweiten Ehemann emigrierte sie in die Sowjetunion und kam dort in einem sta-linistischen Lager um.

117 Barbara Brecht-Schall im Gespräch mit Matthias Braun, a. a. O.

118 *BFA* XXI, S. 279–282.

119 Karl Valentin (1882–1948), Komiker, Clown, Dramatiker, Partner von Liesl Karlstadt, Auftritte mit eigenen satirischen Programmen in Gast-stätten und Theatern, zunächst in München, dann in ganz Deutschland. Valentin kritisierte und zeigte die Welt aus der Sicht des kleinen Mannes. Brecht lobte seine gestische Ausdrucksweise und verglich ihn mit Chap-lin. Zusammenarbeit u. a. 1922 im Film: *Mysterien eines Frisiersalons*. Der Hinweis auf den Valentinschen Ursprung des weißgeschminkten Gesichts stammt aus den Anmerkungen in: *BFA* XXI, S. 712.

120 *BFA* XXI, S. 282.

121 Max Hochdorf in: *Vorwärts* v. 6. 1. 1929, zit. nach Anm. *BFA* XXI, S. 712.

122 Herbert Ihering in: *Börsen-Courier* v. 5. 1. 1929, zit. nach: Rühle, a. a. O., S. 919–920.

123 H. S. in *M. M.* v. 7. 1. 1929 – HWA 29 II, S. 64.

124 *BFA* XXI, S. 280.

125 Alfred Kerr in: *Berliner Tageblatt* v. 4. 5. 1929, zit. nach: Rühle, a. a. O., S. 943.

»Havary«. Zusammenstoß zweier Schiffe

1 *Über eine große Schauspielerin unserere Generation* – Aus der 1. Fassung gestrichener Teil von Brechts *Dialog über Schauspielkunst*, der 1929 nach Weigels Darstellung der Magd im *Ödipus* entstanden war. – *BFA* XXI, S. 711–712. Worauf sich das Wort »unbeliebt« bezieht, muß da-hingestellt bleiben. Wahrscheinlich bezieht es sich auf die Polarisie-

rungen, die die politisch-künstlerische Aktivität der Weigel nach sich zog.

2 Arnolt Bronnen: *Tage mit Bertolt Brecht. Die Geschichte einer unvollendeten Freundschaft*, München, Wien, Basel 1960. Bronnen datierte das Ereignis in den Spätherbst 1922. Mit der Datierung August 1923 schließe ich mich Werner Hecht an: *Brecht Chronik 1898–1956*, Frankfurt am Main 1997, S. 161.

3 Weigel im Gespräch mit Hans Bunge, a. a. O. – HWA FH 77.

4 Hans Tombrock (1895–1966), Bergwerksarbeiter, dann Vagabund, zeichnerisch begabt, illustrierte die Zeitschrift der Bruderschaft der Vagabunden. 1933 Emigration nach Schweden, wo er sich mit Brecht anfreundete, der ihn anregte, Bilder zu seinen Texten zu schaffen, u. a. zu dem Gedicht *Fragen eines lesenden Arbeiters*.

5 Ruth Berlau (1904–1974), Schauspielerin und bekannte linksorientierte Journalistin in Dänemark. Sie lernte Brecht und Weigel 1933 kennen und vermittelte sofort wertvolle Verbindungen zu Theatern und Arbeitertheatern. Ab 1935 war sie auch Brechts Geliebte und lebenslang seine Mitarbeiterin: sie organisierte Öffentlichkeit und Verbindungen, fotografierte seine Inszenierungen und führte in seinen Stücken Regie.

6 Rudolf Engel war damals Vizepräsident der Zentralverwaltung für Volksbildung und für Kunst und Kultur der DDR, später Direktor der Akademie der Künste. – In folgenden zit.: Rudolf Engel im Gespräch mit Matthias Braun am 14. 9. 1979 – HWA – FH 18.

7 Als die Schwangerschaft der Arzttochter Paula Banholzer (1901–1989) sicher war, waren sie und Brecht noch minderjährig, Brecht hielt dennoch um Paulas Hand an. Ihr Vater gab sein Einverständnis nicht. Frank Banholzer (1919–1943) blieb in dem Allgäuer Dorf Kimratshofen, wo er zur Welt gekommen war. Nach einem von mehreren im BBA aufbewahrten schriftlichen Berichten von Paula Banholzer kam er zu dem Wegemacher-Ehepaar Stark in Pflege, die ihn »in einem Wägelchen mit zur Arbeit« nahmen. – BBA Z 30-14-18. – Brecht bat seinen Vater immer wieder vergeblich, Frank nach Augsburg zu holen, weil er sich dann auch selbst um das Kind kümmern könne. 1921: »[...] es wäre so gut für das Kind, das dann eine Heimat hätte und richtig erzogen würde und wenn nicht seine Mutter, so doch mich hätte und mir später, wenn ich es zu mir nähme, nicht ganz fremd wäre. [...] Denn wenn ich auch noch so große Anstrengungen mache, Geld zu bekommen und zu heiraten und so das Kind zu mir nehmen zu können, [...] in der Zwischenzeit wäre das Kind doch in fremden und fühllosen Händen, die ein Geschäft aus ihm machen und es irgendwie verpfuschen.« – *BFA* XXVI, S. 228. – Hier äußerte sich der Determinist Brecht, der damals schon dem Milieu und der Erziehung viel mehr Gewicht gab als natürlichen oder vererbten Anlagen. Von daher wird auch verständlich, weshalb er so hartnäckig um die Kontakte zu seinem zweiten Kind Hanne kämpfte.
Im August 1922 war Frank eine Zeitlang in München bei der mit

Hanne schwangeren Marianne gewesen. Brecht scheint gehofft zu haben, daß die beiden Kinder zusammen aufwachsen könnten. »Ich glaube, daß Du schrecklich viel Arbeit hast mit Frank, ist es nicht so? [...] Ich denke immer an Dich und Frank. In den Schrank habe ich mit einem Dolchmesser ein Papier aufgespießt mit den Buchstaben M + F, daß ich arbeite! Küsse Frank von mir! Willst Du nicht mal mit Frank Feuchtwangers besuchen? Ich bin Dir sehr dankbar, Marianne.« – *BFA* XXVIII, S. 170. – Im Oktober 1922 schrieb er Marianne aus Augsburg, daß sein Vater Frank vorübergehend aufgenommen hatte, weil er krank sei, »er ist aber munter, lang geht es aber so nicht mehr.« – *BFA* XXVIII, S. 178. – Aus einem schriftlichen Bericht Paulas, der wie fast alle ihre Angaben keine Jahreszahlen vermerkt, geht hervor, daß ihr Vater Frank (damals oder bei einem späteren Aufenthalt in Augsburg? – S. K.) untersucht und festgestellt hätte, »daß das Kind keinen richtigen After hat, deshalb oft den Kot verlor. [Brechts Jugendfreund] Otto Müllereisert brachte das Kind zu einer Arztfamilie in die Nähe von Wien. Nachdem es besser wurde, kam Frank in die Hauptschule nach Wien.« – BBA E 23/149-152. »Als der Arzt Frank nicht mehr haben konnte, brachte ihn Marianne Zoff-Brecht in ein Privat-Internat. Die Eltern von Marianne kümmerten sich um Frank.« – BBA Z 30/19. – Ein Circulus vitiosus: wahrscheinlich war das Kind krank, weil es kein festes Zuhause hatte, seine Krankheiten waren aber wiederum der Grund, weshalb sich weder Zoff noch Weigel entschließen konnten, Frank aufzunehmen. Beider Eltern und Weigels Schwester Stella kümmerten sich um Frank.

8 *Marianne Zoff-Brecht-Lingen erzählt Willibald Eser über ihre Zeit mit Bert Brecht.* In: Paula Banholzer: *Meine Zeit mit Bert Brecht. Erinnerungen und Gespräche,* hrsg. v. Axel Poldner und Willibald Eser, S. 174. Ein weiterer Ausschnitt aus dem Gespräch: »W. Eser: Man sagt, es habe zwischen Ihnen und Brecht eine Absprache über die Ehe gegeben [...]. M. Zoff: Er wollte fremdgehen dürfen, ohne, daß ich mich aufzuregen hätte. Und ich sollte ihm treu sein. Ein ganz normaler Ehevertrag, wie ihn sich alle Männer wünschen. W. Eser: Haben Sie diesen Vertrag erfüllt? M. Zoff: Das hab' ich vergessen [...].« – Ebenda, S. 178. Brecht drohte jedenfalls schon einmal im Oktober 1923 mit »einer Scheidungsklage gegen Dich wegen Ehebruch«. – *BFA* XXVIII, S. 205. – Marianne war sich der Fragilität der juristischen Bande bewußt. Kurz vor ihrer Niederkunft fand sie einen Brief, dem sie entnehmen konnte, daß Brecht die Ehe mit ihr als zeitweilig betrachtete und nach wie vor Paula Banholzer heiraten wollte. Daraufhin entwarf sie einen (wohl nie abgeschickten) Brief an Paula, in dem sie Brecht freigab. Enthalten in: Bertolt Brecht: *Briefe an Marianne Zoff und Hanne Hiob,* Frankfurt am Main 1990, S. 86.

9 Ende August 1924 schrieb er ihr: »Bis zu dem Tag, wo Du weggehst, bist Du meine einzige Frau und Hanne mein einziges Kind. Aber es ist nicht gut, wenn Du mir diesen Gedanken (nämlich daß Du weggehst)

einsuggerierst. Ich küsse Dich also und Hanne [...].« – *BFA* XXVIII, S. 218.

10 Selbst ein Tripperverdacht konnte – aus Sorge um die gemeinsame Gesundheit – entdramatisiert werden. Aus einem in den September oder Oktober 1928 datierten Brief: »Noch etwas, Helli: ich habe etwas Ausfluß gehabt, wenig und sicher nur katarrhalisch, da ich sowieso etwas Katarrh habe, aber geh doch zu Gotron für alle Fälle!« – Ebenda, S. 311.

11 Ebenda, S. 205.

12 Herbert Frenken: *Das Frauenbild in Brechts Lyrik*, Frankfurt am Main, Berlin, Bern, New York, Paris, Wien 1993, S. 54–79. Die extrem frauenfeindlichen Konsequenzen, die Frenken aus seiner Analyse ableitet, lassen sich meiner Meinung nach im biographischen Kontext nicht nachweisen.

13 *BFA* XXVIII, S. 231.

14 Ebenda, S. 216.

15 *BFA* XXVIII, S. 206.

16 Ebenda, S. 208.

17 Mut und Risikobereitschaft waren Eigenschaften, die Karin Michaelis von Frauen ausdrücklich forderte. In ihren ab 1929 erscheinenden Mädchenbüchern um die jugendliche Protagonistin Bibi, eine Vorläuferin von Astrid Lindgrens Pippi Langstrumpf, heißt es: »Jetzt hat sie zwei Lebensgefahren bestanden; sie beschließt, Lebensgefahren zu sammeln. Das ist doch etwas anderes als Briefmarkensammeln oder Sternschnuppen-Zählen.« – Zit. nach: *Lexikon der Rebellinnen*, hrsg. v. Florence Hervé und Ingeborg Nödinger, Dortmund 1996, S. 174.

18 Paula Banholzer: *Meine Zeit mit Bert Brecht*, a. a. O., S. 97 f.

19 Ebenda, S. 100.

20 *BFA* XXVIII, S. 216.

21 BBA E 23/149–152. In einem anderen, im BBA aufbewahrten Bericht von Paula Groß heißt es: »Ich konnte Frank nie besuchen, denn ich hatte ja kein Geld. Erst als Frank zur Kommunion kam, durfte ich hinfahren. Die Starks hatten Angst, ich würde Frank heimnehmen, denn sie hingen sehr an dem Kind.« – Z 30-14-18.

22 Die Schwarzwaldschulen prägten das Klima mit, in dem die Psychoanalyse heranreifen konnte. Einen praktischen Einfluß auf die Reformpädagogik erlangte die Psychoanalyse ihrerseits erst ab 1920. Sowohl Lou Andreas-Salomé als auch Anna Freud hatten persönlichen Kontakt zu Eugenie Schwarzwald. Sophie, eine Enkelin Freuds, und Eva, eine Tochter Wilhelm Reichs, waren in den dreißiger Jahren Schwarzwaldschülerinnen.

23 Maria Lazar (1895–1948) wurde zunächst wie ihre Schwester Lehrerin, war zugleich vom Schreiben besessen. Nach Beendigung ihrer pädagogischen Aufgaben schrieb sie nachts. Sie bezeichnete sich selbst als Sozialdemokratin und radikale Kommunistin. In Deutschland und Österreich (dessen Antisemitismus sie als schlimmer einschätzte als den deutschen) sah sie eine Epoche des Niedergangs vorher, die in schwere

Menschheitsverbrechen münden würde. Wegen ihrer Radikalität als Journalistin wurden gegen Ende der zwanziger Jahre ihre Romanmanuskripte boykottiert, bis sie ab 1930 erfolgreich unter dem (als dänisch ausgegebenem) Pseudonym Esther Grenen schrieb. Seit 1928 war sie die deutsche Übersetzerin ihrer Mentorin Michaelis, die ihrerseits für einen dänischen Verlag ein Buch der Lazar innerhalb einer Woche übersetzte, damit das dänische Pseudonym gewahrt blieb.

24 Karin Michaelis sandte das Buch an Thomas Mann, der es nicht mochte und in sein Tagebuch notierte: »Penetranter Weibsgeruch«.

25 Victor Klemper (1881–1960) Romanist, überlebte als Jude die NS-Zeit in Dresden durch den Schutz einer ›Mischehe‹. Seit 1947 lehrte er in Greifswald, Halle und Berlin. Die ab 1995 postum publizierten Tagebuch-Aufzeichnungen, enthalten u. a. Beobachtungen zum Alltag des Dritten Reiches. Im folgenden zit nach: *Leben sammeln, nicht fragen wozu und warum. Tagebücher 1918–1932*, Berlin, S. 304.

26 Maria Lazars Mann war Sohn der Frau von August Strindberg, der nicht sein leiblicher Vater war.

27 Karin Michaelis: *Das gefährliche Alter. Tagebuch-Aufzeichnungen und Briefe*, Berlin 1928. Es ist eine Auflagenhöhe von 187000 Exemplaren angegeben. Nach anderen Angaben wurden 300000 Exemplare verkauft. In Brechts Nachlaßbibliothek findet sich noch ein weiterer Roman von ihr: *Familie Worms*, Potsdam 1928. In Bezug auf Weigels Toleranz ist der Schluß wichtig: »Du nimmst Helge […] als den, der er ist. […] Man kann zur Not einen Mann betrügen und doch weiter mit ihm leben. Geht man aber mit geschwollenen Augen […] herum, aus ist's.«

28 Barbara Brecht-Schall im Gespräch mit Matthias Braun, a. a. O. – HWA FH 24.

29 Kurt Weill (1900–1950), Sohn des Kantors der Dessauer Synagoge, komponierte im modernen Jazz-Stil die bis heute weltweit populärsten Brecht-Songs. Weill emigrierte mit seiner Frau Lotte Lenya in die USA, wo er mit seiner Musik auch Erfolg am Broadway hatte. Zwischen Brecht und Weill nahm die politische Entfremdung zu.

30 Lotte Lenya (1898–1981) stammte aus armer Wiener Familie, lebte seit ihrem fünfzehnten Lebensjahr als Kleindarstellerin und Prostituierte in der Schweiz. Anfang der zwanziger Jahre kam sie als Haushaltshilfe in die Familie Georg Kaisers, wo sie Weill begegnete. Beide emigrierten in die USA, wo Lenya bis ins hohe Alter sehr erfolgreich mit Brecht/ Weill-Songs auftrat.

31 Walter Benjamin (1892–1940) Essayist, Literaturkritiker und -wissenschaftler, der seit 1928 mit Brecht eng zusammenarbeitete, gehörte neben Ihering zu seinen scharfsinnigsten frühen Interpreten. Besonders in *Das Kunstwerk im Zeitalter seiner technischen Reproduzierbarkeit* sind Brechts Einflüsse zu spüren, speziell die Radiotheorie. Benjamin gehörte in den Umkreis des sich herausbildenden Instituts für Sozialforschung von Horkheimer und Adorno. Emigrierte nach Frankreich.

Von seiner Freundschaft zu Brechts Mitarbeiterinnen zeugt umfangreicher Briefwechsel mit Elisabeth Hauptmann und Margarete Steffin.

32 Asja Lacis (1891–1979), Pädagogin und Regisseurin aus Lettland, verheiratet mit Bernhard Reich. In den zwanziger Jahren war sie Regisseurin in Berlin, Zusammenarbeit mit Brecht, den sie mit Benjamin bekannt machte.

33 Maria Osten (1908–1941), Journalistin und Schriftstellerin, lebte schon vor der Nazizeit in der Sowjetunion, u. a. Lebensgefährtin Michail Kolzows. Sie war Redakteurin der in Moskau erscheinenden Zeitschrift für deutsche Exilautoren *Das Wort*. Osten wurde 1941 vom NKWD verhaftet und liquidiert.

34 Clara Viebig (1860–1952), Aktivistin der Frauen- und Friedensbewegung, Autorin vieler sozialkritischer Frauenromane. Ihr wichtigster: *Das Weiberdorf* handelt von einem real in der Eifel existierenden Dorf, das von den Männern verlassen und von Frauen allein bewirtschaftet wurde.

35 Zit. nach: Birgit S. Nielsen: *Die Freundschaft Bert Brechts und Helene Weigels mit Karin Michaelis. Eine literarisch-menschliche Beziehung im Exil.* In: *Die Künste und die Wissenschaften im Exil 1933–1945*, hrsg. v. Edith Böhne und Wolfgang Motzkau-Valeton, Gerlingen 1992, S. 75.

36 *BFA* XXVIII, S. 204.

37 Ebenda, S. 211.

38 Ebenda.

39 Cas ist die von Brecht häufig benutzte Kurzform für den Namen seines Jugendfreundes Caspar Neher.

40 *BFA* XXVIII, S. 212–213.

41 Marianne Zoff dazu 1981: »Sein Sohn Frank war auch eine Zeitlang bei meinen Eltern in Wien. Sie mochten den Buben sehr gern und kümmerten sich um ihn. Die Bi durfte das Kind ja nicht haben, ihre Eltern waren dagegen. Sie tat mir leid.« – *Marianne Zoff-Brecht-Lingen erzählt*, a. a. O., S. 184. – Etwa von 1927 bis 1935 an lebte Frank bei Helene Weigels Schwester Stella in Wien, nach deren Tod wahrscheinlich bei ihrem Vater, der auch Unterhalt und Schulgeld bezahlte.

42 *BFA* XXVIII, S. 213. In den Zwistigkeiten der folgenden Jahre ging es im Kern um Hanne, besonders, nachdem Marianne 1926 eine Beziehung mit dem noch unbekannten jungen Schauspieler Theo Lingen eingegangen war, der sofort väterliche Verantwortung übernehmen wollte. Um das zu verhindern, leugnete Brecht hartnäckig, daß er mit der Weigel ein Kind habe oder Heiratsabsichten bestünden. Mitte Juni 1926 schrieb er: »Liebe Marianne, ich höre, [...] daß Du beir Weigel warst (über letzteres weiß ich gar nichts) Ich höre, Du denkst, ich wolle die Weigel heiraten und es liegt mir daran, Dir mitzuteilen, daß ich das *nicht* will. Ich habe nicht vor, ein anderes Kind der Hanne gleichzusetzen, das weißt Du.« – *BFA* XXVIII, S. 272. – Da sie nun in ›offenem Ehebruch‹ lebte, hatte Marianne ihrerseits Angst um Hanne, die ihr Brecht aber nicht nehmen wollte. Ebenfalls von Mitte Juni 1926 stammen folgende Zeilen von ihm: »Hat Dir vielleicht die Weigel etwas ge-

sagt, was Dich so in Angst um die Hanne brachte?? Glaube mir, dann verstünde ich sogar vielleicht Niedertracht, wenn man etwas gegen Hanne getan hätte, nach Deiner Meinung [...]. Die Weigel würde *niemals* Dein Kind bekommen. Hältst Du mich für so niedrig? 2) Sie *kann* das gar nie glauben oder geglaubt haben. Frage sie! Wenn sie es wollte, würde ich es ihr in der beleidigendsten Weise abschlagen. (Obwohl es Dich nichts angeht – aber vielleicht meinst Du, es berührt die Hanne) sie bekommt von mir kein Kind, hat es nicht verlangt und nicht versprochen erhalten. Und nicht, weil sie es nicht wert wäre, sondern weil ich keines mehr will.« – *BFA*, XXVIII, S. 274–275.

43 Siehe: Werner Hecht: *Brecht Chronik*, a. a. O., S. 173, und: *BFA* XXVIII, S. 217.

44 Hier Auszüge aus Brechts Brief: »Liebes Mariandl, Maschinko, Mäsche, 1) Wenn Du das Kind willst, dann bekomm's. 2) Wenn nicht (und klüger ist's zu warten, denn jetzt kostet's 6000 Mark und Deine Bühnenlaufbahn für immer [...], dann warte auf meinen Brief von morgen mittag mit einem Rezept Ottos [gemeint ist Otto Müllereisert, der Marianne tatsächlich mit Medikamenten für eine Abtreibung versorgen wird, zugleich auch Verbindungen zu einem Arzt herstellt, der wenn notwendig, operieren kann] Ich werde doch mit allem fertig werden, was immer Du auch willst. [...] Also sei ruhig, Mariandl« In demselben Brief berichtet er, daß er Frank in Augsburg gesehen habe. »Er ist klug und brav, nächstens mehr davon.« – *BFA* XXVIII, S. 232.

45 *BFA* XVIII, S. 187.

46 *BFA*, XVIII, S. 192.

47 Die erhaltenen Teile von Elisabeth Hauptmanns Tagebuch von 1926 sind vollständig abgedruckt in: Sabine Kebir: *Ich fragte nicht nach meinem Anteil*, a. a. O. Siehe S. 53. – Marianne Zoff, die über ein umfangreiches Informationssystem verfügte, meinte damals, daß Brecht ihr und Hanne Geld vorenthalten habe, um der Weigel ein Auto zu schenken. Siehe: *BFA* XXVIII, S. 274.

48 Am 17. März 1924 hat Helene Weigel an einer Beratung der Internationalen Arbeiterhilfe teilgenommen. – Kartei v. Matthias Braun über Weigels Lebensdaten im HWA. In *Berlin am Morgen* vom 4. 6. 1932 ist sie unter 54 Künstlern und Persönlichkeiten genannt, die eine von Käthe Kollwitz geleitete Initiative für die Kinder der Erwerbslosen unterstützten. – Ebenda.

49 Helene Weigel im Gespräch mit Hans Bunge, a. a. O. – HWA FH 77.

50 ›Bidi‹, seltener ›Biti‹, war Kurz- und Kosename für Brecht.

51 Helene Weigel im Gespräch mit Hans Bunge, a. a. O. – HWA FH 77. – Ganz ähnlich schildert Maria Hold, Brechts Dienstmädchen aus Augsburg, das ab 1928 in Berlin bei der Weigel als Kindermädchen arbeitete, das Verhältnis Berthold Friedrich Brechts zu seinem Sohn: »Er hat ihn so genommen, wie er war. Und das find ich einfach großartig.«- Maria Ohm, geborene Hold, im Gespräch mit Gerhard Seidel am 17. 10. 1978 – HWA FH 81.

52 Theo Lingen (1903–1978). Nach der Versöhnung spielte Lingen bis 1932 in mehreren Stücken von Brecht. Während des Faschismus wurde er in apolitischen Rollen – meistens: Dienern – ein bekannter Filmkomiker. Durch seine Position als sehr populärer Schauspieler gelang es ihm, sowohl seine halbjüdische Ehefrau Marianne als auch das Kind des ausgebürgerten Brecht vor größeren Repressalien zu schützen. Daß Lingen sofort väterliche Verantwortung für Hanne übernehmen wollte, schockierte Brecht zunächst so, daß er den Verdacht sexuellen Mißbrauchs hegte. Siehe: *BFA* XXVII, S. 275.

53 Marieluise Fleißer: *Avantgarde* (1962). In: Ausgewählte Werke, Berlin, Weimar 1979, S. 160–162.

54 Im Gegensatz zu dem, was die *Avantgarde*-Erzählung suggeriert, haben Fleißer und Brecht nicht zusammen gelebt und gearbeitet. Sie hatten sporadische Arbeitskontakte in bezug auf die beiden *Ingolstadt*-Stücke der Fleißer und ein sporadisches Liebesverhältnis. Die Fleißer scheint aber über längere Zeit gehofft zu haben, Brecht doch ganz für sich zu gewinnen. – Elisabeth Hauptmann hat etwa ab 1927 mit einer Frau, der Journalistin und späteren Komintern-Aktivistin Bianca Minotti alias Margret Mynatt, gelebt, später auch mit dem Brecht-Mitarbeiter Emil Hesse-Burri, mit dem sie auch ohne Brecht zusammenarbeitete, z. B. Hörspiele und eine erste Version von *Die Ausnahme und die Regel*. 1932 schloß sie eine Ehe mit einem Jounalisten, die aber 1933 wieder geschieden wurde. Im USA-Exil lebte sie sieben Jahre mit Horst Baerensprung zusammen, dem ebenfalls emigrierten ehemaligen sozialdemokratischen Polizeipräsidenten von Magdeburg. 1948 heiratete sie in Kalifornien den Komponisten Paul Dessau. Die Ehe wurde 1951 geschieden.

55 Isot Kilian im Gespräch mit Matthias Braun über Bertolt Brecht und Helene Weigel am 15. 2. 1985 – HWA FH 74.

56 Franco Fabiani: Erinnerung an H.W. In: *Theater der Zeit* 8/1971, S. 11.

57 »Jeden Tag arbeitet Brecht am *Hastings* 3 Stunden. Gestern war Feuchtw. da, ich hörte durch die Tür, wie Brecht diktiert und Feuchtwanger schreibt. Brecht macht alles, alle Ideen u. Formulierungen, aber er läßt sich in keine großen Diskussionen ein, weil es ihm zu langweilig ist.« – Zit. nach: Sabine Kebir: *Ich fragte nicht nach meinem Anteil*, a. a. O., S. 44.

58 Brecht schrieb an Weigel im Juli 1928: *Kalkutta* war eine furchtbare Aufführung. [...] aber scheint's gute Kasse« – *BFA* XXVIII, S. 306 bis 307. Das Stück wurde erst 1994 unter Brechts Namen in Hastings Villa in Kalkutta aufgeführt.

59 Emil Hesse-Burri (1902–1966), Ökonom, Dramaturg, der seit Anfang der zwanziger Jahre eng mit Brechts zusammenarbeitete. Sein Anteil an *Mann ist Mann*, Brechts Lehrstücken bis hin zu *Die heilige Johanna der Schlachthöfe* ist nicht geringer als der von Elisabeth Hauptmann einzuschätzen. Brecht förderte wiederum Hesse-Burris Stücke und schlug sie z. T. mit Erfolg zur Aufführung vor. Er wurde erfolgreicher Drehbuchautor von UFA-Filmen während und nach der Nazizeit (z. B. *Wa*-

ser für Canitoga). Nach dem Krieg u. a. beteiligt am Drehbuch von *Mutter Courage*.

60 Zit. nach: Sabine Kebir: *Ich fragte nicht nach meinem Anteil*, a. a. O., S. 59.

61 Helene Weigel im Gespräch mit Hans Bunge, a. a. O. – HWA FH 77.

62 Ebenda.

63 Zit. nach: Sabine Kebir: *Ich fragte nicht nach meinem Anteil*, a. a. O., S. 106–107.

64 *BFA* XXVIII, S. 306.

65 Ebenda, S. 307.

66 Harald Paulsen, Schauspieler, besonders bekannt durch Rollen im Film

67 K. L. Ammer war Pseudonym für Karl Klammer. Brecht gab zu, dessen Villon-Übersetzung von 1907 tatsächlich benutzt und aus Versehen nicht angegeben zu haben. Finanziell einigte er sich rasch mit Klammer und gelangte mit diesem in kollegial-freundschaftlichen Kontakt. Infolge der in der Presse breit diskutierten Plagiatskontroverse konnte Klammer seine Übersetzung 1930 neu herausbringen, zu der Brecht ein *Sonett zur Neuherausgabe des François Villon* beisteuerte. Die von Kerr begonnene Plagiatsdiuskussion ist bis heute nicht beendet. Ungeachtet der in der Literaturwissenschaft und -kritik nun vorherrschenden Ansicht, daß Literatur immer wesentliche intertextuelle Bezüge hat, wurde sie u. a. durch die Brecht-Biographie *The Life and the Lies of Bertolt Brecht*, London 1994 (dt. 1997) von John Fuegi wiederbelebt.

68 Zit. nach: Werner Mittenzwei: *Das Leben des Bertolt Brecht oder der Umgang mit den Welträtseln*, (1), Berlin und Weimar 1986, S. 346.

69 Hanns Eisler (1898–1962), aus Wien stammender Komponist, Schüler des Zwölfton-Komponisten Arnold Schönberg. Eisler und Weigel kannten sich bereits seit 1919, wahrscheinlich aus der Zeit, in der er in den ›Gritzinger Baracken‹ gelebt hatte, ehemalige Kasernen, die Eugenie Schwarzwald nach dem Krieg für obdachlose Intellektuelle eingerichtet hatte. KPD-Mitglied, war Eisler ab 1928 einer der wichtigsten Mitarbeiter, nicht nur als Komponist. Erster Höhepunkt der Zusammenarbeit: *Die Maßnahme*. 1933 Emigration nach den USA, wo er eine Musikprofessur bekam, durch die er die Familie Brecht unterstützen konnte. Der Ausschuß für unamerikanische Tätigkeit veranlaßte seine Ausweisung. Eisler wirkte in seinen letzten Lebensjahren in der DDR. Auch auf Grund seines großen sinfonischen Werks zählt er zu den bedeutendsten Komponisten des Jahrhunderts.

70 »Liebe Bess [Rufname der Hauptmann], heute fiel mir ein, ob Sie nicht Lust haben, sich an dem Massarygeschäft zu beteiligen? Ich würde Ihnen eine Fabel geben usw. und Sie würden ein kleines Stück draus zimmern, ganz locker, und schlampig meinetwegen auch fetzchenweise! Eine teils rührende, teils lustige Sache für etwa 10 000 Mark! Sie müßten es zeichnen, aber das würde Ihnen natürlich kolossal nützen.« Im folgenden entwarf er die Grundfabel des späteren Hauptmann-Stücks *Happy End* – *BFA* XXVIII, S. 320–321.

71 Verfremdungseffekt: Unterbrechung des Handlungsablaufs durch Hervorhebung, plötzlichen Umbruch oder eine Einlage wie z. B. eine Gesangsnummer. Die Technik des Verfremungseffekts ist schon dem Theater der Antike eigen, ging aber im späteren westlichen Einfühlungstheater fast verloren. Brecht setzte sie bewußt ein, um auf Widersprüche aufmerksam zu machen und das Publikum vor zu starker Einfühlung zu bewahren. Inspiriert von dem Begriff »ostranenie« von Viktor Schklowski, entwickelte Brecht ab 1935 auch eine Theorie des V-Effekts im modernen Theater.

72 Lotte Lenya im Gespräch mit George Davis über *Kurt's Working Methods*, zit. nach: *Sprich leise, wenn du Liebe sagst. Der Briefwechsel Kurt Weill – Lotte Lenya*, hrsg. u. übers. v. Lys Symonette und Kim H. Kowalke, Köln 1998, S. 68.

73 Hauptmann hatte schon 1929 nicht, wie Brecht es in seinem oben zitierten Brief vorgeschlagen hatte, mit ihrem Namen gezeichnet. Das Stück war angekündigt als Elisabeth Hauptmanns Übersetzung und Bearbeitung einer amerikanischen Short story einer (erfundenen) Dorothy Lane. Die zeitgenössische Kritik wollte nicht anerkennen, daß das Stück von einer Frau verfaßt sein könnte und schrieb es einhellig Brecht zu. Siehe dazu: Sabine Kebir: *Ich fragte nicht nach meinem Anteil*, a. a. O., S. 112–114. Zu ihren Lebzeiten erlaubte Hauptmann keine Aufführung in der DDR. Aber in westlichen Ländern ist es zu über 50 Inszenierungen gekommen, deren Erlös sie sozialen Einrichtungen und auch dem Vietnam-Konto zugute kommen ließ. *Happy End* ist abgedruckt in: Elisabeth Hauptmann: *Julia ohne Romeo*, Berlin und Weimar 1977, S. 65–135.

74 BBA Z 30-14-18.

75 Margarete Steffin (1908–1941), stammte aus einer Berliner Proletarierfamilie, war als Laufmädchen, Sekretärin und Buchhalterin tätig. Schon als Jugendliche schrieb sie Prosa, Gedichte, ein Kinderstück. In der Arbeiterkulturbewegung aktiv. 1932 wurde sie Brechts Mitarbeiterin und Geliebte. Sie war beteiligt an allen Exilstücken bis zu ihrem Tod 1941.

76 Lilly Salm, langjährige Personalchefin im Berliner Ensemble, behauptete, die Weigel sei eine Zeitlang Zehnergruppenkassiererin in der KPD gewesen, dann aber ausgetreten. »Sie hatte ihre Gründe, darüber möchte ich hier aber nicht sprechen. Die ich auch verstand, aber nicht akzeptierte.« – Lilly Salm im Gespräch mit Matthias Braun am 6. 12. 1978 – HWA FH 33.

77 Zit. nach Hauptmanns Tagebuch von 1926 in: Sabine Kebir: *Ich fragte nicht nach meinem Anteil*, a. a. O., S. 61.

78 Bernhard von Brentano, kommunistischer Autor, den Brecht 1928 kennenlernte und wegen seiner kritischen Haltung, auch zur KPD, schätzte. Zunächst bat er ihn um bibliografische Hinweise: »Könnten Sie mir helfen, eine kleine Sammlung von Literatur zusammenzustellen, aus der man als Intellektueller die Grundzüge der materialistischen Dialektik studieren kann?« – BFA XXVIII, S. 309. Um 1930 bestand

der Plan, gemeinsam eine Zeitschrift *Krisis und Kritik* zu gründen. Exil in der Schweiz. v. Brentano sah die Ursache der Niederlage der Arbeiterbewegung in der Unfähigkeit der KPD-Führung begründet, wandte sich von dieser schließlich ganz ab. 1940 bat er das Deutsche Auswärtige Amt um die Möglichkeit der Rückkehr.

79 Fritz Sternberg, Soziologe, der etwa seit 1927 zum engeren Kreis der Freunde und Berater Brechts gehörte. Vom Haus Sternbergs in der Koblanckstraße, nahe dem Sitz des ZK der KPD im Liebknechthaus, beobachtete Brecht am 1. Mai 1929, wie die Polizei in eine verbotene Arbeiterdemonstration schoß und Menschen tödlich traf, ein Erlebnis, das seine politischen Haltungen stark beeinflußte.

80 Hermann Duncker (1874–1960), seit 1893 in der SPD, kämpfte gegen deren Opportunismus und schloß sich der Antikriegsbewegung um Liebknecht und Luxemburg an, Gründungsmitglied der KPD, einer ihrer führenden Theoretiker. Duncker lebte nach der Emigration in der DDR.

81 Karl Korsch (1886–1961), Rechtswissenschaftler und Philosoph, Wortführer der USPD in Thüringen, 1920–1923 Justizminister in Thüringen, seit 1925 KPD/Opposition, 1926 wegen Linksradikalismus ausgeschlossen. Korsch forderte statt einer Arbeiter- und Bauernregierung eine Rätemacht, für die auch Brecht, dessen Sozialismusvorstellung basisdemokratisch war, Interesse hatte. Obwohl Brecht Korschs Rückzug aus der praktischen Politik bedauerte, sah er in Korsch seinen wohl anregendsten Diskussionspartner in Fragen der marxistischen Theorie.

82 Jakob Walcher (1887–1970), führendes Mitglied der KPD, dann KPD/Opposition, dann Demokratische Arbeiterpartei. Brecht machte seine Bekanntschaft 1943 in New York und schätzte ihn sofort als Gesprächspartner in historischen und strategischen Fragen der Arbeiterbewegung. Als Mitglied der SED wurde Walcher Ende der vierziger Jahre gemaßregelt, 1952 ausgeschlossen, 1956 rehabilitiert. Er und seine Frau Hertha, die die Sekretärin von Clara Zetkin gewesen war, hielten sich oft zur Erholung auf Brechts Grundstück in Buckow auf. Dort fanden wichtige Gespräche statt, die Brecht als Grundlage für *Die Tage der Kommune* und ein Projekt gebliebenes Stück über Rosa Luxemburg dienten.

83 Ein Überblick über den frühen Brechtschen Marxismus, der in vielem dem von Antonio Gramsci ähnelte, weil er die Dialektik aus dem konkreten historischen Kontext selbst zu entwickeln versuchte, ist enthalten in: Sabine Kebir: *Die antiökonomistischen Ursprünge des Begriffs der ›Zivilgesellschaft‹. Die Wiedergewinnung der Dialektik bei Gramsci und Brecht.* In: *Antonio Gramscis Zivilgesellschaft*, Hamburg 1991, S. 38–57.

84 Helene Weigel im Gespräch mit Hans Bunge, a. a. O. – HWA FH 83.

85 Barbara Brecht-Schall im Gespräch mit Matthias Braun, a. a. O. – HWA FH 24.

86 Wieland Herzfelde 1951 im Herausgebernachwort zu Bertolt Brecht: *Hundert Gedichte.* Zit. nach: *Zur Sache*, Berlin und Weimar 1976, S. 239.

87 Helene Weigel im Gespräch mit Hans Bunge, a. a. O. – HWA FH 83.

88 Käthe Rülicke-Weiler (1922–1992), nach Ausübung praktischer Berufe Abitur an der Arbeiter- und-Bauern-Fakultät Leipzig, studierte dann an der dortigen Universität Kulturpolitik und Germanistik. Seit 1950 war sie am Berliner Ensemble als Regieassistentin engagiert. Ab 1956 verschiedene Funktionen an der Akademie der Künste.

89 Wilhelm Reich (1897–1957), Schüler Freuds, popularisierte psychoanalytische und sexualreformerische Erkenntnisse. 1927 KPÖ. Ab 1930 in Deutschland tätig. 1932 Konflikte mit der KPD, die im Zusammenhang mit der Aufgabe der fortschrittlichen Sexualpolitik in der Sowjetunion standen. Mit seinem Werk *Massenpsychologie des Faschismus*, wo er die Durchsetzung des autoritären Gesellschaftsmodells mit der sexuellen Unterdrückung in Zusammenhang brachte, beeinflußte er posthum die antiautoritäre Bewegung von 1968. Emigration in die USA, dort wichtige Forschungen zum Orgasmus. Wegen unseriösen Geschäftsverhaltens, in Wirklichkeit wohl wegen der Tendenz seiner Arbeiten, die den puritanischen Strömungen mißfielen, wurde Reich verurteilt. Starb im Gefängnis von Lewisburg. – Das Interesse der Weigel an Reichs Auffassungen zur Sexualpolitik kann als unzweifelhaft gelten, das von Brecht ist belegt durch seine Anstreichungen in Artikeln über Reich, die in mehreren Nummern der Zeitschrift *Unter dem Banner des Marxismus* erschienen.

90 Siehe: Silvia Schlenstedt: *Auf der Suche nach Spuren: Brecht und die MASCH*. In: *Brecht 83. Brecht und Marxismus. Dokumentation. Protokoll der Brecht-Tage 1983 v. 9.–11. Februar*, Berlin 1983, S. 18–28.

91 Herbert Hanf im Gespräch mit Matthias Braun – HWA FH 89. Hanf war, wie Steffin, Mitglied des Arbeitersportvereins ›Fichte‹, der um 1930 Texte von Johannes R. Becher und Ernst Toller vortragen wollte. Weil die Sprechtechnik nicht ausreichte, gehörten beide zu den etwa fünfzehn Schülern der Weigel. Hanf erinnerte sich, daß die Steffin damals auch mit Weigels Kindern spielte. – Hanf wirkte, wie auch Steffin, in *Kuhle Wampe* mit. Außerdem gehörte er der Ordnungsgruppe an, die während der Aufführungen der *Maßnahme* für Sicherheit sorgte.

92 Johann Lorenz Schmidt, eigentl. Laszlo Radvanyi (1900–1978), ungarischer Ökonom, befreundet mit Lukács, aktiv in der ungarischen Räterepublik (1919), dann Exil in Deutschland, emigrierte während des Faschismus mit der Seghers über die Schweiz und Frankreich nach Mexiko. In der DDR Professor für Wirtschaftswissenschaften. Über Weigel und Seghers siehe: Helen Fehervary: *Helene Weigel and Anna Seghers: Two Unconventional Conventional Women*. Manuskript für: *Brecht Yearbook 25*, S. 5.

93 Die Briefschreiberin, inzwischen Leitungsschwester in einem kinderpsychiatrischen Krankenhaus, war sich fast, aber nicht hundertprozentig sicher, daß es sich damals tatsächlich um Helene Weigel gehandelt hatte. Ihr Brief trägt mit fremder Handschrift den Vermerk »an Heli zurück«. Wenn die Episode sich nicht auf die Weigel bezogen hätte, hätte diese den Brief sicher nicht aufgehoben und weitergegeben. –

Elisabeth Czokke (oder Czolke) an Helene Weigel am 26. 11. 1970 –
HWA KO 9587.

94 *BFA* III, S. 430.

95 Fritz Cremer im Gespräch mit Matthias Braun (ohne Datum) – HWA
FH 109a.

96 Ernst Busch (1900–1980), Maschinenschlosser, Werftarbeiter, nach
dem 1. Weltkrieg Schauspiel- und Gesangsunterricht, 1927 Piscator-
bühne. Während des Faschismus mehrere Jahre im KZ. Gründungsmitglied des Berliner Ensembles, galt als Sänger und Schauspieler als einer
der größten Brecht-Interpreten.

97 Zit. nach: Helene Weigel: Erinnerungen an die erste Aufführung der
Mutter. In: Bertolt Brecht: *Die Mutter. Materialien*, Berlin 1970, S. 34.

98 Zit nach: Alice Herdan-Zuckmayer: *Genies sind im Lehrplan nicht vorgesehen*, a. a. O., S. 33.

99 *BFA* XXI, S. 440.

100 *Über die japanische Schauspieltechnik.* »Es soll hier der Versuch gemacht
werden, gewisse Elemente einer fremdländischen Schauspielkunst auf
ihre Verwendbarkeit zu untersuchen. Dieser Versuch wird in einer ganz
bestimmten Lage unseres eigenen Theaters unternommen, wo unsere
eigene Schauspielkunst zur Bewältigung ihrer Aufgaben (Aufgaben
neuer Art) nicht ausreicht. [...] Die japanische Schauspieltechnik [...]
kann natürlich für uns nur insoweit etwas bedeuten, als sie für unsere
Probleme Bescheid weiß. Das Japanische an ihr, überhaupt ihr ganzer
›Charakter‹, ›Individualwert‹ u. s. w. ist in dieser Untersuchung irrele-
vant.« – *BFA* XXI, S. 391–392.

101 Antony Tatlow: *The Mask of Evil, Brechts response to the Poetry, Theatre
and Thought of China and Japan*, Bern, Frankfurt am Main, Las Vegas
1977, S. 231.

102 Wolfgang Heinz (1900–1984), aus Österreich stammender Schauspieler,
Regisseur, späterer Intendant, emigrierte in die Schweiz, 1934–1946 am
Zürcher Schauspielhaus, 1948–1956 Leiter der linken Wiener Scala. Ab
1956 in der DDR, vor allem am Deutschen Theater, wo er große Rollen
eher im Stanislawski-Stil spielte. 1971 am Berliner Ensemble Galilei.

103 Herbert Ihering: *Von Reinhardt bis Brecht* (3), Berlin 1961, S. 136.

104 Ernst Schumacher: »*Ost ist Ost und West ist West*« (Kipling). *Gestische
Spielweise des Kabuki und gestische Spielweise bei Brecht* (1). In: *notate*
4/1985, S. 13.

105 *BFA* XXI, S. 381.

106 Georg Lukács (1885–1971) stammte aus jüdischer, später ungarisierter
und geadelter Bankiersfamilie. Las als Gymnasiast Marx, wurde revolutionärer Schriftsteller. 1919 in der ungarischen Räterepublik stellv.
Volkskommissar für Unterrichtswesen, später Politkommissar an der
rumänischen Front. Nach Ende der Räterepublik illegale Arbeit für die
KPU in Österreich. 1930 ausgewiesen. Emigration in die Sowjetunion,
wohin er 1933, nach seiner Ausweisung aus Deutschland, zurückkehrte. Sein Verhältnis zu Stalins Politik war keineswegs geradlinig op-

portunistisch und seine bis heute vielfach gelesenen ästhetischen Schriften sind kein Spiegelbild offizieller stalinistischer Kunstpolitik, wenn sie für diese auch akzeptierbarer waren als die von Brecht.

107 Georg Lukács: *Gelebtes Denken. Eine Autobiographie im Dialog*, Frankfurt am Main 1980, S. 148–149

108 Die Formalismusdebatte war Teil der Entwicklung der stalinistischen Theorie vom Sozialistischen Realismus in der Kunst in den dreißiger Jahren. Als realistisch galten die in der bürgerlich-humanistischen Tradition stehenden gradlinigen Erzählungen mit ausgebauten Charakteren. Die von vornherein auf kontinuierliche Darstellung verzichtenden, dafür aber eine Wechselwirkung zwischen Kunst und Publikum anstrebenden Experimente der postrevolutionären Kunst in der Sowjetunion und in Westeuropa wurden als ›formalistisch‹ gebrandmarkt. Brecht setzte dagegen, daß jede Kunstdiskussion, die von der Form und nicht vom Gegenstand ausginge, sinnlos und ihrerseits ›formalistisch‹ sei. Die Formalismusdebatte wurde auch in der DDR fortgeführt und erst Ende der sechziger Jahre mit der teilweisen Rehabilitierung der diskriminierten Künstler und Kunstwerke überwunden.

109 Georg Lukács: *Gelebtes Denken*, a. a. O., S. 149.

110 André Müller, Gerd Semmer: *Geschichten vom Herrn B.*, Leipzig 1980, S. 22.

111 Valeska Gert (1892–1978), Tänzerin, erfand den Grotesktanz, zeitweilig auch Schauspielerin am Deutschen Theater.

112 Ernst Ottwalt (1901–1943), Schriftsteller, der mit dokumentarischem Material experimentierte, schrieb zusammen mit Brecht das Drehbuch zum Film *Kuhle Wampe*. Zwischen ihm und Lukács fanden entscheidende Auseinandersetzungen im Bund proletarisch-revolutionärer Schriftsteller statt. Für die Positionen des Programms des BPRS (das im Entwurfsstadium blieb) setzte sich Lukács ein. Ottwalt kam in einem stalinistischen Lager um.

113 *Illustrierte Rote Post*, 1/Januar 1932.

114 Erich Weinert (1890–1953), gehört zu den bedeutendsten politisch-satirischen Dichtern. Nach dem Ersten Weltkrieg Texte für Kabaretts, für *Weltbühne, Simplicissimus, Eulenspiegel, Linkskurve*. Emigration mit Unterbrechungen in der Sowjetunion. Teilnahme am Kampf der Internationalen Brigaden in Spanien.

115 Hedda Zinner (1907–1994), Schauspielerin, Dramatikerin, Romanschriftstellerin und Lyrikerin aus Wien, seit 1929 in Berlin, wo sie mit marxistischen Kreisen Berührung hatte und auf Arbeiterveranstaltungen mit eigenen Gedichten und Songs auftrat. Verheiratet mit Fritz Erpenbeck, dem späteren Brecht-Gegner. Emigration in der Sowjetunion, danach wurde sie eine bekannte Kinder- und Jugendbuchautorin der DDR – Daten zu den anderen Mitwirkenden konnten nicht ermittelt werden.

116 *Illustrierte Rote Post*, 41/1932.

117 Günther Weisenborn (1902–1969), Schriftsteller, emigrierte 1937 nach New York, kehrte Ende desselben Jahres nach Deutschland zurück, wo

er am illegalen Kampf teilnahm und verhaftet wurde. Entging der Vollstreckung des Todesurteils. Lebte in Westdeutschland.

118 Helene Weigel im Gespräch mit Hans Bunge, a. a. O. – HWA FH 77.

119 Alfred Hugenberg (1865–1951), rechtsgerichteter Ökonom und Politiker, 1912 Generaldirektor bei Krupp, dann Leiter des nach ihm benannten Zeitungs- und Filmkonzerns, dem damals mächtigsten Konzern für Unterhaltungskunst. Seit 1928 war Hugenberg Führer der Deutsch-Nationalen Volkspartei, Wegbereiter und Finanzier Hitlers, Mitglied der Harzburger Front.

120 Siegfried Nestriepke leitete als Generalsekretär den Vorstand der Volksbühne und andere Volksbühnenvereine in Deutschland. Die Junge Bühne bekämpft ihn wegen seiner angeblich kompromißlerischen sozialdemokratischen Haltung.

121 Das Interview führte Walter Bohr. Siehe: Programmzettel der *Roten Revue* – BBA SBbba 1683.

122 *BFA* XIV, S. 41.

123 Blandine Ebinger, Schauspielerin, mit Brecht von München her bekannt, spielte 1922 in Berlin die Anna in *Trommeln in der Nacht*. Sie wirkte 1922 auch in seinem auf einem Münchener Dachboden gedrehten Film *Mysterien eines Frisiersalons* mit.

124 Gerhard Bienert (geb. 1898) studierte Germanistik und Philosophie, 1921 Schauspielunterricht bei Reinhardt, dort erste Auftritte. 1924 Piscatorbühne, wirkte auch in Filmen mit: *Der blaue Engel* und *Berlin Alexanderplatz*. Unpolitische Rollen auch in der Nazizeit. Spielte 1949 in der *Courage* mit. Dann Deutsches Theater.

125 Margarete Steffin: *Ich sehe Brecht zum ersten Mal*. In: *Konfutse versteht nichts von Frauen*. Nachgelassene Texte, Berlin 1991, S. 166.

126 *BFA* XXVIII, S. 312.

127 »Die dialektische Dramatik setzte ein mit vornehmlich formalen, nicht stofflichen Versuchen. Sie arbeitete ohne Psychologie, ohne Individuum und löste, betont episch, die ›Zustände‹ in ›Prozesse‹ auf.« – *BFA* XXI, S. 439.

128 Zit. aus zwei Versionen des 1969 von Werner Hecht mit Helene Weigel geführten Gesprächs. 1. *Das Stichwort heißt: praktisch*, a. a. O., S. 399, und 2. Helene Weigel: *Erinnerungen an die erste Aufführung der Mutter*. In: Bertolt Brecht: *Die Mutter. Materialien*, Berlin 1970, S. 35–36. Aus diesem letzten Teil des Gesprächs wird auch im folgenden zitiert.

129 Günther Stark war Dramaturg an der jungen Volksbühne, der sich im späteren Verlauf aus Zeitgründen zurückzog.

130 Slatan Dudow (1903–1963), Regisseur bulgarischer Herkunft, der mit Brecht u. a. an *Die Maßnahme*, *Die Mutter* und am Film *Kuhle Wampe* zusammenarbeite. Nach der Emigration in Frankreich und der Schweiz in der DDR, wo er Filmregisseur war.

131 Werner Mittenzwei: *Über die Entstehung des Stücks*. In: Bertolt Brecht: *Die Mutter, Materialien*, Berlin 1970. Wie grundlegend die Vorlage verändert wurde, zeigen Szenenbeispiele.

132 Das Stück wurde in jahrelanger Zusammenarbeit mit Elisabeth Haupt-
mann und Emil Hesse-Burri entwickelt, später stieß noch Hermann Bor-
chardt (1888–1951), Philosoph, Schriftsteller, auch satirischer Texter für
Kabaretts; als Brechts Mitarbeiter bei mehreren Stücken genannt) hinzu.
Wie es beim kollektiven Schreiben der *Johanna* zuging, beschreibt Werner
Mittenzwei: *Das Leben des Bertolt Brecht* (1) a. a. O., S. 329. Auch Walter
Benjamin und Bernhard Reich wirkten beratend mit. In der *Johanna* war
für die Weigel nur die kleine Rolle der Frau Luckerniddle vorgesehen. Die
Johanna selbst wurde in Hinblick auf Carola Neher entwickelt.
133 *Berlin am Morgen* vom 12. 1. 1932. – Zit. nach: Werner Hecht: *Brecht
Chronik*, a. a. O., S. 317.
134 Die polizeiliche Prüfung stellte fest, daß das Stück ein historisches sei
und keine Ausfälle gegen Behörden und Staat enthielt.
135 Konstantin Sergejewitsch Stanislawski (1863–1938), Schauspieler, Regisseur, Theaterleiter und -theoretiker von großem Ansehen, der nach
kurzem Exil im Westen in die Sowjetunion zurückkehrte und mit dem
Wachtangow-, Habima- und u. a. auch Bolschoi-Theater arbeitete.
Weltberühmt (besonders in den USA) wurden seine schauspielpädago-
gischen Methoden und Systeme, die mit dem Begriff der kompletten
Einfühlung des Schauspielers und des Zuschauers zu umschreiben sind.
Letzterer sollte nicht mehr merken, daß er im Theater saß. Stanislawski
lehrte psychische Techniken, wie der Schauspieler Abend für Abend die
Identifikation mit der Rolle erreichen könne als »bewußten Weg zum
unbewußten Schaffen«. Obwohl es auch in der Sowjetunion Autoren
und Regisseure gab, die das am Epischen orientierte Spiel entwickelten
(Meyerhold, Tretjakow), wurde der Stil Stanislawskis der herrschende
und auch offiziell geförderte. Brecht/Weigel befanden sich zeitlebens
in polemischem Verhältnis zu den Stanislawski-Methoden.
136 Wsewolod Illarionowitsch Pudowkin (1893–1953), neben Sergej Eisenstein bedeutendster früher sowjetischer Filmregisseur. Sein berühmtester
Film ist *Sturm über Asien. Die Mutter* nach Gorkis Roman entstand 1926.
137 Herbert Ihering: *Gorkis Mutter auf dem Theater.* In: *Berliner Börsen-
Courier* am 18. 1. 1932. – Zit. nach: Bertolt Brecht: *Die Mutter. Materialien*, a. a. O., S. 27–29.
138 Ludwig Sternaux im *Berliner Lokal-Anzeiger* v. 17. 2. 1932 (Vorkritik) –
Zit. nach: Rühle: Theater für die Republik, a. a. O., S. 1106.
139 Junghans in: *Neue Preußische Kreuzzeitung* v. 18. 1. 1932. – Zit. nach:
Werner Hecht: *Brecht Chronik* a. a. O., S. 318.
140 Alfred Kerr im *Berliner Tageblatt* am 18. 1. 1932, zit. nach: Rühle: *Theater für die Republik*, a. a. O., S. 1104–1105.
141 Max Hochdorf: *Bert Brechts Episches Theater.* In: *Der Abend* (ohne Datum).
142 *BFA* XXI, S. 280.
143 Walter Benjamin: *Ein Familiendrama auf dem epischen Theater.* In: *Literarische Welt* am 5. 2. 1932. – Zit. nach: Bertolt Brecht: *Die Mutter
Materialien*, a. a. O., S. 23–27.

144 Siehe: Bertolt Brecht: *Das Stück Die Mutter*, ebenda, S. 11.

145 Helene Weigel: *Erinnerungen an die erste Aufführung der Mutter.* Ebenda, S. 29.

146 *BFA* XI, S. 206–211.

147 Anna Seghers: *Die Sprache der Weigel*. In: Ruth Berlau, Bertolt Brecht, Claus Hubalek, Peter Palitzsch, Käthe Rülicke: *Theaterarbeit*, Berlin 1967, S. 266.

148 *BFA* III, S. 374.

149 Helene Weigel: *Erinnerungen an die erste Aufführung der Mutter*, a. a. O., S. 34.

150 Margarete Steffin: *Briefe an berühmte Männer, Walter Benjamin. Bertolt Brecht, Arnold Zweig.* Hrsg. von Stefan Hauck, Hamburg 1999, S. 68.

Flucht und Exil in Dänemark

1 Bertolt Brecht: Aus: *Abstieg der Weigel in den Ruhm* – *BFA* XXII/2, S. 798.

2 *BFA* XXII/2, S. 796–799.

3 Helene Weigel im Gespräch mit Hans Bunge, a. a. O., HWA FH 83.

4 Darüber die Hauptmann selbst in: Sabine Kebir: *Ich fragte nicht nach meinem Anteil*, a. a. O., S. 160 ff.

5 *BFA* XXVIII, S. 343.

6 Ebenda, S. 344–345. – Die zwei Lieder sind: *Zehr und Patschek* – *BFA* VIII, S. 100 f. sowie *Der Führer hat gesagt*, ebenda.

7 Ebenda, S. 345.

8 Hier und im folgenden richte ich mich bei Steffin betreffenden Lebensdaten nach der von Stefan Hauck erstellten Chronologie in: Margarete Steffin: *Briefe an berühmte Männer*, a. a. O., S. 314–336.

9 Helene Weigel im Gespräch mit Hans Bunge, a. a. O. – HWA FH 77.

10 Lenka Reinerová: *Die Farbe der Sonne und der Nacht.* Manuskript, am 30. 1. 1964 an Helene Weigel geschickt. – HWA 26.

11 Helene Weigel im Gespräch mit Hans Bunge, a. a. O. – HWA FH 77.

12 Zit. nach: *Geflüchtet unter das dänische Strohdach. Schriftsteller und Künstler im dänischen Exil nach 1933*. Ausstellung der Königlichen Bibliothek Kopenhagen in Zusammenarbeit mit dem Kultusminister des Landes Schleswig-Holstein. Katalog von Willy Dähnhardt und Birgit S. Nielsen, Heide in Holstein, 1988, S. 45.

13 *BFA* XXVIII, S. 352–353.

14 Helene Weigel im Gespräch mit Hans Bunge, a. a. O. – HWA FH 77.

15 Maria Ohm, geborene Hold, im Gespräch mit Gerhard Seidel, a. a. O.

16 Helene Weigel im Gespräch mit Hans Bunge, a. a. O. – HWA FH 77.

17 Die Weigel befragte hier Bunge in seiner Funktion als Archivar. Der Brief befindet sich weder im BBA noch im HWA.

18 Helene Weigel im Gespräch mit Hans Bunge, a. a. O. – HWA FH 77.

19 Maria Ohm hob im Gespräch mit Gerhard Seidel (a. a. O.) ausführlich die für die damalige Zeit äußerst fürsorgliche Behandlung hervor, die sie vom alten und vom jungen Brecht erfahren hat. Sie erzählte auch, daß sie als Dreizehnjährige zu Besuch in die Bleichstraße gekommen war, weil damals ihre Schwester dort arbeitete. Sie sei von dem Haushalt dermaßen begeistert gewesen, daß sie ihrer Mutter »halsstarrig« keine Ruhe gegeben habe, bis sie sie dort arbeiten ließ. Auf die Frage, ob Brecht sie gemocht hätte, antwortete sie: »Er liebte es, wenn man einen guten Humor hatte, und also gut aufgelegt war, und wenn man einen richtig guten Witz machen konnte.« Sie hatte ihm das Versprechen abgenommen, sie nachzuholen, wenn er das Vaterhaus verlassen würde. Er löste das ein, als er sie 1929 in den Haushalt der Weigel brachte.

20 Barbara Brecht-Schall im Gespräch mit Matthias Braun, a. a. O.

21 *BFA* XXVIII, S. 355.

22 Margarete Steffin: *Briefe an berühmte Männer*, a. a. O., S. 72.

23 *BFA* XXVIII, S. 383.

24 Margarete Steffin: *Briefe an berühmte Männer*, a. a. O., S. 65.

25 Ebenda, S. 67–68.

26 Ebenda, S. 73.

27 Zit nach: Birgit S. Nielsen: *Aus dem Emigranten-Kreis um Karin Michaelis. Archiv-Materialien zu Ernst-Ottwalts Aufenthalt in Dänemark.* In: *Text und Kontext*, Kopenhagen und München, 1981, S. 187–189.

28 Zit. nach: Ebenda, S. 134–136.

29 Ottwalt und seiner Frau fehlten die finanziellen Mittel, um in Dänemark zu bleiben. Sie verließen es 1934, als Ottwalt ein Arbeitsangebot in Prag hatte. Da es sich zerschlug, fuhren sie weiter in die Sowjetunion. Dort wurden beide 1936 verhaftet. Ottwald starb 1943 in einem Stalinschen Lager in Archangelsk, Waltraut Nicolas wurde 1941 an Deutschland ausgeliefert. Sie überlebte.

30 Zit. nach: Birgit S. Nielsen: *Die Freundschaft Bert Brechts und Helene Weigels mit Karin Michaelis: Eine literarisch-menschliche Beziehung im Exil.* In: *Die Künste und die Wissenschaften im Exil 1933–1945*, hrsg. v. Edith Böhne und Wolfgang Motzkau-Valeton, Gelringen 1992, S. 83.

31 Ebenda, S. 81.

32 Zit. nach: Birgit S. Nielsen: *Karin Michaelis als Helferin deutscher Emigranten.* In: *Geflüchtet unter das dänische Strohdach*, a. a. O., S. 63.

33 Zit. nach: Sabine Kebir: *Ich fragte nicht nach meinem Anteil*, a. a. O., S. 162–163.

34 Der dänische Journalist Knut Fredrik Rasmussen (alias Crassus und Fredrik Martner) schrieb über Brechts von der Weigel eingerichtetes Arbeitszimmer in Skovsbostrand: »Ein Arbeitstisch aus gebeizter Kiefer nahm die ganze Längsseite des Zimmers ein. An den Wänden hingen chinesische Theatermasken und eine riesige Fotografie seiner Frau Helene Weigel. Auf einem Balken unter der niedrigen Decke stand ein Lenin-Zitat: *Die Wahrheit ist konkret.* […] Im Zimmer standen kleine niedrige Lederstühle und nur vor einem kleinen Tisch mit eine-

Schreibmaschine ein gewöhnlicher Holzstuhl. Auf Tischen, Stühlen und Boden lagen unordentliche Haufen Bücher und Mansuskripte.« – Zit. nach: *Bertolt Brecht. Sein Leben in Bildern und Texten*, hrsg. v. Werner Hecht, Frankfurt am Main 1978, S. 328.

35 So Helene Weigel im Gespräch mit Hans Bunge, a. a. O. – HWA FH 83.
36 Diese und die folgenden Erinnerungen Berlaus nach: *Brechts Lai-Tu. Erinnerungen und Notate von Ruth Berlau*. Hrsg. und mit einem Nachwort von Hans Bunge, Darmstadt 1985, S. 39–50.
37 Zit. nach: Birgit S. Nielsen: *Karin Michaelis als Helferin deutscher Emigranten*, a. a. O., S. 59.
38 *Brechts Lai-Tu*, a. a. O., S. 50–51.
39 Ebenda, S. 62.
40 *BFA* XXVIII, S. 380.
41 Ebenda, S. 375.
42 Ebenda, S. 386.
43 Ebenda, S. 390.
44 Sergej Tretjakow (1892–1939), sowjetischer Dramatiker, Lyriker, Prosaautor, Publizist. Nachdem er in den zwanziger Jahren mehrere Jahre in Peking gelehrt hatte, besuchte er in den dreißiger Jahren Europa. Seit 1931 bestand eine enge Freundschaft zu Brecht und Weigel. Tretjakow vertrat wie Brecht die Auffassung, daß die Stoffe, die die durch die Oktoberrevolution veränderte Welt zeigten, auch mit neuen, offenen Formen gestaltet werden müßten. Tretjakow wurde 1937 im Rahmen der Stalinschen Säuberungen verhaftet und 1939 erschossen.
45 Ende Juli 1933 hatte sie Brecht aus Paris geschrieben: »wenn mir nicht alex [ihr Schweizer Arzt] auch schriftlich wieder die nordsee streng verboten hätte, wäre ich zur seghers.« – Margarete Steffin: *Briefe an berühmte Männer*, a. a. O., S. 85.
46 Siehe: Sabine Kebir: *Ich fragte nicht nach meinem Anteil*, a. a. O., S. 169 bis 173.
47 *Brechts Lai-Tu*, a. a. O., S. 110.
48 Margarete Steffin: *Briefe an berühmte Männer*, a. a. O., S. 117.
49 Ebenda, S. 124.
50 Margarete Steffin in einem Nachsatz zu einem Brief Brechts an Benjamin vom 4. Mai 1934 – *BFA* XXVIII, S. 416.
51 Helene Weigel an Walter Benjamin am 20. 1. 1935 – BBA 2171/21.
52 Walter Benjamin an Toet Blaupot den Cate (Ende Juli 1934). – Zit. nach: Werner Hecht: *Brecht Chronik*, a. a. O., S. 406.
53 James K. Lyon: *Interview mit Barbara Brecht-Schall* am 7. Mai 1996. In: The Brecht Yearbook 22, hrsg. v. International Brecht-Society 1997, S. 11–12.
54 Er betonte allerdings, daß Hanne für ihn selbst »immer Brecht heißen wird. Ich verstehe auch Mariannes Wunsch und ich brauche Ihnen wohl nicht eigens zu versichern, daß ich zu Ihnen und Marianne volles menschliches Vertrauen habe.« – *BFA* XXVIII, S. 674.
55 BBA Z36/116HW.

56 Am selben Tag, an dem sich die Weigel wegen Frank an Brechts Vater
wandte, schrieb Brecht an Paula Groß, wie sehr er es bedaure, daß sie
»durch die Ungunst der Verhältnisse [...] nun doch die ganze Verantwortung für ihn übernehmen« müsse. Im weiteren klärte er die Moda-
litäten der Unterhaltszahlungen und riet, Frank ein Handwerk lernen
zu lassen, damit er schnell seinen eigenen Unterhalt verdienen könne. –
BFA XXVIII, S. 302. In ihren Berichten über Franks Leben schrieb
Paula, daß sie Brechts Vater um Geld bitten mußte, um Frank aus Wien
abholen zu können. – BBA Z 30-14-18. »Ich brachte ihn zu meiner
Mutter nach Augsburg-Stadtbergen, nachdem mein Mann den Jungen
nicht aufnahm, obwohl er mir vor der Ehe das versprochen hatte. [...]
Frank wollte Schauspieler werden. Deshalb ging ich mit ihm zu einer
Städtischen Berufsberatung. [...] Ohne Abitur sei das unmöglich.« Sie
fand für Frank schließlich die Möglichkeit einer kaufmännischen Lehre
in Friedberg bei Augsburg. – BBA E 23/149-152.

57 *Brechts Lai-Tu*, a. a. O., S. 54–56.

58 Zit. nach: *Geflüchtet unter das dänische Strohdach*, a. a. O., S. 65.

59 Zit. nach: Helene Weigel: *Mit Schreiben kommt bei mir nichts heraus.
Briefe und andere Dokumente*. Zusammengestellt und kommentiert von
Matthias Braun. In: *notate* 2, April 1980, S. 6.

60 HWA 155.

61 *BFA* XXVIII, S. 386.

62 Fredrik Martner (eigentl.: Knut Rasmussen) im Gespräch mit Matthias
Braun am 2. 4. 1979 in Berlin – HWA FH 14.

63 Nachdem er eine Auffoderung erhalten hatte, Dänemark Ende April
1933 zu verlassen, schrieb Hans Henny Jahnn am 14. 3. 1935 an Justiz-
mininister Zahle, daß das Asylversprechen nur gehalten würde, »wenn
die infrage stehenden Deutschen Juden oder Kommunisten sind. Oder
es sich um Personen handelt, die ein genau umschriebenes politisches
Verbrechen begangen haben. Mein Unglück scheint zu sein, daß für mich
keine dieser Voraussetzungen zutrifft.« – Zit. nach: Per Oehrgaard: *Hans
Henny Jahnn (1894–1959), Schriftsteller und Orgelbauer*. In: *Exil in
Dänemark*, a. a. O., S. 527. Im Unterschied zu Brecht hatte Jahnn die offizielle Unterscheidung zwischen ›jüdischer‹ und ›deutscher‹ Kultur ver-
innerlicht. Am selben Tag schrieb er an Walter Muschg, »daß mein literarisches Schaffen so sehr deutsch und nicht jüdisch ist«. – Ebenda, S. 528.

64 Zit. nach: Birgit S. Nielsen: *Bertolt Brecht und Dänemark*. In: *Exil in
Dänemark*, Heide, 1993. S. 406.

65 Birgit S. Nielsen: *Die Freundschaft Bert Brechts und Helene Weigels mit
Karin Michaelis*, a. a. O., S. 71.

66 Bei Aufführungen des Stücks *Professor Mamlock* von Friedrich Wolf,
das die Vertreibung der jüdischen Intelligenz aus dem Berufsleben im
faschistischen Deutschland zeigte, war es in Wien und Zürich zu Tu-
multen gekommen.

67 In einem Brief vom 16. August 1934 schrieb die in England mit Übersetzungen und Vertrieb von Brecht-Arbeiten befaßte Freundin Elisa-

beth Hauptmanns, Margret Mynatt, an Brecht, daß das Stück nach Fritz Kortners Meinung in England große Chancen habe, wenn er »die Leute in politischer Beziehung nicht allzu sehr auf den Kopf hauen« und sich »bestimmte Beschränkungen auferlegen« würde. – Zit. nach: Werner Hecht: *Brecht Chronik*, a. a. O., S. 407.

68 Knutzons Brief wird im Zeilenkommentar von *BFA* XXVIII, S. 719, referiert.

69 *BFA* XXVIII, S. 414.

70 Zit. nach: Birgit S. Nielsen: *Maria Lazar (1895–1948), Schriftstellerin, Journalistin.* In: *Exil in Dänemark*, a. a. O., S. 563–564.

71 Birgit Nielsen: *Bertolt Brecht und Dänemark.* In: *Exil in Dänemark*, a. a. O., S. 410.

72 Birgit S. Nielsen ist dieser Frage nachgegangen und hat festgestellt, daß die Svendborger Fremdenpolizei Brecht wohl gedeckt und keine Maßnahmen gegen ihn erwogen habe. Siehe: *Bertolt Brecht und Dänemark*, a. a. O., S. 410.

73 Zitiert und kommentiert nach: Birgit S. Nielsen: *Maria Lazar*, a. a. O., S. 564.

74 Georgi Dimitroff (1882–1949), bulgarischer Politiker, wandte sich früh dem Kommunismus zu, lebte seit 1920 in der Sowjetunion, wo er Spitzenfunktionär der Komintern wurde. Da er sich bei dem Reichstagsbrand gerade in Deutschland aufhielt, wurde er als Drahtzieher angeklagt. Er konnte sich erfolgreich selbst verteidigen und 1934 nach Moskau zurückkehren. Dann Generalsekretär der Komintern, 1946 Präsident von Bulgarien.

75 Joris Ivens (geb. 1898), Dokumentarfilmregisseur aus den Niederlanden, wirkte in vielen Ländern. In der Sowjetunion drehte er u. a. den emphatischen Film *Komsomol*.

76 Gustav von Wangenheim (1895–1975), Schaupieler, Regisseur, Bühnen- und Drehbuchautor, Theaterleiter. Engagierte sich früh in der USPD, später in der Arbeiterkulturbewegung. 1933–1945 Exil in der Sowjetunion, lebte danach in der DDR.

77 *BFA* XXVIII, S. 496.

78 Ebenda, S. 498.

79 Ebenda, S. 499–500.

80 Margarete Steffin: *Briefe an berühmte Männer*, a. a. O., S. 163.

81 *BFA* XXVIII, S. 525.

82 Ebenda, S. 529–530.

83 Ebenda, S. 535.

84 Ebenda, S. 538.

85 Margarete Steffin: *Briefe an berühmte Männer*, a. a. O., S. 188–190.

86 BBA 1391/01 und 1391/02.

87 Birgit S. Nielsen: *Bertolt Brecht in Dänemark*, a. a. O., S. 409–410.

88 *Helene Weigel im Gespräch mit Werner Hecht.* In: *notate* 3/1986, S. 8.

89 James K. Lyon: *Interview mit Barbara Brecht-Schall*, a. a. O., S. 10–12.

90 Helene Weigel im Gespräch mit Hans Bunge, Teil 2, a. a. O.

91 Werner Hecht: *Störe ich? Brechts Achtung vor dem Mitmenschen*. In: *Dreigroschenheft* 4/1997, S. 36.

92 Marie Ohm, geb. Hold, im Gespräch mit Gerhard Seidel, a. a. O.

93 Helene Weigel im Gespräch mit Hans Bunge, a. a. O. – HWA FH 83.

94 Helene Weigel an Erwin Piscator, datiert vom BBA auf ca. August 1936 – BBA Z2/53.

95 Helene Weigel an Erwin Piscator am 18. 1. 1937 – BBA Z2/87.

96 Helene Weigel an Erwin Piscator im Februar 1937 – BBA Z2/88.

97 Anna Seghers: *Helene Weigel spielt in Paris*. In: *Internationale Literatur*, Moskau 8 (1938) 4, S. 126–127.

98 Steffie Spira im Gespräch mit Matthias Braun am 15. 1. 1980 – HWA FH 31.

99 R. Br.: *Die Gewehre der Frau Carrar. Helene Weigel in Brechts neuem Stück* (deutsch). In: *Pariser Tageszeitung* (ohne Datum) – Mappe mit Kritiken über *Die Gewehre der Frau Carrar* im BBA.

100 Anna Seghers: *Helene Weigel spielt in Paris*, a. a. O.

101 Siehe Briefe von Helene Weigel an Fritz Lieb in Basel, einen Freund Walter Benjamins, datiert vom 1. und 3. November – BBA Z2/115 und BBA Z2/116.

102 *BFA* XXIX, S. 59.

103 Ebenda, S. 56.

104 Ebenda, S. 59.

105 Die deutsche Aufführung wurde am 21. 5. 1938 veranstaltet von der Gesellschaft der Freunde des demokratischen Spanien. Die Prager Ausgabe der kommunistischen *Roten Fahne* v. 24. 5. 1938 wünschte auch Aufführungen des Stücks in sudentendeutschen Gebieten. Zustimmung erhielt die Aufführung auch vom *Sozialdemokrat* am 24. 5. 1938.

106 Zit. nach: Uta Pintzka-Birnbaum: *Die Volksschauspielerin Helene Weigel*, a. a. O., S. 19.

107 Martin Andersen Nexö, zit. nach: Uta Birnbaum-Pintzka: *Die Volksschauspielerin Helene Weigel*, a. a. O., S. 19–12.

108 Birgit S. Nielsen: *Bertolt Brecht in Dänemark*, a. a. O., S. 430.

109 James K. Lyon: *Interview mit Barbara Brecht-Schall*, a. a. O., S. 48.

110 Bertolt Brecht an Josef Breitenbach im November 1937 – HWA 46. In derselben Mappe befinden sich auch Briefe der Weigel und Berlaus über die Fotos, die dringend für Berlaus Carrar-Inszenierung in Kopenhagen gebraucht wurden. Weigel schrieb am 1. 10. 1938 an Breitenbach: »Vielen Dank für Ihre Bilder, sie sind sehr schön, leider hat Brecht sie mir gleich alle weggenommen, weil sie ihm so gut gefallen.« – BBA Z 46/147. In diesem und in anderen Briefen von Brecht und Weigel werden immer wieder auch die fototechnisch nicht gelungenen Bilder von Breitenbach erfragt. – Ruth Berlau nahm später in den USA bei Breitenbach Fotounterricht.

111 Josef Breitenbach an Helene Weigel am 20. 12. 1965 – BBA Z46/156.

112 Helene Weigel im Gespräch mit Werner Hecht: *Das Stichwort heißt praktisch*, a. a. O., S. 400–401.

113 Fredrik Martner im Gespräch mit Matthias Braun, a. a. O.

114 Crassus (alias Martner): *Europas förste Arbejder-Skuespillerinde: die Weigel.* In: *Social-Democrat* v. 31. 10. 1938.

115 *BFA* XIV, S. 372.

116 *BFA* XXII, S. 152–153.

117 *BFA* XXVIII, S. 495–496.

118 *Performances of Mei Lan-Fang in Soviet Russia*, 1935 – A 3/69; *Mei Lan-Fang in America. Reviews and criticism*, Tsientsin, 1935 – ohne Signatur; Maria Piper: *Das Japanische Theater*, Frankfurt am Main 1937 – ohne Signatur; Jack Chen: *The Chinese Theater*, London 1948 – ohne Signatur; *Broschüre über japanisches traditionelles Theater* (japanisch, mit zahlreichen Abbildungen), ohne Jahr und Ort – A 5/32; Faubion Bawers: *Japanese Theatre*, New York 1952 – ohne Signatur (dasselbe Buch ist noch in einer broschierten Ausgabe von 1959 vorhanden); *Kabuki*, Broschüre mit vielen Abbildungen, hrsg. v. Pacific World Artists 1969 – XIV F3/43.

119 Über die Gründe der Unbrauchbarkeit vieler Details existieren nur ein paar leider nicht ausgeführte Notizen, die aber die Richtung der Kritik erkennen lassen: Viele der stilisierten Gesten seien unrealistisch und psychologisch, feierlich-zeremoniell, verfremdeten nicht den Vorgang, sondern die Person, ihre Symbole seien versteift. – *BFA* 22/2, S. 960.

120 Ding Yangzhong: *Brechts Theater und das chinesische Theater.* In: *Brecht und China* (Manuskript), hrsg. v. ITI-Zentrum China, 1980, S. 35–41.

121 *BFA* XXII/1, S. 153.

122 *BFA* XIV, S. 376.

123 *BFA* XXII/1, S. 202.

124 Ebenda, S. 204–205.

125 *BFA* XIV, S. 376.

126 Wsewolod Meyerhold (1874–1940), russisch-sowjetischer Regisseur, Schauspieler (1898–1902 am Künstlerthetaer Stanislawskis, später Differenzen mit diesem), Theaterleiter und Theoretiker der avantgardistischen Richtung, wollte auf der Bühne keine Illusion der Kontinuität. Bezog sich wie Tretjakow auf asiatische Bühnentraditionen, auf die Commedia dell'arte, das Kabarett. Betrachtete wie Brecht Stückvorlagen als Rohstoff, formte sie weitgehend um. Inszenierte auch Opern, Agit-Prop-Stücke, Grotesken. Vom Schaupieler erwartete er hohe körperliche Fähigkeiten wie Artistik, Pantomime, Tanz. Benutzte modernste (mobile) Bühnentechnik. Ihm gelangen sensationelle Inszenierungen von Klassikern und modernen Autoren wie Majakowski. Seine Inszenierung von Tretjakows *Brülle China!* hatte 1930 in Berlin großen Erfolg. Meyerhold hat stark auf Brecht gewirkt. Auch er wurde Opfer der Stalinschen Säuberungen.

127 Lars Kleberg: *Die Zauberlehrlinge. Protokoll einer Diskussion vom 14. April 1935 in Moskau aus Anlaß des Gastspiels des chinesischen Schauspielers Mei Lan-Fang in der Sowjetunion.* In: *Lettre international* 3/1988, Berlin. Die im BBA befindliche Kopie trägt keine originalen

Seitenangaben mehr – BBA C1806. Der folgende Abschnitt ist eine Zusammenfassung des Protokolls.

128 Sergej Eisenstein (1898–1948), Pionier der avantgardistischen sowjetischen Filmkunst, arbeitete in den zwanziger und dreißiger Jahren auch in Frankreich, Hollywood und Mexiko: *Que viva Mexico*. Nach seiner Rückkehr 1937 entstanden *Alexander Newski* und *Iwan der Schreckliche*. Einige seiner Filme wurden von der Stalinschen Zensur ohne seine Zustimmung beschnitten und veröffentlicht.

129 Anton Bogdanow, neben Anatoli Lunatscharski wichtigster Theoretiker des Proletkults, geriet wegen seiner basisdemokratischen Kulturideen schon 1921 mit der Partei in Konflikt.

130 *BFA* XXIX, S. 496.

131 Eugenie Schwarzwald an Helene Weigel am 16. 2. 1938. Zit. nach: Hans Deichmann: *Leben mit provisorischer Genehmigung*, a. a. O., S. 27.

132 Zit. nach: Renate Göllner: *Die Schule aber war das eigentliche Leben*, a. a. O., S. 46.

133 Die anderen Schulgründerinnen waren: Rosa Flegelmann, Salomé Goldmann, Sophie Halberstamm, Amalie Sobel. Ebenda.

134 Barbara Brecht-Schall im Gespräch mit Matthias Braun, a. a. O.

135 Fredrik Martner im Gespräch mit Matthias Braun, a. a. O.

136 Zit. und kommentiert nach: Dietrich Simon: *Chronik*. In: Sigmund Freud: *Essays III*, Berlin 1989, S. 553–554.

137 *BFA* IV, S. 387.

138 *BFA* XXIX, S. 88.

139 Helene Weigel im Gespräch mit Hans Bunge, a. a. O. – HWA FH 83.

140 BBA 1298/14–21.

141 BBA 1298/22.

142 R. Br.: *Helene Weigel spielt Bert Brecht. Ein triumphaler Erfolg in der Salle d' Iéna*. In: *Pariser Tageszeitung* (ohne Datum) – Mappe mit Kritiken zu *Furcht und Elend des Dritten Reiches* im BBA.

143 Pierre Abraham: *99 % de M. Bertolt Brecht*. In: *Le Soir*, ohne Datum.

144 Walter Benjamin: *Brechts Einakter*. In: *Die neue Weltbühne*, Prag, no. 26, 1938, S. 825–828.

145 -eo.-: *Lachen bei Brecht*. In: *Pariser Tageszeitung*, ohne Datum.

146 Ohne Autor: *Und die Genossen lachen*. In: *Das Schwarze Korps* v. 7. 7. 1938.

147 Fredrik Martner: *Stykkeskriveren Bert Brecht – de mörke tiders digter*, Kopenhagen 1967, S. 7.

148 *BFA* XXVIII, S. 551.

149 Walter Benjamin an Toet Blaupot den Cate am 24. Juli 1934, zit. nach: Werner Hecht: *Brecht Chronik* a. a. O., S. 406.

150 *BFA* XIX, S. 342–345.

151 *BFA* XVIII, S. 427–432.

152 Beverly Driver Eddy: *Bertolt Brecht's and Karin Michaelis' ›Streitigkeiten‹: Reflexions on Old Age and Literature*. In: *The Germanic Review* vol. LXIX no. 1, Winter 1994, S. 2–5.

153 *BFA* XXII/2, S. 798.

154 Beverly Driver Eddy: *Brecht in Dialogue with Karen Michaelis*. In: *Brecht Unbound*. Presented at the International Bertolt Brecht Symposium. Held at the University Delaware, February 1992, Delaware, London 1995, S. 241–251.

155 Birgit S. Nielsen: *Karin Michaelis als Helferin deutscher Emigranten*, a. a. O., S. 62.

156 Karin Michaelis: *Der kleine Kobold. Die Lebenserinnerungen der Dichterin*, Wien, o. J., S. 285.

157 Michail Kolzow (1898–1942), sowjetischer Autor, Redakteur und Journalist, seit 1922 ständiger Mitarbeiter und Redakteur der *Prawda* und der satirischen Zeitschrift *Ogonjok*, Leiter des Verlages Jurgaz, in dem auch die deutschsprachige Zeitschrift *Das Wort* erschien, deren Mitherausgeber Brecht war. Hier fand die von der sowjetischen Kulturpolitik inspirierte Formalismus-Debatte statt. Kolzow wurde 1938 als angeblich britischer Spion verhaftet und 1942 erschossen. Nach seiner Verhaftung wurde das Erscheinen von *Das Wort* eingestellt.

158 Bernhard Reich (1880–1972), Dramatiker, Regisseur, auch Theatertheoretiker. Anfang der zwanziger Jahre an Reinhardts Deutschem Theater, seitdem enge freundschaftliche und Arbeitskontakte mit Brecht, auch Piscator. Seit 1926 arbeitete er in der Sowjetunion. Wie seine Frau Asja Lacis überlebte er stalinistische Lager. Brecht setzte sich für die Beschleunigung seiner Rehabilitierung ein. – *BFA* XXX, S. 348.

159 Béla Kun (1886–1937), Führer der ungarischen Räterepublik 1919, nach deren Zusammenbruch Flucht in die Sowjetunion. 1928 Leiter der Sektion Westeuropa der Komintern. 1937 wurde er verhaftet und erschossen. Kun war von einem Brecht-Abend 1935 (mit Alexander Granach, Carola Neher u. a.) so angetan, daß er Brecht zu sich einlud.

160 *BFA* XXVI, S. 326.

161 Im Falle von Carola Nehers Verschwinden versuchte Brecht, über Lion Feuchtwanger, bei dessen Aufenthalt in der Sowjetunion zu intervenieren – *BFA* XXIX, S. 13 und S. 64. Es existiert auch ein offenbar nicht abgeschickter Briefentwurf an Georgi Dimitroff – d. h. an die Komintern –, in dem Brecht Auskunft über den Verbleib Verschwundener und Inhaftierter verlangt. – Ebenda, S. 124.

162 Birgit S. Nielsen: *Karin Michaelis als Helferin deutscher Emigranten*, a. a. O., S. 74–75.

163 Margarete Steffin: *Briefe an berühmte Männer*, a. a. O., S. 287.

164 Ebenda, S. 296.

165 Birgit S. Nielsen: *Bertolt Brecht und Dänemark*, a. a. O., S. 410.

166 Margarete Steffin an Fredrik Martner. Zit. nach: Werner Hecht: *Brecht Chronik*, a. a. O., S. 570.

167 Margarete Steffin: *Briefe an berühmte Männer*, a. a. O., S. 300.

168 Birgit S. Nielsen: *Maria Lazar*, a. a. O., S. 573–576. Wegen einer schweren Krankheit beging Maria Lazar 1948 Selbstmord. Ihr von Nielsen als sehr interessant eingeschätzter fiktionaler Roman *Die Eingeborenen*

378

von Maria Blut (1935) wurde von der Schwester Auguste Wieghardt-Lazar 1958 in der DDR herausgegeben.
169 *BFA* XXIX, S. 224–225.

Schrubbern muß sie können. Schweden, Finnland, USA

1 *BFA* XV, S. 11.
2 *BFA* XXIX, S. 133.
3 in dänisch, Übersetzung BBA im BBA Z 19/226 (Original in KBS).
4 in dänisch, Übersetzung BBA im BBA Z 19/230 (Original in KBS).
5 Naima Wifstrand (1890–1968), vielseitige schwedische Schauspielerin, in ihrer Jugend als Primadonna der Operette gefeiert, trat später auch in Charakterrollen und in tragischen Rollen auf. Ende der dreißiger Jahre engagierte sie sich mit anderen Künstlern für ein Volkstheater in Stockholm, das durch niedrige Preise auch weniger zahlungskräftiges Publikum anziehen sollte.
6 Brecht erfüllte diesen Wunsch und gab ihr eine Variante des *Lieds der Jenny* aus *Mahagonny* – Werner Hecht: *Brecht Chronik*, a. a. O., S. 567.
7 Helene Weigel an Walter Benjamin – BBA 2171/20.
8 BBA E 10/1.
9 BBA E 9/29.
10 *BFA* XXVI, S. 346.
11 Zit. nach: Werner Hecht: *Brecht Chronik*, a. a. O., S. 563.
12 Herman Greid (geb. 1892), in Schweden geborener deutscher Schauspieler und Regisseur, spielte nach dem 1. Weltkrieg in Berlin und Düsseldorf. Emigrierte 1933 in die Sowjetunion, 1936 nach Schweden, wo er soziales, teilweise auch religiös motiviertes Theater machte. Inszenierte die *Carrar* mit der Wifstrand, spielte selbst den Pedro. 1939 führte er bei Brechts *Verhör des Lukullus* im schwedischen Rundfunk Regie.
13 »Das heißt, ich fing [...] an und dann hat uns Brecht geholfen. Unter Brechts Händen wurde unser Agitpropstück eine eher lustige Sache im Knockaboutstil.« – *Brechts Lai-tu*, a. a. O., S. 118.
14 Siehe: Werner Hecht: *Brecht Chronik*, a. a. O., S. 587. Im Gegensatz dazu verweist Jost Hermand nachdrücklich auf den Roman-Charakter der *Ästhetik des Widerstands*, da Weiss Brecht »selber kaum oder gar nicht gekannt hat«. Außerdem kritisiert er die modischen feministischen Akzente. – Jost Hermand: *Der Über-Vater. Brecht in der Ästhetik des Widerstands*. In: *Brecht 83. Brecht und der Marxismus*. Protokoll der Brecht-Tage 1983, 9.–11. 2. 1983, Berlin 1983, S. 190–202.
15 Helene Weigel im Gespräch mit Hans Bunge, a. a. O. – HWA FH 83.
16 Friedrich Ege: *Warum schrieb Brecht die Rolle Kattrins – stumm?* In: *Theater Mosaik*, 7/8 Juli/August 1964, S. 3.
17 Bei einem Arbeitertheater in Helsinki entstand ebenfalls Interesse an einer Aufführung der *Courage*. Als dies eine Zeitung meldete, bekräftigte Brecht der Wifstrand gegenüber ihr Recht, das Stück aufzuführen

und die Hauptrolle zu spielen. »Wenn das Stück wirklich hier gespielt wird, wird Helli die Stumme statt auf schwedisch auf finnisch spielen, aber was wird aus der Courage werden, hier? Ideal, wenn Du sie z. B. am Schwedischen Theater hier spielen könntest!« – *BFA* XXIX, S. 184 bis 185. Zu ihrem eigenen Bedauern hat die Wifstrand die Courage nie gespielt.

18 Zit. und kommentiert nach: Therese Giehse: *Ich hab nichts zum Sagen. Gespräche mit Monika Sperr*, Reinbek bei Hamburg, 1976, S. 28.
19 Ebenda, S. 55.
20 *BFA* XXVI, S. 476.
21 Ebenda, S. 354.
22 BFA XXII/2, S. 610.
23 in dänisch, Übersetzung im BBA – BBA Z 19/244 (Original in KBS).
24 Werner Hecht: Brecht Chronik, a. a. O., S. 602–603.
25 Hella Wuolijoki (1886–1954) stand als Schriftstellerin unter dem Einfluß von Tolstoi und Ibsen. Sie sympathisierte mit dem Kommunismus und hatte an den Waffenstillstandsverhandlungen mit der Sowjetunion teilgenommen. Wegen ihrer prosowjetischen Haltung wurde 1943 ein Hochverratsprozeß gegen sie angestrengt. Auf Bitten Brantings machten Weigel und Brecht im Juni 1943 im schwedischen Konsulat in Kalifornien juristisch beglaubigte Zeugenaussagen zu ihren Gunsten. Die drohende Todesstrafe wurde verhindert, Wuolijoki aber bis Kriegsende inhaftiert. Danach war sie Intendantin des finnischen Rundfunks und Reichstagsabgeordnete.
26 *BFA* XXIX, S. 163.
27 Ebenda, S. 168–169.
28 Helene Weigel im Gespräch mit Hans Bunge, a. a. O. – HWA FH 83.
29 *BFA* XXVI, S. 371.
30 Ebenda, S. 371 f.
31 BBA E 10/57.
32 Barbara Brecht-Schall im Gespräch mit Matthias Braun, a. a. O.
33 James K. Lyon: *Interview mit Barbara Brecht-Schall*, a. a. O., S. 18.
34 Gemeint ist *Der aufhaltsame Aufstieg des Arturo Ui* – Margarete Steffin an Ninnan Santesson am 2. 5. 1940 – BBA Z 19/238 (Original in KBS).
35 Margarete Steffin an Ninnan Santesson, undatiert – BBA Z 19/24 (Original in KBS).
36 Margarete Steffin an Ninnan Santesson, undatiert – BBA Z 19/246 (Original in KBS).
37 *BFA* XXIX, S. 171.
38 Ebenda, S. 172.
39 Helene Weigel im Gespräch mit Hans Bunge, a. a. O. – HWA FH 83.
40 Sylvi-Kyllikki Kilpi: Nachtrag zum Tagebuch. Zum Aufenthalt Bert Brechts und seiner Frau sowie seiner Kinder in Finnland – BBA Z36/121.
41 *BFA* XXIX, S. 192.
42 *BFA* XXVI, S. 399.

43 Hella Wuolijoki: *Und ich war nicht Gefangene.* Memoiren und Skizzen, Rostock 1987, S. 228–231.

44 Hans Bunge: *Ein Interview mit Brechts Lai-tu* (September 1959). In: *Dialog 75, Positionen und Tendenzen*, Berlin 1975.

45 Hans Bunge: *Brechts Lai-tu*, a. a. O., S. 131.

46 Margarete Steffin an Ninnan Santesson am 22. 8. 1940 – BBA Z 19/234 (Original in KBS).

47 Helene Weigel im Gespräch mit Hans Bunge, a. a. O. – HWA FH 83.

48 Lion Feuchtwanger: *Briefwechsel mit Freunden 1933–1958* (1), Berlin, 1991, S. 33.

49 Margarete Steffin an Ninnan Santesson, undatiert. Über der zitierten Passage steht: »Diktat von Helene Weigel«. – BBA Z 19/248-249 (Original in KBS).

50 Helene Weigel an Ninnan Santesson am 1. 2. 1941 – BBA Z 19/250 (Original in KBS).

51 Shen Te soll in Cockney »Shanty« assoziieren, auch »Singemädchen«. Ein Chinese wiederum versteht sofort »göttlich« und »Tugend«, aber auch »Leib« bzw. »Mutterleib«. Bock hält es für keinen Zufall, daß »Shen« auch das »Sternbild Orion, Mondhaus Menschenaffe & Erdkreis mit dem Tierkreiszeichen Affe« bedeutet – das chinesische Sternzeichen, unter dem Margarete Steffin geboren wurde. Auch Shui Ta assoziiert zahlreiche Bedeutungen, »Shui« u. a.: »niemand, Wasser, Tinte, Steuer (auf Waren legen), »Ta«: u. a. »verdammt, zum Teufel, Mutterficker«. Yang Sun soll weißenglisch »yang sun« anklingen lassen. »Yang« assoziiert im Slang darin auch »Schwanz«. Im Chinesischen hört man »Sonnenenkel« heraus, womit ein Bezug zu Suns Fliegerberuf hergestellt ist. Bock hat im *Guten Menschen von Sezuan* auch etliche Bezüge zu jüdischen Motiven entdeckt. – D. Stephan Bock: *Coining Poetry. Brechts Guter Mensch von Sezuan*, Frankfurt am Main 1998. Das alles steht keineswegs im Gegensatz zu der Bemerkung im *Journal*: »Nebenbei muß die Gefahr der Chinoiserie bekämpft werden. Gedacht ist eine chinesische Vorstadt mit Zementfabriken usw. Da sind noch Götter und schon Flugzeuge.« – *BFA* XXVI, S. 338.

52 Sylvi-Kyllikki Kilpi: Tagebuch – BBA 2177/36.

53 *BFA* XXIX, S. 185–187.

54 James K. Lyon: *Interview mit Barbara Brecht-Schall*, a. a. O., S. 12.

55 Hugo Huppert (1902–1982) stammte aus Schlesien, stieß früh zur Arbeiterbewegung und war in den zwanziger Jahren als Lyriker, Erzähler und Essayist tätig. Seit 1928 lebte er in der Sowjetunion, dort mit Wladimir Majakowski befreundet, dessen Dichtungen er ins Deutsche übersetzte. Ab 1938 zwei Jahre in Haft. Im Krieg war er Sekretär Ilja Ehrenburgs, dann nahm er am bewaffneten Kampf gegen Deutschland teil. Lebte seit Kriegsende in Österreich.

56 Zit. nach: Werner Hecht: *Brecht Chronik*, a. a. O., S. 649.

57 Johannes R. Becher (1891–1958), begann als expressionistischer Dichter, vom jungen Brecht sehr geschätzt. 1919 Mitglied der KPD. Wegen

seines Romans *Levisite oder Der einzig gerechte Krieg* (1926) kam es zum Hochverratsprozeß, der auf Grund internationaler Proteste niedergeschlagen wurde. Becher emigrierte in die Sowjetunion. Er war der erste Kulturminister der DDR.

58 *Brechts Lai-tu*, a. a. O., S. 114.
59 Als Walter Benjamin am 26. 9. 1940 am Grenzübertritt von Frankreich nach Spanien gehindert wurde, nahm er in der Nacht eine Überdosis Morphium.
60 Barbara Brecht-Schall im Gespräch mit Matthias Braun, a. a. O.
61 Wilhelm Dieterle (1893–1972), Schauspieler auf deutschen und Schweizer Bühnen, seit 1921 auch im Film, sowohl als Schauspieler als auch als Regisseur. Ab 1930 auch Regie in Hollywood. Kehrte 1957 nach Westdeutschland zurück. »Ich kann aus voller Überzeugung sagen, daß unter den mehr oder weniger berühmten Emigranten des damaligen Hollywood Helene Weigel zu denen gehört, die am stärksten und deutlichsten in meiner Erinnerung haften geblieben sind.« *Zum 70. Geburtstag von Helene Weigel* – HWA FH 139.
62 *Brechts Lai-tu*, a. a. O., S. 147.
63 Brecht habe, so erzählt die Weigel weiter, nicht gerne jemanden getroffen und Guten Tag sagen müssen, wenn er aus seinem Arbeitszimmer kam. Als junger Mann schon hätte er sich deshalb mit seinen Wirtinnen zerstritten. – Helene Weigel im Gespräch mit Hans Bunge, a. a. O. – HWA FH 83.
64 *BFA* XXVII, S. 10.
65 Helene Weigel im Gespräch mit Werner Hecht. *Das Stichwort heißt praktisch*, a. a. O., S. 402.
66 James K. Lyon: *Interview mit Barbara Brecht-Schall*, a. a. O., S. 16.
67 *BFA* XXIX, S. 212–124.
68 Berthold Viertel (1885–1953), aus Österreich stammender Regisseur, Autor und Dichter, veröffentlichte Gedichte in der *Fackel*. Von 1922 bis 1928 arbeitete er in Berlin, nahm auch an Brechts Filmexperimenten in München teil. Seit 1928 war er – mit Unterbrechungen – bereits in Hollywood. Er emigrierte zunächst nach London und kam 1939 wieder in die USA.
69 *BFA* XXVII, S. 218.
70 Werner Mittenzwei: *Das Leben des Bertolt Brecht*, (2) a. a. O., S. 36–39.
71 *BFA* XXVII, S. 229.
72 Ebenda, S. 232.
73 Ebenda, S. 234.
74 *Brechts Lai-tu*, a. a. O., S. 169.
75 James K. Lyon: *Interview mit Barbara Brecht-Schall*, a. a. O., S. 28.
76 Barbara Brecht-Schall im Gespräch mit Hans Bunge, a. a. O.
77 Zit. nach: Birgit S. Nielsen: *Die Freundschaft Bert Brechts und Helene Weigels mit Karin Michaelis*, a. a. O., S. 88.
78 Ebenda, S. 94.
79 *BFA* XXVII, S. 23.

80 Paul Dessau (1894–1979), Musiker und Komponist, 1913 Operetten-
    kapellmeister in Bremen, 1919–1923 in Köln, komponierte auch Film-
    musik. Lernte Brecht 1927 flüchtig kennen. Zur Zusammenarbeit kam
    es erst im amerikanischen Exil, wo er von seiner Musik nicht leben
    konnte, sich zeitweise als Gärtner durchschlug. Neben umfangreichem
    weltlichem Werk auch Musik in der synodalen Tradition.
81 Fritzi Massary (1882–1969) war ein im deutschsprachigen Raum gefei-
    erter Star der Operette und der Schauspielbühne. Emigrierte zunächst
    nach London, dann in die USA.
82 *BFA* XXVII, S. 26.
83 Ruth Berlau an Wieland Herzfelde am 12. 5. 1942. Der in Berlaus sehr
    fehlerhaftem Deutsch abgefaßte Brief wurde von mir leicht korrigiert. –
    BBA E 12/60.
84 *BFA* XXVII, S. 236.
85 Werner Hecht: *Brecht Chronik*, a. a. O., S. 683.
86 *BFA* XXIX, S. 247.
87 Ebenda, S. 248.
88 Paul Henried (auch Henreid, geb. 1907) war 1935 als Filmschauspieler
    nach England gegangen, 1941 nach Hollywood. Seine Frau war die
    Tochter Gustav Glücks, des Herausgebers des von Brecht oft erwähn-
    ten Kunstbandes *Bruegels Gemälde*.
89 Helene Weigel im Gespräch mit Werner Hecht: *Das Stichwort heißt
    praktisch*, a. a. O., S. 402.
90 *BFA* XXVII, S. 35.
91 James K. Lyon: *Interview mit Barbara Brecht-Schall*, a. a. O., S. 26.
92 Vladimir Pozner (1905–1992), russisch-französischer Schriftsteller, der
    in Hollywood lebte und auch mit Salka Viertel zusammenarbeitete. Er,
    Salka Viertel und Brecht arbeiteten zusammen an einem Filmdrehbuch
    Silent Witness. Außerdem schrieb er mit beim ersten Drehbuch des
    Puntila.
93 Vladimir und Ida Pozner im Gespräch mit Matthias Braun am 1. 12.
    1983 – HWA FH 68.
94 *Martha Feuchtwanger zum 70. Geburtstag von Helene Weigel* – HWA
    FH 184.
95 Werner Hecht: *Brecht in Kalifornien*. In: *Vielseitige Betrachtungen*, a. a.
    O., S. 298.
96 *BFA* XXIX, S. 341.
97 Helene Weigel im Gespräch mit Hans Bunge, a. a. O. – HWA FH 77.
98 *Brechts Lai-tu*, a. a. O., S. 180.
99 Barbara Brecht im Gespräch mit Matthias Braun, a. a. O.
100 *BFA* XXIX, S. 254.
101 Werner Hecht: *Brecht Chronik*, a. a. O., S. 694. Werner Mittenzwei
    meint, daß Kortner vielleicht das »markanteste« Beispiel dafür war,
    »wie wenig gerade die besten Seiten der in der Weimarer Republik aus-
    gebildeten Kunst in Hollywood zählten. Der hohe Stilisierungsgrad
    und das expressive Ausdrucksvermögen deutscher Kunst kamen hier

kaum an.« – Werner Mittenzwei: *Das Leben des Bertolt Brecht (2)* a. a.
O., S. 26. Vielleicht lag hier auch ein Grund, weshalb die Weigel kaum
Chancen hatte.

102 *Brechts Lai-tu*, a. a. O., S. 151–152.

103 *BFA* XXVII, S. 139 f.

104 James K. Lyon: *Bertolt Brecht in Amerika*, Frankfurt am Main 1984,
S. 312.

105 *BFA* XXVII, S. 23.

106 Ebenda, S. 37.

107 *BFA* XXVIII, S. 156.

108 Ebenda, S. 160.

109 Ebenda, S. 164.

110 Ebenda, S. 166.

111 Ebenda, S. 197.

112 Zu einem Teil der damals in das *Journal* geklebten und zu anderweitig
gesammelten Fotos zum Zweiten Weltkrieg machte Brecht Vierzeiler.
Fotos und Vierzeiler wurden von Ruth Berlau später als *Kriegsfibel* herausgegeben. Unter dem Foto der schreienden Frau (hinter der man eine
weitere schreiende Frau sowie zerstörte Rikschas sieht) stehen die
Verse: O Stimme aus dem Doppelchore/Der Opfer und der Opferer in
Fron!/Der Sohn des Himmels, Frau, braucht Singapore/Und niemand
als du selbst brauchst deinen Sohn. – Bertolt Brecht: *Kriegsfibel*, Berlin
1955, S. 40.

113 Mae West (1893–1980), amerikanische Schauspielerin, schrieb ihre
Stücke, Filme, Dialoge oft selbst. Sie vertrat antipuritanische Positionen, wurde deshalb von der Rechtspresse oft stark angegriffen.

114 Jochen Tenschert im Gespräch mit Matthias Braun am 11. 7. 1983 –
HWA FH 63.

115 Ekkehard Schall (geb. 1930), studierte am Schauspielstudio Magde-
burg, war seit 1952 am Berliner Ensemble, wo er auch Regie führte.
Weltberühmt wurde er durch seine Darstellung des Arturo Ui (1959).
Schall ist auch ein hervorragender Filmschauspieler.

116 Ekkehard Schall im Gespräch mit Matthias Braun am 28. 9. 1981 –
HWA FH 32.

117 Birgit S. Nielsen: *Karin Michaelis als Helferin deutscher Emigranten*, a. a.
O., S. 75.

118 Helene Weigel an Karin Michaelis, datiert von Birgit. S. Nielsen in den
März 1942. – Zit. nach: dieselbe: *Geflüchtet unter das dänische Strohdach*, a. a. O., S. 40.

119 *BFA* XXIX, S. 316.

120 Aus dem Dänischen übersetzt von Birgit S. Nielsen. In: dieselbe: *Karin
Michaelis als Helferin deutscher Emigranten*, a. a. O., S. 75.

121 Karin Michaelis an Else Siegle (in deutsch) – ebenda, S. 76.

122 Die Passagen aus am 16. 10. 1944 und am 7. 11. 1944 datierten Briefen
wurden von mir aus dem Amerikanischen übersetzt. Sie stammen aus
einem FBI-Report vom 24. 10. 1945. – Zit. nach: Alexander Stephan:

Im Visier des FBI. Deutsche Exilschriftsteller in den Akten amerikanischer Geheimdienste, Stuttgart, Weimar 1995, S. 218–219.

123 Birgit S. Nielsen: *Die Freundschaft von Karin Michaelis mit Bertolt Brecht und Helene Weigel,* a. a. O., S. 87.

124 Am 6. März 1943 las Elisabeth Neumann aus *Furcht und Elend.* Der Abend, an dem auch Elisabeth Bergner mit der Rezitation von Brechts *Kinderkreuzzug* auftrat, war sehr erfolgreich. J. G. über die Aufführung am 11. Juni 1945 in *Neue Volkszeitung,* New York: »Elisabeth Neumann ist eine Schauspielerin von großem Können«. Die Aufführung insgesamt war jedoch kein Erfolg.

125 Bertolt Brecht an Ruth Berlau am 18. 4. 1944 – *BFA* XXIX, S. 330.

126 James K. Lyon: *Bertolt Brecht in Amerika,* a. a. O., S. 263.

127 Werner Mittenzwei: *Das Leben des Bertolt Brecht* (2), a. a. O., S. 182 bis 186.

128 Bertolt Brecht: *Notate zu einzelnen Szenen.* In: *Materialien zu Brechts Leben des Galilei,* Frankfurt am Main 1967, S. 75.

129 Werner Mittenzwei: *Das Leben des Bertolt Brecht* (2), a. a. O., S. 187 bis 188.

130 Barbara Brecht-Schall im Gespräch mit Matthias Braun, a. a. O.

131 James K. Lyon: *Interview mit Barbara Brecht-Schall,* a. a. O., S. 21 bis 22.

132 James K. Lyon: *Bertolt Brecht in Amerika,* a. a. O., S. 256–266.

133 Ebenda, S. 257.

134 Bertolt Brecht: *Notate zu einzelnen Szenen,* a. a. O., S. 51.

135 James K. Lyon: *Bertolt Brecht in Amerika,* a.. a. O., S. 274–275.

136 Paula Wessely (1908–1987), österreichische Schauspielerin, 1932–1944 auch am Deutschen Theater in Berlin, seit 1934 arbeitete sie auch im Unterhaltungsfilm, wodurch sie sehr populär wurde. Bis in die siebziger Jahre war sie am Theater tätig.

137 Siehe: Kurt Palm: *Vom Boykott zur Anerkennung Brechts in Österreich,* Wien, München 1983, S. 30–31. Die diesbezüglichen Briefe der Weigel sind verschollen.

138 Alexander Stephan: *Im Visier des FBI,* a. a. O., S. 205.

139 Siegfried Unseld zitierte beide Briefe anläßlich des 70. Geburtstags der Weigel – HWA FH 103/1.

140 Helene Weigel an Ernst Busch – Zit. nach: *Ernst Busch. Eine Biographie in Texten, Bildern und Dokumenten,* hrsg. v. der Akademie der Künste d. DDR, Berlin 1987, S. 249.

141 In einem ihrer späteren schriftlichen Berichte über Frank schrieb Paula Banholzer-Groß, daß die Kimratshofener Pflegeeltern Franks »so sehr an dem braven Jungen [hingen], daß sie von Kimratshofen kamen, um ihn in der Kaserne zu besuchen.« Nach einer Fliegerausbildung wurde er von Frankreich aus gegen England eingesetzt. Als er Fronturlaub hatte [den er auch manchmal bei Otto Müllereisert, dem Jugendfreund seines Vaters, in Berlin verbrachte], durfte ich ihn aufnehmen. Ich weiß jetzt nicht mehr, wann Frank in Paris war. Er kam in Urlaub, mein

Mann freute sich, weil Frank ihm eine Flasche Sekt brachte.« Von einer Verletzung genesen, kam er an die Ostfront. »Von Russland schrieb er oft. Einmal schrieb er mir, daß er in Deutschland eine nette Freundin hätte. Infolge einer Krankheit kam er in ein Lazarett. Da er ein großer Theaterfreund war, ging er in ein Lichtspieltheater, wo er [bei einem Bombardement] seinen Tod fand. Mein Bruder sah ihn und sagte, Frank wäre im Gesicht nicht verletzt gewesen.« – BBA E 23/149–152. Wie sehr Walter Brecht damals von martialischer Kriegsideologie beeinflußt war, zeigt sein am 18. 12. 1943 verfaßtes Beileidsschreiben an Paula Groß: »Für und wider der verschiedenen Weltanschauungen der heilige Tod auf dem Feld der Ehre [...] hat er sich in die Reihen der Besten gestellt und unendlich viel mehr gegeben, als ihm gegeben worden ist.« – BBA Z 30/141.

142 Alexander Stephan: *Im Visier des FBI*, a. a. O., S. 42, 215, 221, 225.

143 James K. Lyon: *Bertolt Brecht in Amerika*, a. a. O., S. 423.

144 Ebenda, S. 310.

145 Ebenda, S. 424.

146 Herrmann Budzislawski (1901–1978), emigrierte 1934 nach Prag, gab dort die *Neue Weltbühne* heraus; im amerikanischen Exil der Sekretär von Dorothy Thompson, die sich über seine kommunistischen Überzeugungen nicht im klaren war. In der DDR Herausgeber von *Die Weltbühne*, gehörte zu Weigels engsten politischen Beratern.

147 *BFA* XXVII, S. 250.

148 Der damalige Außenminister, Vladimir Clementis, sei von F. C. Weiskopf und Egon Erwin Kisch über die Gefahr informiert worden, in der Brecht in den USA geschwebt habe, und bereit gewesen, ihm zu helfen. »Nach einer Woche sagte mit der Sekretär seines Kabinetts, Dr. Miloš Ruppelt, Brecht habe via Weiskopf [im Konsulat in New York] einen tschechoslowakischen Dienstpass erhalten.« – Bericht von Moric Mittelmann-Dédinský vom 12. 2. 1998 – BBA Z 11/101-103. Vladimir Clementis wurde 1952 im Zusammenhang mit dem Slánský-Prozeß des Hochverrats angeklagt und gehängt.

149 James K. Lyon: *Bertolt Brecht in Amerika*, a. a. O., S. 313.

Helli jetzt herrlich, von großer Kühnheit

1 *BFA* XV, S. 191.

2 Helene Weigel im Gespräch mit Werner Hecht: *Die Kennerin der Wirklichkeit*, a. a.. O., S. 227.

3 Steffie Spira im Gespräch mit Matthias Braun, a. a. O., HWA FH 31.

4 Ebenda, S. 255.

5 Ebenda, S. 261.

6 Helene Weigel im Gespräch mit Werner Hecht. In: *notate* 3/86, S. 9.

7 *Neue Zürcher Nachrichten* v. 16. 3. 1948. Zit. nach: ebenda.

8 *Die Tat* v. 19. 2. 1948. Zit. nach: ebenda.

9 *Der freie Räter* v. 17. 2. 1948. – Zit nach: ebenda.

10 *Neue Bündner Zeitung* v. 18. 2. 1948. – Zit. nach: ebenda.

11 *Zürcher Tagesanzeiger* v. 19. 2. 1948. – Zit. nach: Werner Hecht: *Brecht Chronik*, S. 814.

12 *Neue Zürcher Zeitung* v. 16. 3. 1948, Zit. nach: ebenda.

13 Günther Weisenborn: *Der gespaltene Horizont*, München, Wien, Basel 1964, S. 108.

14 Hans Bunge: *Brechts Lai-tu. Ruth Berlau erzählt*. Zit nach dem nicht identischen Manuskript, S. 256. Bunge stellte es mir für meine Arbeit an *Ein akzeptabler Mann? Brecht und die Frauen* freundlicherweise zur Verfügung.

15 *Brechts Lai-tu*, a. a. O., S. 209–211.

16 Benno Besson (geb. 1922) kam vom Laientheater, seit 1943 Regieassistent am Zürcher Schauspielhaus. 1945 hatte er Brechts Kinderbuch *Die drei Soldaten* in eine dramatische Form gebracht. Mit *Die Ausnahme und die Regel* unternahm er eine große Tournee, die ihn auch in den französisch besetzten Teil Deutschlands führte. Er folgte Brecht und Weigel 1949 ans Berliner Ensemble.

17 Elisabeth Hauptmann an Helene Weigel am 25. 8. 1948 – BBA 211/51.

18 In einem Brief vom 12. 8. 1966 bedankte sich die Giehse dafür, daß die Weigel ihr das Spielen der Courage in den USA erlaubt hatte. – HWA KO 42/1. Ein undatierter Brief Hanne Hiobs gibt Auskunft darüber, daß Henri Alliot seine Verfilmung von Brechts Geschichte *Die unwürdige Greisin* ursprünglich mit der Giehse besetzen wollte, diese aber wegen Krankheit abgesagt, es dann aber bereut hatte: »Liebe Helli, die unwürdige Greisin hat die Therese den Franzosen ausgeredet, weil sie sick [d. h. krank] ist!! Jetzt tut es ihr bereits leid! Könntest Du noch etwas tun??!« – HWA 183. Die Rolle wurde dann von der Französin Thérèse Sylvie – ebenfalls glänzend – gespielt.

19 Leonard Steckel (1901–1971), sozialkritischer Schweizer Schauspieler und Regisseur, in den zwanziger Jahren u. a. am Berliner Staatstheater und an der Piscatorbühne, 1933 Zürcher Schauspielhaus, dort spielte er in mehreren Brecht-Stücken. Steckel spielte auch den Puntila 1949 am Berliner Ensemble.

20 Therese Giehse: *Ich hab nichts zum Sagen*, a. a. O., S. 71–72.

21 Helene Weigel im Gespräch mit Werner Hecht. In: *notate* 3/86, S. 9.

22 *Journal* v. 27. 11. 12. 1948 – *BFA* XXVII, 286–290.

23 Fritz Erpenbeck (1897–1975), war in der Arbeiterkulturbewegung aktiv, dann Schauspieler, Dramaturg bei Piscator, 1927 KPD. Emigration in ČSR, dann UdSSR. Er war leitender Redakteur vom *Wort*, wo er die Lukács-Linie vertrat. Arbeit für von der Sowjetunion ausstrahlende deutschsprachige Sender. Nach der Rückkehr 1945 Leiter verschiedener Zeitungen, u. a. auch *Theater der Zeit*. Er übte gegenüber Partei- und Staatsinstanzen beratende Funktion aus. 1959–1962 Chefdramaturg der Volksbühne, freischaffender Schriftsteller.

24 Werner Hecht: *Brecht Chronik*, a. a. O., S. 816.

25 BBA Z 2/163.

26 BBA Z 2/164.

27 BBA Z 2/166.

28 Man lernte sich aber erst 1955 in Moskau kennen. Fradkin traf mehrfach mit Brecht, Weigel und Käthe Rülicke zu intensiven Gesprächen
im Hotel Sowjetskaja zusammen. Auch habe er Brecht damals mit Ver-
lagen in Kontakt gebracht. »Hier, offen gesagt, war die Situation para-
dox; also gerade dort, wo er am meisten auf Einverständnis zu stoßen
hoffte, gab es manche Vorurteile oder einfach Unkenntnis. Und da er
wenigstens einen Menschen dem Namen nach kannte, der Interesse
und Absichten hatte, etwas in dieser Richtung zu machen, so wollte er
die Verbindung aufnehmen.« – Ilja Fradkin im Gespräch mit Matthias
Braun am 12. 2. 1986 – HWA FH 87. Siehe auch ders.: *Bertolt Brecht.
Weg und Methode*, Leipzig 1974. Nach der hier enthaltenen Bibliographie der Verbreitung von Brechts Werken in der Sowjetunion wurden
zu seinen Lebzeiten lediglich die *Dreigroschenoper* (1930, Kammerthea-
ter Moskau) und *Der Spitzel* aus *Furcht und Elend des Dritten Reiches*
(1941, Theater des Leninschen Komsomol, Moskau) inszeniert.

29 Werner Mittenzwei: *Das Leben des Bertolt Brecht* (2), S. 284–288.

30 Ebenda, S. 236.

31 Gottfried von Einem (1918–1996), hatte mit seiner Oper *Dantons Tod*
1947 in Salzburg großen Erfolg. Er wollte, ebenfalls für Salzburg, mit
Brecht zusammen an einem *Salzburger Totentanz* arbeiten. Eine Tätigkeit für bzw. in Österreich war eine Voraussetzung für den Erwerb der
österreichischen Staatsbürgerschaft. Von Einems Unterstützung löste
langwierige politische Konflikte aus, unter deren diskriminierenden
Folgen er zeitlebens zu leiden hatte.

32 Das undatierte handgeschriebene Dokument befindet sich im Elisabeth-Hauptmann-Archiv – EHA 681.

33 BBA E 14/4-5.

34 James K. Lyon: *Interview mit Barbara Brecht-Schall*, a. a. O., S. 43.

35 Helene Weigel an Berthold Viertel am 22. 7. 1950 – BBA Z 31/32.

36 Bericht von Moric Mittelmann-Dédinský, a. a. O.

37 *BFA* XXVII, S. 275.

38 Ebenda, S. 279.

39 »Berlin, eine Radierung Churchills nach einer Idee Hitlers« – Ebenda,
S. 282.

40 Ebenda, S. 285.

41 Ebenda, S. 291.

42 Gerda Müller (1895–1951) kam 1922 an Jessners Berliner Staatstheater, sie war damals mit Arnolt Bronnen liiert. In Brechts *Baal* 1926
spielte sie die Sophie Barger. Die Müller wurde eine wichtige Darstellerin des expressionistischen Theaters und eignete sich im Alter noch gestisches Spielen an.

43 *BFA* XXVII, S. 286.

44 Ebenda, S. 289.

45 Ebenda, S. 283.
46 Ebenda, S. 292.
47 Ebenda, S. 296.
48 Ebenda, S. 298.
49 Ebenda, S. 312.
50 Wolfgang Harich (1923–1995), Philosoph und Kritiker, wurde 1956 verhaftet, weil er Verbindung zu westdeutschen Sozialdemokraten aufgenommen hatte. Nach seiner Gefängnishaft entwarf er u. a. ein im Ostblock einmaliges ökologisches Überlebensprogramm der Menschheit.
51 Wolfgang Harich: *Der gemeine Mann hat kein Gesicht*. In: *Tägliche Rundschau* v. 14. 1. 1949.
52 Paul Rilla: *Gegen den deutschen Kriegsmythos*. In: *Berliner Zeitung* v. 13. 1. 1949.
53 Friedrich Luft in: *Bertolt Brechts Berliner Wiederkehr*. In: *Neue Zeitung* v. 15. 1. 1949.
54 Helene Weigel an Lion Feuchtwanger am 1. 4. 1949. Zit nach: Lion Feuchtwanger: *Briefwechsel*, a. a. O., S. 76.
55 Isot Kilian im Gespräch mit Matthias Braun am 2. 8. 1985 – HWA FH 72.
56 Helene Weigel an Lion Feuchtwanger am 30. 1. 1949. In: Lion Feuchtwanger: *Briefwechsel*, a. a. O., S. 55.
57 Fritz Erpenbeck: *Mutter Courage und ihre Kinder*. In: *Vorwärts* v. 13. 1. 1949.
58 Ders.: *Aus dem Theaterleben*, Berlin 1959, S. 220.
59 Ders.: *Mutter Courage*. In: *Die Weltbühne* v. 18. 1. 1949, S. 101.
60 Wolfgang Harich: *Trotz fortschrittlichen Wollens …* In: *Die Weltbühne* v. 8. 2. 1949.
61 Zit. nach: Werner Hecht: *Brecht Chronik*, a. a. O., S. 846–847.
62 *BFA* XXVII, S. 295.
63 Ebenda, S. 316.
64 Bertolt Brecht: *Modellbuch der Aufführung von 1949*. In: *Mutter Courage und ihre Kinder. Materialien*, hrsg. v. Werner Hecht, Berlin 1968, S. 62.
65 *BFA* XXVII, S 290.
66 Fritz Wisten (1890–1962), Schauspieler und Regisseur 1941 inhaftiert (KZ), 1945 belebte er das Konzept der Volksbühnenbewegung neu.
67 *BFA* XXVII, S. 358.
68 Alexander Dymschitz: *Ein gewöhnliches Genie*. In: *Theater der Zeit* no. 14/1966, S. 14.
69 Elfriede Bork erzählte im Gespräch mit Matthias Braun (ohne Datum) daß sie und ihr Mann Brecht vor 1933 in den Sonntagsmatineen der Sonderabteilung der Volksbühne kennengelernt hätten. Brecht, Dudow und Eisler seien rauchend in den Pausen herumgelaufen, hätten Schnürsenkel als Lederschlipse getragen – HWA FH 91.
70 Werner Hecht: *Brecht Chronik*, a. a. O., S. 856, 857, 863.

71 Elfriede Bork im Gespräch mit Matthias Braun am 29. 11. 1978 – HWA FH 17.

72 HWA KO 379.

73 Elfriede Bork im Gespräch mit Matthias Braun – FH 17.

74 Der Begriff stammt von Darko Suvin. Siehe ders.: *Brechts Methode. Über Jameson über Brechts Methode: Politik der Hundertjahrfeier*. In: *Dreigroschenheft* 4/ 1999, S. 10.

75 Helene Weigel im Gespräch mit Werner Hecht: *Die Kennerin der Wirklichkeit*, a. a. O., S. 231.

76 Käthe Rülicke-Weiler (1922–1992) hatte eine kaufmännische Lehre absolviert und als Stenotypistin gearbeitet, bevor sie an der Arbeiter-und-Bauern-Fakultät Abitur machte und Kulturpolitik sowie Germanistik bei Hans Mayer studierte. Sie wurde 1950 als Regieassistentin engagiert, war aber auch als Dramaturgin tätig. Kurze Zeit nach Brechts Tod wechselte sie zur Akademie der Künste.

77 *Käthe Rülicke-Weiler im Gespräch mit Matthias Braun. Auskünfte über Helene Weigel und Bertolt Brecht* (2). In: *Theater der Zeit* 12/1985, S. 11.

78 Zit nach: Werner Hecht: *Brecht Chronik*, a. a. O., S. 943.

79 *BFA* XXIX, S. 489.

80 Ebenda, S. 491.

81 Ebenda, S. 492.

82 Werner Mittenzwei: *Das Leben des Bertolt Brecht* (2), a. a. O., S. 359.

83 *BFA* XXIX, S. 507.

84 Ebenda, S. 490.

85 »... *größere Briefe können wir ja alle nicht schreiben«. Aus dem Briefwechsel zwischen Helene Weigel und Therese Giehse*, zusammengestellt von Matthias Braun, in: *notate* 3/1981, S. 14.

86 *BFA* XXIX, S. 493.

87 Zit. nach: Matthias Braun: *Berthold Viertels erste Berliner Nachkriegsinszenierung: Wassa Shelesnowa am Berliner Ensemble. Ein dokumentarischer Bericht*. In: *Aus Trümmern entstanden. Theater in Deutschland nach dem Zweiten Weltkrieg. Kleine Schriften der Gesellschaft für Theatergeschichte*, Heft 36, Berlin 1991, S. 47.

88 Angelika Hurwicz (1922–1999) hatte an einem erzgebirgischen Wandertheater debütiert, war seit 1945 am Deutschen Theater. Am Berliner Ensemble spielte sie u. a. noch Eva in *Puntila*, Marthe Rull im *Zerbrochenen Krug* unter der Regie der Giehse, die Marthe im *Urfaust*, die Grusche im *Kreidekreis*, Frau Sarti im *Galilei* sowie Frau Kleinschmidt in Strittmatters *Katzgraben*. 1957 ging sie nach Westdeutschland.

89 HWA KO 3446.

90 HWA KO 3447.

91 HWA KO 3459.

92 Hier und im folgenden zit. nach: *Theaterarbeit*, hrsg. v. Berliner Ensemble, Berlin 1966, S. 65–66.

93 Matthias Braun: *Berthold Viertels erste Berliner Nachkriegsinszenierung*, a. a. O., S. 47.

94 Therese Giehse an Helene Weigel am 13. 8. 1950 und am 19. 7. 1951. – Zit. nach: »... *größere Briefe können wir ja alle nicht schreiben*«, a. a. O., S. 14–15.

95 Egon Monk (geb. 1927) hatte nach dem Krieg in der Laienspielbewegung gearbeitet, ab 1949 am Berline Ensemble. Er wurde recht bald mit Regiearbeiten betraut. 1961 ging er nach Westdeutschland. Nachdem er kurze Zeit Intendant des Hamburger Schauspielhauses gewesen war, wurde er Rundfunk- und Fernsehregisseur.

96 Helene Weigel an Therese Giehse am 1. 1. 1951. – Zit. nach: »... *größere Briefe können wir ja alle nicht schreiben*, a. a. O., S. 14

97 Helene Weigel an Therese Giehse am 15. 6. 1951. – Zit. nach: ebenda.

98 *BFA* XXX, S. 269.

99 Harry Buckwitz (geb. 1904), Regisseur und Theaterleiter, zwischen 1926 und 1937 u. a. in München. Er mußte sich bis 1945 im Hotelgewerbe durchschlagen. Bis 1951 in der Leitung der Münchener Kammerspiele, danach Intendant der Städtischen Bühnen Frankfurt. Buckwitz durchbrach den Brecht-Boykott in Westdeutschland. 1971–1976 Intendant am Zürcher Schauspielhaus.

100 BBA E 12/63.

101 Aus einem Brief Walter Ulbrichts an Heinrich Rau, dem Vorsitzenden der Wirtschaftskommission, vom 29. 4. 1949 geht hervor. daß der erste Jahresetat 1 125 000 DM (die im Ostteil noch gültige alte Reichsmark) laufende Ausgaben und 350 000 DM einmalige Ausgaben sowie schätzungsweise 10 000 Dollar jährlich für die Gagen ausländischer Schauspieler zur Verfügung gestellt werden sollten. – Zit. nach: Werner Mittenzwei: *Das Leben des Bertolt Brecht* (2), a. a. O., S. 357.

102 Zit. nach: Fritz J. Raddatz: *Eiserner Vorhang, kalte Zeit*. In: *Die Zeit* v. 21. 10. 1999, S. 63.

103 HWA IM 7.

104 *BFA* XXX, S. 199.

105 »Kostüme lagen vor für einen Operettenfilm.« Bertolt Brecht an Therese Giehse am 5. 10. 1955. – Ebenda, S. 380.

106 BBA MFS-AKK-8661/76 – BDI.

107 *BFA* XXX, S. 376.

108 Ebenda, S. 380.

109 Aldo: *Ihre Kunst gilt dem Volke. Helene Weigel geht als Leiter des Berliner Ensembles völlig neue Wege*. In: *Nachtexpress* v. 9. 1. 1951.

110 Hans Mayer (geb. 1907), Germanist, Exil in der Schweiz, nach dem Krieg lehrte er in Leipzig, wo er zur Gruppe aufklärerisch wirkender Professoren wie Werner Krauss, Ernst Bloch und Walter Markov gehörte. Er war dramaturgischer Berater Brechts. Als Teile der SED-Führung 1965 eine politisch aggressive Kampagne an der Universität gegen ihn schürten, ging er nach Tübingen. Autor bedeutender Werke über die neuere deutsche Literatur, speziell über Brecht.

111 Jürgen Kuczynski (1904–1997), auf fast allen Gebieten der Gesellschaftswissenschaften publizierender Wirtschaftswissenschaftler und Phil- -

soph. Er arbeitete in den zwanziger Jahren in den USA, 1930 KPD, Arbeit an *Die Rote Fahne* und in der MASCH. Emigration in England, 1944/45 wissenschaftlicher Mitarbeiter des US-Strategic Bombing Survey und Oberst der US Army. In der DDR wissenschaftliche Funktionen, außenwirtschaftlicher Berater Honeckers. Erregte durch unorthodoxe Meinungen vielfach Aufsehen. Dramaturgischer Berater Brechts und der Weigel.

112 Käthe Rülicke-Weiler im Gespräch mit Matthias Braun (1978) – HWA FH 43.

113 Käthe Reichel (geb. 1926) begann als Gustchen in Brechts Bearbeitung von Lenz' *Hofmeister*. U. a. spielte sie die Grusche 1954 unter Brechts Regie in Frankfurt am Main. Sie war eine umstrittene Shen Te in Bessons Inszenierung von *Der gute Mensch von Sezuan*. Seit 1961 war Reichel am Deutschen Theater, wo ihre neuartige Darstellung der *Minna von Barnhelm* Berühmtheit erlangte.

114 Regine Lutz (geb. 1928), Schauspielerin aus der Schweiz. Sie spielte u. a. die Lagerhure in der *Courage*, die Eva im *Puntila*, die Ludmilla in *Wassa Shelesnowa*. 1961 ging sie nach Westdeutschland.

115 Isot Kilian (1924–1986), damals mit Wolfgang Harich verheiratet. Spielte ein Schlittschuhmädchen im *Hofmeister*, eine Telefonistin im *Puntila*, auch kleine Rollen in *Die Mutter*. Sie war bis Ende der sechziger Jahre in verschiedenen organisatorischen Tätigkeiten am Berliner Ensemble. Danach arbeitet sie bei der DEFA und an der Schauspielschule ›Ernst Busch‹.

116 Isot Kilian im Gespräch mit Matthias Braun am 8. 2. 1985 – FH 72.

117 Manfred Wekwerth (geb. 1929), zunächst Regieassistent und Meisterschüler bei Brecht, Regisseur, seit 1960 Chefregisseur des Berliner Ensembles, wo er 1969 kündigte. Nach Jahren der freischaffenden Regietätigkeit an deutschen und ausländischen Bühnen sowie beim Fernsehen 1975 Direktor des Instituts für Schauspielregie, 1977 bis 1991 wieder Regisseur und Intendant des Berliner Ensembles, 1982–1990 Präsident der Akademie der Künste der DDR. Seitdem freischaffend.

118 Erich Franz (1903–1961) war Dreher und Bergarbeiter von Beruf. Schon in den zwanziger Jahren trat er in Laienspielgruppen als Sänger und Rezitator auf. Sein Vorbild war Ernst Busch. Franz war in die Sowjetunion emigriert, wo er ebenfalls als Bergarbeiter tätig war. Er spielte im Berliner Ensemble eindrucksvoll Arbeitergestalten.

119 *Manfred Wekwerth im Gespräch mit Hans-Dieter Schütt*, Frankfurt Oder, 1995, S. 64–65.

120 Peter Palitzsch (geb. 1918) hatte bereits als Dramaturg an der Dresdner Volksbühne gearbeitet. Am Berliner Ensemble begann er 1950 als Assistent Brechts, dann wurde er Chefdramaturg und bekam auch Regieaufgaben. 1961 ging Palitzsch nach Westdeutschland, wo er an mehreren Bühnen als Brecht-Regisseur tätig war. 1966–1972 Schauspieldirektor in Stuttgart, seit 1972 Direktoriumsmitglied und Chefregisseur an den Städtischen Bühnen in Frankfurt am Main.

121 Käthe Rülicke-Weiler im Gespräch mit Matthias Braun am 8. 11. 1984 – HWA FH 70.

122 Als er seine Aufzeichnungen zur *Hofmeister*-Inszenierung verloren hatte, ließ Brecht ihn »zwei Jahre lang fallen«. Besson ging in dieser Zeit nach Frankreich, inszenierte dort: Brecht. – Benno Besson: *Jahre mit Brecht*, Theaterkultur-Verlag, Willisau 1990, S. 24.

123 Käthe Rülicke-Weiler: *Auskünfte über Helene Weigel und Bertolt Brecht* (1). *Matthias Braun im Gespräch mit Käthe Rülicke-Weiler über die Arbeit am Berliner Ensemble*. In: *Theater der Zeit* 11/1985, S. 61.

124 Kurt Palm, Kostüm- und Maskenbildner, seit 1949 am Berliner Ensemble, ging 1961 in die Niederlande, dann nach Bayreuth.

125 Christine Stromberg, Kostüm- und Maskenbildnerin, spätere Leiterin der Kostümabteilung.

126 Käthe Rülicke-Weiler: *Auskünfte* (1), a. a. O., S. 61.

127 Isot Kilian im Gespräch mit Matthias Braun am 8. 2. 1985 – FH 72.

128 Käthe Rülicke-Weiler: *Auskünfte* (1), a. a. O., S. 61–63.

129 *BFA* XXVII, S. 317.

130 Ypsi: *Bertolt Brecht: Die Mutter*. In: *Neue Zeit* v. 14. 1. 1951.

131 Johanna Rudolph: *Wertvolle Bereicherung des Berliner Theaterlebens*. In: *Neues Deutschland* v. 14. 1. 1951.

132 Bertolt Brecht: *Keine Berührung mit der Wirklichkeit*. In: *Die Mutter. Materialien*, Berlin 1970, S. 140.

133 Paul Thyret: *Helene Weigel lebt die Pelagea Wlassowa*. In: *BZ am Abend* v. 16. 1. 1951.

134 Walther Pollatschek: *Die Bühne als Anleitung zum Handeln*. In: *Tägliche Rundschau* v. 14. 1. 1951.

135 Ypsi: *Bertolt Brecht: Die Mutter*, a. a. O.

136 Wekwerth gehörte zu den FDJlern, die beauftragt wurden, die berühmte Generalprobe zu stören, bei der auch Otto Grotewohl und andere Regierungsmitglieder zuschauten. »Wir gingen also ins Theater, es wurde immer stiller, am Ende aber brandete wider alle Erwartungen Riesenbeifall auf. Keiner vor uns pfiff, kein Buh. Wir waren begeistert.« – *Manfred Wekwerth im Gespräch mit Hans-Dieter Schütt*, a. a. O., S. 66.

137 Referat von Fred Oelsner in: 5. *Tagung des ZK der Sozialistischen Einheitspartei Deutschlands vom 15.–17. 3. 1951*, S. 51 (Brecht-Nachlaß-bibliothek).

138 *Referat von Helene Weigel*, ebenda, S. 64–68.

139 Maximilian Scheer in *Die Weltbühne* v. 6. 12. 1949, S. 1572.

140 Käthe Rülicke-Weiler: *Auskünfte* (2), a. a. O., S. 11.

141 Werner Hecht: *Brecht Chronik*, a. a. O., S. 1021.

142 Roman Szydlowski: *Ein deutscher Schriftsteller klagt den Krieg an*. In: *Trybuna Ludu* v. 25. 12. 1952. – Zit. nach Übersetzung des BE – APE – Gastspielmappe Polen 1952.

143 Konstanty Puzyna: *Das Theater von Brecht oder die Einfachheit*. In: *Zycie Literackie* v. 21. 12. 1952 – Zit. nach: ebenda.

144 Leon Schiller in: *Pamietnik Teatralny* 1-2/1954. Zit. nach: ebenda.

145 Roman Szydlowski im Gespräch mit Matthias Braun am 5. 10. 1982 –
    HWA FH 53.
146 Barbara Brecht-Schall im Gespräch mit Matthias Braun, a. a. O.
147 Käthe Rülicke-Weiler: *Auskünfte* (1), a. a. O., S. 11.
148 Erwin Geschonneck (geb. 1906), begann 1930 in der Arbeiterkultur-
    bewegung, war Komparse bei Piscator. Emigration in die Sowjetunion,
    wo er an dem deutschen Theaterprojekt von Dnjepropetrowsk mit-
    arbeitete. 1938 ging er nach Prag, wo er 1939 von der deutschen Be-
    satzungsmacht verhaftet und in ein KZ gebracht wurde. Er gehörte zu
    den wenigen, die sich auf der Todesfahrt des Häftlingsdampfers *Cap
    Arcona* retten konnten. Nach 1954 arbeitete er in England und Ham-
    burg, seit 1949 am Berliner Ensemble, wo er u. a. ein profilierter Dar-
    steller proletarischer Helden wurde. Spielte auch Filmrollen.
149 Norbert Christian (1925–1976), hatte 1945 am Greifswalder Theater
    begonnen und spielte seit 1952 am Berliner Ensemble, später auch an
    der Volksbühne und am Deutschen Theater, im Fernsehfunk.
150 Fritz Erpenbeck in: *Theater der Zeit*, 3/1953. Zit. nach: Werner Hecht:
    Brecht Chronik a. a. O., S. 1036.
151 Käthe Rülicke-Weiler im Gespräch mit Matthias Braun am 8. 1. 1984,
    a. a. O.
152 Peter Voigt (geb. 1933), 1952 Assistent an den Städtischen Bühnen
    Leipzig, 1953–1958 Berliner Ensemble. Dann beim DEFA-Trickfilm-
    studio, ab 1961 Regisseur für Fernseh- und Dokumentarfilme.
153 *Pauken und Trompeten* – Bearbeitung von Brecht, Hauptmann und Bes-
    son nach einem Stück von George Farquhar.
154 Passage aus Peter Voigts Film *Der Zögling* (1998).
155 Käthe Reichel im Telefongespräch mit Sabine Kebir am 14. 5. 1999.
156 Daß beide Frauen ein gutes Verhältnis hatten, geht u. a. aus einer Be-
    merkung Brechts in einem Brief an Rülicke vom 13. 12. 1952 hervor, wo
    er sie im Postskriptum bittet, dafür zu sorgen, daß sich die Weigel scho-
    nen solle. – *BFA* XXX, S. 155.
157 Rudolf Engel im Gespräch mit Matthias Braun, a. a. O.
158 James K. Lyon: Interview mit Barbara Brecht-Schall, a. a. O., S. 59.
159 Helene Weigel an Lion Feuchtwanger am 22. 1. 1953. Zit. nach: Lion
    Feuchtwanger: *Briefwechsel mit Freunden* (1), a. a. O., S. 86–87.
160 BBA 972/14.
161 *BFA* XXX, S. 181.
162 Barbara Brecht-Schall im Gespräch mit Matthias Braun, a. a. O.
163 Erwin Strittmatter (1912–1994), gelernter Bäcker, Amtsvorsteher meh-
    rerer kleiner Gemeinden, Zeitungskorrespondent. Sein Roman *Ole
    Bienkopp* wurde in den sechziger Jahren zum Mittelpunkt einer von der
    Kulturbürokratie eröffneten Diskussion über die literarische Darstel-
    lung ›positiver‹ und ›negativer‹ Helden.
164 *BFA* XXVII, S. 333.
165 Christine Stromberg im Gespräch mit Matthias Braun am 10. 8. 1979 –
    HWA FH 29.

166 *Katzgraben-Notate* 1953 – *BFA* 25, S. 464.

167 Peter Edel in *BZ am Abend* (ohne Datum) – Mappe mit Kritiken zu *Katzgraben* im BBA.

168 Heinz Hofmann: *Jamben in Sackleinen.* In: *National-Zeitung* v. 30. 5. 1954.

169 »Ich glaube, daß die Fehler dieser Aufführung hätten vermieden werden können, wenn man sich noch stärker der Methode Stanislawskis bedient hätte.« – Jürgen Rühle in *Sonntag* v. 14. 6. 1953. Zit. nach: Werner Hecht: *Brecht Chronik*, a. a. O., S. 1059.

170 Helene Weigel: *Gemeinsam studieren.* In: *Theater der Zeit* 5/1953, S. 7 bis 8.

171 Curt Bois (1901–1991), ursprünglich Schauspieler in Varieté und Operette, dann auch Piscator-Bühne, 1933–1950 Emigration in den USA, dann am Deutschen Theater und Berliner Ensemble. 1953 ging er nach Westdeutschland, seit 1972 wieder am Berliner Ensemble gastierend.

172 *BFA* XXX, S. 177.

173 Richard Neumann in: *Volksstimme* v. 3. 11. 1953.

174 Richard Hofmann in: *Österreichische Zeitung* v. 3. 11. 1953.

175 *BFA* XXX, S. 216–218.

176 Barbara Brecht-Schall im Gespräch mit Sabine Kebir am 18. 12. 1995.

177 Barbara Brecht-Schall im Gespräch mit Matthias Braun, a. a. O.

178 Isot Kilian im Gespräch mit Matthias Braun am 28. 5. 1979 – HWA FH 11.

179 Hertha Walcher im Gespräch mit Matthias Braun am 28. 5. 1979 – HWA FH 11.

180 Isot Kilian im Gespräch mit Matthias Braun am 15. 2. 1985 – FH 74.

181 Faksimile-Abdruck in *notate* 2/1980, S. 10.

182 Barbara Brecht-Schall im Gespräch mit Matthias Braun, a. a. O.

183 Gisela May (geb. 1924), sowohl im komischen als auch im tragischen Fach herausragende Schauspielerin, seit 1951 am Deutschen Theater, seit 1962 am Berliner Ensemble. Weltruhm errang sie als Sängerin durch neuartige und eindrucksvolle Interpretationen von Brecht-Songs.

184 Wilhelm Girnus (1906–1985) studierte Malerei, Kunstgeschichte und Literatur. Seit 1929 war er Mitglied der KPD, kam 1933 ins KZ, später ins Zuchthaus. Nach 1945 leitende Funktionen in den Volksbildungsinstitutionen, 1949–1953 stellvertretender Chefredakteur beim *Neuen Deutschland.* 1953 Germanistikprofessur in Berlin. Chefredakteur von *Sinn und Form.*

185 Werner Hecht: *Brecht Chronik*, a. a. O., S. 963.

186 Ebenda, S. 1057–1070.

187 Wilhelm Girnus an Walter Ulbricht – BBA Z 37/77-78, Original: SAPMO IFGA ZPA IV 2/2026/40.

188 Käthe Rülicke-Weiler: *Auskünfte* (2), S. 12. Das Schauspielhaus am Gendarmenmarkt wurde erst in den achtziger Jahren wiederaufgebaut – als Konzertsaal.

189 *BFA* XXX, S. 181.

190 Helene Weigel im Gespräch mit Werner Hecht, a. a. O., S. 403. Sie schaffte für die Kantine unbemaltes Meißner Porzellan an, das aber nach und nach verschwand. Damit steht wohl ein Brief der Intendantin an alle Abteilungen vom 16. 2. 1966 im Zusammenhang: »Liebe Kollegen in allen Abteilungen des Hauses! Ich bitte nachzuschauen und *zusammenzusuchen* und *abzuliefern* alles, was Ihr aus der Kantine ins Theater geschleppt habt. Es geht nicht an, daß alles im Theater bleibt, zum Schluß haben wir kein Geschirr mehr in der Kantine.Wenn die Schlamperei weitergeht, werden wir dazu greifen müssen, für jede ins Theater geholte Sache Pfand anzufordern.« – HWA 20.

191 Robert Kemp in: *Le Monde* v. 1. 7. 1954 (Gastspielmappe *Courage/1954* in Paris – BBA).

192 Elfriede Bork im Gespräch mit Matthias Braun – FH 91.

193 Martha Feuchtwanger: *Helene Weigel zum 70. Geburtstag*, a. a. O.

194 Nachdem Roland Barthes in einem *Mère Courage* betitelten Artikel das Stück und die Inszenierung allgemein gewürdigt hatte, zitierte er verschiedene Kritikerstimmen (ohne Angaben der Zeitungen), darunter auch Clara Malraux. In: *théâtre populaire* juillet/Août 1954, S. 101.

195 *BFA* XXX, S. 269.

196 Ebenda, S. 357.

197 Barbara Brecht-Schall im Gespräch mit Matthias Braun, a. a. O.

198 Hans Bunge im Gespräch mit Matthias Braun am 1. 2. 1979 – FH 27.

199 Rudolf Harnisch: *Der Kaukasische Kreidekreis*. In: *Tägliche Rundschau* v. 3. 1. 1955.

200 Fritz Erpenbeck: *Episches Theater oder Dramatik?* In: *Theater der Zeit* 12/1954, S. 21.

201 Ders. in: *Freies Volk* v. 22. 1. 1955 (Mappe mit Kritiken zu *Der Kaukasische Kreisekreis* im BBA).

202 *BFA* XXVII, S. 365.

203 Nikolai Pawlowitsch Ochlopkow(1900–1967), Schauspieler, Regisseur, Theaterleiter, arbeitete in Irkutsk in der Proletkultbewegung zu Beginn der zwanziger Jahre. Seit 1923 am Schauspielertheater Meyerholds Ausbildung zum Regisseur, ab 1930 Leiter des Realistischen Theaters, das 1937 geschlossen wurde, später war er am Wachtangow- und Majakowski-Theater. Wie Meyerhold inspirierte auch er sich am asiatischen Theater.

204 Käthe Rülicke-Weiler – Zit. nach: Werner Hecht: *Brecht Chronik*, a. a. O., S. 1167.

205 Bernhard Reich: *Im Wettlauf mit der Zeit. Erinnerungen aus fünf Jahrzehnten deutscher Theatergeschichte*, Berlin 1970, S. 387.

206 *BFA* XII, S. 319–322.

207 *BFA* XXX, S. 477.

208 Therese Giehse: *Ich hab nichts zum Sagen*, a. a. O., S. 79.

Brecht-Erbin und Mutter des Ensembles

1 *Helene Weigel im Gespräch mit Belgrader Kulturschaffenden und Journa-listen*. In: Vecernje Novosti v. 23. 5. 1970 (Übers. im ABE).

2 Fritz Cremer und Isot Kilian im Gespräch mit Matthias Braun in der Wohnung Helene Weigels am 2. 6. 1981 – HWA FH 20.

3 Ernst Schuhmacher: *Die Witwenvollversammlung am BE*. In: *Berliner Zeitung* v. 14. 8. 1996, S. 31.

4 Fritz Cremer und Isot Kilian im Gespräch mit Matthias Braun, a. a. O.

5 Auch diese Wünsche waren getippt und ohne Unterschrift. »Also ungültig. Als eingefleischter Krimileser hätte er's eigentlich besser wissen müssen. Aber Mama hat es trotzdem in den meisten Punkten voll-streckt.« – Barbara Brecht in: *Enterbt die Brecht-Erben. Antworten von Barbara Schall-Brecht auf eine einmalige Initiative*. In: *Börsenblatt für den deutschen Buchhandel* 71/1983.

6 BBA 1646/48.

7 U. a. meldete *Der Spiegel* 49/1997, daß ein Hamburger Rechtsanwalt die Neueinschätzung des Mitarbeiterinnen-Anteils an Brechts Werk durch John Fuegis Buch *The Life and the Lies of Bertolt Brecht* a. a. O. für so schlüssig halte, daß ein Prozeß der Hauptmann-Erben gegen die Brecht-Erben in Betracht gezogen würde.

8 In Zusammenarbeit von Brecht, Besson und Hauptmann entstand 1954 die Bearbeitung des gleichnamigen Stücks von George Farquhar.

9 EHA 672.

10 Jochen Tenschert (1928–1992), Theaterwissenschaftler, bis 1956 Re-dakteur bei *Theater der Zeit*, dann Dramaturg am Deutschen Theater, 1958–1970 Chefdramaturg und Regisseur am Berliner Ensemble, Zu-sammenarbeit mit Wekwerth, seit 1975 Lehrer am Institut für Schau-spielregie. Im folgenden zitiert: Jochen Tenschert im Gespräch mit Matthias Braun am 22. 11. 1983 – HWA FH 66.

11 Hertha Walcher im Gespräch mit Matthias Braun, a. a. O.

12 Käthe Reichel im Telefongespräch mit Sabine Kebir, a. a. O.

13 Rudolf Engel im Gespräch mit Matthias Braun am 23. 1. 1980 – HWA FH 19. Sichtung und Sortierung der Manuskripte wurden zu 75 % von der Weigel, zu 25 % von der Akademie bezahlt, die Herstellung der Filme ganz von ihr. Die Kopien der Akademie der Künste gingen nach Weigels Tod in den Besitz der Akademie über. Die Manuskripte sind 1992 an die Stadt Berlin verkauft worden. Von beiden Verkäufen wur-den die Verfügungs- und Nutzungsrechte der Brecht-Erben und der Erben von Tantiemenanteilen nicht berührt.

14 Walter Janka (1914–1997) wurde 1933 als Leiter einer kommunistischen Jugendgruppe verhaftet, 1935 ausgebürgert, Teilnahme am Spanienkrieg, Emigration nach Mexiko, wo er den Exilverlag El Libro Libre leitete. 1950 Leiter des Aufbau-Verlages. Nach seiner Verurteilung 1956 bis 1960 in Haft. Ab 1962 Dramaturg bei der DEFA, 1990 rehabilitiert.

15 Walter Janka: *Spuren eines Lebens*, Reinbek 1991, S. 234 f.

16 Ebenda, S. 385. Nach seiner Freilassung 1960 bot Helene Weigel dem arbeitslosen Janka die Leitung der Werbeabteilung des Berliner Ensembles an. Da sie behauptete, ihm nur ein Monatsgehalt von 600 Mark anbieten zu können, lehnte er ab. »Ich würde gern mehr zahlen, aber ich darf nicht«, hatte sie geantwortet. – Ebenda, S. 447.

17 Walter Janka behauptete sogar, Brecht hätte in seinen letzten Lebensjahren vorgehabt, nach dem Tod von Peter Suhrkamp die Rolle des Aufbau-Verlages für die Publikation seiner Werke erheblich auszuweiten. Wie viele andere nahm er es Helene Weigel übel, daß sie diese Richtung nicht eingeschlagen hatte. – Siehe: *Werner Mittenzwei im Gespräch mit Walter Janka*. In: Walter Janka: *... bis zur Verhaftung. Erinnerungen eines deutschen Verlegers*, Berlin und Weimar 1993, S. 188–189.

18 Hans Bunge im Gespräch mit Matthias Braun am 1. 2. 1979 – HWA FH 27.

19 Protokoll der 3. Beratung für eine historisch-kritische Ausgabe der Schriften Bertolt Brechts am 10. und 11. April 1959 im BBA. – HWA 79, S. 58.

20 Ebenda, S. 90.

21 Wie und mit welchen Begründungen der Zugang zu manchen Materialien vom Archiv behindert wurde, geht auch aus Briefen Elisabeth Hauptmanns hervor. Siehe: Sabine Kebir: *Ich fragte nicht nach meinem Anteil*, a. a. O., S. 213 ff. Dahinter steckte die Sorge, daß Brecht im Osten diskreditiert wäre, wenn im Westen bestimmte Kritiken am Realsozialismus spektakulär zitiert würden.

22 Protokoll der 3. Beratung, a. a. O., S. 145.

23 Diese Information stammt von Gisela Knauf, seit 1949 Mitarbeiterin der Weigel und der Brecht-Erben – Gespräch mit Sabine Kebir am 15. 12. 1999. Die Kopien für das Archiv sind wahrscheinlich von Hans Bunge angefertigt worden.

24 HWA 177.

25 *Manfred Wekwerth im Gespräch mit Hans-Dieter Schütt*, a. a. O., S. 144.

26 Ders.: Notiz vom 25. 5. 1964. Unveröffentliche Materialien.

27 *Manfred Wekwerth im Gespräch mit Hans-Dieter Schütt*, a. a. O., S. 144.

28 Kurt Hager (1912–1998), 1930 KPD, journalistische Tätigkeit, KZ. Emigration in die Schweiz, Frankreich, Teilnahme am Spanienkrieg, wo er Direktor der Auslandssendungen von Radio Madrid war. 1939–1936 in England. Seit 1952 Leiter der Abteilung Wissenschaft beim ZK der SED, 1955 Sekretär des ZK, verantwortlich für Wissenschaft, Kultur und Volksbildung, 1963 Mitglied des Politbüros, 1976–1989 auch des Staatsrats.

29 Wilhelm Girnus an Kurt Hager am 7. 3. 1964 – BBA Z 51/48, Original: SAPMO IFGA ZPA IV 2/2026/40.

30 Wilhelm Girnus an Kurt Hager am 1. 7. 1965 – BBA Z 51/49-51, Original: SAPMO IFGA ZPA IV 2/2026/40.

31 »Die Wahrheit einigt / Freunde, ich wünschte, ihr wüßtet die Wahrheit und sagtet sie! / Nicht wie fliehende müde Cäsaren: ›Morgen kommt

Mehl!‹ / So wie Lenin: Morgen abend / Sind wir verloren, wenn nicht ... / So wie es im Liedlein heißt: / ›Brüder, mit dieser Frage. / Will ich gleich beginnen: / Hier aus unsrer schweren Lage / Gibt es kein Entrinnen.‹ / Freunde, ein kräftiges Eingeständnis / Und ein kräftiges WENN NICHT!« – *BFA* XII, S. 315.

32 Alfred Kurella (1895–1975), Kulturjournalist. Er verkehrte bei Brecht und Weigel seit Anfang der dreißiger Jahre. Er vertrat aber schon damals – zunächst wohl verdeckt – die Lukács-Linie. Manfred Wekwerth erinnert sich, Brecht habe ihm zu Beginn der fünfziger Jahre anvertraut, daß Kurella 1932 in der *Roten Fahne* eine scharfe Kritik an *Die Mutter* publizierte. Unter dem Namen Kurella ist eine solche Kritik im BBA nicht auffindbar. Auch meine Versuche, sie unter einem Pseudonym bzw. in einer anderen Zeitschrift aufzuspüren, sind bislang gescheitert. In der sowjetischen Emigration arbeitete Kurella an der Redaktion von *Das Wort* mit. Er kehrte 1954 in die DDR zurück. 1957–1963 Leiter der Kulturkommission beim Politbüro des ZK der SED, dann nur noch Mitglied des ZK.

33 Wilhelm Girnus an Kurt Hager am 7. 3. 1964, a. a. O.

34 Hans Bentzien (geb. 1927), war mit 17 Jahren in die NSDAP eingetreten, nach dem Krieg wurde er Kommunist. Seit 1950 Kulturfunktionär in Thüringen. 1961–1966 Kulturminister. Danach Leiter des Verlags Neues Leben, dann auch Funktionen beim Rundfunk und Fernsehen.

35 *BFA* XXX, S. 178.

36 Hans Bentzien an Walter Ulbricht am 23. 12. 1964 – BBA Z37/73-74, Original: SAPMO IFGA ZPA NY 182/1387.

37 Klaus Gysi (1912–1998), studierte Volkswirtschaft, trat 1931 in die KPD ein und leistete illegale Arbeit im In- und Ausland. 1945–1948 leitete er die Zeitschrift *Aufbau*, später den Verlag Volk und Wissen, 1957 bis 1966 den Aufbau-Verlag, danach Kulturminister.

38 Lucie Pflug (1916–1993), Lehrerin, 1932 Eintritt in den kommunistischen Jugendverband, während des Faschismus illegale Arbeit, 1946 bis 1954 Redakteurin beim Aufbau-Verlag, seit 1955 Mitarbeiterin des ZK, 1956–1978 u. a. Leiterin des Sektors Verlage des ZK.

39 Uwe Johnson (1934–1984), Schriftsteller, der 1959 von der DDR nach Westdeutschland gewechselt und deshalb in den Augen der Kulturbürokratie der Zusammenarbeit nicht mehr würdig war.

40 Klaus Gysi an Lucie Pflug am 30. 8. 1965 – BBA Z 51/52, Original: SAPMO IV A2/2024/74.

41 Hans Bentzien an Kurt Hager (ohne Datum) – BBA Z 51/54-55, Original: SAPMO IV A2/2024/74.

42 Kurt Hager an Hans Bentzien am 27. 11. 1965 – BBA Z 51/56, Original: SAPMO IV A2/2024/74.

43 Manfred Wekwerth: Notiz vom 14. 1. 1966. Unveröffentlichte Materialien.

44 (Name des Mitarbeiters unleserlich) an Kurt Hager am 12. 10. 1967 – BBA Z 51/57, Original: SAPMO IV A2/2024/74.

45 Walter Ulbricht an Helene Weigel am 4. 12. 1957 – HWA 1391/05.

46 Zur Editionspolitik der Weigel und der Hauptmann: Sabine Kebir: *Im Spannungsfeld zwischen Botschaft und Verwertung, zwischen Ost und West*. In: *Ich fragte nicht nach meinem Anteil*, a. a. O., S. 212–235.

47 Alexander Abusch (1902–1982), seit 1919 KPD, legale und illegale Aktionen, Emigration: ČSR, Frankreich, dann Mexiko, Chefredakteur und Publizist verschiedener Kulturzeitschriften in der Emigration und in der DDR, 1950 politische Schwierigkeiten, später führender Kulturpolitiker, 1958–1961 Kulturminister, seit 1957 ZK-Mitglied. Abusch sagte 1979, daß über seine Beziehung zur Weigel kaum Dokumente vorhanden seien, da man meist mündlich miteinander verkehrte. – Alexander Abusch im Gespräch mit Matthias Braun am 11. 9. 1979 – HWA FH 15. Abusch war es jedoch, der Barbara Brecht-Schall nach dem Tod ihrer Mutter mit Strafverfahren drohte, wenn sie sich den Anordnungen der Staatsführung hinsichtlich des Brecht-Erbes nicht beuge. (Barbara Brecht im Gespräch mit Sabine Kebir am 30. 5. 1999.) Da Stefan Brecht und Hanne Hiob, die im westlichen Ausland lebten, ebenfalls Weigel-Erben waren, war die Führung der DDR gezwungen, erneut Kompromisse mit den Brecht/Weigel-Erben einzugehen. Siehe: MFS-AKK 8661/76 BDI – (Kopie im BBA).

48 Raimund Schelcher (1910–1972), Schauspieler an verschiedenen deutschen Bühnen seit 1930, 1949 in Bremen, danach am Deutschen Theater in Berlin, seit 1954 am Berliner Ensemble. Arbeitete auch als Filmschauspieler.

49 Fritz Erpenbeck: *Das eigene Gesicht. Zur gegenwärtigen Berliner Theatersituation*. In: *Theater der Zeit* 5/1956, S. 3.

50 *BFA* XXX, S. 429.

51 Käthe Rülicke-Weiler im Gespräch mit Matthias Braun (1978) – HWA FH 34.

52 Peter Palitzsch: *Ich spüre noch die Hand*. In: *Berliner Zeitung* v. 18. 6. 1996.

53 Hans Bunge im Gespräch mit Matthias Braun (ohne Datum) – HWA FH 21.

54 Fritz Erpenbeck: *Der gute Mensch von Sezuan im Berliner Ensemble*. In: *Theater der Zeit* 12/1957, S. 37.

55 Benno Besson im Gespräch mit Sabine Kebir am 15. 7. 1999 in Paris.

56 Boris Sachawa: *Stärke und Schwäche des Brecht-Theaters*. In: *Snamja* 8/1957. Zit. nach der Übersetzung in: *Die Presse der Sowjetunion* v. 13. 9. 1957, S. 2250–2251.

57 Kurt Welkisch: *Bert Brecht ist den Sowjets unbequem* in *Die Welt* v. 5. 10. 1957.

58 Valentin Heinrich: *Die Klärung hat begonnen um einen sozialistischen Spielplan an den Berliner Bühnen*. In: *Berliner Zeitung* v. 26. 3. 1959.

59 Helmut Baierl (geb. 1926), Russisch-Dozent, Verlagslektor, 1959–1967 Dramaturg am Berliner Ensemble, danach freischaffender Dramatiker, arbeitete auch für das Fernsehen.

60 Helmut Baierl im Gespräch mit Matthias Braun am 23. 1. 1987 – HWA FH 86.

61 Werner Hecht: *Festschrift zum 12. Mai 1965. Helene Weigel zum 65. Geburtstag* – HWA 2.

62 Volker Braun (geb. 1939), Dramatiker, Lyriker, Prosaautor. Nach dem Abitur Druckereiarbeiter, u. a. Tiefbauarbeiter, 1960–1964 Philosophiestudium, 1965–1966 Dramaturg und Regieassistent am Berliner Ensemble. Braun stellte das Problem der Selbstverwirklichung des Individuums im realen Sozialismus, womit äußerst unbequeme Fragen aufgeworfen waren. *Die Kipper* wurden erst 1972 in Leipzig uraufgeführt.

63 Peter Hacks (geb. 1928), Dramatiker, siedelte 1955 aus München in die DDR über. Sein Werk inspiriert sich sowohl aus der europäischen Tradition von der Antike über Shakespeare bis zur deutschen Klassik wie auch aus außereuropäischen Quellen. Er erreichte realistische Wirkung, weil er die sozialistische Utopie durch Skepsis und Sarkasmus brach.

64 Hans Rodenberg (1895–1978), Schauspieler und Regisseur u. a. in Berlin, Köln, Wien, Zürich, auch in der Arbeiterkulturbewegung und bei Piscator.1928 KPD, ab 1932 in der UdSSR als Szenarist und Schriftsteller, Mitarbeit bei *Das Wort*. Nach der Rückkehr hochrangige Kulturfunktionen, u. a. Leiter des Theaters der Freundschaft, Hauptdirektor der DEFA-Studios für Spielfilme, 1960–1963 stellvertretender Kulturminister

65 Helmut Baierl im Gespräch mit Matthias Braun, a. a. O.

66 Elvira Mollenschott: *Wer hat gelacht? Diskussion über Frau Flinz im EAW Treptow*. (Unter Anwesenheit der Weigel und Raimund Schelchers) In: *Neues Deutschland* v. 3. 12. 1961.

67 Anläßlich der leicht veränderten Wiederaufnahme 1964: Wolfgang Gersch: *Frau Flinz kommt wieder*. In: *Tribüne* v. 1. 2. 1964.

68 Friedrich Luft: *Von Brecht zu dem Theater Walter Ulbrichts*. In: *Die Welt* v. 19. 5. 1961.

69 Howard Taubmann: *Politics is Star of Berlin Stage*. In: *New York Times* v. 19. 6. 1962.

70 Helmut Baierl im Gespräch mit Matthias Braun a. a. O.

71 Helene Weigel im Gespräch mit Werner Hecht: *Das Stichwort heißt praktisch*, a. a. O., S. 399.

72 Willi Schwabe (1915–1991), Schauspieler, war in den dreißiger Jahren bei Wander- und Gastbühnen, nach dem Krieg spielte er zunächst auf Bühnen der Westsektoren, ab 1949 am Berliner Ensemble. Arbeitete auch in Film und Fernsehen.

73 Willi Schwabe im Gespräch mit Matthias Braun am 27. 11. 1978 – HWA FH 26.

74 Christine Stromberg im Gespräch mit Matthias Braun, a. a. O.

75 Renate Richter (geb. 1932), Schauspielerin, 1962–1970 am Berliner Ensemble, dann beim Fernsehen und freischaffend an verschiedenen Theatern, auch im Ausland. Tritt auch als Brecht-Sängerin auf.

76 Angelica Domröse (geb. 1941), Schauspielerin, wurde von Slatan Du-
    dow für den Film entdeckt, arbeitete von 1961–1967 am Berliner En-
    semble, dann an der Volksbühne. Sie ging 1980 ans Schillertheater nach
    Westberlin, arbeitete auch im Ausland.
77 Gisela May im Gespräch mit Matthias Braun am 29. 5. 1980 – HWA
    FH 23. Sie hat die Wiedergabe des damaligen Gesprächs leicht korri-
    giert in einem Telefongespräch mit Sabine Kebir am 12. 12. 1999.
78 Gisela May: *Mit mit meinen Augen. Begegnungen und Impressionen*, Ber-
    lin 1976, S. 69–70 und S. 79.
79 Hans Bunge im Gespräch mit Matthias Braun am 1. 2. 1979 – HWA
    FH 27.
80 Gisela May im Gespräch mit Matthias Braun a. a. O.
81 Ekkehard Schall im Gespräch mit Matthias Braun am 14. 10. 1985 –
    HWA FH 59.
82 Helene Weigel im Gespräch mit Werner Hecht: *Das Stichwort heißt
    praktisch*, a. a. O., S. 403.
83 Ebenda, S. 404.
84 *BFA* XII, S. 315.
85 Ohne Autor. *Tribüne* v. 28. 7. 1949.
86 Lilly Salm im Gespräch mit Matthias Braun (ohne Datum) – HWA
    FH 33.
87 HWA 35.
88 HWA 31.
89 MFS-AKK-8661/76-BDI (Kopie im BBA).
90 Martin Pohl war angeklagt, auf Briefbögen der FDJ-Zeitung *Junge Welt*
    Flugblätter angefertigt und verteilt zu haben. – Isot Kilian im Gespräch
    mit Matthias Braun am 12. 2. 1985 – HWA FH 73. Brecht sorgte dafür,
    daß Pohl Bücher ins Gefängnis geschickt bekam und als Übersetzer
    weiterhin an den Arbeiten des Ensembles beteiligt war – *BFA* XXX,
    S. 242. Pohl wurde 1955 amnestiert und ging nach Westdeutschland.
91 Käthe Rülicke-Weiler im Gespräch mit Matthias Braun (1978) – HWA
    FH 34.
92 Ein zum Zeitpunkt der Verurteilung versäumtes psychiatrisches Gut-
    achten ermöglichte dann Haftminderung auf 15 Jahre. – Karl Klein-
    schmidt an Helene Weigel am 16. 2. 1957 – HWA 98.
93 Helene Weigel an Hermann Budzislawski am 24. 1. 1959 – HWA 186.
94 Notiz über einen Anruf von Budzislawski am 13. 2. 1959 – ebenda.
95 Helene Weigel an Kurt Bork am 19. 2. 1959 – ebenda.
96 Heiner Müller: *Krieg ohne Schlacht. Leben in zwei Diktaturen*, Köln
    1992, S. 178.
97 Thomas Brasch (geb. 1945), Autor von Lyrik, Prosa und Dramatik. We-
    gen Protests gegen den Einmarsch in die ČSSR 1968–1969 ein Jahr in
    Haft. 1977 Umsiedlung nach Westberlin. Filme, Übersetzungen.
98 Irina Weigl im Gespräch mit Matthias Braun am 10. 8. 1979 – HWA G 17.
99 Gisela May im Gespräch mit Matthias Braun am 29. 5. 1980 – HWA
    FH 23.

100 HWA 154.

101 Vereinigung Volkseigener Betriebe.

102 Volkseigener Betrieb.

103 Zit. nach: Wolfgang Pintzka zum 70. Geburtstag von Helene Weigel –
     HWA FH 133.

104 Helene Weigel an Mackrodt am 9. 2. 1962 – HWA 123.

105 Helene Weigel an Gerhard Ciemalla am 20. 3. 1963 – ebenda.

106 Margarete Wittkowski (1910–1974), hatte viele führende Positionen in
     Wirtschaftsinstitutionen der DDR inne, 1954 Mitglied des ZK, 1958
     Rückstufung zur Kandidatin des ZK, 1963 wieder Mitglied, 1967 Präsi-
     dentin der Notenbank, Ministerrat. – Helene Weigel an Grete Witt-
     kowski am 7. 3. 1962 – ebenda.

107 Helene Weigel an Minister Merkel am 9. 4. 1962 – ebenda.

108 Lemke an Helene Weigel am 7. 5. 1962 – ebenda.

109 HWA 129.

110 HWA 233.

111 Wolf Biermann war 1957–1959 Regieassistent am Berliner Ensemble.

112 Notiz über: Gespräch mit Siegfried Wagner in Anwesenheit von Kilian,
     Baierl, Giersch, Wekwerth und Weigel am 1. 11. 1965 – HWA 231.

113 Notiz über ein Gespräch der Weigel mit Siegfried Wagner am 23. 2.
     1966 – ebenda.

114 BBA MFS-AKK-8661/76-BDI (Kopie im BBA).

115 *Manfred Wekwerth im Gespräch mit Hans-Dieter-Schütt*, a. a. O., S. 252
     bis 253.

116 Ohne Autor, ohne Titel. FAZ v. 16. 9. 1965.

117 BBA MFS-AKK-8661/76-BDI (Kopie im BBA).

118 Hilmar Thate (geb. 1931), Schauspieler, begann 1952 am Theater der
     Freundschaft, 1953–1959 am Maxim-Gorki-Theater, dann bis 1970 am
     Berliner Ensemble, danach Volksbühne und Deutsches Theater. Ging
     1981 an das Westberliner Schillertheater. Der erstrangige Darsteller ar-
     beitete auch im Ausland sowie in Film und Fernsehen.

119 Ruth Berghaus (1927–1996), Regisseurin, studierte Choreographie an
     der Dresdener Palucca-Schule, mit Paul Dessau verheiratet. 1951–1964
     an Berliner Theatern als Regieassistentin und Choreographin, seitdem
     am Berliner Ensemble. 1970 wurde sie stellvertretende Intendantin,
     nach Weigels Tod bis 1977 deren Nachfolgerin. Seit Ende der sechziger
     Jahre war sie auch Opernregisseurin, auf diesem Gebiet gelangte sie zu
     Weltruf, viele Arbeiten im Ausland.

120 Manja Behrens (geb. 1914), Schauspielerin, 1935–1954 am Dresdner
     Staatstheater, 1953–1967 an der Berliner Volksbühne, dann am Maxim
     Gorki Theater. Spielte die Volumnia als Gast.

121 Ekkehard Schall im Gespräch mit Matthias Braun am 28. 9. 1981 –
     HWA FH 32.

122 Jochen Tenschert im Gespräch mit Matthias Braun, a. a. O.

123 Ekkehard Schall im Gespräch mit Matthias Braun am 14. 10. 1983 –
     HWA FH 59.

124 J. C. Trewin in: *Illustrated London News* v. 21. 8. 1965 (Übers. des BE) – ABE.

125 B. A. Jong in: *Financial Times* v. 11. 8. 1965 (Übers. des BE) – ABE.

126 Ohne Autor in: *Stuttgarter Zeitung* v. 18. 8. 1965.

127 *Generalanzeiger* für Bonn und Umgebung am 18. 8. 1965.

128 Roberto de Monticelli in *Il Giorno* v. 26. 9. 1966 (Übers. des BE) – ABE.

129 Paolo Emilio Poesio: *Begegnung mit der Weigel*. In: *La Nazione* v. 27. 9. 1966 (Übers. des BE) – ABE.

130 Juri Zenin: *Bericht über eine große Epoche*. In: *Sowjetskaja Kultura* v. 10. 9. 1968 (Übers. des BE) – ABE.

131 Siehe *Manfred Wekwerth im Gespräch mit Hans-Dieter Schütt*, a. a. O., S. 143.

132 Guy de Chambure, aus Frankreich stammender Regisseur, der zeitweilig am Berliner Ensemble inszenierte.

133 Manfred Karge (geb 1938), Schauspieler und Regisseur, 1961–1969 am Berliner Ensemble, dann an der Volksbühne, inszenierte auch in Westdeutschland. Viele Jahre inszenierte er mit Matthias Langhoff zusammen. Auslandsarbeit.

134 Matthias Langhoff (geb. 1941), Regisseur, seit 1961 am Berliner Ensemble, arbeitete mit Karge zusammen, aber auch selbständig. 1969 ging er an die Volksbühne, arbeitete später auch im Ausland und beim Fernsehen.

135 Manfred Wekwerth an Paul Verner am 7. Februar 1966. In: *Manfred Wekwerth im Gespräch mit Hans Dieter Schütt*, a. a. O., S. 139–142.

136 Informationsbericht über eine öffentliche Parteiversammlung im Berliner Ensemble am 24. 1. 1963 – HWA Ko 161.

137 Helene Weigel an Jochen Tenschert (ohne Datum) – HWA 120.

138 Hanne Hiob an Helene Weigel am 22. 11. 1959 – HWA KO 59.

139 Manfred Wekwerth an die Intendanz am 6. 6. 1968 – HWA 20.

140 Hanne Hiob an Helene Weigel am 7. 3. 1968 – Zit v. Weigel im Brief in Anm. 137.

141 Frau Krischauski zum 70. Geburtstag Helene Weigels – HWA FH 129/1.

142 Uta Birnbaum-Pintzka (geb. 1933), Regisseurin, 1956–1968 am Berliner Ensemble, dann Deutsches Theater, 1973 freischaffend. Dozentin an Schauspielschulen und Filmhochschulen, auch im Ausland. Fernsehregisseurin.

143 Hans Georg Simmgen (geb. 1933), Regisseur, 1958–1968 am Berliner Ensemble. Nach zwei Jahren Maxim Gorki Theater ging er ans Deutsche Theater, 1974 nach Dresden.1962–1968 auch Schauspiellehrer.

144 Helene Weigel an Klaus Gysi am 16. 5. 1968 – HWA 20.

145 Er teilte der Intendantin mit, daß er nur unter dieser Bedingung weiterhin »politsches Theater im Sinne Brechts« machen könne. – Manfred Wekwerth an Helene Weigel am 16. 5. 1968 – ebenda. – Wekwerths Konzeption ist unter dem Titel *Das Theater Brechts und die siebziger Jahre* abgedruckt in: Manfred Wekwerth: *Brecht? Berichte, Erfahrungen, Polemik*, München, Wien 1976.

146 Helene Weigel an Manfred Wekwerth am 16. 12. 1968 – HWA 20.

147 Ebenda.

148 Manfred Wekwerth an Helene Weigel am 11. 12. 1968 – ebenda.

149 Die Briefe der Weigel an Gysi und Hager wurden beide am 16. 12. 1968
geschrieben – ebenda.

150 Helene Weigel an Klaus Gysi am 7. 5. 1969 – ebenda.

151 Klaus Gysi an Helene Weigel am 19. 5. 1968 – ebenda.

152 Helene Weigel an Kurt Hager am 2. Juni 1968 – ebenda.

153 Hanne Hiob an Helene Weigel am 9. 10. 1969. Zit. nach einer Kopie,
die die Weigel einem Brief vom 15. 9. 1969 an den stellvertretenden Kulturminister Kurt Bork beigab, in dem sie den ganzen Hergang der *Johanna*-Inszenierung erklärte.

154 Christine Gloger (geb. 1934), Schauspielerin, spielte Brechts Rollen –
z. B. die Polly – in Meiningen und im Fernsehen, bevor sie 1959 ans
Berliner Ensemble kam.

155 Wolfgang Pintzka (geb. 1928), Regisseur und Theaterleiter, 1956–1963
Regieassistent am Berliner Ensemble, danach in Gera. 1967–1970 an der
Berliner Volksbühne, dann wieder am Berliner Ensemble. Arbeitet seit
den achtziger Jahren in Norwegen.

156 Kurt Veth (geb. 1930), Regisseur, der an verschiedenen Theatern (u. a.
Maxim Gorki Theater) der DDR u. a. Brecht-Stücke inszeniert hatte,
arbeitete auch beim Fernsehen und im Ausland. Mitarbeit an der Regie
zu *Der Messingkauf* im Berliner Ensemble.

157 Peter Kupke (geb. 1932), Regisseur und Theaterleiter, 1956–1960 in
Döbeln, 1960–1963 am Deutschen Theater in Berlin, dann in Potsdam.
Ab 1971 am Berliner Ensemble.

158 HWA 19.

159 Paul Verner (1911–1986), 1929 KPD, Exil in Skandinavien, Frankreich,
Niederlande, Teilnahme am Spanienkrieg. In der DDR Chefredakteur
verschiedener Zeitschriften, seit 1949 Leiter der Organisationsabtei-
lung im ZK der SED, Funktionär in Jugendorganisationen, verantwortlich für Propaganda, auch in westlichen Ländern. Ein Bruder von ihm
kam im sowjetischen Exil um.

160 Ergänzendes Protokoll zur Beratung über die Berliner Theatersituation
am 23. 10. 1969 – HWA 682/1-5, Original: SAPMO IV A2/906/113.

161 Festlegungen über das Gespräch, das Gysi und Abusch mit Weigel
führen sollten: HWA 682/3-5, Original: SAPMO LV A2/906/111.

162 »Wenn sie nicht Intendantin des Berliner Ensembles (BE) bleiben
dürfe, werde sie der DDR den Rücken kehren.« – Ohne Autor: *Bonzen
in Gewissensqual – Der Spiegel* 2/1997, S. 150.

163 Ergänzendes Protokoll zur Beratung, a. a. O.

164 Helene Weigel an Kurt Hager am 7. 4. 1970 – HWA KO 242.

165 Isot Kilian im Gespräch mit Matthias Braun am 27. 2. 1985 – HWA
FH 75.

166 Hans Peter Reinecke (geb. 1941), Schauspieler, 1962–1968 am Theater Senftenberg. Nach Thates Weggang spielte er 1969 den Aufidius

in *Coriolan* und den Pawel in der *Mutter*. Bis heute am Berliner Ensemble.

167 Wolfgang Pintzka im Gespräch mit Matthias Braun am 24. 4. 1981 – HWA FH 36.

168 Felicitas Ritsch (geb. 1926), Schauspielerin, begann 1955 in Meiningen, kam 1959 ans Berliner Ensemble, zu dessen profiliertesten Darstellerinnen sie gehörte. Nach Weigels Tod spielte sie die Volumnia und 1974 auch die Mutter. Ihre Aussage stammt aus dem Film *Helene Weigel* (1979) – HWA FH 13.

169 Ida Pozner und Vladimir Pozner im Gespräch mit Matthias Braun, a. a. O.

170 Ohne Autor. *Le Nouvel Observateur* v. 29. 3. 4. 4. 1971 (Übers. des BE) – ABE.

171 Ohne Autor. *Les Nouvelles Littéraires* v. 25. 3. 1971 (Übers. des BE) – ABE.

172 Ohne Autor. *Der Spiegel* 15/1971.

173 Willy Schwabe im Gespräch mit Matthias Braun, a. a. O.

174 Otto Gotsche (1904–1985), Arbeiterschriftsteller, 1919 KPD, 1933 im KZ, dann als Arbeiter tätig, leitete illegale Widerstandsgruppen, nach 1945 verschiedene Parteifunktionen, 1949–1960 persönlicher Referent Ulbrichts, 1966 Mitglied des ZK der SED.

175 Wolfgang Pintzka im Gespräch mit Matthias Braun, a. a. O. Pintzka wurde von Helene Weigel auch instruiert, am 1. Mai zum Ensemble zu sprechen.

176 Jürgen Kuczynski im Gespräch mit Matthias Braun am 11. 9. 1987 – HWA FH 16.

177 Ders. im Gespräch mit Erdmut Wizisla am 5. 10. 1994 – HWA Z 43/38.

178 *BFA* XVII, S. 285.

179 Giorgio Strehler an Manfred Wekwerth am 10. 8. 1990. Strehler konstatiert allerdings einige epische Darstellungskünstler in Italien. Der Brief wurde von Manfred Wekwerth zur Verfügung gestellt.

180 »Alles ist erstarrt in einer strengen Ästhetik, die man fast ein Ritual nennen könnte. Die szenischen Elemente gleichen steinernen Bildern, in einem feinen Realismus zart hingetuscht, die gerade so weit abgenutzten Kostüme, die mit sicherem Geschmack den Nuancen des Bühnenbildners entsprachen, das Verhalten der Schauspieler, und ein Zaudern, als würden sie ein psychologisches Ballett darstellen, dessen Ausdruck und Bewegungen bis auf den Millimeter genau berechnet seien, all das ist bewundernswert.« – Pierre Mazars in *Le Figaro* v. 20.–21. 3. 1971 (Übers. des BE) – ABE.

Lebensdaten und Rollen Helene Weigels

(In Ermangelung eines offiziellen Rollenverzeichnisses der Weigel, erhebt die aus den von mir konsultierten Quellen erschlossene Zusammenstellung keinen Anspruch auf Vollständigkeit. Erfaßt sind auch Rollen und Gastspiele, für die die Quellen Ort und/oder Zeit der Aufführung nicht vollständig angeben.)

1900–1915
12. Mai 1900: Geburt als zweite Tochter von Siegfried Weigl (Prokurist; dann Direktor einer Textilfirma) und Leopoldine Weigl (Inhaberin eines Spielwarenladens) in Wien. 1907 bis 1915: Besuch der Volksschule

1915–1918
Besuch eines Lyzeums und des Realgymnasiums von Dr. Eugenie Schwarzwald. Dort kommt sie mit bekannten europäischen Künstlern in Kontakt, u. a. mit Karin Michaelis. Dezember 1917: Vorsprechen bei Arthur Rundt, dem Direktor der Wiener Volksbühne. 1918: Schauspiel- und Sprechunterricht bei Arthur Holz und Rudolph Schildkraut. Kleindarstellerin im mährischen Bodenbach.

1919–1921
Engagement am Neuen Theater in Frankfurt am Main
15. September 1919: Marie in Woyzek *von Büchner*
1. November 1919: Das Weib in Der Weibsteufel *von Karl Schönherr*
10. Juli 1920: Frau Dörmann in Flachsmann als Erzieher *von Otto Ernst (Kammerspiele, Frankfurt)*
25. September 1920: Abel in Kameraden *von August Strindberg*
13. November 1920: Greisin in Gas II *von Georg Kaiser*
1920: Dirne in Könige *von Hans Müller*
31. Dezember 1920: Schäfermädchen Mopsa in Das Wintermärchen *von Shakespeare*
11. Januar 1921: Berta Launhart in Hidalla oder die Moral der Schönheit *von Frank Wedekind*
23. Januar 1921: Dirne Anna Leiser in Der König *von Hanns Johst.*
5. März 1921: Lampito in Lysistrata *von Aristophanes (Kammerspiele)*
6. März 1921: Pauline Piperkarcka in Die Ratten *von Hauptmann*
März 1921: Flora Severin in Judas *von Erich Mühsam (Volkstheater, Mannheim)*
7. April 1921: (kleine Rolle) Ehezauber *von Carl Methern*

1921

Engagement am Schauspielhaus in Frankfurt am Main

17. September 1921: Meroe in Penthesilea *von Kleist*

22. März 1922: Galizisches Flüchtlingsmädchen in Vatermord *von Arnolt Bronnen*

weitere erwähnte Rollen Anfang der zwanziger Jahre:

Zeugin Maria Dwaschak in In Ewigkeit amen *von Anton Wildgans*
Armgard in Wilhelm Tell *von Schiller*
Amalie in Die Räuber *von Schiller*

1922

Engagement am Staatstheater Berlin. Wohnung in der Spichernstraße 16

22. August 1922: Adeline in Napoleon oder die hundert Tage *von Christian Dietrich Grabbe*

22. September 1922: Janneije in Die Hochzeit Adrian Brouwers *von Eduard Stucken*

25. Oktober 1922: Claudine in George Dandin oder Der gefoppte Ehemann *von Molière*

25. Oktober 1922: Lucinde in Der Arzt wider Willen von Molière *(beide Stücke an einem Abend)*

10. November 1922: Zweite Hexe in Macbeth *von Shakespeare*

8. Dezember 1922: Berta Launhart in Hidalla oder Die Moral der Schönheit *von Frank Wedekind*

21. Dezember 1922: Hedwig in Hanneles Himmelfahrt *von Gerhart Hauptmann*

13. April 1923: Lieschen in Faust I *von Goethe*

1923–1927

Wechselnde Engagements an Berliner Theatern. Spätherbst 1923: Beginn der Verbindung zu Bertolt Brecht. 3. November 1924: Geburt von Stefan Sebastian Weigel. Umzug in die Babelsberger Straße 52. Ab 1927 Auftritte auf Arbeiterbühnen

9. November 1923: Gänsemagd in Titus und der Talisman *von Nestroy/Latkina in* Sonkin und der Haupttreffer *von Semjon Juschkewitsch (beide Stücke an einem Abend im Schauspielertheater)*

23. Januar 1925: Dienstmädchen in Dardamelle, der Betrogene *von Emile Mazaud (Komödie, Berlin)*

10. Februar 1925: Martha Bernick in Die Stützen der Gesellschaft *von Ibsen (Deutsches Theater, Berlin)*

Frühjahr 1925: Frau des Landarztes in Dr. Knock oder der Triumph der Medizin *von Jules Romains (Deutsches Theater)*

[?] Schwester in Nora *von Ibsen*

16. Juni 1925: Marie in Woyzek *von Büchner (Kammerspiele, München)*

3. November 1925: Amme in Das Leben, das ich dir gab *von Pirandello (Renaissancetheater, Berlin)*

8. Dezember 1925: Klara in Maria Magdalena *von Hebbel (Renaissancetheater)*

22. Dezember 1925: Stasia in Der Fremde *von Jerome K. Jerome (Centraltheater, Berlin)*

26. Januar 1926: Stasia in Der Fremde *von Jerome K. Jerome (Volksbühne, Berlin)*

14. Februar 1926: Zigarettenverkäuferin und Hausbesorgerin in Baal *von Brecht (Junge Bühne, Berlin)*

26. März 1926: Salome in Herodes und Mariamne *von Hebbel (Staatstheater)*

25. April 1926: Clementine in Fegefeuer in Ingolstadt *von Marieluise Fleißer (Junge Bühne)*

25. September 1926: Mutter in Veronika *von Hans Müller (Lessing-Theater, Berlin)*

1926: Statistenrolle im Film Metropolis *von Fritz Lang*

19. März 1927: Leokadia Begbick in Mann ist Mann *von Brecht im Radio (Berliner Funk-Stunde)*

1. September 1927: Zofe Claudine in Georges Dandin *von Molière (Theater am Schiffbauerdamm, Berlin)*

25. November 1927: Grete in Hinkemann *von Ernst Toller (Volksbühne)*

31. Dezember 1927: Leokadia Begbick in Mann ist Mann *von Brecht (Volksbühne)*

1928–1929

Engagement am Staatstheater in Berlin. Auftritte auf Arbeiterbühnen

10. April 1929: Heirat mit Bertolt Brecht

31. Dezember 1928: Madame Storch in Das Mädel aus der Vorstadt *von Johann Nepomuk Nestroy (Volksbühne)*

1928: Mutter eines jungen Mörders in Ton in des Töpfers Hand *von Theodore Dreiser (Renaissancetheater)*

31. August 1929: Fliege in Happy End *von Elisabeth Hauptmann (Theater am Schiffbauerdamm)*

4. Januar 1929: Magd in Ödipus *von Sophokles*

3. Mai 1929: Konstanze in König Johann *von Shakespeare*

1930–1933

Wechselnde Engagements. 28. Oktober 1930: Geburt der Tochter Barbara Marie Brecht. Sommer 1932: Wohnung in Berlin-Zehlendorf. Oktober 1932 – Februar 1933: Leibnizstraße 108 in Berlin-Charlottenburg. Februar 1933: Nach dem Vortrag der *Wiegenlieder* für mehrere Stunden verhaftet.

10. Dezember 1930: Agitatorin in Die Maßnahme *von Brecht (Großes Schauspielhaus, Berlin)*

6. Februar 1931: Leokadia Begbick in Mann ist Mann *von Brecht (Staatstheater)*

17. Januar 1932: Pelagea Wlassowa in Die Mutter *von Brecht (Komödienhaus am Schiffbauerdamm)*

11. April 1932: Frau Luckerniddle in Die heilige Johanna der Schlachthöfe *von Brecht im Radio (Berliner Funk-Stunde)*

1932: singt Das Frühjahr *im Film* Kuhle Wampe *von Brecht/Dudow*

1933

28. Februar: Nach dem Reichtagsbrand Flucht mit Brecht per Zug nach Prag. Stefan Brecht reist per Flugzeug nach, Barbara, die noch keinen Paß besitzt, wird von Elisabeth Hauptmann zum Großvater nach Augsburg gebracht. 3. März: Weiterreise nach Wien. Im März wird Barbara über die Schweizer Grenze geschmuggelt und vom Kindermädchen Marie Hold nach Wien gebracht. Anfang April: Reise mit den Kindern und Marie Hold nach Carona (Schweiz), wo sich Brecht aufhält. Weigel erwägt Scheidung. Bewirbt sich vergeblich am Zürcher Schauspielhaus. Anfang Mai folgt sie der Einladung von Karin Michaelis und reist mit den Kindern und Marie Hold nach Thurö in Dänemark. Ende Juni trifft auch Brecht dort ein.

1933–1939

Exil in Dänemark. Mitte September 1933: Reise nach Moskau. Arbeit am dortigen Radiosender kommt wegen einer Bauchhöhlenschwangerschaft nicht zustande. Dezember 1933: Einzug in ein von Brecht und ihr gekauftes Fischerhaus in Skovsbostrand/Svendborg. Oktober 1934: Reise nach Wien und Zürich. 1935: Weigel unterstützt Ruth Berlau bei der Inszenierung von *Die Mutter* mit einem Kopenhagener Arbeitertheater. Juni 1937: Aberkennung der deutschen Staatsbürgerschaft. 1937 Nach dem Auftritt in Paris: vom 20. Oktober bis 17. November: Arbeitssuche in Prag, Wien, brieflich auch in Zürich. Dezember 1938: Weigel unterstützt Ruth Berlau bei der Inszenierung von *Die Gewehre der Frau Carrar* mit dem Kopenhagener Arbeitertheater. März 1939:

Wie Brecht und Steffin stellt Weigel einen Visumsantrag für die USA.

5. September 1933: Auftritt mit den Wiegenliedern *auf einer Immatrikulationsfeier von Kopenhagener Studenten*

16. Oktober 1937: Teresa Carrar in Die Gewehre der Frau Carrar *von Brecht in der Salle Adyar, Paris.*

21. Mai 1938: Judith Keith in Die jüdische Frau *und die Frau in* Volksbefragung *in* Furcht und Elend des Dritten Reiches *(unter dem Titel 99 %) in der Salle d' Iéna, Paris*

18. Oktober 1938: Teresa Carrar in einer Laienaufführung mit deutschen Emigranten in Kopenhagen

1939–1940

23. April: Wegen der Kriegsgefahr siedeln Weigel und Brecht um nach Schweden. Weil ihre Papiere nicht vollständig sind, kommen die Kinder erst Anfang Mai mit Margarete Steffin nach. Die Bildhauerin Ninnan Santesson stellt ihr Haus auf der Stockholmer Insel Lidingö zur Verfügung. Januar–April 1940: Weigel unterrichtet, z. T. zusammen mit Brecht, an Naima Wifstrands Schauspielschule in Kopenhagen.

4. Juli 1939: Teilnahme an einer Rezitationsveranstaltung zum 70. Geburtstag von Martin Andersen Nexö in Stockholm

1940–1941

17.–18. März 1940: Flucht per Schiff nach Finnland. Anfang April: Wohnung in Töölö/Helsinki. Anfang August: Weigel, Brecht, die Kinder, Steffin und Berlau verbringen den Urlaub bei Hella Wuolijoki auf deren Gut Marlebäck in Kausala. Weigel reist Ende August nach Helsinki zurück, um erneut nach einer Wohnung zu suchen und Behördengänge zu erledigen. 16. Mai 1941: Weigel, Brecht, die Kinder sowie Steffin und Berlau reisen über Leningrad nach Moskau (wo die Steffin am 4. 6. stirbt). 30. Mai 1941: Beginn der Reise mit der Transsibirischen Eisenbahn nach Wladiwostok. 13. Juni 1941: Beginn der Schiffsreise nach den USA.

1941–1947

Exil in den USA. 21. Juli 1941: Ankunft im Hafen von San Pedro. Wohnung in Hollywood. August 1941: Wohnung in Santa Monica. August 1942: Nochmals Umzug innerhalb von

Santa Monica. Oktober 1943–Juni 1944: Karin Michaelis weilt zu Besuch bei Weigel und Brecht in Kalifornien. 1947: Weigel entwirft die Kostüme für die Aufführung des *Galilei* mit Charles Laugthon in Beverly Hills. Sie überwacht auch die Herstellung der Kostüme und Requisiten und hilft bei der Inszenierung mit. 16. Oktober 1947: Weigel, Barbara und Brecht verlassen Kalifornien und fahren nach New York. Brecht ist am 30. Oktober vor den Ausschuß für unamerikanische Tätigkeit geladen. Am 31. verläßt er die USA per Flugzeug. Weigel und ihre Tochter halten sich etwas länger in New York auf und reisen per Schiff nach Europa.
Herbst 1944: Weigel spielt eine kleine Rolle in dem Film The Seventh Cross *nach* Das siebte Kreuz *von Anna Seghers*

1947–1948
19. November 1947: Nach einem Zwischenaufenthalt in Paris Ankunft in Zürich, wo sich auch Brecht aufhält. Wohnung in Feldmeilen. 1948 Angebote an Weigel, die Courage im Deutschen Theater Berlin zu spielen. Brecht bekommt das Angebot eines eigenen Theaters im sowjetisch besetzten Sektor Berlins.
15. Februar 1948: Antigone in Die Antigone des Sophokles, *bearbeitet von Brecht, im Stadttheater Chur*

1948–1956
17. Oktober 1948: Weigel und Brecht reisen über Salzburg und Prag in die sowjetisch besetzte Zone. 22. Oktober 1948: Ankunft in Berlin. Als Gäste des Kulturbunds wohnen Weigel und Brecht im Hotel Adlon. 1. April 1949: Beschluß des ZK der SED zur Gründung des Berliner Ensembles, das bis 1954 Gast im Deutschen Theater bleibt. 30. Mai 1949: Einzug in ein Haus in der Berliner Allee 190 in Weißensee. 8. November 1949: Eröffnung der ersten Spielzeit des Berliner Ensembles. Intendantin ist Helene Weigel, künstlerischer Leiter Bertolt Brecht. 24. März 1950: Weigel und Brecht sind Gründungsmitglieder der Akademie der Künste. 12. April 1950: Weigel erhält ihre österreichische Staatsbürgerschaft zurück. Auch Brecht wird Österreicher. (Beide sind zugleich auch wieder deutsche Staatsbürger.) September 1950: Weigel begleitet das Ensemble bei seinem Gastspiel in Wien. 22. September 1951:

Unabhängige Kandidatin für die Sozialistische Einheitspartei Westberlins bei den Abgeordnetenwahlen in Westberlin. Mai 1953: Weigel will sich von Brecht trennen und zieht mit ihrer Tochter in die Reinhardtstraße in Berlin-Mitte. November 1953: Sie zieht zu Brecht in die Chausseestraße 125 in Berlin-Mitte. 19. März 1954: Einzug des Berliner Ensembles in das Theater am Schiffbauerdamm. 25. Mai 1955: Mit Brecht zur Verleihung des Stalin-Friedenspreises in Moskau. 14. August 1956: Tod Bertolt Brechts.

11. Januar 1949: Anna Fierling in Mutter Courage und ihre Kinder *von Brecht im Deutschen Theater, Berlin*

Alle folgenden Inszenierungen im Berliner Ensemble:

12. Januar 1951: Pelagea Wlassowa in Die Mutter *von Brecht*
11. November 1951: Anna Fierling in Mutter Courage und ihre Kinder *von Brecht*
1951: Gastspiel mit Mutter Courage und ihre Kinder *in Holland und Belgien*
16. November1952: Teresa Carrar in Die Gewehre der Frau Carrar *von Brecht*
1952: Gastspiel mit Mutter Courage und ihre Kinder *und* Die Mutter *in Polen*
23. Mai 1953: Frau Großmann in Katzgraben *von Erwin Strittmatter*
September 1953: Gastspiel mit Die Mutter *in Wien*
31. Oktober1953: Pelagea Wlassowa in Die Mutter *von Brecht*
Juni 1954: Gastspiel mit Mutter Courage und ihre Kinder *in Paris*
7. Oktober 1954: Natella Abaschwili und Mütterchen Grusinien in Der kaukasische Kreidekreis *von Brecht*
12. Dezember1955: Wassilissa in Die Ziehtochter oder Wohltaten tun weh *von Alexander Ostrowski*

1956–1971
Herbst 1956: Weigel beruft Erich Engel als Oberspielleiter. Ende 1957: Eröffnung des Brecht-Archivs in den ehemaligen Wohnräumen der Weigel. Sie zieht in das ausgebaute Erdgeschoß in der Chausseestraße 125. 1958: Weigel mietet einen Tresorraum am Alexanderplatz für die Originalmanuskripte von Brecht. 1958–1963: Plan und Vorbereitung einer historisch-kritischen Brecht-Ausgabe, die sowohl im Suhrkamp Verlag als auch im Aufbau-Verlag erscheinen soll. Dann Entscheidung für eine populäre Gesamtausgabe letzter Hand, die 1967 bei Suhrkamp erscheint. Sukzessive erscheinen die Texte bis 1977 auch bei Aufbau. 1960: Ernennung zur Professorin. Herbst 1961: Beginn einer Aktion zur Verbesserung der Kin-

derschuhproduktion, in die das Berliner Ensemble, Herstellerbetriebe für Kinderschuhe, die verantwortlichen Ministerien und die Modezeitschrift *Sybille* einbezogen werden. Frühjahr 1962: Beginn einer ähnlichen Aktion für die Einführung von Kindernahrung im Glas in der DDR. Während des Gastspiels in Paris im März 1971 erleidet sie Rippenbrüche. 6. Mai 1971: Weigel stirbt in Berlin.

August/September 1956: Gastspiel mit Der kaukasische Kreidekreis *in London*

15. Februar 1957: Judith Keith in Die Jüdische Frau *und Die Frau in* Volksbefragung – *in* Furcht und Elend des Dritten Reiches *von Brecht*

1957: Gastspiel mit der Courage *in Moskau und Leningrad*

1957: Pelagea Wlassowa in der Filmdokumentation der Aufführung des Berliner Ensembles von Die Mutter, *unter der Leitung von* Manfred Wekwerth

25. November 1957: Pelagea Wlassowa in Die Mutter *von Brecht*

Juni 1959: Gastspiel mit Die Mutter *in Ungarn und Rumänien*

10. Februar1960: Pelagea Wlassowa in Die Mutter *von Brecht*

1960: Anna Fierling im Film Mutter Courage und ihre Kinder *von Brecht, Drehbuch: Palitzsch/Wekwerth*

September 1960: Gastspiel in Frankfurt am Main und im Ruhrgebiet

8. Mai 1961: Martha Flinz in Frau Flinz *von Helmut Baierl*

1961: Gastspiel mit Die Mutter *in Paris*

26. April 1962: Brecht-Abend 1: Lieder und Gedichte 1914–1956

10. Februar 1963: Brecht-Abend 2: Über die großen Städte

12. Oktober 1963: Brecht-Abend 3: Der Messingkauf

28. Januar 1964: Martha Flinz in Frau Flinz *von Helmut Baierl*

1964: Gastspiel mit Die Mutter *in Genf*

Mai 1965: Volumnia in Coriolan *von Brecht*

Juni 1965: Gastspiel [mit Coriolan?*] in Budapest*

August 1965: Gastspiel mit Coriolan *in London*

September 1966: Gastspiel mit Coriolan *in Venedig*

1966: Gastspiel mit Coriolan *in Jugoslawien*

3. Oktober 1967: Pelagea Wlassowa in Die Mutter *von Brecht*

Oktober 1967: Brecht-Abend *in Westberlin*

4. Februar 1968: Marie Soupeau in Die Gesichte der Simone Machard *von Brecht im Deutschen Fernsehfunk (DDR)*

12. Juni 1968: Frau Luckerniddle in Die heilige Johanna der Schlachthöfe *von Brecht*

September 1968: Gastspiel mit Die Mutter *und* Coriolan *in der Sowjetunion*

1968: Gastspiel mit Die Mutter *in Paris*

Februar 1969: Brecht-Abend *in Hamburg*

1. Oktober1969: Brecht-Abend 5: Das Manifest

Mai 1970: Gastspiel mit Coriolan *in Belgrad*

November 1970: Brecht-Abend *in Wuppertal*

März 1971: Gastspiel mit Die Mutter *in Paris.*

Personenverzeichnis

418

Zu dieser Ausgabe

Die in diesem Band präsentierten Dokumente stammen aus dem Helene-Weigel-Archiv, dem Bertolt-Brecht-Archiv und dem Elisabeth-Hauptmann-Archiv in der Stiftung Archiv der Akademie der Künste, Berlin, sowie dem Archiv des Berliner Ensembles, der Stiftung Archiv der Parteien und Massenorganisationen der DDR im Bundesarchiv, Berlin, und der Königlichen Bibliothek Stockholm.

Die Wiedergabe der unveröffentlichten Dokumente folgt in Orthographie und Interpunktion den Originalen. Offensichtliche Schreibfehler wurden stillschweigend korrigiert.

Auslassungen in den Zitaten sind durch [...] gekennzeichnet. Ergänzungen, Erklärungen oder Hinweise von mir stehen in eckigen Klammern. Absätze in den zitierten Passagen sind durch // gekennzeichnet.

Für tatkräftige Unterstützung und aufklärende Gespräche danke ich vor allem dem Mitarbeiterteam der Archive Weigels und Brechts: Erdmut Wizisla, Karin Pfotenhauer, Helgrid Streidt, Heidrun Loeper, Gabriele Funke. Ebenso danke ich Gisela Schlösser, die bis März 1999 das noch von Helene Weigel selbst gegründete Archiv des Berliner Ensembles verwaltete, und den Mitarbeitern der Stiftung Archiv der Parteien- und Massenorganisationen der DDR.

Des weiteren danke ich für ihre freundliche Gesprächsbereitschaft Barbara Brecht-Schall, Gisela Knauf, die von 1949 bis 1971 Sekretärin Helene Weigels war, Manfred Wekwerth, der auch Bücher, Videos und umfangreiche autobiographische Aufzeichnungen zur Verfügung stellte, des weiteren Benno Besson, Gisela May, Käthe Reichel, Anne Braun, Werner Hecht, Werner Mittenzwei, Volker Braun, Thomas Kuczynski und Matthias Braun. Die von letzterem für das Weigel-Archiv in den siebziger und achtziger Jahren geführten Gespräche mit Mitarbeitern und Freunden Weigels und Brechts sind eine wichtige Quelle dieser Arbeit gewesen, ebenso die Brecht Chronik von Werner Hecht. Besonderer Dank gilt auch Peter Voigt, Helen Fehervary, die mir ihren Aufsatz über Helene Weigel und Anna Seghers vor der Drucklegung im *Brecht Yearbook 25* zur Verfügung stellte, Edelgard Nkobi, die bei Übersetzungen half, und Piem Bartmann, die für mich in den Archiven der Amsterdamer Stadsschouwburg recherchierte. Freunden der Münchener Aktion Lebensqualität sei gedankt für die Entschlüsselung eines Dialektproblems.

Barbara Brecht-Schall danke ich für die freundliche Erlaubnis zur Nutzung der Dokumente im Helene-Weigel-Archiv und im Bertolt-Brecht-Archiv sowie für die Abdruckerlaubnis unveröffentlichter Briefe von Helene Weigel sowie für die Nutzung der vom Ministerium für Staatssicherheit der DDR angelegten Akte über Helene Weigel und Bertolt Brecht.

Für freundliche Genehmigung zum Abdruck der Texte von Bertolt Brecht und Marieluise Fleißer danke ich dem Suhrkamp Verlag, von Arnolt Bronnen dem Deutschen Taschenbuch Verlag, von Ruth Berlau Johannes Hoffmann (Berlau-Nachlaß), Berlin, von Margarete Steffin der Europäischen Verlagsanstalt, Hamburg, sowie Lenka Reinerová, Prag, für das Einverständnis zum Zitieren aus einem in deutsch bisher unveröffentlichten Manuskript.

Gudrun Bunge danke ich für die Nutzung des von Hans Bunge 1959 geführten Gesprächs mit Helene Weigel, das in von ihr selbst redigierter Form im *Brecht Yearbook 25* erscheinen wird.

Aus dem von Werner Hecht im November 1969 mit Helene Weigel geführten Gespräch wurde hier nur aus den bislang publizierten Ausschnitten zitiert. Der volle Wortlaut wird in dem Buch *Helene Weigel. Eine große Frau des 20. Jahrhunderts*, Frankfurt am Main, März 2000 veröffentlicht.

S. K.

Bildnachweis

Galerie Alvensleben (Copyright Viola Roehr v.-Alvensleben, München) 35

JBA/CCP AG 90:96 (Copyright The Josef Breitenbach Trust, New York) 133, 135

Stiftung Archiv der Akademie der Künste, Berlin (Bertolt-Brecht-Archiv) 21, 30 (Photo-Schmidt), 33 (Transeuropa), 58, 62, 103 (Mogens Voltelen), 139 (Steeen Hinrichsen/Copyright J. Hoffmann), 194 (Ernst G. Gottlieb), 198 (Gerda Goedhart/Copyright Brecht-Erben), 208 (Ruth Berlau/Copyright J. Hoffmann), 211 (Ruth Berlau/Copyright J. Hoffmann), 223 (Rainer Hill/Coyright VG Bild Kunst), 227 (unten: Gerda Goedhart/Copyright Brecht-Erben), 231 (oben: Hildegard Steinmetz, unten: Ruth Berlau [?]), 238, 251 (W. Meier/Copyright VG Bild Kunst), 272, 275 (Vera Tenschert), 306 (Vera Tenschert), 317 (Siegfried Thienel), 328 (Vera Tenschert), 333 (Vera Teschert), 341 (Vera Tenschert)

Aus: Bertolt Brecht *Kriegsfibel*, Eulenspiegel-Verlag/Das Neue Berlin, Berlin 1994 227 (oben)

Inhalt

Sabine Kebir
Ich fragte nicht nach meinem Anteil

Elisabeth Hauptmanns Arbeit mit Bertolt Brecht

Mit 10 Fotos
292 Seiten. Gebunden
ISBN 3-351-02462-2

»Sabine Kebir verdanken wir einige bahnbrechende Untersuchungen über den Anteil der weiblichen Koautoren, namentlich Elisabeth Hauptmanns, am Brecht-Œuvre. Sie widerspricht, mit guten Gründen, Fuegis plumper ›Sex for Text‹-These und seinem spießigen Frauenbild.«
Sigrid Löffler, Die Zeit

»Die Berliner Autorin verschweigt nichts zur Liebes- und Arbeitsbeziehung zwischen Hauptmann und Brecht, verzichtet aber auf spekulativen Biographismus.«
Stuttgarter Zeitung

Aufbau-Verlag

Sabine Kebir
Ein akzeptabler Mann?

Brecht und die Frauen

Mit 12 Abbildungen
232 Seiten
ISBN 3-7466-8028-X

»Monster, Macho oder vielleicht doch ein akzeptabler Mann? War Brecht aus Treue polygam? Oder aus Berechnung, um die künstlerische Kraft seiner Geliebten für das eigene Werk auszunutzen? Sabine Kebir geht dem auf den Grund. Sie interessiert sich dafür, wie und warum die Beziehungen funktionieren, die Brecht und seine Geliebten so langfristig verbanden.«   *Literaturreport*

»Die Kebir beschreibt plausibel, daß diese eigenwilligen Damen ihre Mitarbeit, die viel- und wechselseitigen Inspirationen als beglückend empfanden, wobei ihre Bindung an den genialen Egomaniak schweres seelisches Leid nicht ausschloß.«   *Die Welt*

A*t*V
Aufbau Taschenbuch Verlag

AUFBAU BIBLIOTHEK
Jeden Monat Weltliteratur

Bertolt Brecht
Hundert Gedichte

1918–1950

261 Seiten
ISBN 3-351-06001-7

Brechts bekannteste Gedichte sind in dieser klassisch
gewordenen Sammlung enthalten: ein Querschnitt
aus drei Jahrzehnten mit Balladen, Kindergedichten,
Lobliedern, Zeitgedichten und Lyrik aus dem Exil.
Die Songs von Mackie Messer oder der Seeräuber-
Jenny gehören ebenso dazu wie Gedichte aus dem
Exil, das Friedenslied, die Fragen eines lesenden Arbeiters oder die eindringliche Beschwörung der Nach-
geborenen.

Aufbau-Verlag